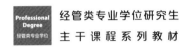经管类专业学位研究生
主干课程系列教材

丛书编写委员会

主　　任　张金清

编　　委（按姓名笔画排序）

　　　　　陈　钊　　程大中　　陈冬梅　　陈学彬　　杜　莉
　　　　　封　进　　黄亚钧　　李心丹　　刘红忠　　刘莉亚
　　　　　束金龙　　沈国兵　　杨　青　　张晖明

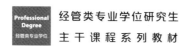

经管类专业学位研究生
主干课程系列教材

Property and Liability Insurance

财产与责任保险

陈冬梅 编著

复旦大学出版社

内容提要

　　本书集中阐述财产与责任保险的基本原则、分类、市场、产品等，内容结构上兼顾理论与实务，每一部分强调理论分析的重要性，特别在对相关实务概念的介绍时注意剖析其背后的经济学理论意义，并辅以具体案例和专栏加以佐证和说明。特别强调中国色彩浓厚的案例和财产与责任保险的具有中国特色的新的发展与应用，注重理论与实践的结合。

总　序

社会经济的发展对应用型专业人才的需求呈现出大批量、多层次、高规格的特点。为了适应这种变化,积极调整人才培养目标和培养模式,大力提高人才培养的适应性和竞争力,教育部于2009年推出系列专业学位硕士项目,实现硕士研究生教育从以培养学术型人才为主向以培养应用型人才为主的历史性转型和战略性调整。复旦大学经济学院于2010年首批获得金融硕士专业学位培养资格,经济学院专业学位项目依托强大的学科支持,设置了系统性模块化实务型课程,采用理论与实践结合的双导师制度(校内和校外导师),为学生提供从理论指导、专业实践到未来职业生涯设计的全面指导。目前,已经形成了金融硕士、国际商务硕士、保险硕士、税务硕士、资产评估硕士五大专业学位硕士体系,招生数量与规模也逐年增长。

专业学位(Professional Degree)相对于学术型学位(Academic Degree)而言,更强调理论联系实际,广泛采用案例教学等教学模式。因此,迫切需要编写一套具有案例特色的专业学位核心课程系列教材。本套教材根据专业学位培养目标的要求,注重理论和实践的结合。在教材特色上,先讲述前沿的理论框架,再介绍理论在实务中的运用,最后进行案例讨论。我们相信,这样的教材能够使理论和实务不断融合,提高专业学位的教学与培养质量。

复旦大学经济学院非常重视专业学位教材的编写,2012年就组织出版了金融硕士专业学位核心课程系列教材。经过五年的探索和发展,一方面是学院的专业学位硕士由金融硕士扩展到了五大专业硕士学位体系;另一方面,对如何进行学位培养和教材建设的想法也进一步成熟,因此有必要重新对教材的框架、内容和特色进行修订。2015年4月,我院组织专家审议并通过了专业学位研究生课程教材建设方案。2015年12月,完成了专业学位核心课程的分类,初步设定建设《程序化交易中级教程》《投资学》《公司金融》《财务分析与估值》《金融风险管理实务》等核心课程教材。2016年10月,组织校内外专家制定了《复旦大学经济学院专业学位核心课程教材编写体例与指南》,2016年11月,组织教师申报教材建设并召开我院专业学位研究生教指委会议,针对书稿大纲进行讨论和修订,删除了目前教材之间的知识点重复现象,提高了教材理论的前沿性,修改和增加了教材中每章的案例,突出教材知识点的实务性。教材初稿完成以后,邀请校外专家进行匿名评审,提出修改意见和建议;再要求作者根据校外专家的匿名评审意见进行修改;最后,提交给我院专业学位研究生教指委进行评议并投票通过后,才予以正式出版。

最后,感谢复旦大学研究生院、经济学院以及学院专业学位研究生教指委提供的全方位支持和指导,感谢上海市高峰学科建设项目的资助,感谢校外专家对书稿的评审和宝贵意见,感谢复旦大学出版社的大力支持。本套教材是复旦大学经济学院专业学位教材建设的创新工程,我们将根据新形势的发展和教学效果定期修正。

经管类专业学位硕士核心课程系列教材编委会
2017年6月

前　言

保险是应用经济学的一门重要分支学科,具有非常强的应用性和实践性。据有关的调查表明,各家金融机构非常需要懂中国国情、金融业务熟练、外语流利的风险管理与保险人才。而专业学位研究生培养目标是掌握某一专业(或职业)领域坚实的基础理论和宽广的专业知识、具有较强的解决实际问题的能力、能够承担专业技术或管理工作、具有良好的职业素养的高层次应用型专门人才。我们在获得保险硕士专业学位授权点资格后,便将其作为保险学科研究生教育的重点发展方向。具体而言,我校保险专业硕士将致力于培养具有以下特点的人才:

1. 复合型。保险学是多学科的综合。"在某些大学,保险和危险管理被列为金融学必修课的一部分,这反映了危机管理功能的金融学属性。在某些大学,它义被认为是经济学的一部分,而在另一些大学它又被设置在其他的院所。这种学科归类的模糊性也反映了对保险和危险管理研究领域的困惑"(引自[美]埃米特·J.沃恩、特丽莎·M.沃恩:《危险原理与保险》,序言,第4页,中国人民大学出版社,2002年版,下同),同时也表明了这门学科研究范围的广泛,"要想在这门学科有所进展,可能需要运用经济、统计、金融、会计、法律、决策理论和伦理学的相关知识"。因为"从宏观角度看,保险致力于研究当代社会所面临的各种重要问题:高医疗费用、犯罪、民事侵权行为、污染、环境以及伦理道德。毫不夸张地说,保险领域覆盖了社会所面临的各种问题及由谁对这些问题负责等事宜"。因此,从微观意义上说,风险管理与保险是一门运用各种方法论来解决一个重要问题的学科。新型的保险专业人才要加强多方面知识的整合,努力成长为复合型人才。

2. 实践性。目前高等教育中的保险专业课程设置与市场的需求还有一定的距离。要缩小这些差距,应加强学生的社会实践,高校与保险企业建立良好的合作关系,在教学、科研及人才培养等方面有较稳定的合作关系,能为培养保险硕士提供较好的社会实践与教学场所,通过实践造就应用型人才。要提供和保障所有保险专业硕士开展实践的条件,确保实践教学质量。

3. 国际化视野。要实现建设国际金融中心的目标,新型风险管理与保险人才的培养必须着眼于国际化。保险业发达国家已经积累了丰富的业务经验和人才培养经验。因此,在高等教育中,我们不妨采取"拿来主义",保险相关教材建设要体现国际化的思想和内容,课程设置要增加国际保险的内容和比重,反映国际保险业的前沿理论与实践以及发展趋势。

基于以上的共识,我们编著的教材与同类书比较,主要具有以下特点:

1. 本教材内容结构上兼顾理论与实务,每一部分都强调了理论分析的重要性,特别在对相关实务概念的介绍时比较注意剖析其背后的经济学理论意义,使学生既可以知其然,也可以知其所以然。同时也注重保险理论在实务中的使用及新的经济环境下的创新。

2. 本教材采用案例分析和专栏的方式,突出了对保险基本理论的运用,提供了学生案例讨论的大量素材,有助于对基本理论的深入理解和运用。

3. 本教材突出了中国的特色,强调了财产与责任保险在中国现有的市场、法律、经济环境下形成的具有中国特色的发展渠道与方向。

4. 本教材在习题上突破传统的问答题类型,提供多角度的材料和案例分析题目,着重提高学生的分析能力。

在本书编写过程中,段白鸽参与了第四章的撰写;沈婷参与了第六章的撰写,林琳参与了第九章到第十四章的撰写,此外,陈奕兵、黄欣怡、李蕾、王丽颖同学参与了部分资料收集整理工作。

本教材编写得到复旦大学经济学院专业硕士项目的资助,同时得到上海市教育委员会科研创新重点项目(批准号15ZS004)的资助支持,复旦大学出版社的岑品杰、方毅超编辑为本书出版付出大量劳动,在此一并表示感谢。

由于时间仓促和学识所限,本书的错误与疏漏在所难免,敬请各位方家及读者不吝指正。

陈冬梅

2019年2月于复旦大学

目 录

第一章　现代社会与财产保险 … 1
学习目标 … 1
第一节　财产保险的多样性及分类基准 … 1
第二节　财产保险业务特质 … 4
第三节　财产保险的功能 … 9
　专栏 1-1　区块链机制下的金融保险新趋势 … 12
第四节　财产保险的发展 … 13
案例分析　科技驱动的保险解决方案有助弥合 1 800 亿美元的保障缺口 … 20
本章小结 … 21
重要概念 … 21
习题与思考题 … 21

第二章　财产保险的基本原则 … 23
学习目标 … 23
第一节　最大诚信原则 … 23
第二节　保险利益原则 … 28
第三节　损失补偿原则 … 30
第四节　近因原则 … 34
　专栏 2-1　保险纠纷中"近因原则"的适用思考 … 35
案例分析　重复保险的判定与赔偿 … 36
本章小结 … 39
重要概念 … 40
习题与思考题 … 40

第三章　财产保险市场 ·············· 41
学习目标 ·············· 41
第一节　国际财险业发展衡量指标 ·············· 41
第二节　我国财险业发展及指标 ·············· 47
第三节　经营环境变化与我国财险发展趋势 ·············· 57
####　　专栏 3-1　国际互联网保险发展 ·············· 65
案例分析　上海保险交易所的探索与创新 ·············· 66
本章小结 ·············· 68
重要概念 ·············· 68
习题与思考题 ·············· 68

第四章　财产保险费率厘定原理 ·············· 69
学习目标 ·············· 69
第一节　保险费率厘定概述 ·············· 69
第二节　财产保险费率厘定过程 ·············· 71
####　　专栏 4-1　纯保费法和赔付率法的应用范围比较 ·············· 76
第三节　费率调整 ·············· 76
案例分析　劳工补偿保险费率厘定举例 ·············· 86
本章小结 ·············· 90
重要概念 ·············· 91
习题与思考题 ·············· 91

第五章　财产保险的经营 ·············· 92
学习目标 ·············· 92
第一节　营销 ·············· 92
第二节　承保 ·············· 96
第三节　资金运用 ·············· 101
####　　专栏 5-1　保险资产的规模与分布 ·············· 102
第四节　理赔 ·············· 105
####　　专栏 5-2　天津爆炸案 ·············· 106
####　　专栏 5-3　人工智能在理赔中的应用 ·············· 109
第五节　再保险 ·············· 109
####　　专栏 5-4　溢额再保险与成数再保险的异同 ·············· 111
####　　专栏 5-5　比例再保险和非比例再保险的综合运用 ·············· 112
####　　专栏 5-6　合同再保险与临时再保险的区别 ·············· 115

案例分析　人工智能在互联网保险中的运用	117
本章小结	118
重要概念	119
习题与思考题	119

第六章　海上保险 … 122

学习目标	122
第一节　海上保险概述	122
第二节　海上保险合同和费率	129
第三节　海上保险市场	135
专栏 6-1　某电力装备企业出口货物受损理赔案	138
案例分析　未明确最终目的地的"仓至仓"条款	138
本章小结	139
重要概念	140
习题与思考题	140

第七章　机动车辆保险 … 141

学习目标	141
第一节　机动车辆保险概述	141
第二节　机动车交通事故责任强制保险	144
专栏 7-1　车险分	153
第三节　机动车保险市场	153
专栏 7-2　UBI 车险	158
案例分析　客户的购物信息可以为车险定价吗？	160
本章小结	161
重要概念	161
习题与思考题	161

第八章　农业保险 … 163

学习目标	163
第一节　农业保险概述	163
第二节　种植业保险	165
第三节　养殖业保险	168
第四节　农业保险市场	171
专栏 8-1　"保险＋期货"模式	175

| 专栏 8-2 | 中国农业保险再保险共同体 | 176 |

案例分析　农业保险扶贫案例 …… 176

本章小结 …… 177

重要概念 …… 178

习题与思考题 …… 178

第九章　信用与保证保险 …… 179

学习目标 …… 179

第一节　信用与保证保险理论基础 …… 179

第二节　我国信用保险的发展 …… 182

专栏 9-1　出口信用保险案例 …… 183

专栏 9-2　投资保险案例 …… 184

专栏 9-3　中国信保支持"中巴经济走廊"项目 …… 187

第三节　"互联网+"及小微企业政策背景下我国保证保险的发展 …… 188

专栏 9-4　浙江"政银保"模式试点 …… 191

专栏 9-5　"互联网+"和 P2P 背景下履约保证保险的发展模式、风险与监管 …… 192

案例分析　浙商财险"侨兴私募债"违约案例 …… 195

本章小结 …… 196

重要概念 …… 197

习题与思考题 …… 197

第十章　侵权责任与责任保险 …… 198

学习目标 …… 198

第一节　责任保险法律基础 …… 198

专栏 10-1　过错推定责任的适用范围 …… 200

专栏 10-2　无过错责任的适用范围 …… 201

专栏 10-3　我国法律规定中公平责任的适用范围 …… 201

专栏 10-4　男孩被自动扶梯夹伤下颌上海八佰伴商场担责 40% …… 202

第二节　侵权责任体系与责任保险的互动关系 …… 204

第三节　责任保险的发展危机 …… 207

专栏 10-5　对责任保险的质疑 …… 207

专栏 10-6　何为"事故发生" …… 209

专栏 10-7　期内索赔制保单下追溯日期的应用 …… 210

专栏 10-8　期内索赔制保单案例 …… 211

案例分析　从"酒后驾车险"的发展看我国责任保险与法律建设的互动关系 …… 212
　　本章小结 …………………………………………………………………………… 215
　　重要概念 …………………………………………………………………………… 215
　　习题与思考题 ……………………………………………………………………… 216

第十一章　责任保险市场 …………………………………………………………… 217
　　学习目标 …………………………………………………………………………… 217
　　第一节　全球责任保险市场发展概况 …………………………………………… 217
　　　　专栏11-1　"下一个石棉"? ……………………………………………… 220
　　　　专栏11-2　网络病毒比特币勒索事件 …………………………………… 221
　　第二节　我国责任保险市场的需求影响因素分析 ……………………………… 221
　　　　专栏11-3　上海市2016年交通事故人身损害赔偿标准 ………………… 224
　　　　专栏11-4　我国近年发生的大规模侵权赔偿事件 ……………………… 224
　　　　专栏11-5　惩罚性赔偿案例 ……………………………………………… 225
　　第三节　我国责任保险市场的供给影响因素分析 ……………………………… 228
　　案例分析　自动驾驶汽车技术与责任保险市场发展 …………………………… 233
　　本章小结 …………………………………………………………………………… 233
　　重要概念 …………………………………………………………………………… 234
　　习题与思考题 ……………………………………………………………………… 234

第十二章　责任保险险种与内容 …………………………………………………… 236
　　学习目标 …………………………………………………………………………… 236
　　第一节　公众责任保险 …………………………………………………………… 236
　　　　专栏12-1　近年大型公众责任事件举例 ………………………………… 236
　　第二节　产品责任保险 …………………………………………………………… 239
　　　　专栏12-2　产品缺陷认定的比较 ………………………………………… 239
　　　　专栏12-3　产品责任保险和产品质量保证保险的区别 ………………… 240
　　第三节　雇主责任保险 …………………………………………………………… 241
　　第四节　职业责任保险 …………………………………………………………… 244
　　　　专栏12-4　雷曼破产事件中的安永会计师事务所职业责任 …………… 244
　　　　专栏12-5　国际上职业责任保险的分类 ………………………………… 246
　　　　专栏12-6　保险经纪人责任保险案例 …………………………………… 247
　　第五节　环境责任保险 …………………………………………………………… 248
　　　　专栏12-7　环境侵权责任的法律来源 …………………………………… 250
　　案例分析　阿图·夏普产品责任保险案例 ……………………………………… 251

本章小结 ·· 254
　　重要概念 ·· 255
　　习题与思考题 ·· 255

第十三章　责任保险发展模式 ·· 257
　　学习目标 ·· 257
　　第一节　责任保险发展路径 ·· 257
　　　　专栏 13-1　上海社区综合保险模式 ··································· 259
　　第二节　强制责任保险的理论分析 ··· 262
　　　　专栏 13-2　山西省煤矿雇主责任险市场 2004 年情况 ············ 263
　　第三节　我国强制责任保险发展现状 ······································ 267
　　案例分析　上海几个典型的责任保险险种发展路径及效果 ········· 273
　　本章小结 ·· 275
　　重要概念 ·· 276
　　习题与思考题 ·· 276

第十四章　巨灾保险 ·· 278
　　学习目标 ·· 278
　　第一节　巨灾风险 ··· 278
　　　　专栏 14-1　巨灾风险的界定 ··· 279
　　第二节　巨灾保险制度 ·· 282
　　第三节　巨灾风险证券化 ··· 286
　　　　专栏 14-2　USAA 飓风债券 ··· 288
　　　　专栏 14-3　再保险型巨灾互换合约案例 ····························· 290
　　　　专栏 14-4　巨灾权益卖权案例 ·· 291
　　第四节　我国巨灾保险制度 ·· 292
　　案例分析　2011 年东日本大地震巨灾风险解决方案 ·················· 297
　　本章小结 ·· 299
　　重要概念 ·· 299
　　习题与思考题 ·· 299

参考文献 ·· 300

教学案例　众安在线财产保险公司的商业模式选择与监管创新 ········ 302

第一章

现代社会与财产保险

学习目标

1. 了解财产保险的定义与分类。
2. 通过对比人身保险掌握财产保险的特点,明确财产保险的功能。
3. 认识财产保险对现代社会发展的重要意义。
4. 了解财产保险在中国的发展历史,联结财产保险的过去、现在与未来,以历史的、发展的维度看待财产保险。

第一节 财产保险的多样性及分类基准

一、财产保险的概念

作为现代保险业的重要组成部分,财产保险通过各保险公司的经营,客观上满足着人类社会除自然人的身体和生命之外的各种风险保障需求,是当代社会不可缺少的一种风险管理机制和经济补偿制度。

财产保险是以财产及其有关利益作为保险标的的保险。根据我国《保险法》第2条对保险的释义,可将财产保险的定义表述为:财产保险是指投保人根据保险合同约定向保险人支付保险费,保险人对于合同约定的可能发生的灾害事故因其发生所造成的保险财产损失承担赔偿保险金责任的商业保险行为。

财产保险有广义和狭义之分。通常所说的财产保险是与人身保险相区别的概念,即广义的财产保险,其承保标的是除了人的身体、生命以外的任何保险标的,包括有形的物质财产和无形的非物质财产及其有关利益。狭义的财产保险仅指以有形的物质财产为保险标的,对因自然灾害或意外事故所造成的物质财产损失进行经济补偿的财产保险,又称为财产损失保险。

财产保险的基本内容可以简要概括为三点:第一,保险标的是以物质形态或非物质形态存在的财产及其有关利益;第二,承保风险一般是灾害事故;第三,保险责任是当被保险人因保险事故遭受经济损失时,保险人负责赔偿。

二、财产保险的分类

财产保险的保险标的,既包括各种有形的物质财产,又包括无形财产及法律责任和相关利益。因此,财产保险种类多样,体系庞大。

按照财产保险不同的分类基准,可对财产保险进行不同的划分。

(一) 按照实施方式划分

根据实施方式的不同,财产保险可以分为强制保险与自愿保险。

1. 强制保险又称法定保险,是指根据国家的法律法规规定,凡是在规定范围内的单位或个人,不论愿意与否都必须参加,且保险公司也必须承保的保险。强制保险在实施中有不同的方式,有的通过法律仅规定保险对象,投保人可以自由选择保险公司;有的将保险公司也固定下来,或者对保险公司进行授权经营。在条款内容的确定上,有的强制保险是由国家制定统一的保险条款,如机动车交通事故责任强制保险;有的则只对保险合同的要件进行原则规定,不制定统一条款,如旅行社责任险。

2. 自愿保险是投保人和保险人在平等自愿、等价有偿的原则基础上,通过协商,采取自愿方式签订保险合同建立的保险关系。自愿原则体现在:投保人可以自行决定是否参加保险、投保金额多少和生效时间;保险人可以决定是否承保、承保的条件以及保费多少。除法律另有规定或合同另有约定外,投保人可以中途退保,而保险公司解除保险合同则受到严格限制。

(二) 按照保险标的划分

按照标的的不同,广义财产保险可以分为财产损失保险、责任保险、信用保证保险。

1. 财产损失保险主要是以有形财产及其相关利益为保险标的的保险。包括如下项目:

(1) 各种固定资产和流动资产,如房屋、机器设备、仓储物和居民生活用具等,可以为这些物质财产提供保险保障的有企业财产保险、家庭财产保险等。

(2) 各种运输工具,即各种在陆地、江河、海洋和天空从事非军事性活动的运输工具,如汽车、火车、船舶和飞机等,可以为这些财产提供保险保障的险种有机动车辆保险、船舶保险和飞机保险等。

(3) 各种运输过程中的货物,即以各种运输工具为载体的、处于运输过程的各种货物,可以为这些财产提供保险保障的险种包括公路货物运输保险和远洋货物运输保险等。

(4) 各种处于修建、安装过程的工程项目和可能由于本身固有危险造成损失的机器、设备等,可以为这些财产提供保险保障的险种有建筑工程保险、安装工程保险和机器损坏保险等。

(5) 各种处于生长期或收获期的粮食作物、经济作物和人工饲养的牲畜、家禽或经济动物等,可以为这些财产提供保险保障的险种有生长期农作物保险、收获期农作物保险、大牲畜保险和经济动物保险等。

(6) 各种由于物质财产的损失所导致的利益损失,如由于企业财产损失、船舶损坏等可能造成的被保险人的各种间接损失,可以为这种经济利益损失提供保险保障的险种有作为有形财产保险附加险的经营中断保险、利润损失保险或运费保险等。

2. 责任保险是以被保险人依法应承担的民事损害赔偿责任为保险标的的一种保险,

保险人承担被保险人由于侵权行为或违约行为,依法对他人应承担的经济赔偿责任。责任保险可单独承保,如产品责任保险、职业责任保险等,也可以附加在其他险种中承保,如船舶的碰撞责任就是船舶保险内含的一项责任保险。责任保险包括公众责任险、雇主责任险、产品责任险和职业责任险等。

3. 信用保证保险是以信用关系为保险标的的一种保险。保险人对信用关系的一方因另一方未履行义务或犯罪行为而蒙受的经济损失提供经济赔偿。包括两种形式:一是信用保险,是权利人投保他人的信用,若被保险人因他人未履约而蒙受经济损失,保险人负责赔偿。如出口信用保险、国内贸易信用险。二是保证保险,由保险人代被保险人向权利人提供担保,即保证被保险人履行合同义务。被保险人不履行合同相关义务或者实施违法犯罪行为致使权利人受到经济损失,由保险人负责赔偿。如产品质量保证保险、贷款保证险、履约保证险。

要指出的是,在财产损失保险和责任保险当中,有一些承保特殊标的和特殊风险的险种,通常在业务管理中单独列为一类险种,即特殊风险保险。特殊风险保险的承保对象主要是高风险、高保额和高技术难度的标的或项目,主要包括能源和航空航天两大类。其中,能源保险主要包括核电站保险和海洋石油开发保险。

(三)按照业务习惯划分

车险是目前国内财产保险业务中比重最大的险种。车险与非车险由于标的风险、标的类别、费率厘定方式、理赔服务要求等的不同,在经营管理之中产生非常大的差异,因此保险公司在业务管理中,常以车险、非车险作为业务分类。其中,非车险还可以进一步划分为水险和非水险。

由于保险最早起源于海上保险,主要是运输货物保险和船舶保险,所以水险是保险最早的门类,后来发展出家庭及企业火灾保险,并进一步发展成包括多种风险的一般财产险,再后又发展出责任险等险种。

(四)按照保险标的的价值确定方式划分

按照标的确定方式的不同,财产保险又可以分为定值保险和不定值保险。

1. 定值保险。定值保险业务主要适用于保险标的的价值难以准确确定或保险标的的价值变化幅度较大的财产保险业务。通过定值的方式形成保险双方当事人都可以接受的标的保险价值,定值保险合同成立后,如发生保险事故造成财产损失,无论保险标的的实际价值是多少,保险人都应当以合同中约定的保险价值作为计算赔偿金额的依据,而不必对保险标的重新估价。在实际操作中,如古玩、字画、艺术品和处于运输过程中的货物等可以采用定值保险方式予以承保。

2. 不定值保险。不定值保险是财产保险业务的主要形式,它按照物质财产的市场价值或账面原值确定保险标的的实际价值,并在此基础上确定保险标的的保险金额,不需要保险双方当事人对于保险标的的实际价值进行协商。例如,企业财产保险和家庭财产保险都是采用不定值保险的方式承保。

三、可保财产风险的要件

在财产保险中,并非所有风险都可以承保。可保财产风险须具备以下六个条件:

1. 大量同质风险的存在,即必须满足大数法则。大数法则是保险人计算保险费率的基础,只有承保大量的同质风险单位,大数法则才能显示其作用。大数法则的意义是:同质风险单位数量愈多,实际损失的结果会愈接近从无限单位数量得出的预期损失可能的结果。据此,保险人就可以比较精确地预测风险,合理厘定保险费率,使在保险期限内收取的保险费和损失赔偿及其他费用开支相平衡。如果风险为不同质风险,发生损失的概率和幅度不相同,风险便无法进行统一的集合与分散。

2. 损失发生必须是偶然意外而非出于故意。如果被保险人主观上期望或故意促使风险事故的发生,损失的结果受人为因素任意左右的可能性极大,则对保险人的经营会带来很大不确定性,可能导致保险人对损失概率和损失程度的预测不准确,增大财务的不稳定性。因此,凡与投保人或被保险人主观行为有关的风险均不可保。

3. 损失发生的概率较小。保险费率高低与损失发生概率有关,损失概率过高的风险,保险人会要求很高的保险费率甚至拒绝承保。如果损失概率很高,纯保费就会很高,再加上附加保费,投保便很不经济。

4. 损失后果较为严重。风险一旦发生,必须导致较大的损失后果,即损失金额较大。对于较小的损失后果,通常被保险人可以自己承担,因为考虑到经济性,购买保险所支付的保费不仅包含期望损失,还包含业务费用、理赔成本、保险人利润等,所以没有购买保险的必要。

5. 损失是可以确定和测量的,是指损失发生的原因、时间、地点都可被确定以及损失金额可以测定。因为在财产保险合同中,对保险责任、保险期限等都作了明确规定,一般在保险期限内发生的、保险责任范围内的损失,保险人才负责赔偿,且赔偿额以实际损失金额为限,所以,损失的确定性和可测性尤为重要。

6. 不能有大多数保险单位或标的同时遭受损失。保险的功能在于将少数不幸者遭受的损失由多数幸免者分担。因此,一旦全部或大部分保险标的同时遭受损失,就会使幸免者成为少数,保险难以承担补偿之责。例如地震、战争、洪水、飓风等巨灾风险发生时,多数保险标的可能同时受损,且损失程度也较大。因此,在财产保险绝大多数险种中,对于地震、战争或其他各种巨灾风险一般都列为除外风险。

第二节 财产保险业务特质

一、财产保险与人身保险特点的比较

财产保险与人身保险构成保险业的两个独立业务部门,存在较大区别。通过与人身保险的对比,可以反映出财产保险的特点。

(一)保险标的的区别

财产保险的保险标的,是法人或自然人所拥有的各种物质财产和有关利益,财产保险即是对被保险人(包括自然人和法人)体现在这种物质上的利益的保险。人身保险的保险标的则是自然人的身体与生命。

（二）对保险利益的要求不同

财产保险要求投保人对保险标的应具有保险利益，构成保险利益的必须是合法的、可以确定的和能以货币计算或估价的经济利益，保险利益以投保人实际利益为限。人身保险同样要求投保人对被保险人有保险利益，这种保险利益以人与人的关系为基础，一般按法律规定的范围确定，而且由于人的寿命或身体无法用货币计量价值，这种保险利益往往没有金额限制。

人身保险合同和财产保险合同对保险利益的存在时间具有显著差别。我国《保险法》规定：人身保险的投保人在保险合同订立时，对被保险人应当具有保险利益。财产保险的被保险人在保险事故发生时，对保险标的应当具有保险利益。

财产保险合同则要求保险利益在损失发生时存在，不必在合同订立时存在。不要求在合同订立时存在保险利益，主要是为了有助于保险业务的开展。比如，在海上保险中，预约保单订立后，对约定期限内分批运送的货物都有效。但如果合同订立后原有的保险利益在损失发生时已经丧失，则保险合同失效，因为在保险事故发生时，如投保人或被保险人对于保险标的已不存在利害关系，即不享有利益，当然就没有损失和补偿可言。换言之，财产保险事故发生时，必须有保险利益存在，有关利益人才有实际损失发生，保险人才可依此确定补偿金额。

（三）保险合同的性质不同

财产保险合同是补偿性合同，以财产遭受保险事故所造成的实际损失为限，按补偿原则进行赔偿。因为财产保险的保险标的，无论归法人还是自然人所有，均有客观而具体的价值标准，均可以用货币来衡量其价值，被保险人可以通过财产保险来获得充分补偿。人身保险合同则多为给付性合同，即在保险事故发生后按约定的保险金额给付保险金。因为人身保险的保险标的是无法用货币来计价的，风险事故和损失发生后，受益人只能通过保险获得部分补偿，不可能得到充分补偿（医疗费用是一个例外）。

（四）保险合同主体不同

财产保险的合同主体相对来说比较简单，只有保险人、投保人和被保险人，而且多数情况下投保人与被保险人为同一人。人身保险合同的主体结构则较为复杂，包括保险人、投保人、被保险人和受益人，投保人和被保险人可能是同一人或分属两人，受益人也可能发生变更。

（五）费率确定依据不同

财产保险的费率根据保险对象所面临的各种风险的大小及损失率的高低来确定。人身保险则以经验生命表为厘定费率的主要依据，同时要考虑利率水平和投资收益水平。因此，在保险经营实务中，保险费率的使用是否适当，前者取决于保险人对各种风险事故的预测是否与各种风险事故的实际发生频率和损害程度相一致，后者则取决于保险人对经验生命表、利率水平、投资收益率的推算估计是否准确。

（六）获偿权益不同

当保险事故发生以后，财产保险讲求损失补偿原则，它强调保险人必须按照保险合同规定履行赔偿义务，同时不允许被保险人通过保险获得额外收益，从而不仅适用权益转让代位求偿原则，还适用重复保险损失分摊和损余折抵赔款等原则。在人身保险中，则只讲求被保险人依法受益,除医药费重复给付或赔偿不被允许外,并不限制被保险人获得多份合法赔偿金,即不存在多份保单分摊给付保险金的问题,也不存在由于第三者致被保险人伤残、死亡而向第三人代位追偿的问题。

(七)保险期限不同

财产保险的保险期限一般为一年或不超过一年。大多数财产保险合同属于短期合同,一般以年、季或月来计算保险期间,遵循零时起保制或午时起保制的原则;在一些海上保险中,也有以航程作为保险期间的合同,此时则遵循仓至仓的原则;在一些工程保险中,则是以工期作为保险期间。人身保险则多为长期保险,保险期限短则几年,长的可达几十年甚至终身。

此外,要注意短期性人身保险业务虽然保险对象与寿险业务有一致性,但在保险经营实践中,其业务性质和经营规则却与一般财产保险一致。一是业务性质上均具有赔偿性,保险人在短期性人身意外保险业务或短期健康险业务中承担的是与一般的财产保险一样的赔偿责任,而非人寿保险业务的受益原则。二是经营规则上,短期性人身保险业务的财务核算、保证金提存与一般的财产保险业务有一致性,而与人寿保险业务相异。三是在保险费缴纳方面,短期性人身保险业务与一般财产保险业务均强调一次性缴清,而人寿保险却要求投保人按规定标准分期缴费。四是在保险责任期限方面,短期性人身保险业务与一般财产保险业务一样,保险期限不超过一年,有的甚至是一次性保险单,而人寿保险业务的保险期限均为长期的。五是业务功能上,短期性人身保险业务只有保险功能,人寿保险却兼具保险、储蓄与投资功能。在理解财产保险与人身保险业务的区别时,要充分注意这一点。

表1-1概括了财产保险与人身保险的特点比较。

表1-1 财产保险与人身保险特点的比较

区别 \ 类型	财 产 保 险	人 身 保 险
保险标的	财产及其相关利益	人的寿命和身体
标的风险性质	突发事件较多,随机性高于规律性[1];风险一般呈稳定状态[2]	便于调查统计,以把握规律性[3];随时间延长呈纵向上升趋势,有变动性
保险利益认定	保险利益在损失发生时存在	仅要求投保人在投保时对被保险人具有可保利益
合同性质	补偿性合同	给付性合同
合同关系人	被保险人[4]	被保险人、受益人

---

[1] 财产保险属于短期保险,且其受到的来自纯粹风险比如洪水、地震、爆炸、火灾、战争、撞车等的威胁较多,由于这些危险的发生是不确定的,所以其发生的随机性远远超过了规律性。

[2] 由于财产保险标的的风险程度与其自身属性以及所处环境相关,所以只要环境不变,合同中风险一般不变,呈稳定状态。

[3] 人身保险合同中所存在的风险,诸如死亡、伤残、丧失工作能力等因素由于便于调查统计,所以可以依此把握人身保险各种危险的规律性。

[4] 某些财产保险比如信用保证保险,也会出现三方合同主体,即保证人、权利人和义务人。

续 表

区别\类型	财 产 保 险	人 身 保 险
保险费率拟定	依据保险财产的不同种类、用途、所在地、危险性大小、损失率、危险事故发生率、经营费用等因素拟定	依据预期死亡率（生存率）、预期利率和预定费用率等因素拟定
当事人特有权利义务	保险人享有代位求偿权；不允许投保人超额保险，重复保险不允许保险金额大于保险价值	保险人无代位求偿权；不存在超额保险以及重复保险的情况
保险期间	以短期保险为主，一般不超过一年	以长期保险为主
保险金额确定	根据保险标的的价值大小确定①	根据被保险人经济收入水平、生活标准、支付能力以及风险发生后经济补偿的需求等确定

二、财产保险业务的特质

财产保险业务包含财产保险承保人从展业到承保、防灾防损、保险资金运用、再保险和理赔的全过程。财产保险与人身保险的保险标的存在本质上的差异，因此，财产保险业务的各个环节也有其自身特质。

（一）展业

财产保险的展业内容涉及面更广。财产保险包括财产损失保险、责任保险、信用保证保险和特殊险，具体的险别数以万计。财产保险的保险标的，既包括有形的财产物资，又包括无形的法律责任和利益。保险人的补偿既有各种财产损失的补偿，又有民事损害赔偿责任的承担，还有权利人因被保证人的信用风险而致损失的补偿等。人身保险虽分为人寿保险、意外伤害保险和健康保险三类，但保险对象只是自然人或法人。因此，相对于人身保险，财产保险的展业涉及面更广，内容更复杂。

财产保险的展业渠道也和人身保险有所区别。保险展业渠道主要包括直接展业、代理人展业及经纪人展业。其中，直接展业指保险人依靠自己的业务人员争取业务；代理人展业指在保险人授权范围内，由代理人进行保单推销，它又可分为专业代理和兼业代理。我国目前在财产保险中主要依靠直接展业和兼业展业，而人身保险除采用直接展业方式外，一般由专业代理人招揽业务。

（二）承保

保险承保的过程实质是对风险选择的过程，其关键是核保。核保是指承保人对投保人及投保标的等进行审核，以决定是否承保以及怎样承保的过程。保险人只有全面、认真、细致地核保，才能科学地识别、衡量投保人及投保标的的风险程度，才能科学地作出承保决策。

对投保人的审核，财产保险与人身保险大同小异。审核内容都包括投保人具有民事行为能力的状况，投保人的职业性质、信用程度、经济状况如何，道德风险的高低。

---

① 其保险价值的确定或根据市场价值，或根据生产成本，但无论采取哪种方式，保险金额总和都不能超过保险价值，否则构成超额保险。

但是，财产保险与人身保险在核保内容上也存在差异。

1. 对投保标的的审核差异较大。财产保险审核的内容包括：投保财产是否为合法财产、是否正处于危险状态；投保财产的主要风险隐患、重要防护部位及防护措施情况；投保财产所处的环境状况（比如，投保的房屋是处于工业区、商业区还是居民区，附近有无易燃易爆的危险源，是否属于高层建筑，消防设施是否完备等）；投保人对投保标的是否制定有各种安全管理措施以及各项措施以往的落实情况等。人身保险的保险标的由于是被保险人的寿命和身体健康，因此，对人身保险保险标的的审核，主要体现为对被保险人进行年龄、性别、身体状况、个人及家庭成员病史、职业和习惯嗜好、道德风险因素等的审核，以确定被保险人的风险程度，并作出相应的承保或拒保决定。

2. 对投保金额的审核主要体现于财产保险中。财产保险中有保险价值的概念，保险金额根据保险价值确定，因此有足额保险、超额保险和不足额保险三种情况。对投保金额的审核一般是为了避免超额保险和不足额保险带来的负面效应，而鼓励足额保险。在人身保险中则没有保险价值的概念，保险金额通常由保险双方当事人协商确定，无论保险金额确定为多少，均不能说是不足额保险、足额保险或超额保险，因此承保人一般不需要审核投保金额。这是财产保险业务与人身保险业务的一个显著区别。

3. 是否有重复保险是财产保险核保应该审核的内容。财产保险以补偿被保险人的财产损失为目的，被保险人在保险事故发生后应取得的保险赔偿也仅限于其利益受损的范围之内，即被保险人不能通过财产保险获得超出其损失程度的补偿。因此，财产保险人一般在核保时，除审核投保人对保险标的是否存在超额投保以外，还要审核是否有重复保险现象。如果有重复保险，一般不应再予承保。如果要再承保，理赔时就需将保险损失在各承保人之间进行分摊，以保证被保险人不获得额外收益。人身保险则是给付性质的定额保险，不存在超额保险或重复保险问题，原则上不存在不当得利的问题。因此，投保人可根据自身经济状况选择购买多份人身保险。

（三）防灾防损

防灾防损是对灾害事故损失的预防和抑制。财产保险的保险人相对于人身保险的保险人而言，更加重视防灾防损工作。

在人身保险中，保险人进行防灾防损体现在研究对付逆选择的措施、向社会宣传健康保护方案以及捐赠医疗设备等行动上。在财产保险中，防灾防损则体现在保险人积极参与社会防灾防损工作，以及在自身业务经营中（如条款设计、费率厘定、承保经营等方面）贯彻保险与防灾防损相结合的原则上。

（四）保险资金运用

由于人身保险多具有储蓄性且为长期，因此保险人必须将提存的责任准备金用于投资，不断增值，以应付将来给付的需要。相比寿险公司，财险公司负债偿还期限较短，对流动性要求高，投资期限也比较短，因此更加关注安全性与流动性。

（五）再保险

财产保险人更重视再保险。一方面，财产保险业务属于短期业务，当保险标的的风险在一定时间内集中时，财产保险的经营风险是相当大的。另一方面，有的财产保险标的的价值相当高，损失一旦发生，可能严重影响保险人的财务稳定与安全，将其推向破产的边缘。为此,在某些情况下,财产保险人需要确认是否有再保险人愿意接受分保来决定是否承保,更需要通过再保险来进一步分散风险,增强承保能力。人身保险业务则风险较小,其再保险的重要性低于财产保险。

(六) 理赔

财产保险和人身保险在损失通知、索赔调查、核定损失金额以及最后赔付的整套程序方面都基本相同,但不同于人身保险的是,财产保险的理赔适用损失补偿原则和代位求偿原则。这也是由保险标的的性质和合同性质决定的。由于财产保险合同是补偿性合同,而人身保险合同是给付性合同,因此财产保险的理赔结果是对被保险人遭受的在保险责任范围内的损失给予经济补偿,财产保险人在赔偿了被保险人的损失后,依法享有在赔偿金额范围内代位行使被保险人对第三者请求赔偿的权利,避免被保险人通过财产保险不当获益。

第三节 财产保险的功能

财产保险的发展壮大本身表明了社会经济发展过程中对风险保障需求的不断增长,也表明了财产保险是一种具备促进社会经济发展功能的制度。概括来说,财产保险具有经济补偿、筹集资金、分散风险、防灾防损、稳定社会、促进创新等功能。

一、现代社会与财产保险

现代社会是物质财富极大丰富、经济利益关系日益复杂、风险因素日益多样的社会,因而财产保险的重要性进一步凸显。

1. 财产保险能够及时补偿被保险人的经济损失,维持社会再生产的顺利进行。现代社会中,自然灾害和各种意外事故都难以避免,带来的损失也往往较为严重,会影响正常社会经济秩序(见表1-2)。有了财产保险,保险人就可以对遭灾受损的被保险人进行及时的经济补偿,受灾单位就可以尽快完成灾后处理恢复工作,从而保障生产和经营的持续进行,有利于整个国民经济再生产。

表1-2 全球保险损失最大的人为保险灾害损失事故

年份	国家	事件	保险损失(10亿美元)	遇难人数
2001	美国	世贸中心、五角大楼和其他建筑物遭到恐怖袭击	25.2	2 982
1988	英国	帕玻儿·阿尔法钻井平台爆炸事故	3.0	167
2015	中国	天津港存放危险品的仓库发生爆炸	2.5—3.5	173(包含8人失踪)
1989	美国	石化工厂蒸汽烟雾爆炸	2.4	23
1979	美国	核电站受损	1.4	
2001	法国	爆炸摧毁化肥厂	1.3	30

资料来源:瑞士再保险.

表1-3 2017年和2016年总经济损失与保险损失
（10亿美元，以2017年价格计）

		2017	2016	年度变化	10年平均值
经济损失（总额）		306	188	63%	190
	自然灾害	300	178	69%	178
	人为灾害	6	10	−42%	12
保险损失（总额）		136	65	110%	58
	自然灾害	131	56	133%	51
	人为灾害	5	8	−45%	7

资料来源：瑞士再保险研究院.

2. 财产保险的发展一定程度上能够缓解政府财政压力与风险管理压力，完善社会保障救助体系。作为一种商业行为，财产保险可以满足社会成员多层次的保障需求。一方面发挥技术优势，通过合理计算，为不同需求的公民提供风险保障，完善社会保障救助体系；另一方面通过专业化的管理，利用多种投资渠道，实现保险基金的保值和增值，其损失补偿机制可以减轻政府救助压力。

3. 财产保险能够减少社会摩擦，协调社会关系，维持社会稳定。财产保险公司是专业的风险管理部门，其对于特定损失的保障是确定的、可预期的，体现了"人人为我，我为人人"的精神。损失发生后，保险人通过履行保险合同，以专业的理赔服务履行经济补偿职能，能够使被保险人在短时间内恢复生产和经营，避免了灾后要靠国家社会帮助、单位扶持、亲友支援、民间借贷的不确定性，从而解除人们在经济上的各种后顾之忧，有助于社会稳定。另外，以责任保险为例，保险公司对受害方提供经济补偿，一方面维护被保险人的经济利益，另一方面对受害者的人身及财产给予保障，有利于减少社会摩擦，避免司法纠纷，提高社会运行效率，对实现社会安定团结意义深远。

4. 财产保险能够促进创新创造，有利于科学技术的推广应用。创新创造隐含着巨大的风险，任何一项科学技术的产生和应用，既可能带来巨大的物质财富，也可能遭遇各种风险事故造成巨额经济损失，尤其是现代高科技的研发和应用，损失频率虽然可能大幅度下降，但损失一旦发生，其程度往往十分严重。财产保险为科学技术的发展在遭受风险事故时提供了经济保障，加快了新技术的开发利用。

5. 财产保险有利于对外贸易和国际交往，促进国际收支平衡。财产保险是对外贸易和国际经济交往中不可缺少的环节。在当今国际贸易和经济交往中，财产保险直接影响到一个国家的商业信誉。财产保险的发展能够促进对外经济贸易、增加资本输出或引进外资，使国际经济交往得到保障。

6. 财产保险作为现代社会经济的一部分，其发展必然促进第三产业发展，增加就业机会。一方面，财产保险的发展需要增设经营机构和网点，从而为社会提供更多就业岗位和机会；另一方面，我国第三产业相比发达国家在国民经济中占比仍然较低，财产保险的发展本身就是对第三产业的壮大，对于调整国民经济产业结构具有直接积极的影响。

二、家庭、企业与财产保险

保险是人类命运共同体典型范式,也是社会可持续的典型实践。保险具体地实践了"一人为众,众为一人";同时,保险的居安思危、未雨绸缪、防患于未然等思想均体现了对可持续的诉求。保险,在解决"可持续"问题的过程中,要重点关注家庭和企业两个维度。

家庭和个人作为社会的最微小单元,应对风险、承受损失的能力很弱,往往一次火灾或其他事故就会使个人陷入财务困境。企业在生产经营活动中也面临着各种各样的风险,其财产可能因灾害事故的发生而损毁,其生产经营活动可能因灾害事故的发生而停顿。财产保险可以为家庭与企业的财产安全提供必要的保障,提升其抗风险能力。

不论家庭、个人还是企业,在进行各项生产经营活动和日常生活中,都有可能由于疏忽、过失或其他原因等对他人造成损害,包括人身伤害和财产损失,如汽车肇事撞毁房屋、高楼坠物砸伤行人、热水器因质量缺陷造成用户伤亡、会计师审计业务未尽职给委托人及其利害关系人造成经济损失等。一旦给他人造成损害的事实成立,致人损害的车主、高楼住户、制造热水器的厂家和会计师等就将面临对他人的损害承担民事赔偿责任的风险,而此类赔偿责任的大小须根据法律判决决定,往往数额十分巨大。责任保险可以转移被保险人的责任风险,对个人和企业的损害赔偿责任进行分担,在高法律成本、高民事责任赔偿的环境中,责任保险对个人生活工作与企业稳定经营的作用非常重要。

现代社会商业信用普遍存在,道德风险日益严重,个人与企业在金融活动或经营活动中经常要运用信用,如银行的信用贷款、商业贸易凭信用赊销等,信用成为人们从事借贷、贸易、租赁、工程承包、国际投资和其他各种商业交易活动的先决条件。

企业遇到的风险场景在增多,从火灾、自然巨灾和供应链中断等传统的风险,到数字化和内在关联性所引发的、不会造成有形损失但会带来高额的财务损失的新风险。核心IT系统崩溃、恐怖主义或政治暴力事件、产品质量问题或意料之外的监管变化都可能令企业陷入暂时或长期的停滞,并严重影响收入[1]。

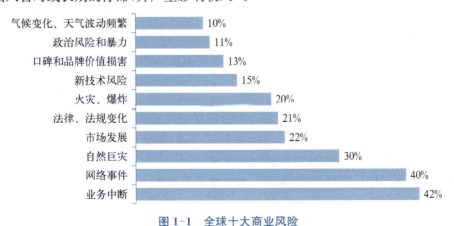

图 1-1　全球十大商业风险

资料来源:安联商业风险报告 2018[R].

---

[1]　安联商业风险报告 2018[R].

在我国,从企业的角度看,营业中断保险、利润损失保险、指数保险、价格保险等将成为关注点。从家庭的角度看,失业商业保险和收入保险等将成为关注点①。

三、防灾防损与财产保险

防灾防损是对灾害事故损失的预防和抑制。因为财产保险的被保险人投保后更可能有较高的道德风险,往往可能放松对保险标的的安全管理,甚至可能为了谋取保险赔款而故意制造保险事故,且财产保险人可能面临巨额损失赔付,这就迫使财产保险的保险人必须采取若干措施防止保险事故发生,减少事故损失。

财产保险的防灾防损,主要包括预防和抑制灾害损失两方面措施。

1. 预防灾害损失,降低损失发生频率。财产保险进行防灾防损,首先必须采取预防措施,以消除或减少灾害损失发生的风险诱因,降低损失发生频率。预防措施一般采取于灾害损失发生之前。财产保险公司积极参与许多损失预防项目,并雇用了大量不同领域的损失预防工作人员,包括安全工程师和火灾预防、产品责任等方面的专家,以支持诸如帮助车主预防汽车失窃、加强质量控制检查、对劣质产品造成用户身体伤害的预防、火灾预防教育与监督等防损措施的实施。

2. 抑制灾害损失,减轻损失程度。在采取预防措施后,如果仍然不幸发生事故,就要进入防灾防损的第二个环节:采取抑制措施。也就是说,抑制措施一般采取于灾害损失发生过程中或发生后,重点在直接面对风险采取措施,阻止损失蔓延扩大,减轻损失程度。例如,安装自动灭火系统以便迅速应对火情、在货仓的不同位置设置防火墙以隔离风险单位。

具体来说,在防灾防损上,财产保险公司可以加强同社会防灾部门的联系与协作,特别是与公安、消防、卫生、法律、民政、气象等部门建立制度化合作,实现信息共享和资源整合,形成强大的社会防灾防损网络体系;利用自身信息及技术优势,为社会提供风险咨询服务、灾情信息服务和安全技术成果推广服务等;开展防灾防损知识的宣传,加强对保险消费者的防灾防损教育与监督;承保前和承保后对保险标的的进行检查,了解和熟悉被保险人与保险标的的基本情况与风险状况,对于不安全因素和事故隐患,保险人应及时提出整改建议并复查被保险人整改情况,以确保防灾防损的有效实施。

专栏 1-1

区块链机制下的金融保险新趋势②

一、保险产品简单化

保险是风险管理的手段,从保险保障的本质来看,就是"我为人人、人人为我"。保险实现了群体分担风险的机制,区块链可以组织这样的群体。

保险是参与的个体平均分担群体均需面对的概率小、损失大的事件的风险的机制。对于纯保障的保险而言,可以视为按照保险的合同购买的未来合约,即当某件事情发生就

---

① 王和.当前我国财险业十大问题[N].中国保险报,2018-01-30(8).
② Roobin.区块链机制下金融保险新趋势[Z/OL].分子实验室微信公众号,2018-01-19.

可以获得保险金。

不管保险的标的是人身、健康、财产还是其他,都是对风险事件的风险分担。保险就是保概率。将保险金和运营成本分开,按保险事件发生的概率对保险产品进行定价,按管理保险资金的规模收取服务费,回归保障本质,更加有利于开展保险宣传,并有助于资本市场稳定。

二、建立金融保险大脑

人工智能算法能够帮助人类在金融保险的方方面面作出计算、信息反馈和决策,将这些决策信息、决策逻辑整合到一起来,并不断学习新数据,不断迭代进化,将逐步形成金融保险大脑。金融保险大脑可以接收各类输入,例如接收销售客服咨询、分析等各类信息,最终返回咨询回复、计算各类费率以及决策信息等。

利用金融保险大脑,可以实现保险智能核保理赔,根据各类数据确定其保险费率,并在理赔时进行赔付决策。同样,也可以根据融资个体信用度和市场利率情况确定保险资金投资时的决策和费率。

三、实现金融保险智能合约

智能合约是区块链机制的重要应用场景之一,把智能合约存储于区块链上,可保证合约的可追溯和不可篡改。当一个预先编好的条件被触发时,智能合约执行相应的合同条款。

保险合同可以被视为建立在区块链上的智能合约。投保就是付费建立智能合约,理赔就是确定保险合同对应的事件发生后自动赔付。

同样,投资也可以被视为建立在区块链上的智能合约。对于缴费建立合约的投资人,投资期结束时系统自动返还投资本金和利息;对于融资人,根据融资提供各项信息和自身信用数据,保险金融大脑计算出融资利率,确定同意后,实现自动划款。

第四节 财产保险的发展

保险业的发展可以划分为三个大的阶段:第一阶段是传统的海上保险和火灾保险(后来扩展到一切财产保险);第二阶段出现了人寿保险;第三阶段则扩展到责任保险。

一、海上保险的起源与发展

(一)海上保险的起源

海上保险是现代保险的起源,它是随着海上运输和海上贸易活动而产生和发展起来的,在各类保险中历史最长。但它究竟起源于何时,说法不一,其确切的产生年代也难以考证。目前,关于海上保险的起源,主要有共同海损起源说和船舶或货物抵押借款起源说两种观点。

1. 共同海损起源说。约公元前2000年,地中海海域内已有广泛的海上贸易活动,海上运输也因而得以发展。当时运载货物的船舶为木帆船，构造简陋，抵御海上灾害事故的能力很弱，船舶航行途中常有遭遇风浪而沉没的风险。当时海上运输处于初级阶段，船东即为船长，货主则常随船押运货物，即船货双方在一条船舶上航行，航行途中每当遇到海上风暴，船身倾斜，随时可能出现航行危险时，往往采取"抛货"的方法，即把船舶所载的一部分货物抛入海中，以减轻船舶载重，迅速驶离险境或使船身恢复平衡，不致倾覆。这是当时在危急情况下，为避免船舶与其所载货物"同归于尽"所采取的一种最有效的抢救措施。为了避免在千钧一发的危急时刻船货双方互不相让、争吵不休、贻误抢救时机，在长期实践中逐渐形成了赋予船长作出抛货决定的权力，而被抛弃货物的损失由受益的船货各方共同分摊的做法。这一做法为当时地中海一带的航海商人所接受，并形成一条共同遵守的原则，即"一人为众，众为一人"的共同海损分摊原则。

公元前 916 年，腓尼基人制定的《罗地安海商法》首先把这一分摊原则法典化，规定："凡是由于减轻船舶载重而抛弃入海的货物，如果是为了全体利益而损失的，应当由全体分摊归还。"这就是著名的共同海损分摊原则。

共同海损分摊原则的产生，为以后的海上保险打下了基础。由于它符合对海上保险具有损失分摊基本职能的要求，所以有学者认为该原则是海上保险的萌芽。

2. 船舶或货物抵押借款起源说。公元前 800 年至公元前 700 年，古希腊船东利用抵押贷款制度作为筹措航海资金的一种方式。船舶抵押贷款，即船东在出海航行之前因缺乏资金，或者在船舶已经出海航行后因遭遇风浪受损而需要进行临时性修理或者补充给养时，因手头没有足够资金，遂以船舶作为抵押物向当地放款商人借款来解决航海资金的筹措问题。货物抵押借款使用货物作为抵押，放款对象则是货主，除此之外，在放款安排、利息支付等规定上与船舶抵押借款基本相同。这种抵押借款制度的形成和发展大致经历过海上借贷、冒险借贷、无偿借贷和空买卖合同等几种形式。

海上借贷的做法是：船东或货主在起运航行之前，向金融业者融通资金，若船舶和货物在航海中遭遇海难，则视其损失程度，免除部分或全部债务责任；如果货船安全抵达目的地，则偿还本金和利息。由于海上航行风险大，放款人本利可能遭受部分或全部损失，因而这种借款利率特别高，当时一般借款利率为 6％，这种海上借贷利率则高达 12％，超出的 6％ 实质上相当于保险费。冒险借贷基本内容与海上借贷差不多，主要区别在于两点：一是借款利率高，逐渐发展到最低 25％，最高 40％ 的地步；二是不管什么情况下都必须如数支付利息。冒险借贷一度极为流行，从古希腊、古罗马又传至意大利，持续有一千多年，但后来由于利率过高，为教会所不容。公元 1230 年罗马教皇颁布利息禁令后，被取缔的冒险借贷转化为无偿借贷，以后又发展成为空买卖合同。1370 年 7 月 12 日热那亚的一份公证书中，可以见到世界上最早关于空买卖合同的记录。按照合同，风险分担费由船主或货主于契约签订时以定金形式支付给放款者，如果船货安全到达，则契约无效；如果发生风险事故，则买卖契约生效，由放款者支付给船货主人一定金额作为补偿。这种契约已和现代保险相差无几。

以上关于海上保险的两种起源说，分别获得不少保险学者支持。然而，共同海损由于是海上财产获救后受益的船货各方之间实行的一种分摊损失制度，强调的是分摊为了船货共同安全而作出的牺牲和产生的费用，因此并没有对海上运输在经济补偿方面提供保障的含义。与之相比,船舶或货物抵押借款强调的是对风险损失的赔偿,而海上保险的实质正是对海上风险所造成的损失进行补偿,因此海上保险的船舶或货物抵押借款起源说更为人们所接受。

(二) 海上保险的发展

意大利作为现代海上保险的发源地,在海上保险的发展中扮演了重要角色。1347年10月23日由热那亚商人乔治·勒克维伦签发的一张承保"圣·克勒拉"号商船从热那亚到马乔卡的船舶航程保险单,是目前世界上发现的最早的保险单。应该说"热那亚保单"的诞生表明早期海上保险已完成了向现代海上保险的转变。但这张保单没有列明保险人所承保的风险,因此尚不具有现代保险单的基本形式。

1384年1月15日由比萨的一组保险人出立的承保四大包纺织品从法国南部城市阿尔兹到比萨的货物运输保单,即保险史上所称"比萨保单",被认为是第一张出现承保内容的"纯粹"保单。

当时的保险单已有统一格式,由专业的撰状人拟写。1424年第一家海上保险公司在热那亚建立。同时,意大利和欧洲其他国家也制定了一些旨在防止海上保险中的欺诈行为和保证保单实施的国家或地方法规。

但是,随着资本主义生产方式的产生和美洲新大陆的发现,贸易中心和航运中心由地中海区域转向大西洋沿岸。意大利的海上保险制度经西班牙、葡萄牙传至比利时、荷兰、德国、英国,保险中心慢慢北移到英国。

1688年,劳埃德在伦敦塔街开了一家咖啡馆,由于该馆附近是一些与航海贸易有关的机构,因此,咖啡馆很快成为船主、船员、商人、经纪人、保险商人的聚集地。后来,劳埃德鼓励保险人在其咖啡馆开办保险业务,遂成为伦敦海上保险的总会。1692年,咖啡馆迁至伦巴第街,正式组成"劳合社"。1774年,劳合社又迁至伦敦皇家交易所,成为英国海上保险业的中心。一部劳合社的成长史,可以说是英国海上保险的发展史。进入18世纪,伦敦已成为世界上最具实力的海上保险市场。英国1906年《海上保险法》对保障和促进英国的海上保险业发展起了重要作用,并被誉为海上保险"圣经",各国无不将其作为经典仿效或援用。

与传统的海上保险相比,今天的海上保险无论是内容还是形式都有了不少变化和发展:承保风险扩展、承保标的增多、险种险别增加、保险条款和保单格式做了改进。

二、火灾保险的发展

火灾是人类面临的最具破坏力的风险之一。人类在不断创新防火技术的同时,也一直在寻找灾后的减损技术,其中最具划时代意义的便是火灾保险的产生。

受海上保险的启迪,火灾保险的产生紧随其后。1118年,冰岛设立的Hrepps社可以说是火灾保险思想萌芽的产物,该社负责对火灾造成的家畜死亡损失进行赔偿。16世纪,德国出现了类似火灾保险的互助组织。1591年,德国汉堡市的造酒业者成立了火灾合作社,社员的酿造厂如果遇到火灾并遭受损失,均可从合作社获得重建资金,还可以酿造厂作为担保进行融资。这种方法的效果很好,在德国盛行一时,各地不断涌现各种类似合作社。1676年,德国的46个保险合作社合并成立了汉堡火灾保险社,其后,成为德国第一家公营保险公司——汉堡火灾保险局,这也是世界公营火灾保险的始祖。在此后的发展中,德国政府还通过立法,将德国各地的公营火灾保险机构强制组织起来。

但一般认为,德国的这种公营火灾保险只是原始的火灾保险,并不是真正现代意义上的火灾保险,现代的火灾保险制度起源于英国伦敦大火之后。

1666年9月2日英国伦敦大火的发生,促成了次年英国第一家火灾保险商行的设立。这场火灾持续了5天,使伦敦城约80%的建筑被毁,13 200户住宅被烧毁,财产损失在1 000万英镑以上,20多万人流离失所,无家可归。灾后的幸存者非常渴望能有一种可靠的保障对火灾所造成的损失提供补偿,火灾保险的开办显得十分迫切。

次年,一位牙科医生尼古拉斯·巴蓬(Nicholas Barbon)独资开办了一家专门承保住宅火险的营业所,开创了私营火灾保险的先例。1680年,巴蓬又与另外三人共同集资,创立了拥有4万英镑资本金的火灾保险公司,1705年更名为菲尼克斯火灾保险公司。在巴蓬的主顾中,相当部分是伦敦大火后重建家园的人们。对于保险费,巴蓬的火灾保险公司是根据房屋的租金和结构计算的,砖瓦结构建筑的费率定为2.5%,木结构建筑比砖瓦结构建筑费率增加一倍为5%。这种依房屋危险情况分类的保险差别费率的方法被沿用至今,因而巴蓬被称为"现代火灾保险之父"。

伦敦大火为现代火灾保险业的兴起创造了契机。此后,专营火险的保险公司不断涌现,甚至有许多原来只营水险的公司也纷纷兼营火险业务。1710年,波凡创立了伦敦保险公司,后改称太阳保险公司,接受不动产以外的动产保险,营业范围遍及全国。

18世纪末到19世纪中期,英、法、德等国相继完成工业革命,机器大生产代替了原来的手工作坊,物质财富大量创造和集中,火灾增多及火灾损失的增大使得火灾保险重要性进一步凸显,客观上也为火灾保险的发展提供了更广阔的空间。这一时期火灾保险发展异常迅速,火灾保险公司的形式以股份公司为主。进入19世纪,在欧洲和美洲,火灾保险公司大量出现,承保能力也有很大的提高。

为控制同业竞争和规定统一的承保方法,欧美各国陆续成立了保险同业公会或类似组织,尤其是标准火灾保单的出现,更加方便保户选择保险公司,加强了国际间再保险业务的开展与交换。在此情况下,火灾保险得到规范的发展,日趋成熟。1871年,芝加哥一场大火造成1.5亿美元的损失,其中保险公司赔付约1亿美元,可见当时火灾保险承保面之广、损失补偿作用之明显。随着需求的进一步发展,火灾保险所承保的风险也日益扩展,承保责任由单一的火灾扩展到洪水、风暴等非火灾危险,保险标的也从房屋扩大到各种固定资产和流动资产。19世纪后期,随着帝国主义的对外扩张,火灾保险也传到了发展中国家和地区。

三、责任保险的发展

责任保险的产生与发展,被西方国家保险界称为整个保险业发展的第三阶段。保险业由承保物质利益风险,扩展到承保人身风险,再到承保各种法律风险。由此可见,责任保险在保险业中的地位很高,它既是法律制度走向完善的结果,同时又是保险业直接介入社会发展进步的具体表现。

责任保险作为一类法律风险保险业务,产生于19世纪的欧美国家,20世纪70年代后在工业化国家获得了迅速发展。

在19世纪后半叶,工业生产在为社会创造更多财富的同时,也产生了工业损害问题,给社会制造了更多、规模更大的危险,特别是工业事故造成的人身伤亡大为增加,侵权赔偿激增的需求创造了利用保险转移责任风险的新局面。责任保险是顺应工业革命后分散赔偿风险的需要而产生的。

1855年,英国制定了世界上首部提单法——《1855年英国提单法》,承运人开始面临相关法律责任风险。同年,世界航运史上第一家船东互保组织在英国成立,承运人责任保险由此产生,该组织承担会员船东对旅客的人身伤亡责任和船舶保险人不保的1/4船舶碰撞责任。同时,英国铁路乘客保险公司也开办了铁路承运人责任保险,对于在铁路运输中的货物毁损,承运人要承担赔偿责任的风险可以通过保险转嫁给保险公司。1875年,英国沃顿保险公司签发第一张载有公众责任的保险单,同年还出现了马车第三者责任保险,并在19世纪末发展出机动车辆责任保险。1880年,英国颁布的《雇主责任法》规定,雇主经营业务中因过错致使雇员受到伤害时须负法律赔偿责任,同年成立了专业的雇主责任保险公司,首次承保雇主责任保险。1886年,英国在美国开设雇主责任保险分公司。1889年,美国也有了自己的专门承保雇主责任保险业务的公司。

与此同时,西方国家的保险人对其他各种责任保险也开始以附加险的方式承保,并逐渐发展成为新的险种。如承包人责任保险开始于1886年,升降梯责任保险始于1888年,制造业责任保险始于1892年,业主房东住户责任保险始于1894年,医生职业责任保险始于1890—1900年之间,契约责任保险始于1900年,产品责任保险始于1910年,航空责任保险始于1919年,会计师责任保险始于1923年,个人责任保险始于1932年,农户及店主责任保险始于1948年等。

目前大多数国家均采取强制手段并以法定方式承保的汽车责任保险,始于19世纪末。当时英国的"法律意外保险公司"最为活跃,它签发的汽车保险单仅承保汽车对第三者的人身伤害责任,火险则列为可以附加承保的风险。到1901年,美国开始出现对他人财产损害负责赔偿的汽车责任保险。

进入20世纪70年代后,随着商品经济的发展,法律制度不断健全,民众维权意识、索赔意识不断增强,各种民事赔偿事故层出不穷,使得责任保险在工业化国家进入黄金发展时期。这一时期,首先是各种运输工具的第三者责任保险得到了迅速发展,其次是雇主责任保险成了普及化的责任保险险种。在西方发达国家,责任保险服务领域十分广阔,已形成门类齐全、险种众多、专业性强的责任保险体系。

进入21世纪,随着市场经济发展和法制日益健全,责任保险在发展中国家也快速发展起来。

四、财产保险在中国的发展

(一) 旧中国的财产保险(1805—1949年)

中国的财产保险是随着英国和其他帝国主义的入侵而产生并逐步发展的,迄今有200多年历史。需要指出的是,由于旧中国的人身保险不仅产生要比财产保险晚很多,而且并未得到发展,因此旧中国的保险发展史基本上就是财产保险发展史。

1805年，英国东印度公司在广州设立了谏当保险行，由英国人戴维森开办，专门承保与英国商人的贸易有关的货物运输保险业务。这是中国境内第一家具有现代意义的商业保险机构。此后，外国人在华开设的保险机构逐渐增加。上海在1843年开埠，至19世纪60年代中期，作为当时全国进出口贸易中心，也成了外国保险人在华重要据点，著名外商保险机构有保字行、保安、保裕、谏当、于仁、扬子、泰安、保宁等，外商保险业在华进入了扩张阶段。

同时，随着洋务运动的兴起，民族保险业也得以产生并得到发展。据相关史料记载，中国第一家华商保险公司是1865年左右设立于上海的义和公司保险行。1875年12月，中国第一家规模较大的船舶保险公司——保险招商局在上海成立，1876年在此基础上设立了专门经营水险业务的仁和保险公司；以后相继设立了安泰保险公司(1877年)、济和船栈保险局(1878年)、万安保险公司(1881年)、上海火烛保险公司(1882年)等。其中，由洋务派官僚李鸿章创办的仁和、济和两家财产保险公司，后来合并成仁济和保险公司，成为我国第一家规模较大的船舶和货物保险公司。清政府也先后起草了《大清商律草案》《保险业章程草案》等，这标志着保险立法的出现；另一重要史实则是1907年上海九家华商保险公司组成了中国保险史上第一家财产保险同业公会，即"华商火险公会"，用以和洋商的"上海火险公会"抗衡。因此，19世纪末到20世纪初是我国民族保险业不断得到发展的时期，上海成为全国的保险业中心。1926年以后，中国的银行纷纷投资成立保险公司，使中国民族保险业出现了一个新的局面。1931年由中国银行投资设立的中国保险公司是华商保险公司中屈指可数的大公司，分支机构和代办处遍布全国主要城市；然而，中国保险公司在业务上严重依赖外商保险公司，与英国太阳等五家外国保险公司订立了分保合同。

抗日战争以前，外商保险公司利用不平等条约的特权，在中国经营保险不受中国法律约束，他们自己组织同业公会，制定保险条款、费率，设立拍卖行、公证行。旧中国的保险市场为外商所垄断，民族保险业处于附属地位。

抗战期间，在重庆形成了以官僚资本为主体的西南后方保险市场。抗战胜利后，官僚资本的保险机构和私营保险机构纷纷把总部迁往上海，英、美、法等外商保险公司也卷土重来，相继在上海复业，其中，在上海起家的美亚保险最先复业。据1948年5月上海市保险同业公会的记录，当时共有会员235家，其中华商保险公司172家，外商保险公司63家。华商保险公司中大部分实力薄弱，至新中国成立前夕停业的达48家。1946年国民党发动内战，恶性通胀，外商保险公司将大量资金套购外汇，汇往国外，官僚资本和实力较为雄厚的私营保险公司纷纷去东南亚地区设置机构，把一部分资产转移到海外。当时，保险公司竞相以回扣争取业务，从事黄金、银圆和美钞的投机买卖，公司信誉很差。新中国成立前夕的保险业实际上已处于瘫痪状态。

(二) 新中国成立后的财产保险(1949年至今)

新中国成立后，保险事业的发展经历了整顿改造旧保险业、人民保险事业蓬勃发展、国内保险业务中断、恢复和发展等几个阶段。

1. 初步发展阶段(1949—1958年)。1949年9月召开了第一次全国保险会议，确定国家保险的方针为"保护国家财产、保障生产安全、促进物资交流、提高人民福利"。国家首先对旧中国的保险机构和保险市场进行了整顿、改造，并于1949年10月20日，成立了当时唯一的全国性、综合性的国家保险公司——中国人民保险公司，统一经营全国的各种财产保险业务和少量人身保险业务。与此同时，外商保险公司纷纷撤离中国，原有一些华商保险公司在整顿、改造中亦渐消退，一些保险公司将总部迁至香港等地，因此中国保险市场迅速形成由中国人民保险公司独家垄断的局面。新中国成立初期的国内财产保险业务主要以企业财产保险为主，后来逐步扩展到汽车保险、货物运输保险、家庭财产保险和农业保险。通过颁布法规的形式在全国范围内开展了对国家机关、国营企业、合作社、船舶和铁路车辆的强制财产保险。

2. 停办时间(1958—1979年)。1958年10月在西安召开的国务院财贸会议认为，人民公社化以后，人们的生老病死和灾害事故都可以由国家和集体包下来，保险的作用已消失，决定除了保留部分国外业务，所有国内业务在保险责任期满后不得续保，长期性业务开始办理退保。有150余年发展历史的中国保险市场第一次被人为强行关闭。

3. 恢复发展阶段(1979年至今)。在国内保险业务停办20多年后，随着党将工作重心转移到经济建设上来，1979年国家决定恢复国内保险业务，中国人民银行组建了专门部门开始实施管理和监督保险行业的职能。1980年1月1日，中国人民保险公司恢复办理国内财产保险业务，开始在全国设置部分分支机构，同时发展壮大保险从业人员队伍。新疆生产建设兵团农牧业保险公司、中国太平洋保险公司、中国平安保险公司等新的保险公司开始出现，保险业务收入大幅增长，保险日益成为生产生活中不可缺少的风险保障工具。但这一时期，财产保险与人身保险处于混业经营状态，保险市场的开拓和业务承保在很大程度上依靠政府行政权力干预。

1995年10月1日《保险法》的实施，使保险事业的发展步入法制化规范化轨道，规定实行财产保险与人身保险分业经营，以法律手段终止了新中国成立以来保险公司混业经营的历史。

1995年，区域性的天安财产保险公司和大众财产保险公司在上海成立，中国财产保险市场多元化竞争格局开始形成。1996年5月，中国人民保险公司改组为中国人民保险(集团)公司，分设中保财产保险有限公司、中保人寿保险有限公司和中保再保险有限公司。同年，专营财产保险业务的华泰财产保险有限公司、华安财产保险有限公司和永安财产保险有限公司分别在北京、深圳和西安成立。1998年中国保险监督管理委员会成立，取代中国人民银行对于保险市场监督和管理的全部职能。同年，中国人民保险(集团)公司解体，分别成立专营财产保险业务的中国人民保险公司、专营人身保险业务的中国人寿保险公司、专营再保险业务的中国再保险公司和专营海外业务的香港中国保险集团。

进入21世纪以后，中国财产保险业也迈向综合经营之道，一部分财产保险公司努力打造成为现代化的保险集团公司。也有一批专业性财产保险公司相继成立或筹建。2001年，我国专营进出口信用保险业务的政策性保险公司——中国进出口保险公司成立；2004年，我国第一家农业保险公司——安信农业保险股份公司成立，第一家相互农业保险公司——阳光农业相互保险公司成立，第一家专业汽车保险公司——天平汽车保险股份有限公司成立；2005年，第一家专业责任保险公司——长安责任保险股份有限公司成立。这些表明我国的财产保险业进入了产业化、专业化、市场化发展的新阶段。近年来，随着"互联网＋"的持续热潮，众安在线财产保险等互联网保险公司纷纷涌现，自保、相互保险公司等新型主体不断增加,为我国财产保险的发展注入新鲜血液,我国财产保险市场日益活跃。2016年底,财产保险经营主体为81家。

> **案例分析**
>
> ### 科技驱动的保险解决方案有助弥合1 800亿美元的保障缺口[①]
>
> 2017年是毁灭性自然灾害频发的一年。美国的飓风、洪水和森林火灾,墨西哥和中东的地震以及非洲和亚洲的洪水造成重大人员伤亡,摧毁家园,也给经济造成沉重压力。美国在短短四周内,就遭遇创纪录的三个4级以上飓风袭击,分别是飓风"哈维""艾尔玛"和"玛利亚"。再加上墨西哥的两起强地震,这些灾害估计造成950亿美元的保险损失。2017年,全球因自然灾害与人为灾难导致的经济损失总额估计达到3 060亿美元,高于2016年的1 870亿美元。
>
> 近期的灾害引发了人们对投保与未投保财产之间巨大差距的关注,我们将此称为"保障缺口"。2016年,自然灾害和天气风险的全球保障缺口达到约1 800亿美元——仅亚洲的缺口便高达810亿美元。而且,问题不仅限于自然灾害的范畴。人寿与健康保险方面也存在重大保障缺口。数字化及其带来的机会亦催生了未充分投保的新风险。发达国家也不例外;事实上,保障缺口正在不断扩大。除了增加个人和企业的成本外,这种情况也会给政府带来重大的长期财政负担。
>
> 第一类缺口是保险的缺失——比如某些发展中国家面临的就是这种情况。在肯尼亚北部,养育牲畜的农场主在过去没有干旱保险保障,使得牲畜面临风险,也影响自身的生计。2016年,肯尼亚推出首个政府资助的牲畜保险计划,为14 000家农户提供保障。该计划利用卫星图像,通过测量地面植被的颜色偏差,评估放牧条件。一旦达到特定的临界值,投保的农户便可获取一笔款项(大多数人通过手机收取该款项),这让价值链有效节省成本。类似的创新保险计划也可以在世界其他地区推行。"肯尼亚牲畜保险计划"的例子充分说明,政府、发展组织和(再)保险业的携手合作可实现创新。
>
> 第二类保障缺口与第一类相仿,此类缺口是指保险服务已就位,但人们无力负担。近年来,中国的政府部门在认可(再)保险作为风险转移机制的价值方面取得了长足进展。现在部分省市政府部门积极尝试将部分预算用于购买巨灾或民生保险,以用于稳定预算刚性。黑龙江省推出一项农业巨灾保险项目,为28个县提供洪水、降水过多、干旱和低温保障。与肯尼亚的项目相似,它也使用卫星和天气数据以实现快速赔付。该计划是通过政企合作促进政府扶贫行动的绝佳例证。这在中国具有巨大的推广潜力。
>
> 第三类缺口更难克服。它是指保险服务就位,人们也有能力负担保险,但仍选择不购买保险。这是发达国家许多地区面对的问题。在美国加利福尼亚州,未来30年内发生7.5级地震的概率为48%。但在投保火灾险的家庭中,只有12%同时投保了地震险。这可能是由于许多原因所致。侥幸心理或许是原因之一,即人们认为"危险不会发生在我身上"。其他原因可能包括:保险意识缺乏;购买保险的成本或复杂性;对保险业缺乏信任;人们期望国家在灾害发生后出钱救助。

[①] 缪汶乐.科技有助弥合保障缺口[Z/OL].瑞士再保险微信公众号,2018-01-30.

上述障碍可以逐个解决。例如,利用科技降低价值链的成本,提高保险产品的可负担性。另外,由于大数据能使我们更好地了解风险,所以可帮助我们为原本难以承保的风险定价。随着数字革命改变世界,并继而改变(再)保险行业,科技将在弥合保障缺口中发挥重要作用。但只有通过公私部门的共同努力,才能在此方面取得真正的进展。

本 章 小 结

1. 财产保险是指投保人根据保险合同约定向保险人支付保险费,保险人对于合同约定的可能发生的灾害事故因其发生所造成的保险财产损失承担赔偿保险金责任的商业保险行为。
2. 财产保险按保险标的可以分为财产损失保险、责任保险和信用保证保险三大类。
3. 一般地,可保财产风险应具备六个条件:第一,存在大量同质风险;第二,损失必须是偶然的、意外的;第三,损失发生概率较小;第四,损失后果较为严重;第五,损失是可以确定和测量的;第六,不能有大量保险标的同时遭受损失。
4. 财产保险与人身保险存在诸多不同点,如保险标的不同、保险利益要求不同、保险合同性质不同、保险合同主体不同、费率确定依据不同、获偿权益不同、保险期限不同等。
5. 财产保险的功能,包括对社会、对家庭与企业的作用以及防灾防损的功能。
6. 保险业的发展可以划分为三个大的阶段:第一阶段是传统的海上保险和火灾保险(后来扩展到一切财产保险);第二阶段出现了人寿保险;第三阶段则扩展到责任保险。

重 要 概 念

财产保险　强制保险　责任保险　信用保证保险　定值保险　不定值保险　海上保险

习题与思考题

1. 财产保险的分类方式有哪些?
2. 财产保险按保险标的划分主要有哪些险种?
3. 财产保险与人身保险的区别有哪些?
4. 可保财产风险的要件有哪些?
5. 财产保险如何影响我们的生活?
6. 财产保险在防灾防损上的作用包括哪些方面?
7. 材料思考题:

航天发射所固有的高风险性决定了每次发射活动都面临巨大的失败风险。为适应航天发射活动中相关发射主体规避风险的现实需求，航天保险及其法律规范应运而生，并逐渐成为各国航天产业发展中被重点关注的问题之一。

航天保险有三"最"：风险最高、费率最高、科技含量最高。险种包括发射前的保险、发射保险、卫星在轨寿命保险、发射场设施保险和第三方责任保险等。依据国际惯例，商业性质的航天发射普遍有保险介入。一般由政府主导的军事和科研性质的非商业发射则不会投保。

与欧美航天保险业的发展相比，中国航天保险业的起步较晚，始于20世纪80年代末中国长征系列火箭承接的国际卫星发射服务。当时的航天发射保险主要由中国人民保险公司和太平洋保险公司承保，并根据商业惯例将绝大部分风险分保给了国际保险机构。1995年至1996年，在连续出现几次发射事故后，国际保险机构基于对中国长征火箭发射可靠性的疑虑，集体拒绝为其提供再保险服务，导致中国企业在国际卫星发射领域的市场份额大幅度下降。为支持中国长征火箭的卫星发射，国务院于1997年指示中国人民银行和财政部，由中国人民保险公司等国内10家财产险公司组建了一个中国航天保险联合体，专门承接中国卫星发射保险业务，以相关保费建立中国卫星发射保险专项基金，并规定，在该专项基金积累到25亿元人民币之前，中国卫星发射保险业务属于政策性保险。直到2004年之后，商业保险才开始有限度地介入中国航天发射业。自此，国内航天保险市场进入"一个市场，两种做法"的时期，既可以选择向航天保险联合体投保，进行政策性运作；也可以选择由一家国内保险公司作为首席保险人，进行市场化运作。

请思考：

(1) 航天风险的特殊性在哪里？

(2) 为什么要采用政策性航天保险？未来航天保险的商业化发展前景如何？

(3) 财产保险对于科技进步、创新创造的作用有哪些？

8. 材料思考题

互联网保险在中国最初是作为一种保险销售渠道产生的。但经过多年发展，互联网已经不再是单纯的保险交易媒介与平台，互联网的发展为保险业带来了技术、信息支持与新的需求，互联网技术被大量应用于保险业中，不仅能够提高保险销售和理赔效率，降低服务成本，还可以利用其大数据优势，提高保险公司的风险管控能力与保险定价精准度。最重要的是，互联网作为一种虚拟生态环境，其中的信息安全风险具有极高的经济价值与保障需求，有利于拓展保险行业空间，激发了创新点和增长点。

目前，互联网保险已经成为以保险机构为主体、依托于互联网技术与移动通信技术进行多维度创新而形成的金融业态，包括营销创新、渠道创新、机构创新与产品创新四大维度。保险机构通过金融创新机制将互联网业态中的保险利益进行产品化包装，形成了网销保险、O2O保险、信息安全保险三种互联网新类型险种，其产业规模已经在保险业中占据了一席之地。

请思考：

(1) 互联网、大数据应用中存在哪些风险，分析其是否属于可保财产风险？

(2) 现实中有哪些互联网保险产品？你认为其设计是否合理？

第二章

财产保险的基本原则

> **学习目标**
> 1. 掌握最大诚信原则内容与应用
> 2. 掌握保险利益原则的成立要件与保险利益的变动
> 3. 掌握损失补偿原则的含义、实现方式与例外情况
> 4. 了解近因原则的含义与认定方法

财产保险的基本原则,是指贯穿于整个保险经营活动中,对各项保险制度及保险法规起着统率作用的根本原则。通常认为,财产保险的基本原则包括:最大诚信原则、保险利益原则、损失补偿原则、近因原则。

第一节 最大诚信原则

诚实信用原则是市场经济活动的基本原则,是民商事法律的基本原则之一。商业保险活动由于保险合同的特殊性,决定了其必须采用比一般民事活动更严格的诚实信用原则,很多国家保险立法将这一原则称为"最大诚信原则",又称为"绝对诚信原则"。最大诚信原则是指当事人要向对方充分而准确地告知有关保险的所有重要事实,不允许存在任何的虚伪、欺骗和隐瞒行为。否则,受到损害的一方可以以此为由宣布合同无效或不履行合同的约定义务或责任,对因此而受到的损害还可以要求对方予以赔偿。重要事实是指对保险人决定是否承保或以何条件承保起影响作用的事实,它影响保险人是否接受投保人的投保和确定收取保险费的数额。

一、原因

(一)保险合同的附合性

附合合同,是指由一方当事人提出合同的主要条件,另一方当事人或者从整体上接受,或者完全拒绝,没有商量的余地。在保险实务中,保险合同的主要内容通常由保险人一方预先拟定,投保人只能就这些合同内容作同意与否的意思表示。同意,则加入保险;

不同意，也不能对之加以修改。保险合同具有附合性，意味着投保人与保险人之间存在着一定程度的信息不对称，这种不对称体现在保险人对于合同的条款及相应的内容的了解要高于投保人，保险人多为大中型公司，有专门的技术、法律人才，而投保人多为普通民众，他们通常不具备保险专业知识与技能，因此在签订保险合同时处于劣势。

针对保险合同的附合性特征，国内外立法都以条款加以约束，强调保险人必须遵循最大诚信原则，以保护投保人的利益。我国《保险法》第17条规定："订立保险合同，采用保险人提供的格式条款的，保险人向投保人提供的投保单应当附格式条款，保险人应当向投保人说明合同的内容。对保险合同中免除保险人责任的条款，保险人在订立合同时应当在投保单、保险单或者其他保险凭证上作出足以引起投保人注意的提示，并对该条款的内容以书面或者口头形式向投保人作出明确说明；未作出提示或者明确说明的，该条款不产生效力。"其次，确立了"疑义利益解释规则"（也称"不利解释规则"）。《合同法》第41条规定："对格式条款的理解发生争议的，应当按照通常理解予以解释。对格式条款有两种以上解释的，应当作出不利于提供格式条款一方的解释。格式条款和非格式条款不一致的，应当采用非格式条款。"《保险法》第30条规定："采用保险人提供的格式条款订立的保险合同，保险人与投保人、被保险人或者受益人对合同条款有争议的，应当按照通常理解予以解释。对合同条款有两种以上解释的，人民法院或者仲裁机构应当作出有利于被保险人和受益人的解释。"

（二）个人性质的合同

保险合同具有强烈的属人性，这是指保险合同与投保人的个体性质密切相关。保险合同的订立以保险人与投保人之间相互信任为基础。保险人在决定是否承保以及在确定保险费率时，是在考察投保人的具体情况上做出决策的。保险事故发生概率的大小，不仅与具体的客观因素息息相关，而且也与投保人的主观因素具有密切联系。在实际中，保险人与投保人的信息不对称体现在，投保人对于自身的个人性质、投保标的的特性以及自己的主观因素的了解要高于保险人。因此必须在立法中对投保人实行最大诚信原则的约束，以保障保险人的利益，这种约束具体主要体现在告知与保证两方面。

（三）保险合同的机会性

保险合同的机会性是指在保险合同的实施过程中，因为信息不对称而出现道德风险，即投保人利用自己的信息优势损害保险人的利益来为自己谋取不当利益。比如，由于财产保险合同的存在，投保人对于自己的财产的保管将会比投保前松懈，从而增加了财产损失的风险，可能损害保险人的利益。更有甚者，还有投保人刻意制造保险事故，以骗取保险人的保险金，即保险欺诈。为了保险活动的顺利进行，也需要对此加以约束。

二、基本内容

为了维护市场公平，保护投保人的利益，最大诚信原则应同时适用于投保人与保险人。对于投保人，此原则主要体现在告知与保证两方面；对于保险人，则主要体现在弃权与禁止反言两方面。

（一）告知

1. 含义。告知指合同订立之前、订立时及在合同有效期内，投保方将已知和应知的与风险和标的物有关重要事实如实向保险方作口头或书面的申报;保险人也应将与投保人利害相关的实质性重要事实向投保人通告。我国《保险法》第 16 条第一款规定:"订立保险合同,保险人就保险标的或者被保险人的有关情况提出询问的,投保人应当如实告知。"第 17 条第一款规定:"订立保险合同,采用保险人提供的格式条款的,保险人向投保人提供的投保单应当附格式条款,保险人应当向投保人说明合同的内容。"

2. 告知的内容。告知的目的是使保险人正确了解与保险标的风险状况有关的重要事实,以便其做出合理的决策。我国《保险法》虽然没有对重要事实做出明确界定,但在第 16 条第二款规定:"投保人故意或者因重大过失未履行前款规定的如实告知义务,足以影响保险人决定是否同意承保或者提高保险费率的,保险人有权解除合同。"依此而言,重要事实应该是指投保人应当知道的,凡足以影响保险人做出合理决策的各项事实。从各国规定来看,投保人应当告知的事实通常包括:足以使保险风险增加的事实;为特殊目的而投保的,有关投保动机的事实;有关保险风险特殊性质的事实;显示投保人某方面非正常的事实。

3. 告知的形式。告知形式包括无限告知和询问告知。无限告知,是指投保人须将自己所应当知道的一切可能影响保险人做出合理决策的重要事实向保险人告知。通常由于对于何种事实为足够影响保险人做出合理决策的重要事实存在分歧,为保障投保人利益,实际操作中采取询问告知方式,即投保人在所填写的投保书上,就保险人所提出的问题如实告知。对于保险人没有询问的问题,投保人不告知的,通常并不构成对告知义务的违反。对此,《最高人民法院关于适用〈中华人民共和国保险法〉若干问题的解释(二)》第 6 条规定:"投保人的告知义务限于保险人询问的范围和内容。当事人对询问范围及内容有争议的,保险人负举证责任。"

在我国,保险人的如实告知形式采用明确列明与明确说明相结合的方式。明确列明是指保险人只须将保险的主要内容明确列明在保险合同之中,即视为已告知投保人。明确说明是指保险人不仅应将保险的主要内容明确列明在保险合同之中,还必须对投保人进行正确的解释。《保险法》要求保险人对保险合同的主要条款尤其是责任免责条款不仅要明确列明,还要明确说明。

怎样算是保险公司履行了明确说明免责条款的义务?《保险法》第 17 条第二款规定:"对保险合同中免除保险人责任的条款,保险人在订立合同时应当在投保单、保险单或者其他保险凭证上作出足以引起投保人注意的提示,并对该条款的内容以书面或者口头形式向投保人作出明确说明;未作提示或者明确说明的,该条款不产生效力。"

2013 年,《最高人民法院关于适用〈中华人民共和国保险法〉若干问题的解释(二)》对保险人的如实告知义务又做了进一步的解释。第 11 条规定:保险人在投保单或者保险单等其他保险凭证上,对保险合同中免除保险人责任的条款,以足以引起投保人注意的文字、字体、符号或者其他明显标志作出提示的,或者保险人对保险合同中有关免除保险人责任条款的概念、内容及其法律后果以书面或者口头形式向投保人作出常人能够理解的解释说明的,认定保险人履行了明确说明义务。第 12 条规定:通过网络、电话等方式订立的保险合同,保险人以网页、音频、视频等形式对免除保险人责任条款予以提示和明确说明的,可以认定其履行了提示和明确说明义务。

4. 违反告知义务的具体体现。违反告知义务具体体现在两方面：一是告知不实，即误告或错告；二是应当告知而未告知，包括隐瞒和遗漏。我国保险立法根据投保人的主观心理状态，将不履行告知义务区分为投保人故意隐瞒事实而不履行如实告知义务与投保人因过失未履行如实告知义务两种。故意隐瞒事实而不履行如实告知义务，是指投保人对已知的事实，故意不予告知，或仅作部分告知，并未告知全部事实。而投保人因过失未履行如实告知义务是针对投保人的误告或遗漏而言的。

5. 违反告知义务的法律后果。对于违反告知义务的行为，无论是属于过失原因，还是属于主观故意，我国《保险法》第16条都有明确规定：投保人故意或者因重大过失未履行如实告知义务，足以影响保险人决定是否同意承保或者提高保险费率的，保险人有权解除保险合同。投保人故意不履行如实告知义务的，保险人对于保险合同解除前发生的保险事故，不承担赔偿或者给付保险金的责任，并且不退还保险费。投保人因重大过失未履行如实告知义务，对保险事故发生有严重影响的，保险人对于保险合同解除前发生的保险事故，不承担赔偿或者给付保险金的责任，但应当退还保险费。

(二) 保证

1. 含义。保险中的保证是指保险合同中以书面文字或者通过法律规定的形式使投保人或者保险人承诺某一事实状态的存在与否，以及履行某种行为或不行为的条款。保证的目的在于控制风险，减少由于信息不对称而产生的逆向选择与道德风险。保险合同的属人性决定了保险合同的订立与履行过程中必须以投保人履行某些义务、某种条件的允诺与担保作为必要条件，否则将对保险人的利益产生危害。比如，在火灾保险中，保险费率是基于投保人将尽责履行自己的防火责任的前提设立的，如果投保人不履行其保证，存放易燃物品，或者防火措施不到位，则会增加火灾发生的概率，从而危害保险人的利益。

2. 保证的形式。保证分为明示保证和默示保证。

明示保证在保险合同中明确记载而作为合同的组成部分，也称为特约条款或保证条款。明示保证包括确认保证和承诺保证。确认保证是投保人对过去或现在某一特定事实存在与否的保证；承诺保证是投保人对将来某一特定事项作为或不作为的保证。

默示保证是指投保人或被保险人对于某一特定事项虽未明确担保其真实性，但该事项的真实存在是保险人决定承保的依据，并成为保险合同内容的组成部分。默示保证主要存在于海上保险中，通常包括：保证具有适航能力；保证不绕航；保证航程具有合法性等。这些事项虽未在保险合同中明确规定，但是按照海上保险惯例，双方应绝对遵守。默示保证与明示保证具有同等的法律效力。

3. 违反保证的法律后果。违反保证的行为，包括确认保证的事项不真实、不按承诺保证完成某种作为或不作为、不遵守默示保证条款。投保人或被保险人违反保证的事项，不论其主观是否具有过错，保险人均有权解除保险合同。具体而言：违反确认保证的，保险合同自始无效，如属故意，不退还保险费；如属过失，可退还保险费。违反承诺保证的，自违反之时起保险合同归于无效，并且不退还保险费。

(三) 弃权

1. 含义。弃权是指保险合同的当事人放弃其在保险合同中的有关权利，例如合同解除权、抗辩权等的行为。弃权的主体通常为保险人，其主要用以约束保险人。保险人弃权的意思表示既可以是明示方式,也可以采取默示方式。明示弃权,是指保险人直接以法律或习惯所认可的方式明确地表示弃权的意思,例如用书面方式弃权。默示弃权,是指被保险人从保险人的行为中可以推知其弃权的意思,从而发生保险人弃权的法律后果。

2. 内容。构成弃权,必须具备下列要件:

(1) 保险人有弃权的意思表示。这种意思表示既可以是明示也可以是默示。有下列行为之一的即可构成默示弃权:其一,保险人收受投保人逾期缴付的保险费,即可认为保险人放弃合同解除权利及相关抗辩权;其二,保险事故发生后,保险人明知有拒绝赔付的抗辩权,仍然寄送损失证明表,要求投保人提出损失证明的,即可认为保险人默示放弃抗辩权;其三,保险人明知投保人的损失证明有瑕疵,仍然无条件予以接受,即可视为保险人放弃瑕疵抗辩权;其四,保险人接受投保人、被保险人或受益人对保险事故的逾期通知,则可视为保险人放弃逾期通知抗辩权;其五,保险人基于无效保险合同而主张权利的,则视为保险人放弃基于无效合同产生的抗辩权。

(2) 保险人知道或者应当知道有权利的存在。保险人知道或者应当知道投保人、被保险人的违约情况,并使保险人产生合同解除权或抗辩权,否则保险人的作为或不作为不得视为弃权。

(3) 保险人弃权的意思表示必须是向保险合同的对方当事人做出并且到达对方当事人。保险人弃权的意思表示必须是向投保人、被保险人或受益人做出并且到达才发生弃权的法律后果。如果保险人向第三人做出放弃权利的意思表示,则不构成弃权。

3. 弃权的法律后果。弃权的法律后果主要是保险人丧失了其明示放弃或默示放弃的相关权利,在投保人、被保险人或受益人有相关违约行为时,保险人不得再主张已放弃的合同解除权或抗辩权,但是如果投保人、被保险人或受益人有其他的违约行为,则保险人仍然可依据法律规定或当事人约定享有相应的抗辩权或合同解除权。《最高人民法院关于适用〈中华人民共和国保险法〉若干问题的解释(二)》第 7 条规定:"保险人在保险合同成立后知道或者应当知道投保人未履行如实告知义务,仍然收取保险费,又依照保险法第十六条第二款的规定主张解除合同的,人民法院不予支持。"

(四) 禁止反言

保险法中的禁止反言是指保险合同的当事人因为其已有的言行而被禁止再否认合同的效力。如果保险人或其代理人向被保险人表示,保险人可以作为保单禁止的某种行为,或是可以不作为保单要求其必须完成的行为,则保险人日后便不得以被保险人的这种作为或不作为为理由,而主张保险合同无效。

1. 禁止反言的要件。禁止反言的要件包括:

(1) 保险人曾就订立保险合同的有关重要事项,向投保人做出了虚伪的陈述或行为。

(2) 保险人做出这种虚伪的陈述或行为的目的是为了让投保人或被保险人信赖该陈述或行为,或者投保人、被保险人信赖该陈述或行为并不违背保险人的意图。

(3) 投保人或被保险人信赖该陈述或行为,并且在主观上出于善意。

(4) 投保人或被保险人因信赖该陈述或行为而做出某种行为,并导致自己利益受损。

2. 禁止反言的效果。通常,保险人有下列情形之一,即产生禁止反言的效果:

(1) 保险人交付保单时,明知保险合同有违背条件、无效、失效或其他可解除的原因,而仍交付保单并收取保险费的。

（2）保险人或其代理人就投保申请书及保单的条款做出错误解释，而使投保人或被保险人信以为真的。

（3）代理人代替投保人填写投保申请书时，为使投保人申请容易被保险公司接受，故意将不实的事项填入投保申请书或隐瞒某些事项，而保险人在签发保单时不知其为虚伪的。

（4）保险人或其代理人表示已经依照被保险人的请求实施某一行为，而事实上未实施的。

（5）保险人或其代理人对被保险人的身份或职业进行错误分类，而被保险人不知道或未经被保险人同意的。

适用禁止反言的法律后果是保险人不得以投保人或被保险人违反约定义务为由而主张保险合同无效、解除保险合同或对投保人、被保险人、受益人进行抗辩。

第二节　保险利益原则

保险利益是指投保人或者被保险人对保险标的具有的法律上承认的利益。我国《保险法》第12条第2款规定："财产保险的被保险人在保险事故发生时，对保险标的应当具有保险利益"；《最高人民法院关于适用〈中华人民共和国保险法〉若干问题的解释（二）》第1条规定："财产保险中，不同投保人就同一保险标的分别投保，保险事故发生后，被保险人在其保险利益范围内依据保险合同主张保险赔偿的，人民法院应予支持。"

一、成立要件

保险利益的成立需要满足下面两个要件：

1. 合法。保险利益必须是法律承认的合法利益。投保人作为保险合同的当事人，依法可以主张的经济利益，才属于保险利益。而违反法律的利益，通过不正当手段获取的利益，不构成保险利益。

2. 确定存在的经济利益。这表现为，保险利益是能够运用货币予以计量的、确定的、客观存在的，而非主观臆断、推测可能获得的利益。

二、立法规定

保险利益的立法规定，各国不尽一致，但大体可归为两类：概括主义与列举主义。概括主义或称概念主义，即在法律上作适当的定义，凡与定义相符的均为有保险利益。列举主义则对各种可作保险利益的情况，在法律上作列举规定，凡不在其列举之内者属于无保险利益。大陆法系多采用列举主义。例如对于财产损失保险而言：（1）财产所有人、经营管理人对其所有经营管理的财产具有保险利益；（2）财产抵押人对抵押财产具有保险利益；（3）财产的保管人、货物的承运人、各种承包人、承租人等对其保管、占用、使用的财产，在负有经济责任的条件下具有保险利益。

三、适用时间

保险利益原则适用于各种保险合同，但是，财产保险合同与人身保险合同分别具有的补偿性和给付性特点，决定着保险利益原则在适用过程中的时间限制不尽相同。其中，对于财产保险合同，要求投保人、被保险人在保险事故发生时对于保险标的具有保险利益。保险利益原则适用于人身保险仅要求投保人在签订保险合同时必须具有保险利益，至于保险事故发生时是否存在保险利益则在所不论。

四、变动

保险利益的变动有三种形式，即保险利益的移转、保险利益的处分和保险利益的消灭。

（一）保险利益的移转

保险利益的移转问题，是指在被保险人死亡而发生继承关系、保险标的物品易主而发生所有权转移关系、投保人破产时其财产归入破产财团以备分配于破产债权人等情形下，保险利益是否继续存在。也就是指在出现上述情形时，保险契约是否仍然为继承人、受让人或破产管理人的利益而存在。

被保险人死亡后，作为保险契约效力要件的保险利益是否继续存在，我国《保险法》没有明确规定。根据保险法的原理，在财产保险与人身保险中并不相同。在人身保险中，如果属于人寿保险，被保险人死亡便是保险事故的发生，这属于保险人给付保险金或返还责任准备金的问题，并无保险利益移转可言；如果是意外伤害保险，则是保险标的之消灭，或者发生给付保险金的问题，或者仅为契约终止的问题，也没有保险利益的移转。但在财产保险中，被保险人死亡而被保险人的财产并未遭受保险事故的损害，则有保险利益是否继续存在的问题，也就是保险利益是否移转于继承人的问题。国外保险法大多采"同时移转主义"的立法例，即在财产保险中，被保险人死亡时，保险契约仍为继承人的利益而存在。

因保险标的转让而产生的保险利益是否继续的问题，只限于财产保险，人身保险则没有这类问题。因为人身保险以人的寿命和身体为保险标的，人身不是物品，根本没有保险标的让与的情形。在财产保险中，关于因保险标的物的让与而产生的保险利益的存续问题，《保险法》第49条规定："保险标的转让的，保险标的的受让人承继被保险人的权利和义务。保险标的转让的，被保险人或者受让人应当及时通知保险人，但货物运输保险合同和另有约定的合同除外。"

（二）保险利益的处分

保险利益的处分，与保险利益的移转不同。保险标的物所有权移转，保险利益随同而移转，其所产生的问题是合同是否仍为所有权取得者的利益而存在；从保险利益角度来看，这是保险利益的"继续"问题，不包含主观上的意念。如果当事人直接对保险利益进行处理或决定，则是保险利益的处分问题。"保险利益的处分"在各国立法中最初仅在人寿保险中存在，非寿险中并没有相应的规定，但事实上非寿险方面同样存在此类观点，即当事人直接以其保险利益让与他人也可视其为对保险利益的处分。

财产上的保险利益处分问题，主要在共有关系和合伙关系中。如为分别共有，各共有人可处分其应有部分,持其享有的保险利益让与他人;在合伙关系中,合伙人对于合伙财产虽为共有,但依法律规定,合伙人仍可转让其享有的份额,将其享有的保险利益让与他人。但因保险合同是以共有物或合伙财产为保险标的,不能因一个或数个共有人或合伙人的交易而失去效力。关于此问题,我国《保险法》未有明文规定。

(三) 保险利益的消灭

保险利益的消灭,从发生原因上看,有因保险事故的发生而消灭和因保险标的灭失而消灭。保险利益的存在,虽然是保险合同的效力能够持续存在的要件,但保险利益消灭后,保险合同的效力是否当然归于终止?

一般而言,订立财产保险合同的目的在于获得损害的补偿。因此,在财产保险合同的存续期间,保险利益因保险事故的发生而消灭,保险合同的效力应归于终止。同理,保险利益未经保险事故的发生而消灭,其合同的效力亦告终止。至于保险标的物毁损灭失,保险人应负责任的事由已不存在,保险合同已无继续的必要,也应立即终止。

第三节 损失补偿原则

损失补偿原则,是指保险合同生效后,当保险标的发生保险责任范围内的损失时,被保险人有权依据合同的约定获得保险赔偿;保险人对被保险人的经济补偿以弥补其所遭受的经济损失为限。

损失补偿原则主要有两层含义:

1. 投保人或被保险人只有受到约定的保险事故所造成的损失,才能得到补偿;在保险期限内,即使发生了保险事故,但如果投保人或被保险人没有遭受损失,就无权要求保险人赔偿。

2. 补偿额必须以实际损失为限,也即保险人的补偿恰好能使保险标的恢复到保险事故发生之前的状况,投保人或被保险人不能获得多于或少于损失的补偿。需要特别指出的是,通过保险的补偿使保险标的恢复到保险事故发生之前的状况,是指恢复到保险事故发生之前的事实状态,而不是恢复保险标的原有的价值。

一、保险补偿范围

(一) 基本概念

保险补偿的范围,包括保险事故发生时,对被保险人因自然灾害或意外事故造成的经济损失、商业信用中违约行为造成的经济损失、对被保险人依法应对第三者承担的经济赔偿责任的经济损失等的补偿。

在财产保险中,最高赔偿额以保险标的的保险金额为限,如有分项保险金额的,最高以该分项保险标的的保险金额为限。实际损失的计算,通常以损失发生时,受损财产的实际价值为准。

(二) 合理费用的补偿

合理费用是指保险事故发生后,被保险人为防止或者减少保险标的的损失所支付的必要的、合理的费用和有关诉讼支出。我国《保险法》第 57 条第 2 款规定:"保险事故发生后,被保险人为防止或者减少保险标的的损失所支付的必要的、合理的费用,由保险人承担;保险人所承担的费用数额在保险标的损失赔偿金额以外另行计算,最高不超过保险金额的数额。"第 66 条还规定:"责任保险的被保险人因给第三者造成损害的保险事故而被提起仲裁或者诉讼的,被保险人支付的仲裁或者诉讼费用以及其他必要的、合理的费用,除合同另有约定外,由保险人承担。"

(三) 其他费用的补偿

主要指为了确定保险责任范围内的损失所支付的受损标的的检验、估价、出售等的费用。我国《保险法》第 64 条规定:"保险人、被保险人为查明和确定保险事故的性质、原因和保险标的的损失程度所支付的必要的、合理的费用,由保险人承担。"

二、影响保险补偿的因素

(一) 实际损失

当被保险人的财产遭受损失后,保险赔偿应在保险金额限度内以被保险人所遭受的实际损失为限。例如企业投保财产综合险,确定某类固定资产保险金额 30 万元,一起重大火灾事故发生使其全部毁损,损失时该类固定资产的市价为 25 万元,且企业已计提折旧 2 万元。保险人按实际损失赔偿被保险人 23 万元。

(二) 保险金额

保险金额是保险人承担赔偿或给付责任的最高限额,赔偿金额不能高于保险金额。例如一栋新房屋刚投保不久便被全部焚毁,其保险金额为 50 万元,而房屋遭毁时的市价 60 万元。虽然被保险人的实际损失为 60 万元,但因保单上的保险金额为 50 万元,所以被保险人只能得到 50 万元的赔偿。

(三) 保险利益

发生保险事故造成损失后,被保险人在索赔时,首先必须对受损的标的具有保险利益,而保险人的赔付金额也必须以被保险人对该标的所具有的保险利益为限。例如某银行开展住房抵押贷款,向某贷款人贷出款额 30 万元,同时,将抵押的房屋投保了 30 万元的一年期房屋火险,按照约定,贷款人半年后偿还了一半贷款,不幸的是不久该保险房屋发生火灾而焚毁,贷款人也无力偿还剩余款额,这时由于银行在该房屋上的保险利益只有 15 万元,尽管房屋的实际损失及保险金额均为 30 万元,但银行也只能得到 15 万元的赔偿。

(四) 赔偿方法

在保险赔偿方法中,有一些赔偿方法对损失补偿额有影响,使被保险人得到的赔偿金额小于实际损失,或者根本得不到赔偿。

1. 限额责任赔偿方法。采用限额责任赔偿方法,保险人只承担事先约定的损失额以内的赔偿,超过损失限额部分,保险人不负赔偿责任。

2. 免责限度赔偿方法。采取免责限度赔偿方法,对免责限度内的损失保险人不予负责,而仅在损失超过免责限度时才承担责任。特别是采用绝对免责限度赔偿方法时,免责限度内的损失,被保险人得不到赔偿。

三、损失补偿的例外情况

（一）定值保险

在签订保险合同时，投保人与保险人在定值保险合同中已经约定了保险标的的固定价值。当发生保险事故时，不论保险标的损失的当时价值如何，保险人都按事先的约定支付保险赔偿金，而不考虑保险标的价值的变化。通常保险标的的价值会随着时间的变化而发生变化，如市场供求关系的变化、汇率的变化等都可能对保险价值产生影响。例如，一枚首饰在投保时值 50 000 元，在发生保险事故时可能只值 20 000 元。如果保险合同是定值保险，并且为足额保险，即保险金额与保险价值相等，发生保险事故后，被保险人获得的是 50 000 元的补偿而不是 20 000 元。在这种情况下，保险人向被保险人支付的保险金额就超过了发生保险事故时的保险标的的实际价值。保险补偿原则在此类情况下就出现了例外。如果发生保险事故时，该首饰的市场价为 60 000 元，保险人向被保险人支付的全损保险赔偿金仍然是 50 000 元，也不符合损失补偿原则。

（二）重置成本保险

所谓重置保险，是指保险事故发生后，保险人向被保险人支付的保险赔偿额，以重置或重建保险标的所需的费用或成本为限。一般的财产保险都以现金赔付或修理、更换方式补偿投保人的损失。但是，在重置保险中，保险合同当事人约定的保险赔偿额是根据发生保险事故后重置或重建保险标的的费用。如果由于通货膨胀、物价上涨等因素，标的物的价值发生了变化，这样就出现了实际保险赔偿额高于投保时的保险标的的价值，即出现了保险补偿原则的例外。

四、代位

代位，即取代他人的某种地位。保险代位指保险人依照法律或保险合同约定，对被保险人所遭受的损失进行赔偿后，依法取得向对财产损失负有责任的第三者进行求偿的权利或取得被保险人对保险标的的所有权。代位原则包括代位求偿权和物上代位权。

（一）代位求偿

1. 含义。代位求偿是指保险人在向被保险人进行保险赔偿之后，依法获得向负有民事责任的第三人追偿的权利，并依据此权利予以追偿的制度。

2. 原因。代位求偿是财产保险合同补偿性的具体表现，是保险人履行了保险赔偿责任后的必然结果。因为财产保险合同是为了补偿被保险人因保险事故遭受的财产损失，而不是被保险人获取额外利益的手段，所以被保险人对于因第三者的法律责任造成的保险财产的损失，或者向负有法律责任的第三者追偿，或者从保险人那里得到保险赔偿，不能两者兼得。如果被保险人获取了保险赔偿，就应当将其享有的向第三者追偿的权利转让给保险人。由此可见，代位求偿是财产保险合同特有的法律制度。

3. 行使代位求偿权的前提条件。《最高人民法院关于适用〈中华人民共和国保险法〉若干问题的解释（二）》第 16 条规定："保险人应以自己的名义行使保险代位求偿权。"代位求偿的适用必须具备下述条件：

（1）保险事故的发生必须是由于第三者的行为引起的。只有第三者的行为导致危险事故的发生,才会产生第三者承担民事的赔偿责任,这是被保险人享有求偿权的前提。而且,第三者造成的损失必须在财产保险合同约定的保险责任范围之内,这是保险人得以代位求偿的必要条件。

(2) 被保险人必须向第三者享有赔偿的请求权,因为保险人代位求偿是建立在被保险人享有向第三者追偿的基础之上。这样,被保险人才可能在获得保险赔偿后,向保险人转让权益,即其向第三者享有的赔偿请求权。《保险法》第61条规定:"保险事故发生后,保险人未赔偿保险金之前,被保险人放弃对第三者请求赔偿的权利的,保险人不承担赔偿保险金的责任";如果在"保险人向被保险人赔偿保险金后,被保险人未经保险人同意放弃对第三者请求赔偿的权利的,该行为无效"。如果"被保险人故意或因重大过失致使保险人不能行使代位请求赔偿的权利的,保险人可以扣减或者要求返还相应的保险金"。

(3) 代位求偿通常应在保险人向被保险人进行保险赔付之后始得实施。如果被保险人从第三者获得了民事赔偿的,则"保险人赔偿保险金时,可以相应扣减被保险人从第三者已取得的赔偿金额"(《保险法》第60条)。当第三者赔付给被保险人的民事赔偿金额等于或大于保险人所应承担的保险赔偿责任,保险人相应的财产保险合同承担的保险赔偿责任随之免除,也就无须赔付及代位求偿了。但第三者赔付不足的部分,依据《最高人民法院关于适用〈中华人民共和国保险法〉若干问题的解释(二)》第19条第2款:"被保险人就其所受损失从第三者取得赔偿后的不足部分提起诉讼,请求保险人赔偿的,人民法院应予依法受理。"

(二) 委付

1. 含义。委付是财产保险合同独有的一种法律制度,也是财产保险合同一种具体的物上代位权。其表现为:在发生保险事故造成保险标的推定全损时,被保险人明确表示将该保险标的一切权利转让给保险人,而有权请求保险人赔偿全部保险金额。

2. 应用。委付专门适用于财产保险合同之保险标的因保险事故造成推定全损的情况。因为,当保险标的实际全损时,保险人必然要按保险金额来全额赔偿,而在保险标的部分损失时,被保险人仅能要求在保险金额范围之内按照实际损失赔偿。

现代国际保险市场中,适用委付的原因主要包括以下几种情况:(1) 船舶沉没;(2) 船舶失踪;(3) 船舶无法修复;(4) 船舶或货物被捕获或扣押;(5) 保险货物推定全损。

3. 委付与代位求偿。委付与代位求偿之间有密切联系:(1) 都存在权利由被保险人向保险人的转移。(2) 被保险人都不得随意放弃对第三方的权益。《海商法》第253条规定:被保险人未经保险人同意放弃向第三人要求赔偿的权利,或者由于过失致使保险人不能行使追偿权利的,保险人可以相应扣减保险赔偿。《保险法》第61条中也规定:保险事故发生后,保险人未赔偿保险金之前,被保险人放弃对第三者请求赔偿的权利的,保险人不承担赔偿。

但它们之间也有不同之处。具体来说:(1) 委付仅适用于推定全损,而代位求偿适用于全部损失或是部分损失。《海商法》第249条规定:保险标的发生推定全损,被保险人要求保险人按照全部损失赔偿的,应当向保险人委付保险标的。保险人可以接受委付,也可以不接受委付,但是应当在合理的时间内将接受委付或者不接受委付的决定通知被保险人。委付不得附带任何条件,委付一经保险人接受,不得撤回。(2)委付转让的是保险标的的所有权及其他一切相关权利和义务;而代位求偿转让的仅仅是向第三者追偿的权利。

第四节 近 因 原 则

近因是指造成某种结果的直接、有效、起决定性作用的原因。保险意义上的近因是指造成标的损害的直接、有效、起决定性作用的危险因素或危险事故。近因原则是判明风险事故与保险标的损失之间因果关系,以确定保险责任的一项基本原则。若引起保险事故发生,造成保险标的损失的近因属于保险责任,保险人承担损失赔偿责任;若近因属于除外责任,保险人不负赔偿责任。

一、近因的认定方法

要确认近因,应从"直接的、有效的、起决定性作用的"限定近因的实质中去认定近因。近因的确定,不能仅以时间上、空间上的机械相近来确定,而应该以逻辑上、因果上的本质相近来确定。可以从最初事件出发,进行逻辑推理;也可以从损失开始,自后向前追溯。针对不同的情况,确定近因的方法也不一样。

二、近因的认定与保险责任的确定

(一) 单一原因

如果导致保险标的损失的,仅限于一个原因,则该原因就是近因。那么,认定保险人是否承担保险责任,取决于该致损原因是否属于保险合同约定的保险事故。如果是,则保险人应当承担保险责任;如果不是,则保险人不承担保险责任。

例如,某企业运输两批货物,第一批投保了水渍险,第二批投保了水渍险并加保了淡水雨淋险,两批货物在运输中均遭受雨淋而受损。显然,两批货物损失的近因都是雨淋,但第一批货物损失的近因属于除外风险,得不到保险人的赔偿;第二批货物损失的近因则属于保险风险,保险人应予以赔偿。

(二) 多种原因同时并存发生

如果造成损失的原因同时存在多种,则要考虑两个方面的问题:一是看多种原因中是否有保险责任范围内的责任;二是看保险标的的损失是否可以分解。如果同时发生的多种原因均为保险责任,则保险人应当承担被保险人全部损失的赔偿责任;若同时发生的多种原因均为除外责任,则保险人不承担任何赔偿责任。如果同时发生的多种原因中,没有除外责任,但只要其中有一个是保险责任,则不论其他原因如何,保险人应承担赔偿责任。如果同时发生的多种原因中,有些是除外责任,有些是保险责任,则要根据具体情况具体分析。

例如,某企业运输两批货物,第一批投保了水渍险,第二批投保了水渍险并加保了淡水雨淋险,两批货物在运输中均遭海水浸泡和雨淋而受损。显然,两批货物损失的近因都是海水浸泡和雨淋,但对第一批货物而言,由于损失结果难以划分,而其只投保了水渍险,因而得不到保险人的赔偿;而对第二批货物而言,虽然损失的结果也难以划分,但由于损失的原因都属于保险风险,所以保险人应予以赔偿。

(三)多种原因连续发生

如果发生了连续的原因导致损失,则要看在连续发生的原因中,哪些是最直接、起决定作用的原因。

有人认为,如果多种原因连续发生导致损失,并且前因和后果之间存在未中断的因果关系,则最先发生并导致造成一连串事故的原因就是近因。笔者认为,这种观点值得商榷。例如,因工人罢工导致一列车停车多日,停车后所运货物被哄抢。在本案中,停车是导致哄抢的重要原因,而停车的原因是罢工。也就是说,罢工是导致这一连串事故的原因之一。但是,笔者认为,在本案中,罢工不是损失的近因,虽然它是最早发生的。本案财产损失的近因应是哄抢。因此,是否是近因不是根据原因发生的先后顺序来判定,而是根据原因是否是最直接、最根本的原因。例如,发生战争后,由于炸弹爆炸导致火灾,那么,最直接、最根本的原因是战争而不是火灾。只要确定了事故发生的直接原因,保险责任就容易确定下来。

例如,一艘装有皮革与烟草的船舶遭遇海难,大量的海水浸入使皮革腐烂,海水虽未直接浸泡包装烟草的捆包,但由于腐烂皮革的恶臭气味,致使烟草变质而使被保险人受损。那么,保险人对烟草的损失是否负有赔偿之责?据上述情况可知,海难中海水浸入是损失的近因,海难与烟草的损失之间存在着必然的不可分割的因果关系,因此,保险人理应也对烟草的损失给予赔偿。

又如,有一投保人为自己投保了一份人身意外险,保险期限为一年,死亡保险金额为80 000元。被保险人在保险期限内被自己家的小狗咬了一口,当时未作治疗,也没有注射狂犬疫苗。三个月后该被保险人因狂犬病抢救无效死亡。受益人认为此案符合意外伤害引起的死亡,保险人理应赔付受益人80 000元死亡保险金。保险公司认为导致被保险人死亡的近因为狂犬病,狂犬病为疾病,因为近因狂犬病不属于意外伤害保险责任范畴,故不予赔付死亡保险金。

(四)多种原因间接发生

前因与后因是中断的,两者不相关联,后因并非前因的直接的必然结果,而是一个独立的原因。从而该后因构成近因。如果该近因属于保险责任,保险人承担保险责任;如果该后因属于非保险责任,保险人不承担保险责任。

专栏 2-1

保险纠纷中"近因原则"的适用思考[①]

事件经过:

2014年,刘某就涉案车辆向保险公司投保了交强险和机动车商业险,其中商业险包括了第三者责任险。2015年1月,刘某驾驶涉案车辆发生交通事故,造成行人付某和何

[①] 保险纠纷中"近因原则"的适用思考[Z/OL].广州仲裁委员会微信公众号,2018-01-11.

某受伤，交警认定刘某的过错行为是事故的全部原因。付某与何某均为老年人，于事故当天已送往医院诊治，并确认为多处骨折。事后，何某经住院治疗康复出院，付某在住院治疗期间不治死亡。在此期间，刘某垫付了所有的治疗费用，并垫付了付某的死亡赔偿金。

理赔过程中，保险公司提出，何某住院期间的部分治疗费用与涉案事故无关，属于旧疾用药，根据近因原则，保险人对该部分费用不付理赔责任；付某的死亡并非涉案事故直接导致，故刘某也不应垫付死亡赔偿金，该部分保险公司不付理赔责任。刘某则认为，付某与何某本是老年人，若非涉案事故造成重伤住院，也不会附随引发多处疾病和身体不适，故何某的治疗与付某的最终死亡均与涉案事故有关，保险公司应在保险范围内进行理赔。后经鉴定，何某住院期间部分治疗用药是针对旧疾病；付某是车祸事故致骨折，入院后治疗导致肺部感染死亡。

案情讨论：

本案的争议焦点有两个。第一个是：何某住院期间所有的伤情治疗是否均因车祸事故所致？本案中，何某的身份比较特殊，系80高龄老年人，身体素质相对较弱一些。而从查明的事实及鉴定情况来看，何某本身存在一定的旧疾。那么，住院期间针对旧疾的用药是否应由保险公司承担呢？对此，实践中尚存争议。一种观点认为，若不是车祸事故，旧疾可能不会复发，伤情本就是因身体素质、治疗方案等因素随时变化，车祸事故完全可能引发旧疾乃至新疾病的出现，故住院期间所有用药的"近因"都是车祸事故；另一种观点认为，司法鉴定报告已明确指出何某住院期间有部分是针对旧疾用药，则可确定该部分治疗与车祸事故并无直接的、决定性的因果关系，即车祸事故不是近因，故保险公司无需对该部分医疗费承担责任。

第二个是：保险公司是否应对付某的死亡进行赔偿？该问题较为复杂，它本身涉及的事实就存在多种情形，而保险纠纷在认定因果关系的过程中，事实情形的不同，对保险责任的认定也会不同。本案例的受害者付某，本身年岁较高且存在其他旧疾隐患，患病死亡风险原本就大。这种情况下，如果要保险公司承担全部保险责任，显然有失公允。虽说从公平合理的角度出发，保险公司应承担一定责任，但赔偿责任认定也需因个案事实情况区别对待，且责任的承担同样要遵循公平合理原则。这一司法审判实践的观点，在我国《保险法司法解释三》第25条的规定中就有体现，即"被保险人的损失系由承保事故或者非承保事故、免责事由造成难以确定，当事人请求保险人给付保险金的，人民法院可以按照相应比例予以支持"。简言之，当难以通过近因原则认定或者多项原因均可造成事故损失的情况下，则根据公平合理原则，应通过造成损失结果的原因比例进行责任的确定，即因果关系在具体事件中占比大的，则这部分原因对应的责任就大。

案例分析

重复保险的判定与赔偿

案件摘要

某运输公司为一辆大型卧铺客车在甲、乙两保险公司分别投保道路客运承运人责任险，甲公司承保每人每座责任限额为2万元，乙公司承保每人每座责任限额为30万元。甲公司的保险合同和乙公司的保险合同在2009年11月4日至2009年12月25日存在保险期间的重合。

2009年11月12日,该公司司机李某驾驶上述车辆载客途中发生侧翻,造成车上乘客受伤。事故造成的伤者中,第1号伤者的医疗费用为20 264.25元,第2号伤者的医疗费用为253 211.55元,第18号伤者的医疗费用超过32万元,剩余的第3号到第17号伤者的医疗费均在2万元以内。原告运输公司在事故发生后积极向伤者履行赔偿责任后向两被告(甲、乙保险公司)进行索赔,被两被告拒赔,故形成诉讼。

一审判决结果

一审法院认为,原告在两被告处为车辆投保道路客运承运人责任险,原告作为被保险人享有保险金请求权。该车发生事故的时间同时在两份保险合同的保险期间内,构成重复保险。依据保险法的规定,两被告在保险金额总和32万元超过保险价值的情况下,各按照保险金额与保险金额总和的比例承担赔偿保险金的责任。因两被告保险公司保险金额为甲公司每人每座2万元,乙公司每人每座30万元,故两被告承担责任的比例为1:15,即甲公司按照1/16承担赔偿责任,乙公司按照15/16承担赔偿责任。据此法院判决,第1号到第17号伤者费用,法院均按照1/16和15/16在甲公司和乙公司之间进行了分配,第18号伤者的费用,由于费用超过甲公司和乙公司责任限额之和,法院判决甲公司赔偿2万元,乙公司赔偿30万元。一审判决后,当事人各方均未上诉,判决已经生效。

对于一审判决分析

从一审判决不难看出,一审法院根据《保险法》第55条第2款,将受害人因案涉交通事故而遭受的人身及财产相关实际损失,作为确认案涉保险合同标的实际价值的主要依据,并据此分别判定各位伤者的保险赔付是否适用重复保险分摊原则。一审法院认为:(1)本案在责任限额30万元以内存在重复保险。第1—17号伤者的保险赔偿均适用重复保险的比例分摊原则——因为两份保险合同中每人每座的保险金额总和大于这些伤者各自因案涉交通事故而实际遭受的损失(即保险标的的实际价值)。(2)对于第1—17号伤者的保险赔付,按照伤者费用乘以甲乙保险公司各自赔偿限额与总赔偿限额的比例在甲乙保险公司之间进行分摊。(3)第18号伤者的保险赔付不适用重复保险分摊原则——因为其实际遭受的损失大于每人每座32万元的保险金额总和。

本案中重复保险的认定

《保险法》第56条规定:重复保险的投保人应当将重复保险的有关情况通知各保险人。重复保险的各保险人赔偿保险金的总和不得超过保险价值。除合同另有约定外,各保险人按照其保险金额与保险金额总和的比例承担赔偿保险金的责任。重复保险的投保人可以就保险金额总和超过保险价值的部分,请求各保险人按比例返还保险费。重复保险是指投保人对同一保险标的、同一保险利益、同一保险事故分别与两个以上保险人订立保险合同,且保险金额总和超过保险价值的保险。

本案中应认定责任限额每人每座2万元构成重复保险。

1. 从"同一保险标的"角度

根据《保险法》第65条第4款"责任保险是指以被保险人对第三者依法应负的赔偿责任为保险标的的保险",本案中道路客运承运人责任保险合同的保险标的,应是与被保营运客车相关的、约定保险事故引发的经济赔偿责任而给被保险人造成的经济利益损失。

本案中,运输公司与甲公司订立的承运人责任保险合同约定的责任限额是每人每座2万元,与乙公司订立的承运人责任保险合同约定的责任限额是每人每座30万元,表明该经济利益损失不是无限的。

当运输公司与乙公司签订的每人每座30万元限额的保险合同与之前与甲公司的合同有效期间发生重叠时,在合同效力重叠期间,两份互相独立的保险合同各自明确约定保险标的,标的重叠部分即每人每座2万元限额就是同一保险标的。

2. 从"同一保险事故"的角度

若没有乙公司的那份责任险合同,甲公司对于运输公司依法向受害人承担的、超出保险合同约定之2万元责任限额的那部分损害赔偿责任,显然是不承担保险责任。也就是说,2万元以上的损害赔偿责任,显然不属于甲公司在案涉承运人责任险合同中明确约定承保的责任风险范围。

根据《保险法》第16条第7款,"保险事故"是指保险合同约定的保险责任范围内的事故。那么,本案中,在2万元—30万元之间,就不会存在既属于甲公司责任范围又属于乙公司责任范围的"同一保险事故"。

3. 保险合同内容变更有保险法限制性规定

运输公司在和甲公司订立保险合同后,又和乙公司另行订立了更高责任限额的合同。而运输公司和甲公司约定的保险责任限额2万元,并不自动随着和乙公司之间合同的订立而增加至32万元。甲公司责任限额若由每人每座2万元调整到每人每座32万元,则属于保险合同内容的变更,根据《保险法》第20条"投保人和保险人可以协商变更合同内容"的规定,应当由投保人和保险人协商一致。但本案中并不存在这样的情形。

综上,既然甲公司并未承保2万元限额之上的损害赔偿责任风险,也未与运输公司协商并依法变更原保险合同约定内容,那么,责任限额2万元以上就不存在重复保险的认定。故本案中应以甲公司的责任限额上限2万元认定重复保险。

一审判决存在的错误之处

1. 一审法院认定重复保险的区间存在错误

如前述,本案重复保险的认定应为责任限额2万元内,甲公司和乙公司构成重复保险。一审法院判决体现出的本案在责任限额30万元以内存在重复保险的认定是错误的。

2. 一审法院对于1号、2号和18号伤者医疗费用分摊存在错误之处

重复保险认定后,应结合《保险法》第65条第2款"各保险人按照其保险金额与保险金额总和的比例承担赔偿保险金的责任"的规定,确认各保险人的赔偿责任。

本案具体医疗费用的分摊及计算

1. 对于第3—17号伤者费用

该部分患者,每人的医疗费用均在2万元以内,构成重复保险,所以对于这部分伤者的费用,甲公司的责任限额为2万元,乙公司的责任限额为30万元,构成重复保险。一审法院按照 $2/(2+30)=1/16$,$30/(2+30)=15/16$ 的比例在甲乙保险公司之间分摊是正确的。

2. 对于第1号伤者费用

该伤者费用为20 264.25元,其医疗费用在2万元以内部分,构成重复保险,由甲、乙保险公司按照1/16、15/16进行分摊。超过2万元的264.25元,由乙公司承担。

甲公司:原判金额 $20\ 264.25\times 1/16=1\ 266.52$(元)。实际应当承担:$20\ 000\times 1/16=1\ 250$(元)。

乙公司:原判金额 $20\ 264.25\times 15/16=18\ 997.73$ 元。实际应当承担:$20\ 000\times 15/16+(20\ 254.25-20\ 000)=19\ 014.25$(元)。

3. 对于第2号伤者费用

该伤者费用为253 211.55元,其医疗费用在2万元以内部分,构成重复保险,由甲、乙保险公司按照1/16、15/16进行分摊。超过2万元的233 211.55元,由乙公司承担。

甲公司:原判金额 $253\ 211.55\times 1/16=15\ 825.72$(元)。实际应当承担:$20\ 000\times 1/16=1\ 250$(元)。

乙公司:原判金额 $253\ 211.55\times 15/16=237\ 385.83$(元)。实际应当承担:$20\ 000\times 15/16+(253\ 211.55-20\ 000)=251\ 961.25$(元)。

4. 对于第18号伤者费用

该伤者医疗费用超过32万元,其医疗费用在2万元以内部分,构成重复保险,由甲、乙保险公司按照1/16、15/16进行分摊,超过2万元至30万元部分由乙保险公司承担。30万元以上部分,甲乙公司均不予承担。

甲公司:原判金额20 000元。实际应当承担:$20\ 000\times 1/16=1\ 250$(元)。乙公司:原判金额300 000元。实际应当承担:$20\ 000\times 15/16+(300\ 000-20\ 000)=298\ 750$(元)。

本 章 小 结

1. 财产保险的基本原则,是指贯穿于整个保险经营活动中,对各项保险制度及保险法规起着统率作用的根本原则。通常认为,财产保险的基本原则包括:最大诚信原则、保险利益原则、损失补偿原则、近因原则。

2. 最大诚信原则是指当事人要向对方充分而准确地告知有关保险的所有重要事实,不允许存在任何的虚伪、欺骗和隐瞒行为。这是基于保险合同的附合性、属人性以及机会性设立的。对于投保人，此原则主要体现在告知与保证两方面；对于保险人，则主要体现在弃权与禁止反言两方面。
3. 保险利益是指投保人或者被保险人对保险标的具有的法律上承认的利益。财产保险的被保险人在保险事故发生时，对保险标的应当具有保险利益。保险利益可能发生变动，保险利益的变动有三种形式，即保险利益的移转、保险利益的处分和保险利益的消灭。
4. 损失补偿原则，是指保险合同生效后，当保险标的发生保险责任范围内的损失时，被保险人有权依据合同的约定获得保险赔偿；保险人对被保险人的经济补偿以弥补其所遭受的经济损失为限。损失补偿原则也有例外情况，例外包括定值保险、重置保险等。代位求偿原则是损失补偿原则的特别情况，包括代位求偿权和物上代位权。
5. 保险意义上的近因是指造成标的损害的直接、有效、起决定性作用的危险因素或危险事故。近因原则是判明风险事故与保险标的损失之间因果关系，以确定保险责任的一项基本原则。

重 要 概 念

最大诚信原则　如实告知　弃权与禁止反言　保险利益原则　损失补偿原则　代位求偿　委付　近因原则

习题与思考题

1. 对于投保人和保险人而言，最大诚信原则分别体现在哪些方面？
2. 保险利益的变动有哪些形式？
3. 保险补偿主要有哪些方式？
4. 保险补偿原则的例外情况有哪些？
5. 小王的女儿因为玩火柴点燃了沙发造成了火灾，在施救过程中将贵重的首饰搬到户外，却不幸被人偷走。造成这一事故的近因是什么？
6. 材料分析题：

王先生将自己价值30万元的汽车分别在三家保险公司投保了车辆损失险。半年后，该车因意外事故造成车辆损失，产生维修费9万元，王先生同时向三家保险公司提出了9万元的索赔申请。保险公司查勘人员在事故调查中发现该车同时在三家保险公司投保了车损险，总保额为90万元，属于重复投保。最后，每家保险公司只赔付了王先生3万元。

(1) 我国保险法对于重复保险是如何规定的？
(2) 拒绝重复赔付体现了保险的哪个基本原则？
(3) 财产保险的重复保险应该怎样进行赔付？

第三章

财产保险市场

学习目标

1. 掌握国际财产保险市场发展衡量指标
2. 了解国内财产保险市场发展基本情况
3. 掌握国内保险资金运用的发展特点和趋势
4. 理解中国财险经营环境变化与发展趋势

第一节 国际财险业发展衡量指标

一、保险产业总量指标

(一) 保费收入

保费收入是衡量保险业最为直观的指标之一。图 3-1 中选取的 11 个国家基本上是 2016 年保费收入前 11 的国家；美国的非寿险保费收入多年来保持世界第一的体量，2015 年保费收入折合人民币 46 066 亿元；我国财产保险的保费收入在 2015 年首次超过德国，成为世界第二，达到 8 423 亿元。占据世界保费规模前十的国家相对稳定，大多为欧美发

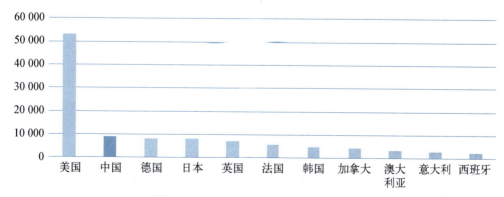

图 3-1 2016 年数个国家保费规模情况

数据来源：Sigma2017.

达经济体。目前仍是美国一家独大。

以美国为例来看一下世界发达经济体的非寿险保费规模的变化(见图 3-2)：2008 年金融危机前一直保持平稳增长的态势，从长周期来看，美国非寿险业务的高速稳定增长可以追溯到 20 世纪 80 年代；2008 年金融危机成为美国非寿险业的转折点，不仅 2008 年、2009 年分别暴跌 8.31%、3.64%，且影响相当深远，直到 2015 年美国非寿险业也没有恢复到危机前的状态。2016 年有进一步的提升。

图 3-2　美国 2002—2016 年非寿险的保费规模

数据来源：美国保险信息机构 http://www.iii.org；Sigma2017.

(二) 保险业机构数量

美国从 1996 年起直到 2015 年，非寿险从业机构数量长期保持在 3 000 多家的体量(最大值 3 498 家，最小值 3 151 家)，与其世界第一的保费收入规模相当。相对于世界其他国家，美国的非寿险产业充分竞争，整合程度较高。而我国尽管财险保费收入已经达到世界第二的水平，国内财险企业的机构数截至 2015 年底仅有 73 家。中、日、韩的机构数相较而言都很低(见图 3-3)。

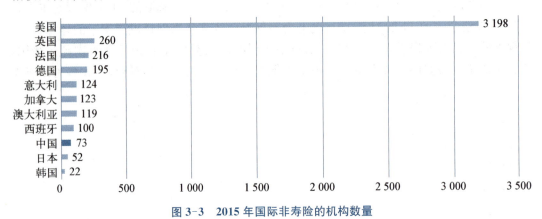

图 3-3　2015 年国际非寿险的机构数量

数据来源：OECD 国家数据 http://stats.oecd.org.

一个有趣的发现是各国平均每个企业的非寿险收入有显著的结构性区别(见表 3-1)：德、法、英等欧洲国家平均每个企业非寿险业务收入为 20 亿—40 亿元；美国与澳大利亚与其相差不远，均为 14 亿元。而亚洲的三大经济体韩国、日本与中国的企业平均保费收入均超过 100 亿大关；间接显示行业的竞争格局与其参与者的形态。而这一独特的现象如果单从企业数量上认知可能并不直观：美国拥有超出世界他国总量的非寿险机构却保持着欧美发达经济体均衡的单体水平；而中国 73 家与西班牙 100 家的企业体量也相去不远。同时该现象与经济发达水平无关：日本、韩国作为发达国家其经济发展水平与欧美许多国家不相上下。最后关注的重点可能在于亚洲国家的特殊金融竞争环境，致使无论是疆域广阔的发展中大国（中国），还是较为狭小的发达国家（日、韩），在财产保险行业的机构规模上体现出惊人的一致性。

表 3-1　2015 年国际非寿险平均企业保费规模

国　家	非寿险机构数	保费收入（亿元）	平均保费（亿元/个）
澳大利亚	119	1 677	14.09
美　国	3 198	46 066	14.40
意大利	124	2 503	20.19
西班牙	100	2 052	20.52
法　国	216	5 008	23.18
英　国	260	6 582	25.32
加拿大	123	4 088	33.24
德　国	195	7 258	37.22
中　国	73	8 423	115.39
日　本	52	6 595	126.83
韩　国	22	3 451	156.85

数据来源：Sigma2016；中国国家统计局.

（三）保险业从业人员

从业人员的具体情况可以衡量产业的运营方式与发展阶段。囿于数据，分析的并非财产保险这一细分子行业的情况，而是整体保险行业。从图 3-4 上我们可以看到，中国保

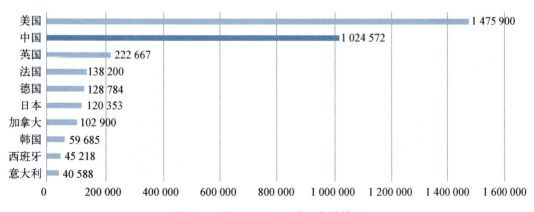

图 3-4　国际保险行业从业人员情况

数据来源：OECD 国家数据 http://stats.oecd.org.

险从业人员在2015年达到102万人次,仅次于美国的148万雇员规模。总保费规模上中国逊于美国、日本,居世界第三,与处于世界第四的英国保费收入体量接近,分别是24 072亿元与19 942亿元;但是两国的保险从业人员数量相去甚远:中国几乎是英国的五倍。其他国家的从业人员在四万到十几万不等。

从员工的人均保费收入可以看到产业类型;目前我国的总保费规模已达到世界第二的体量,但是从业人员的人均保费收入却在列出的10个国家中最低,可见员工的相对经营效率仍处于较低水平;相比较其他国家,我国仍在利用相对廉价的劳动力来获得企业超额收益,将保险业由资本、知识密集型行业改变为劳动力密集型企业,最显著的例证就是我国的保险营销体系。

表3-2　2015年国际保险的从业人员人均保费规模

国　家	总保费收入(亿元)	从业人员	雇员人均保费(万元/人)
美　国	81 982.62	1 475 900	555.48
日　本	28 009.55	120 353	2 327.28
中　国	24 072.77	1 024 572	234.95
英　国	19 941.84	222 667	895.59
法　国	14 359.26	138 200	1 039.02
德　国	13 282.87	128 784	1 031.41
意大利	120 279.16	40 588	2 532.56
韩　国	9 568.07	59 685	1 603.09
加拿大	7 160.67	102 900	695.89
西班牙	3 818.94	45 218	844.56

数据来源:Sigma2016;中国国家统计局.

二、保险产业结构衡量指标

(一) 保险密度

保险密度是衡量保险业发展水平的常用指标,指的是一个国家或地区的人均保费,即用总体保费收入/当地人口总数。它反映了一个国家或地区保险的普及程度和保险业的发展水平。一般说来,保险密度越大,表明该国家或地区保险业发达,市场发育水平高。一个国家或地区的保险业发展和保险密度是其经济、社会、文化等诸多因素共同作用的结果。

尽管我国财产保险的保费收入是世界第二,但当前财产保险密度与我国保费体量不匹配:2016年全球的非寿险密度折合人民币为1 895元/人,而中国只有978元/人,仅仅是全球平均水平一半多,可见我国运用保险机制的主动性还不够,全社会的保险意识还不强。美国作为世界经济最发达的国家,同时法制健全、国民保险依赖度较高,2016年的非寿险密度达到16 268元(仍然低于2008年金融危机前达到的巅峰值16 998元)。

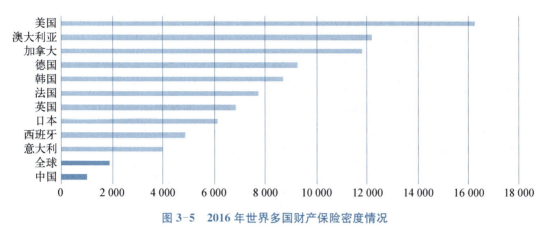

图 3-5　2016 年世界多国财产保险密度情况

数据来源：Sigma2017.

（二）保险深度

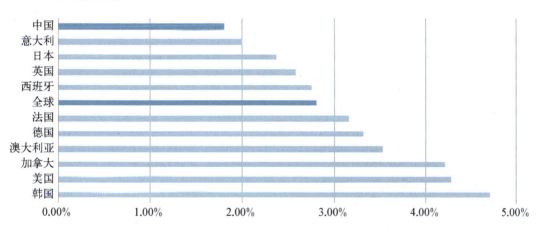

图 3-6　2016 年世界多国财产保险深度情况

数据来源：Sigma2017.

保险深度是指保费收入占国内生产总值（GDP）的比例，它反映一个国家的保险业在整个国民经济中的地位。在保险深度方面，全球非寿险的保险深度为 2.81%，低于整体原保险业的 6.28%。处于较高水平的美国、加拿大、韩国的这一值均超过 4%，德、法也超出全球平均水平；而我国的财产保险深度在 2016 年仅为 1.81%，同样远低于世界的平均水平，与发达国家的差距更是非常明显。这表明我国保险业对国民经济相关领域的覆盖程度较低，保险业务的发展相对滞后。我国保险机构的国际竞争力、保险业的国际影响力也还不够强，我国还不是保险强国。

（三）保险市场细分

不同于我国车险独大的局面，日本与美国的非寿险市场呈现截然不同的细分结构。选取日本与美国作为代表，是因为其在财产保险体量、人口稠密程度、交通运输方式等多个方面与中国有一定的可比较性，具有相当的参考价值。首先看日本。日本 2015 年非寿险总规模达到 747.58 亿美元，其中机动车辆保险单项占比超过 50%（这一点与中国类似);第二大类为财产损毁险,包括火灾保险等在内,此类传统财产保险占比 18.77%;第三大类为意外伤害与健康险,这类由财险公司销售的保险产品相对其他人身类产品周期短、频率高,其在日本的市场占比为 10.59%;此外占据一定市场规模的分别是责任保险(6.36%)、财产损失险(3.56%)等。美国的非寿险结构与中国、日本都截然不同。在美国非寿险市场占据主导地位的是意外健康险,占比 54.88%,而在他国最受消费者欢迎的车险在美国仅仅占据 19.31% 的市场份额,位居第二。美国的第四大类财产保险产品为责任保险产品,这与美国健全完善的法律体系、公民高度的维权意识等社会环境密不可分。

表 3-3　2015 年日本与美国非寿险保费收入情况　　　　　　单位:百万美元

	日本	占比	美国	占比
车　险	42 021.82	56.21%	231 060.00	19.31%
其他交通险	901.68	1.21%	1 592.00	0.13%
货运险	1 674.40	2.24%	24 255.00	2.03%
财产损毁险	14 034.90	18.77%	136 825.00	11.43%
财产损失险	2 662.18	3.56%	29 971.00	2.50%
责任险	4 754.73	6.36%	113 598.00	9.49%
意外健康险	7 913.35	10.59%	656 752.00	54.88%
其　他	795.37	1.06%	2 680.00	0.22%
合　计	74 758.44	100.00%	1 196 733.00	100.00%

数据来源:OECD 国家数据 http://stats.oecd.org.

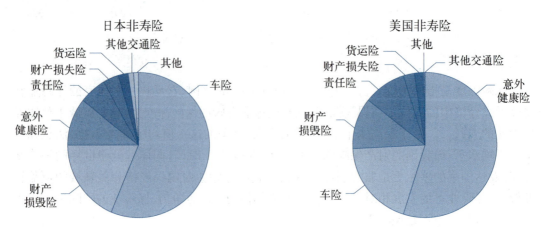

图 3-7　2015 年日本与美国非寿险结构

数据来源:OECD 国家数据 http://stats.oecd.org.

(四)竞争状况衡量

非寿险行业的各国竞争结构迥然不同。以美国为例略作介绍。

1988 年 11 月,加利福尼亚州通过"103"提案,开创了允许银行经营保险业务的先河,

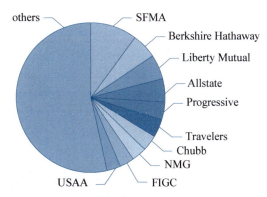

图3-8　2016年美国前十非寿险企业市场占有率情况

数据来源：美国保险信息机构 http://www.iii.org.

随后各州相继效仿，于是便出现了当今美国市场上保险与银行混业经营的局面，促进了保险业务的创新和发展。1998年4月，美国花旗银行与旅行者集团合并，所涉及的金额达700亿美元，不仅创下了规模的历史纪录，更意味着美国保险业与银行战略联盟迈出了重要的一步[①]。目前同样是少数公司占据竞争优势地位，前十的非寿险公司2015年占据市场份额的46%，2016年占46.5%。

第二节　我国财险业发展及指标

一、保险产业总量指标

（一）保费收入

图3-9为2002—2016年中国原保费及财险保费规模的相对情况。根据原中国保监会披露的数据，我国财产保险的保费收入在2016年达到8 724亿元，同比增速仅为

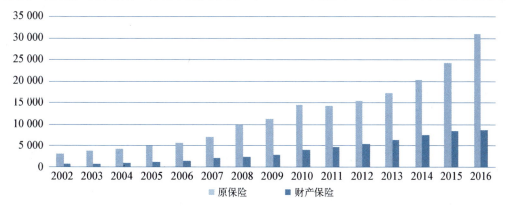

图3-9　2002—2016年中国原保费及财险保费规模

数据来源：中国国家统计局 http://data.stats.gov.cn/easyquery.htm? cn=C01.

---

① 孙祁祥.制度变迁中的中国保险业[M].北京：北京大学出版社，2007.

3.57%；而在 2002 年我国财产保险收入不过 780 亿元，占总保费的 25%；2015 年财险占总保费的比例仅提高到 28%。

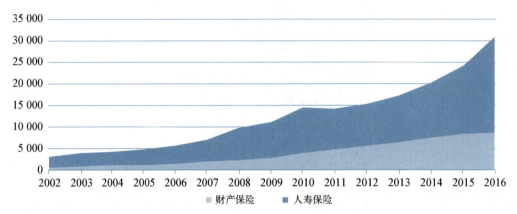

图 3-10　2002—2016 年财险与寿险相对保费规模

数据来源：中国国家统计局.

但是，跟寿险的规模对比，我国财产保险的发展尤显不足。这主要体现在两方面：一方面是占比的下滑；二是增速的放缓。我国财产保险保费的占比在 2007 年达到 30% 的水平，但此后起伏波动不定，一度将近 40%，在 2016 年又下滑至 38%；至于增速，2016 年我国寿险业保费在整体体量已经达到 22 180 亿元时，增速依然达到 39.86%；相比寿险的多年高速增长，财险略显后劲不足。

(二) 赔付支出

图 3-11 展示 1997—2016 年原保险公司赔付与财险赔付规模对比。相比保费规模，财产保险公司的赔款与给付金额呈现着不太一样的分布：财产保险的赔付在 2016 年为 4 729 亿元，同比增速 6.32%；占原保险总赔付金额的 44.98%，自 1997 年至 2015 年财险赔付一直占据原保险赔付的 50% 以上。

图 3-11　1997—2016 年原保险公司赔付与财险赔付规模

数据来源：中国国家统计局.

比较其保费收入占总保费的比值与赔付占总赔付的比值的异常可以发现，财产保险的赔付率远高于寿险；数据也证实这一点：财险的赔付率长期稳定在 50% 上下（2016 年为 54.21%),而寿险的赔付率波动不断,最低只有 8.31%(1997 年),最高也曾达到 32.28%(1998 年);2016 年的寿险赔付率为 26.09%,约为财险赔付率的一半。由此可见:我国当前财产保险赔付率高,但是购买需求仍然不及人寿保险产品旺盛,保险需求及其必要性尚未被人们充分认识。

（三）保险业机构数量

保险业的机构数量在上文中已经介绍过;73 家保险机构中,外资所占比例极少。目前,按照《外国保险机构驻华代表机构管理办法》要求,外国保险公司持续经营至少 20 年时间才能在中国设立代表机构,《外资保险公司管理条例》要求外国保险公司持续经营至少 30 年时间,并且要在中国设立代表机构至少两年才能在中国设立保险公司。在《2015 年度美国企业在中国白皮书(保险业)》中,中国美国商会建议缩短经营年限要求(包括取消代表机构年限要求),并且在确定持续经营年限时充分考虑公司重组的情况。

事实上,进入中国内地多年来,外资保险公司的总市场份额难以超越个位数,究其原因包括监管限制,特别是对外资所有权和分支机构扩张的严格限制,中国对保险的不同文化态度以及日益显著的渠道挑战。在东部沿海的发达地区,外资保险公司从广州到大连均有所分布,但严格的监管政策限制了其区域销售范围。对某些险种如车险而言,分支机构布局的瓶颈成为其业务发展的一大障碍。事实上,在设立分支机构的许可审批上,外资保险公司所面临的审批原则及标准与中资保险公司并无明显不同。但有调查显示,外资保险公司分支机构的许可审批所花费时间普遍长于中资公司。与中资保险公司相比,外资保险公司分支机构数量的确不足以在保险市场上形成自己的力量。面对匮乏的销售渠道,外资保险公司必须探索出自己的道路①。

（四）保险业从业人员

我国的保险行业从业人员数量从 1998 年开始迅猛增长,到 2016 年从业人员到达 112.318 万人,同比增速 13.31%。我国的国家统计局还披露了员工的性别情况:女性员工的比例从 20 世纪初的接近 47% 小幅增长到 2015 年的 53%。作为金融服务业,保险行业为女性劳动力提供了颇为广泛的就业渠道。

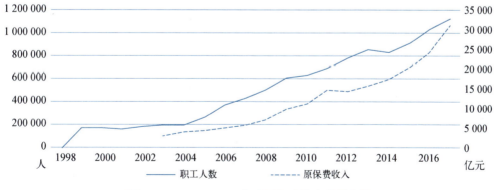

图 3-12　1998—2016 年中国保险从业人员变化

数据来源:中国国家统计局.

---

① 李留宇.安永:外资保险公司在中国将迎来更多发展机遇[J].国际融资,2016(1).

二、保险产业结构衡量指标

(一) 保险密度

数据显示,与2014年552元/人的保险密度相比,2015年的保险密度上升到610元,2016年进一步增长到978元,增速达到60%。虽然与世界发达国家仍有较大差距,但从时间纵向视角上看仍进步显著。

下面主要了解国内各地的差异情况。根据《保险蓝皮书2016》,全国各地的保险密度同比均有所上升,大部分省区市同比增速均超过10%;与前几年相比,2015年全国各地保险密度区域差异性继续得到改善,表现为西部地区和中部地区的保险密度增长速度高于东部地区。但是,整体而言,2015年全国各地保险密度仍呈现出由东部向中、西部地区递减态势。预计这种局面在未来几年还将保持下去。值得庆幸的是,东部地区的保险密度与中、西部地区的差距正在不断地缩窄。

图 3-13 2003—2016 年中国财产保险密度变化情况

数据来源:中国国家统计局.

(二) 保险深度

图 3-14 2003—2016 年中国财产保险深度变化情况

数据来源:中国国家统计局.

2016年,在财产保险密度上升的同时,财产保险深度也有所增加。数据显示,与2014年(1.5%)相比,2015年的财产保险深度上升了0.1个百分点,2016年则增长到1.81%。

并且与保险密度一致的是,也呈现出东部地区向中、西部地区递减的局面。同样,东部地区的保险深度与中、西部地区的差距也在不断地缩窄。

表 3-4 财产保险保费与保险深度情况

指 标	2003 年	2004 年	2005 年	2006 年	2007 年	2008 年	2009 年
财险保费	869	1 125	1 283	1 579	2 086	2 446	2 993
保险深度	0.64%	0.70%	0.69%	0.73%	0.78%	0.78%	0.88%
指 标	2010 年	2011 年	2012 年	2013 年	2014 年	2015 年	2016 年
财险保费	4 027	4 779	5 331	6 481	7 544	8 423	8 724
保险深度	1.00%	1.01%	1.03%	1.40%	1.50%	1.63%	1.81%

数据来源:中国国家统计局.

值得注意的是,保险密度高的省区市,保险深度却不一定很高。主要由于各地不均衡的人口稠密程度、经济发展水平等决定。2014 年 8 月,《国务院关于加快发展现代保险服务业的若干意见》(以下简称"新国十条")发布,保险业迎来了发展的重大机遇期。"新国十条"提出了现代保险服务业的发展目标:到 2020 年,努力由保险大国向保险强国转变。保险成为政府、企业、居民风险管理和财富管理的基本手段。保险深度达到 5%,保险密度达到 3 500 元/人。按照目前的发展速度,完成目标可期。

(三) 保险市场细分

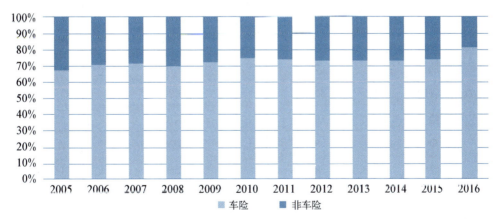

图 3-15 2005—2016 年机动车辆保险与非车险的保费收入结构

数据来源:中国国家统计局.

我国财产保险市场长期保持车险一家独大的产业格局。2015 年车险占市场总额 73.59%,体量第二的企业财产保险市场份额不过 4.58%。2016 年车险与非车险差距继续拉大,车险占据 81% 的市场。同时,车险在占据绝对主导地位的同时,其保费增速还高于其他财险产品;直到 2015 年其增速才被农业保险与责任保险赶超,车险增速 12%,农险增速同样 12%,责任险增速 19%。但其绝对体量仍无法与车险相提并论。

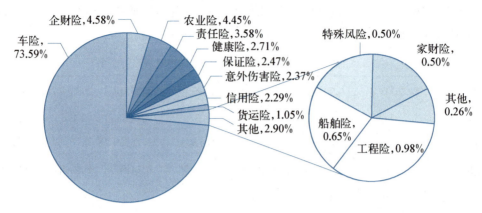

图 3-16　2015 年中国财产保险保费收入的险种结构

数据来源：中国国家统计局.

不同财产保险的赔付情况如表 3-5 所示：

表 3-5　2015 年财产保险分险种保费及赔付情况

险　种	保费（亿元）	赔付（亿元）	赔付率
车　险	6 199.00	3 335.60	53.81%
企财险	386.20	216.40	56.03%
农　险	374.90	237.10	63.24%
责任险	301.80	129.30	42.84%
健康险	228.30	188.00	82.35%
保证险	208.10	63.70	30.61%
意外伤害险	200.00	66.20	33.10%
信用险	192.50	45.10	23.43%
货运险	88.20	46.20	52.38%
工程险	82.90	36.60	44.15%
船舶险	55.10	33.40	60.62%
特殊保险	42.30	19.10	45.15%
家财险	41.70	16.80	40.29%
其　他	22.20	15.10	68.02%

数据来源：中国国家统计局.

（四）竞争状况衡量指标

对于产业集中度的描述参见表 3-6；本章利用这一指标衡量我国财产保险市场的集中度情况。

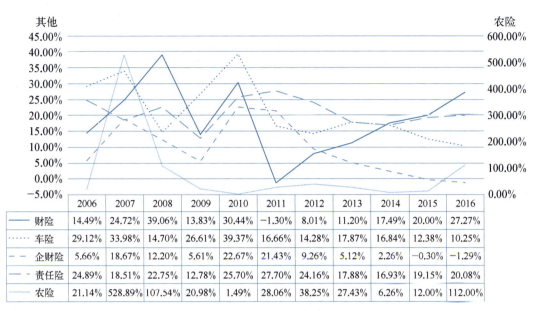

图 3-17　2006—2016 年保费收入前四的财险险种增速情况

数据来源：中国国家统计局.

表 3-6　市场集中度分类情况

市　场　结　构	CR4 值（%）	CR8 值（%）	该产业的企业总数（家）
Ⅰ极高寡占型	CR4≥75	—	1—40
Ⅱ高集中寡占型	65≤CR4＜75	CR8≥85	20—100
Ⅲ中(上)集中寡占型	65≤CR4＜75	75≤CR8＜85	企业数较多
Ⅳ中(下)集中寡占型	35≤CR4＜50	45≤CR8＜75	企业数很多
Ⅴ低集中寡占型	30≤CR4＜35	40≤CR8＜45	企业数很多
竞争型(原子型)	CR4＜30	CR8＜40	企业数极其多，不存在集中现象

资料来源：贝恩的产业组织理论，转引自：寇业富.保险蓝皮书：中国保险市场发展分析 2016[M].北京：中国经济出版社,2016.

图 3-18　2004—2015 年中国财产保险公司集中度变化

数据来源：中国统计年鉴.

由图 3-18 可见 CR4 的公司依次为中国人保、太平洋财险、平安财险、中华联合这个顺序,保持到 2008 年。2009 年开始,平安财险的保费规模反超太保财险,成为国内第二大财险公司;此时平安财险的市场占有率达到 13%;人保财险 40% 的市场占有率遥遥领先。2013 年 CR4 的成员再次发生变化:国寿财险首次超过中华联合,成为财险市场的第四。此前国寿财险的市占率先挤进 CR8,而后一步步增长到第六(2009)、第五(2011)。所以,我国财产保险市场保持着"一超两强"的竞争格局。

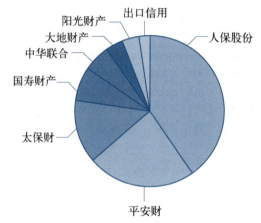

图 3-19 2015 年中国前 8 家财产保险公司市场份额

数据来源:中国统计年鉴.

(五) 资金运用

资金运用是保险业近来的热点话题之一。这方面主要结合整体保险行业展开。根据中国保险资产管理业协会的报告,我国保险资金运用发生了以下几个重大变化:一是资产规模扩大,行业实力增强。截至 2016 年底,我国保险资金运用余额 13.39 万亿元,较年初增长 19.78%。目前,在大资管市场上,保险资产规模仅次于银行和信托。2004—2014 年的十年间,保险业总资产和保险资金运用余额分别从 1.2 万亿元、1.1 万亿元增加至 10.2 万亿元、9.3 万亿元,年复合增长率分别约为 22.4%、22.2%。

图 3-20 2004—2016 年保险公司资金运用余额变化情况

数据来源:中国国家统计局.

二是资产配置多元,结构趋于合理。

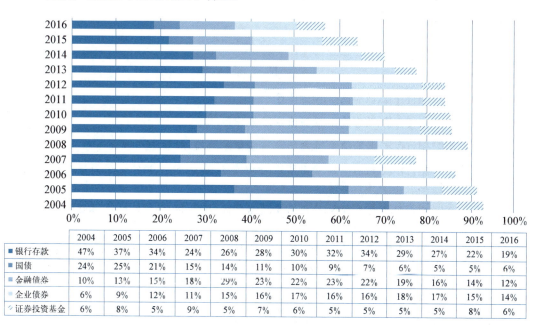

图 3-21　2004—2016 年保险资金运用范围变化

数据来源:中国国家统计局.

根据《保险蓝皮书 2016》,截至 2015 年底,保险资产配置中固定收益类资产占比为 56.17%,其中各类债券余额 38 446.42 亿元,占比 34.39%;银行存款 24 349.67 亿元,占比 21.78%。权益类资产占比为 15.18%,其中股票 8 112.49 亿元,占比 7.26%;证券投资基金 8 856.50 亿元,占比 7.92%。另类投资占比为 23.31%,其中项目债权投资 13 735.45 亿元,占比 12.29%;长期股权投资 8 909.10 亿元,占比 7.97%;投资性房地产 921.60 亿元,占比 0.82%;保险资产管理公司产品 2 490.55 亿元,占比 2.23%。其他投资为 4 011.92 亿元,占比为 3.59%。

2016 年以来,整体表现变化不大,保险资产配置中固定收益类资产占比为 50%,其中各类债券余额 42 684.58 亿元,占比 32%;银行存款 24 844.21 亿元,占比 19%,有小幅下降。证券投资基金 8 554.46 亿元,占比 6%。其他类型投资如股票、另类投资等占比均有上升。

二是投资主体的多元化。投资主体主要包括 21 家综合性保险资产管理公司、10 多家专业性保险资产管理机构、11 家保险资产管理公司香港子公司、6 家养老基金管理(或养老保险)公司、2 家私募股权投资管理(GP)公司、1 家财富管理公司。此外,还有 173 家保险公司设立了保险资产管理中心或保险资产管理部门。同时,保险资管机构呈现差异化发展态势。另外,行业人才也有相当的补充。截至 2015 年 12 月,21 家保险资产管理公司和 6 家养老金管理公司从事资产管理工作的专业人员共计 4 370 人,呈现阶梯式的快速增长态势。从人才结构来看,表现出投资人才数量显著增加、金融同业业务人才结构得到优化、合规与风险管理人才数量与结构得到快速补充三大特点。

四是投资标的的范围拓展。保险资产管理机构受托业务的投资标的较为广泛,基本实现了从传统到另类、从公募到私募、从虚拟到实体、从境内到境外的全覆盖；具体变化及当前的可投资品类参加表 3-7。

表 3-7 保险资金运用历史沿革

时 间	投 资 范 围
1995—1998 年	银行存款、政府债券、金融债券
1999—2003 年	银行存款、政府债券、金融债券、企业债券、基金
2004—2005 年	银行存款、政府债券、金融债券、企业债券、基金、股票、境外投资
2006—2008 年	银行存款、政府债券、金融债券、企业债券、基金、股票、境外投资、基础设施项目、不动产、商业银行股权
2009—2011 年	银行存款、政府债券、金融债券、企业债券、基金、股票、境外投资、基础设施项目、不动产、企业股权
2012—2015 年	银行存款、政府债券、金融债券、企业债券、基金、股票、境外投资、基础设施项目、不动产、企业股权、股指期货、金融衍生产品、商业银行理财产品、信贷资产支持证券、集合资金信托计划、专项资产管理计划、基础设施投资计划、不动产投资计划和项目资产支持计划等金融产品

资料来源：寇业富.保险蓝皮书：中国保险市场发展分析 2016[M].北京：中国经济出版社，2016.

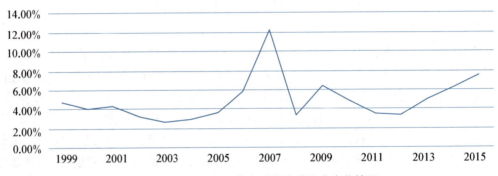

图 3-22　1999—2015 年保险投资收益率变化情况

数据来源：中国保监会.中国保险业发展报告[R].

表 3-8 中国保险资产运用管理相关政策梳理

2012	规范财险公司投资业务 规范险资投资债券业务 颁布《保险资产配置管理暂行办法》 规范《保险资金委托投资管理暂行办法》 规范保险资金投资股权和不动产的行为 规范投资交易业务保险资金参与股指期货、金融衍生品交易 规范境外投资 规范基础设施债权投资业务 针对证券化金融产品的保险资金投资出台通知 制定公募证券投资基金管理办法	2013	规范债券投资计划 规范资产管理产品业务试点 制定保险机构设立基金管理公司办法 规范跨境人民币结算再保险业务 加强外部信用评级监管 规范资金运用比例监管；基础设施债券计划与不动产投资比例由 20% 提升到 30%

续 表

2014	允许保险资金投资创业板上市公司股票 启动历史存量保单投资蓝筹股政策 加强和改进保险资金运用比例监管 规范保险资金银行存款业务 授权北京等保监局开展保险资金运用监管试点 规范资金运用关联交易信息披露 制定集合资金信托计划有关事项 规范内控与合规计分监管 "新国十条"出台 规范投资细则 制定保险资产风险五级分类 规范非保险子公司管理 保监会与银监会联合规范托管业务 授权北京、上海等地保险资金运用的属地监管试点工作 允许保险资金投资创业投资基金业务支持小微企业、创业公司健康发展 制定《保险集团并表监管指引》	2015	"偿二代"政策出台 规范保险资产管理产品风险责任人有关事项 调整拓宽境外投资业务 规范关联交易有关问题 制定资金运用信息披露准则 规范融资融券债券收益权义务 规范蓝筹股监管比例有关事项 制定《互联网保险业务监管暂行办法》 规范个人所得税优惠型保险业务 规范保险私募基金业务 规范资产支持计划业务 修改非保险金融产品销售规则 出台保险资金运用内部控制指引 完善保险资金举牌上市公司股票的信息披露准则 规范中国保险保障基金有限责任公司业务监管办法 规范保险业防范和处置非法集资工作
2016	完善保险资金针对大额未上市股权、不动产投资的信息披露准则 规范组合类保险资产管理产品业务监管	2017	加强保险资金股票投资监管 规范保险资金投资PPP项目

资料来源：中国保监会；寇业富.保险蓝皮书：中国保险市场发展分析2016[M].北京：中国经济出版社，2016.

五是保险资金运用收益率的改善，促动作用凸显。截至2015年底，保险资金运用收益共计7 803.63亿元，资金运用平均收益率为7.56%。2004—2014年，保险资金累计实现投资收益总额21 425亿元，平均投资收益率为5.32%，平均每年贡献近2 000亿元的收益，对提升保险业利润水平、改善偿付能力、壮大资本实力、支持业务创新、有效化解风险发挥了十分重要而积极的作用。而收益率的大幅变动主要得益于监管政策在不到五年时间的大幅变动(详见表3-8的梳理)。

第三节 经营环境变化与我国财险发展趋势

一、宏观经济

2016年全年国内生产总值744 127亿元，比上年增长6.7%。从图3-23来看产业结构，其中，第一产业增加值63 671亿元，增长3.3%；第二产业增加值296 236亿元，增长6.1%；第三产业增加值384 221亿元，增长7.8%。第一产业增加值占国内生产总值的比重为8.6%，第二产业增加值比重为39.8%，第三产业增加值比重为51.6%，比上年提高1.4个百分点。

全年人均国内生产总值53 980元，比上年增长6.1%。全年国民总收入742 352亿元，比上年增长6.9%。城市居民家庭的人均可支配收入不断提高，2016年达到33 612.2元，同比增速7.76%；农村居民的可支配收入2016年为12 363.4元，增速为8.24%。

图 3-23　1996—2016 年国内生产总值及其增速变化情况

数据来源：中国国家统计局.

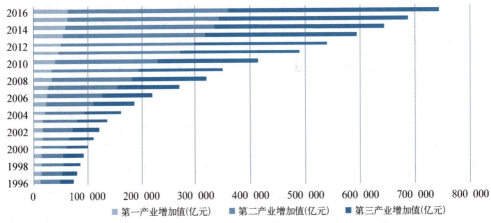

图 3-24　1996—2015 年 GDP 中各类产业增加值情况[1]

数据来源：中国国家统计局.

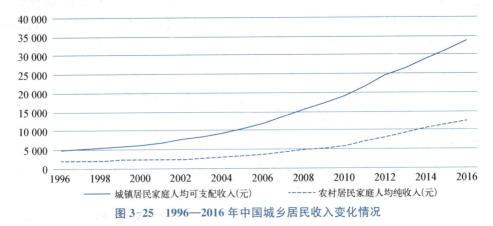

图 3-25　1996—2016 年中国城乡居民收入变化情况

数据来源：中国国家统计局.

---

[1]　三次产业分类依国家统计局 2012 年制定的《三次产业划分规定》。第一产业是指农、林、牧、渔业（不含农、林、牧、渔服务业）；第二产业是指采矿业（不含开采辅助活动），制造业（不含金属制品、机械和设备修理业），电力、热力、燃气及水生产和供应业，建筑业；第三产业即服务业，是指除第一产业、第二产业以外的其他行业。

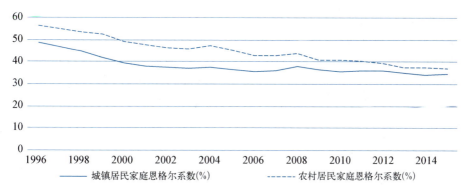

图 3-26　1996—2015 年中国城乡居民恩格尔系数变化情况

数据来源：中国国家统计局.

总体来看，2016 年国民经济仍运行在合理区间，经济结构进一步优化，转型升级进一步加快，新兴动力进一步积聚，人民生活进一步改善，为我国非寿险行业的发展创造了有利的宏观环境。

二、自然灾害

根据 Sigma 的定义，"自然灾害"是指由自然力量引发的灾难。灾害损失规模不仅取决于自然力量的强度，同时也取决于人为因素，如建筑设计或灾区抗灾系统的效率。一般将自然灾害分为以下几类：洪水、风暴、地震、干旱/森林火灾/热浪、寒流/霜冻、冰雹、海啸及其他自然灾害。我国国家统计局统计了对人民经济生活影响最为深远的几项自然灾害。

（一）自然灾害整体情况

2016 年，我国自然灾害以洪涝、台风、风雹和地质灾害为主，旱灾、地震、低温冷冻、雪灾和森林火灾等灾害也均有不同程度发生。各类自然灾害共造成全国近 1.9 亿人次受灾，1 432 人因灾死亡，274 人失踪，1 608 人因灾住院治疗，910.1 万人次紧急转移安置，353.8 万人次需紧急生活救助；52.1 万间房屋倒塌，334 万间不同程度损坏；农作物受灾面积 2 622 万公顷，其中绝收 290 万公顷；直接经济损失 5 032.9 亿元。

图 3-27　2010—2016 年自然灾害造成的人员伤亡与经济损失情况

数据来源：中国国家统计局.

(二) 影响最大的单项自然灾害

1. 地质灾害。数据显示，2016 年全国共发生地质灾害 10 997 起，其中发生滑坡 819 起，崩塌 1 905 起，泥石流 652 起，地面塌陷 225 起。地质灾害长期以来对农业、工业都带来巨大的破坏，2016 年更是造成 362 人死亡。其造成的经济损失占当年 GDP 的万分之一到万分之三不等。从金额上看，2016 年直接造成经济损失 354 290 万元。但另一方面，地质灾害的防治项目也一直在推进中，2016 年防治 28 190 个项目，投资金额达到 1 360 234 万元。

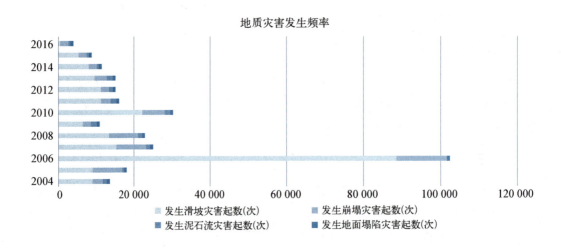

图 3-28　2004—2016 年中国地质灾害情况

数据来源：中国国家统计局。

2. 森林火灾。相较于其他自然灾害，森林火灾的损失及发生频率都有明显的改善；2015 年发生森林火灾的次数降到 2 936 次，同比下降 21%，2016 年继续下降；总火场面积 2016 年降到 1.8 万公顷。伤亡情况也大有好转，自 2012 年起，森林火灾造成的死亡人数降为 0，受伤人群也大幅减少；森林火灾造成经济损失折合价款 2016 年仅 41 亿元。森林火灾是几种自然灾害中影响较小且可防治、可控制的灾害种类。

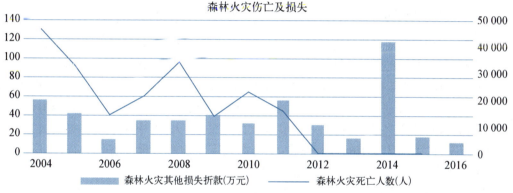

图 3-29　2004—2016 年中国森林火灾情况

数据来源：中国国家统计局.

3. 地震灾害。数据显示，我国大陆地区共发生 5 级以上地震 18 次，且主要集中西部地区。据统计，地震灾害造成全国 50.9 万人受灾，1 人因灾死亡，41 人因灾住院治疗，30.6 万间房屋不同程度损坏，直接经济损失 55.6 亿元。总的来看，地震灾害灾情与"十二五"时期均值相比明显偏轻，因灾死亡失踪人口、倒塌房屋间数和直接经济损失均创最低值。

图 3-30　2004—2016 年中国地震灾害情况

数据来源：中国国家统计局.

地震灾害相比其他自然灾害更加不可控且难以预测与防治，波动极大。例如 2008 年汶川地震给全国带来的直接经济损失达到 85 949 594.4 万元；而 2015 年全年地震经济损失为 1 791 918 万元，2016 年有所好转，经济损失降到 668 692.9 万元，可见其每年波动性极大。

4. 海洋灾害。由中国海洋局每年编制的《海洋灾害公告》可见，2016 年各类海洋灾害造成的直接经济损失高达 50 亿元人民币，死亡（失踪）60 人，其中风暴潮灾害造成直接经济损失 45.94 亿元。从区域分布上来看，受海洋灾害影响最严重的省份为福建、广东、河北，受灾金额分别为 16.21 亿元、9.63 亿元、9.35 亿元。可见海洋灾害虽然发生频率较低、涉及人员较少，但是带来的经济损失相当巨大。

三、技术发展

作为一种以互联网技术的发展为基础的新型商业模式，互联网保险彻底改变了传统保险业提供产品和服务的方式，为保险业发展带来新的机遇和挑战。

首先，互联网保险的发展有利于普惠金融的形成。互联网保险的发展有利于打破传统保险业的市场垄断地位。其次，互联网保险具备信息化的特点，实现了保险交易的虚拟数字化。保险公司可以通过互联网，免去代理人和经纪人等中介环节，大大缩短了投保、承保、保费支付和保险金支付等进程的时间，提高了销售、管理和理赔的效率，使得规模经济更加突出。第三，有利于保险公司大幅度节约经营成本。通过互联网销售保单，保险公司可以免去机构网点的运营费用和支付代理人或者经纪人的佣金，直接大幅节约了公司的经营成本。再次，有利于公司强化客户关系维护。互联网保险拉近了保险公司与客户之间的距离，增强了双方的交互式信息交流。最后，互联网保险的出现在一定程度上缓释了传统保险市场存在的一些问题，有助于实现风险识别控制、产品种类定价和获客渠道模式方面的创新，最大限度地激发了市场的活力，使市场在资源配置中更好地发挥决定性作用[1]。

---

① 唐金成，韦红鲜.中国互联网保险发展研究[J].南方金融，2014(5).

（一）我国互联网保险发展概况[①]

我国互联网保险在过去近十几年里经历了兴起、发展以及不断成熟的过程。这一过程可归纳为四个时期：长达十年之久的萌芽期、突飞猛进的探索期、正在经历的全面发展期和爆发期[②]。

1. 萌芽期（1997—2007年）。1997—2007年是互联网保险的萌芽期。1997年底，中国第一个面向保险市场和保险公司内部信息化管理需求的专业中文网站——互联网保险公司信息网诞生，这标志着我国保险也步入互联网时代。2000年8月，太保和平安几乎同时开通了自己的全国性网站。同年9月，泰康人寿在北京宣布了"泰康在线"的开通，实现了服务的全程网络化。与此同时，各保险信息网站也不断涌现。但是鉴于当时互联网和电子商务整体市场环境尚不成熟，加之第一次互联网泡沫破裂的影响，受众和市场主体对互联网的认识不足，这一阶段网上市场未能实现大规模发展，仅能在有限的范围内起到企业门户的资讯作用。随着2004年《电子签名法》、2005年《电子支付指引（第一号）》、2011年《保险代理、经纪公司互联网保险业务监管办法（试行）》以及2013年《中国保监会关于专业网络保险公司开业验收有关问题的通知》的颁布，我国互联网保险行业迎来新的发展机遇。

2. 探索期（2008—2011年）。2008—2011年是互联网保险的探索期。阿里巴巴、京东商城等电子商务平台的兴起为中国互联网市场带来了新一轮的发展热潮。伴随着新的市场发展趋势，互联网保险开始出现市场细分。一批以保险中介和保险信息服务为定位的保险网站纷纷涌现。有些网站在风险投资的推动下，得到了更大的发展，同时使得市场竞争更加激烈，一场互联网保险的市场争夺战在全国范围打响。在这个阶段，由于保险公司电子商务保费规模相对较小，电子商务渠道的战略价值还没有完全体现出来，因此在渠道资源配置方面处于被忽视的边缘地带。保险电子商务仍然未能得到各公司决策者的充分重视，缺少切实有力的政策扶持。很多保险公司对互联网保险的价值没有充分了解。

3. 全面发展期（2012—2013年）。2012—2013年是互联网保险的全面发展期。2013年被称为互联网金融元年，各种互联网金融创新风起云涌。余额宝的出现使得银行活期存款在不到半年的时间内被蚕食将近5 000亿。

在这一时期，各保险公司依托官方网站、保险超市、门户网站、离线商务平台、第三方电子商务平台等多种方式，开展互联网保险业务，逐步探索互联网保险业务管理模式。互联网保险绝不仅仅是保险产品的互联网化，而是对商业模式的全面颠覆，充分挖掘和满足互联网金融时代应运而生的保险需求，更多地为互联网企业、平台、个人提供专业的保险保障服务。经过一段时间的探索，保险行业已摸索出一套相对可控、可靠的体系和经验，确立起互联网保险的基本模式。

4. 爆发期（2014年至今）。历经20年的发展，电子商务对传统行业的影响正在不断加深，电子商务、网上支付等相关行业的高速发展为保险行业的电子商务化奠定了产业及

[①] 李红坤，李子晗.我国保险业与互联网融合动因、困难与策略[J].保险研究，2014(8).
[②] 陆定国.我国互联网保险发展研究[D].西南财经大学，2014.

用户基础,保险电商化时代已经到来。

它将围绕移动终端开展全方位的保险业务,包括产品销售、保费支付、移动营销及客户维护服务等一系列业务活动。保险业在移动终端的应用可分为四步走:第一是无纸化,将纸质保单转换为电子保单;第二是智能化,在无纸化基础上,实现展业、投保等业务简易、规范操作;第三是定制化,为客户提供定制保险产品;第四是打造智能移动保险生态系统,包括定制的产品线,也包括打破时间、空间局限的全方位移动服务。

(二) 我国互联网保险发展现状[①]

现阶段互联网保险的发展模式主要分为三种:网页促销类即官网推介商品、保险公司与第三方电子商务平台合作、互联网金融模式。2016年,在79家财险公司中,有60家主体经营网销,较2015年增加了11家。网销在保险销售中的重要性进一步加强,市场竞争也不断加剧。而从保费收入看,2016年互联网财险实现保费收入502亿元,其中,车险保费收入399亿元,非车险保费收入103亿元。

鉴于互联网保险业务国内外的差别及未来在我国巨大的发展潜力和利润空间,保险公司纷纷加快在互联网保险领域的战略布局。

1. 拓展网络销售渠道,降低营销成本。社交网络的用户广泛,信息传播及时、迅速,爆发力强,亦是大量普通民众获取信息的主要场所。已有大量成功案例证明社会化营销是捕获海量用户的重要途径。保险公司应该树立与消费者共赢的思想,与消费者分享网上交易所带来的成本节约。保险电子商务可以使保险公司降低包括销售、保单管理、赔款支付以及索赔管理等在内的总成本。因此,保险公司应该从互联网交易节约的成本中拿出一部分资金来鼓励消费者在线购买保险产品。

2. 重视产品创新。随着信息社会的到来及大数据技术的兴起,消费者的行为、个体特征及由此产生的各类数据均能较为有效地被记录、分析,使得基于大数据开展定制化保险产品设计成为可能,能根据一类人群的各方面的特征,精细化地推出与之相适应的产品。

3. 提高保险公司应对互联网保险的能力。首先,提高保险公司应对海量数据冲击的能力。其次,提高保护客户信息和业务数据的能力。最后,提高建立用户友好的服务体系的能力。

4. 互联网保险创新与监管平衡。互联网保险的出现,保险行业在技术、结构、权力多个层面的改变,将给监管带来巨大挑战。互联网保险监管基本原则是以保护消费者利益为前提,坚持透明和公开,实现互联网保险市场的健康有序发展。互联网保险市场的健康发展是在政府和市场双重力量互动配合之下实现的,因此有必要对现在的监管规则予以重新审视。首先,适当给政府减负,划清政府互联网保险监管的边界,采用多样化的监管手段。其次,给市场充分空间。政府、保险公司内部治理、行业自律、社会监管都是有效的互联网保险监管制度不可或缺的力量,它们共同组成的互联网保险监管体系是互联网保险创新和互联网保险监管创新的必然选择。

5. 大力促进我国征信业发展。加快推动征信标准化建设,建立健全信用信息共享机

---

① 中国保险行业协会.互联网保险行业发展报告[M].北京:中国财政经济出版社,2014.

制,加强征信监管与信息主体权益保护建设,从培育征信机构、引导征信产品与服务创新两方面入手推动征信市场发展[①]。

对于互联网保险发展的趋势,可归结为以下三点:首先,通信技术的发展将进一步拓展互联网保险的发展空间;其次,互联网技术的应用和发展将突破现有互联网保险的发展瓶颈;最后,互联网技术与互联网保险将实现发展创新模式的竞合[②]。我国互联网保险的未来生态有待观察与分析,值得期待。

专栏 3-1

国际互联网保险发展[③]

(一)美国互联网保险概况

美国是发展互联网保险最早的国家,在 20 世纪 90 年代中期就开始出现互联网保险。目前,美国的互联网保险业在全球业务量最大、涉及范围最广、客户数量最多且技术水平最高,几乎所有的保险公司都建立了自己的网站,比较有影响力的主要有 InsWeb、Insure.com、Quicken、Quick quote、Select Quote 等网站。在网站上为客户提供全面的保险市场和保险产品信息,并可以针对客户独特需要进行保险方案内容设计,运用信息技术提供人性化产品购买流程。在网络服务内容上,涉及信息咨询、询价谈判、交易、解决争议、赔付等;在保险品种上,包括健康、医疗人寿、汽车、财险等。美国互联网保险业务主要包括代理模式和网上直销模式,这两种模式都是独立网络公司通过与保险公司进行一定范围的合作而介入互联网保险市场。

(二)欧洲互联网保险概况

在欧洲,网络保险发展速度非常迅猛。1996 年,全球最大保险集团之一的法国安盛在德国试行网上直销。1997 年,意大利 KAS 保险公司建立了一个网络保险销售服务系统,在网上提供最新报价、信息咨询和网上投保服务。英国保险公司的网络保险产品并不局限于汽车保险,而是包括借助互联网营销的意外伤害、健康、家庭财产等一系列个人保险产品。近十几年,网络保险在英国发展迅速,个人财产保险总保费中网络营销的比例,从 2000 年的 29% 增加到 2008 年的 42%,而传统的保险经纪份额从 42% 下降到 29%。相比于其他尚不成熟的保险市场的互联网保险业务,英国保险市场的互联网革新经历了一个极有代表性的发展路径。据埃森哲咨询公司发布的相关报告显示,2009 年德国约有 26% 的车险业务和 13% 的家庭财险业务是在互联网上完成的,而在仅仅一年的时间里,这一份额就分别上涨至 45% 和 33%,可见互联网保险在德国发展之迅速。德国重视互联网保险的商业模式创新,率先开发出一种新 P2P 保险模式,具有防止骗赔、节约销售和管理费用以及方便小额索赔等优势。

(三)亚洲互联网保险概况

1999 年 7 月,日本出现名为 Alacdirect.com 的网络保险公司,这是一家完全通过互联网推销保险业务的保险公司,主要服务于 40 岁以下客户。同年 9 月,日本索尼损害保险

---

① 王吉山.传统保险企业开展互联网保险业务的思考[J].保险研究,2015(1).
② 寇业富.保险蓝皮书:中国保险市场发展分析 2016[M].北京:中国经济出版社,2016.
③ 李红坤,刘富强,翟大恒.国内外互联网保险发展比较及其对我国的启示[J].金融发展研究,2014(4).

公司开通电话及网络销售汽车保险业务,到 2000 年 6 月 19 日通过因特网签订的合同数累计突破 1 万件。韩国在线车险销售始于 2001 年,目前在线车险保费收入占全部车险保费收入的 25% 以上。

(四) 国外互联网保险的一般模式

1. B2C 模式。互联网保险 B2C 模式大致可分为保险公司网站、第三方保险超市网站及互联网金融超市三种形式。保险公司网站是一种典型的 B2C 电子商务模式。保险公司开设的网站旨在宣传公司产品,提供联系方式,拓展公司销售渠道。

2. B2B 模式。B2B 模式大致可分为互联网风险市场和互联网风险拍卖两种形式。互联网风险市场使不同国家和地区间的商业伙伴能够不受地域、国别限制,共同分担风险,尤其是地震、洪水、泥石流、风暴等巨灾风险。如 Global Risk Mark Place 和提供巨灾风险交易的 CATEX 都是采用这种模式,Global Risk Mark Place 提供全球性的风险交换服务,CATEX 则把巨灾风险的交易搬至虚拟网络。互联网风险拍卖就是大型公司或其他社会机构通过互联网把自身的风险"拍卖"给保险公司。集团式购买比较适合这种方式,比如,汽车协会可以为其成员挑选一种最便宜的保障。这种模式关注了投保人的需求,具有强大的生命力。

(五) 世界发达国家互联网保险业务特点

首先,国外互联网保险是独立网络公司,通过与保险公司进行合作而介入互联网保险市场,网络公司只提供一个网络平台,而不具体参与实质性的保险运作流程。其次,国外互联网保险在网上售卖的险种几乎涵盖所有的线下险种,包括健康、医疗人寿、汽车、财险等各大主流险种。再次,国外互联网技术发展较快,互联网保险安全防护技术完善,采用多重防火墙技术,在每个环节都可以很好地保护客户信息。还有,国外互联网保险充分发挥了互联网的便利性,从投保到理赔均可通过网络完成,业务流程短,方便快捷。最后,国外对互联网保险监管措施完备,有严格的准入机制以及保险产品审核制度,可以将互联网保险的风险控制在一定范围内,很好地保护了消费者利益。

> **案例分析**
>
> ## 上海保险交易所的探索与创新
>
> ### (一) 成立过程
>
> 保险业在我国经历了快速发展并奠定了我国作为世界保险大国的地位。但"大而不强"仍然是我国保险业发展面临的瓶颈。为此我国提出建设上海国际保险中心的构想,希望以此改变保险业当下的状况,实现跨越式发展,完成建设保险强国的战略规划。而从国际经验来看,国际保险中心需要有多层次、多功能的保险要素市场体系与之相匹配,保险交易所则是不可或缺的要素之一。所谓保险交易所,是指寿险、非寿险、再保险机构进行保险交易,形成保险定价机制,融通保险资产以及推出保险资产衍生产品的地点,同时,也是一个与保险资产证券化紧密相连的场所。
>
> 2004 年上海政府提出建设再保险中心、培育国际保险市场的设想;2010 年陆家嘴金融论坛,进一步提出推进保险市场建设,筹划建立保险交易所;2011 年上海和深圳两

大城市都提出筹备全国性的保险交易所,最终2013年上海自贸区的建立,成了上海保险交易所(以下简称"保交所")申请成立的关键。2016年6月,上海保交所在陆家嘴金融论坛上举行揭牌仪式,正式成立。

(二) 组织结构

保交所共拥有91家发起人股东最终参与到公司设立,合计认缴股本22.35亿元。从股东名单来看,有中再集团、中国平安、太保产寿险等大型保险上市公司,也包括信泰人寿等规模较小的保险公司。除此之外,还包括保险资产管理公司,保险中介公司以及上海市保险同业公会作为唯一一家社团组织入股上海保交所。在此次股东名单中,出现了近20家非保险行业股东以及诸如爱建集团、恒生电子等多家上市公司。各股东持股比例相对分散:中再集团共持股1.5亿股,持股比例为6.7%;平安集团与"中再系"持股数量、比例相同;阳光保险集团和太平保险集团持股数分别为1.2亿股和1.1亿股;上海国际集团共持有6 000万股,持股比例为2.7%。

在公司组织结构上,上海保交所采用股份制形式,针对保险产业链各类业务以事业部或子平台公司的形式设置各自独立的业务板块,保交所作为控股平台和管理总部,对各业务板块进行统一管理。在运营模式上,上海保交所拟采用会员制,其主要收入即为会员年费,另外包括保交所开展的几大平台及模块业务的各项服务费。国际上,保险交易所的运营模式主要分为英式和美式两种:前者以英国劳合社[1]为代表,采用会员制的交易模式,以原保险及再保险业务作为交易标的;后者以纽约巨灾风险交易所[2]为代表,类似证券交易所的公开挂牌交易模式,涉及保险风险证券化。两者各有利弊,上海保交所拟采用的会员制模式根据国情作出适宜调整。

(三) 功能规划

在功能定位的规划方面,上海保交所将重点搭建国际再保险、国际航运保险、大宗保险项目招投标、特种风险分散的"3+1"业务平台。具体而言,保交所对各业务平台作出了初步设想。

国际再保险平台方面,拟参照劳合社模式,为直保公司和再保公司提供交易的平台、场所、设施并设立交易规则,但保交所本身不承担风险。这一模式基于可借鉴的行业经验和互联网技术的支持,在商业模式上可靠性高。通过市场准入机制和业务模式创新、配套政策安排等吸引国际再保险市场主体集聚,开展跨境再保险业务,提升我国在全球再保险市场的定价权和话语权。

国际航运保险平台方面,拟基于上海航运中心的地位,考虑对航运保险予以适当的免税优惠,吸引大部分保险公司在上海开展航运保险业务。同时,该平台将承担发布航运保险指数、航运保险纯风险损失率等市场指标;发布项目产品信息;提供数据分析、海事担保等功能。

---

[1] 英国劳合社只对其注册会员提供交易场所和服务,本身不接受保险业务。在劳合社市场,卖方(提供保险保障的承保人)与买方(代表客户购买保险的经纪人)面对面洽谈业务。

[2] 纽约巨灾风险交易所1997年成立,是一个专门通过网络进行各种巨灾风险交换、非传统风险转移工具等买卖的场所。用户能调整他们的风险分布形态,用来交易的有效风险可以在电子系统上"公告",交易也能在电子系统中商议和完成。

大宗商品项目招投标方面,初期,当地政府能够决定的保险类政府采购、大型企事业单位的保险采购、养老金等项目都将可能在保交所进行招投标。

　　特种风险分散则主要针对复杂的高风险保险业务,承担特殊风险保险、巨灾保险等的产品服务创新、分保渠道扩展等功能。

本 章 小 结

1. 先从国际财产保险市场研究入手,从保险产业的总量指标以及结构指标等多个维度对其加以分析:发达国家的非寿险收入、机构数等总量指标显示其相对的差异化发展;同样,保险密度、保险深度、险种结构、竞争结构均显示国别差异化。
2. 按照这一逻辑对于我国当前的财产保险市场进行多视角的解读与比较:虽然我国财产保险通过多年发展,保费收入居于世界前列,但是通过员工情况、机构数量等总量指标以及保险深度、保险密度、集中度等指标仍暴露出我国财产保险市场现阶段的不足;财产保险的险种结构非常具有异质性,与社会文化、经济发展等诸多环节密切相关。最后一部分是资金运用,在可投资范围扩展的同时体量大幅增加,带来的优劣得失,需要继续的观察与思考。
3. 针对宏观的经济环境、自然环境以及技术环节,这些对保险需求的宏观与微观层面发生影响,并影响未来我国财产保险的趋势和方向。

重 要 概 念

保险深度　保险密度　资产管理　保险交易所

习题与思考题

1. 搜集资料,比较中美营销渠道的特点,并以此为例分析影响雇员人均保费收入的成因。
2. 分析日本、美国的财产保险的细分险种结构;讨论我国当前机动车辆保险独占鳌头的主要原因与这一现象的优缺点。
3. 关于财险机构的集中度:我国的CR4的超高集中的历史成因何在?美国曾经历过的广泛的兼并潮会在中国的未来发生吗?为什么?
4. 理解保险密度与深度的概念;分析中国与世界水平的差异及其原因。
5. 列举2015年以来保险公司举牌上市公司的案例,分析其政策导向;这对保险公司的产品、运用、投资等多方面战略有什么影响?

第四章

财产保险费率厘定原理

> **学习目标**
> 1. 了解财产保险费率厘定的概念和原则。
> 2. 熟悉财产保险费率厘定的基本过程。
> 3. 掌握纯保费法和赔付率法两种费率厘定方法的特点和适用范围,会熟练应用这两种方法。

第一节 保险费率厘定概述

一、保险费率概念

保险人根据保险金额,按一定的比率计算出应收取的保险费。这里一定的比率就是保险费率。保险费率指按保险金额收取保险费的比例。其公式为:

$$保险费率 = 保险费 / 保险金额 \tag{4-1}$$

保险费率是每一保险金额单位,在一定的保险期间所交保险费的比例。通常用‰或%表示。

保险费率由两部分组成:一是根据保险标的所面临的风险程度而厘定的,称为纯费率;二是根据保险人经营的成本而厘定的,称为附加费率。其公式为:

$$保险费率 = 纯费率 + 附加费率 \tag{4-2}$$

纯费率是保险费率的基本部分,用于建立保险基金;届时对保险事故进行赔偿。附加费率是据以支付业务上的各种费用和保险人应得的利润部分。这两个费率相加就是保险人向投保人计收保险费的保险费率,也叫毛费率。

在保险费率厘定过程中,很重要的是运用"大数法则"。"大数法则"是概率论中一个重要法则,它揭示了这样一个规律:大量的、在一定条件下重复的随机现象将呈现出一定的规律性或稳定性。简言之,由于"大数法则"的作用,大量随机因素的总体作用必然导致某种不依赖于个别随机事件的结果。这一法则对保险经营有着重要的意义。我们知道,保险行为是将分散的不确定性集中起来,转变为大致的确定性以分摊损失。根据"大数法则",同质保险标的越多,实际损失结果会越接近预期损失结果。由此,保险公司可做到收取的保费与损失赔偿及其他费用开支相平衡,保险也就能越充分发挥其作用。

二、保险费率厘定的原则

保险费率的厘定,是根据保险对象的客观环境和主观条件形成的危险程度,运用数理方法计算的。它并非单纯的数学计算,应该体现经济目的性,要与保险人承担的义务相适应,故应遵循一定的原则。

1. 公平合理原则。公平指保险人收取保险费应该根据保险标的所处风险的大小,如果保险事故发生的概率为 p,保险金额为 S,则保险费等于 pS,即赔款支出的预期值与保险费收入值相等(不考虑附加保险费情况下)。可见,危险性大,费率高,负担多;危险性小,费率低,负担少。公平只能是相对的公平,不可能按每个被保险人投保的保险标的的核算风险大小。由于影响风险大小的主客观因素复杂,即使同一种保险标的其风险大小也不一样,所以,公平只能是相对公平或大体公平。合理指在贯彻公平原则的同时,保险费率的档次要合理;保险积累和企业利润都要合情合理;要核算出保险人和被保险人双方都可以接受的费率。

2. 保证偿付原则。保险费是保险标的损失偿付的基本资金来源,所以保险费率的厘定要保证保险人具有相应的偿付能力,这是由保险基本职能决定的。费率过低,会削弱保险人的偿付能力,也会影响被保险人的经济保障。健康的费率竞争应该是在保证纯费率的基础上,通过提高经营能力而降低附加费率的竞争。在国际保险市场上,为争取业务,竞争激烈,导致有些保险人盲目降低费率,甚至达到不惜亏本的地步。为防止这种情况出现和保障被保险人的权益,一些西方国家保险费率的厘定,采取同业公会制定统一费率予以制约,或由国家管理部门审定某些费率。在保险市场上,费率作为重要的经济杠杆,是竞争的手段之一,这种竞争有积极的一面,但竞相压低费率,不注重科学,不考虑费率受风险发生频率和损失率的制约,甚至无视价值规律,其后果只能造成保险市场混乱,败坏保险的信誉。

3. 相对稳定原则。保险费率厘定后,通常要保持相当长的一段时间,不能经常变动;否则,会给保险人增大业务工作量,增多经费开支。但相对稳定不是不动,经过一段时期,损失率、赔付率、费用率、理赔成本、相关法律规定都会变化,在厘定费率时应考虑各种因素,对未来趋势作科学预测,使费率保持相对稳定。

4. 促进防损原则。防灾防损是保险的职能之一。在厘定费率时,要具体体现防灾、防损的精神。保险人积极从事预防损失活动,减少或避免不必要的灾害事故的发生,不仅可减少保险人的赔偿数额和被保险人的物质损失,更重要的是保障社会财富,稳定企业经营,安定人民生活,促进和发展国民经济。为贯彻这一原则,保险人应从保险费收入中提取一定比例的防灾费用,用以加强社会的防灾防损工作。同时,对被保险人的防损工作予以鼓励,防灾防损工作做得有成效,保险费率可相应降低,以调动投保人防灾防损的积极性。

第二节 财产保险费率厘定过程

财产保险费率的厘定可以采取两种基本方法:纯保费法和赔付率法。

一、纯保费法

纯保费是赔款和理赔费用之和。纯保费法(Pure Premium Method)通过在纯保费上附加各种必要的费用和利润得到保费,因此,采用纯保费法厘定的保费不仅能够满足预期的赔款和费用支出,而且能够提供预期的利润。

纯保费法的费率厘定公式可以通过下述的基本保险方程(Fundamental Insurance Equation)推导而来,即:

$$\text{保费} = \text{赔款} + \text{理赔费用} + \text{承保费用} + \text{承保利润附加} \tag{4-3}$$

其中,承保费用具体包括四类:佣金和经纪人手续费、税金和保险保障基金等(下面简称为保费税)、其他展业费用、一般管理费用。

在费率厘定中,上述各类承保费用又可进一步划分为固定费用和变动费用两大类。固定费用与保费的高低相互独立,对于每个风险暴露或每份保单而言是一个常数;变动费用随着保费的变化而变化,与保费成比例。

令 R 表示每个风险暴露的保费(即费率);P 表示每个风险暴露的纯保费,即赔款和直接理赔费用之和;F 表示每个风险暴露的固定费用;V 表示变动费用率,即单位保费中用于支付变动费用的比率;Q 表示单位保费中的利润附加比率;则上述保险方程可以表示为:

$$R = P + (F + RV) + RQ \tag{4-4}$$

对上述公式进行变形,即可得到下述的保费计算公式:

$$R = \frac{P + F}{1 - V - Q} \tag{4-5}$$

假设每个风险暴露的纯保费、固定费用、变动费用比率和利润附加比率如下:
纯保费(含理赔费用):700 元
每个风险暴露的固定费用:100 元
变动费用附加率:15%
利润附加率:5%
则根据以上条件,可以计算出每个风险暴露的保费为:

$$R = \frac{P + F}{1 - V - Q} = \frac{700 + 100}{1 - 15\% - 5\%} = 1\,000(\text{元})$$

下面进一步给出在纯保费法中损失率、纯费率、附加费率厘定的细节。

(一)财产保险的损失率

财产保险的损失率是指保险财产价值受到多少损失的比率,即保险在一定时期内赔款数额与保险金额总和的比率,其计算公式为:

$$保险损失率 = \frac{保险赔款}{保险金额} \times 100\% \tag{4-6}$$

保险损失率决定保险费率的最低限度,是制订保险纯费率的依据。在论述财产保险费率厘定时,首先要讲一讲保险损失率。影响保险损失率的因素主要有四个:

1. 保险事故发生频率:指发生保险事故的次数与保险标的件数的比率。这个比率表示每百件保险标的有多少次事故发生。

2. 保险事故毁损率:指受损保险标的件数与发生保险事故次数的比率。这个比率表示每一次保险事故损毁多少件保险标的。

3. 保险标的毁损程度:指总赔偿额与受损保险标的的保险金额的比率。这个比率表示受损保险标的价值减少的百分比。

4. 受损保险标的的平均保额与总平均保额比率:这个比率表示受损保险标的的平均价值与总保险标的的平均价值之间的比例关系。

上述因素中,实际包含六个基本项目。即:

A——保险标的件数;B——总保险金额;
C——保险事故次数;D——受损保险标的的件数;
E——受损保险标的的保险金额;F——总赔偿金额。

以字母代入四个因素中:

1. 保险事故发生频率 $= \dfrac{C}{A}$;

2. 保险事故毁损率 $= \dfrac{D}{C}$;

3. 保险标的毁损程度 $= \dfrac{F}{E}$;

4. 受损保险标的的平均保额与总平均保额比率 $= \dfrac{E}{D} \Big/ \dfrac{B}{A}$ 或 $\dfrac{E}{D} \cdot \dfrac{A}{B}$。

上述因素与保险赔偿有内在联系,其相乘之积即为损失率。用公式表示如下:

$$损失率 = \frac{C}{A} \cdot \frac{D}{C} \cdot \frac{F}{E} \cdot \frac{E}{D} \cdot \frac{A}{B} = \frac{F}{B}$$

这里,赔偿多少反映损失状况,保险金额反映财产价值,这一比率正说明了保险财产价值受到多少损失。

应当指出,在保险经营中经常使用"赔付率"这一术语。赔付率与损失率是两个不同的概念:赔付率是指保险赔款与保费收入的比率;损失率是指保险赔款与保险金额的比率。

(二)财产保险的纯费率

保险损失率是计算财产保险纯费率的基础。但损失率的制订不能以一次或某一时期保险事故中的赔款给付水平确定。若这样,制订的保险损失率只能反映保险损失赔偿的偶然性,不具有客观规律性。概率论认为,在自然现象和社会现象中,有一些现象,就个别看是无规则的、偶然的,但通过大量的实验和观察后,就总体看,会呈现一种严格的非偶然性规律。这里所谓的大量的实验和观察,就是要通过几年或更长时间的观察。

假定根据过去七年的统计资料,损失率的基本信息如下:

年 份	1	2	3	4	5	6	7
损失率	4%	3.5%	4.6%	4.3%	3.6%	3.8%	4.2%

则其算术平均数为:

$$\bar{X}=\frac{\sum_{i=1}^{n}X_i}{n}=\frac{0.04+0.035+0.046+0.043+0.036+0.038+0.042}{7}=0.04$$

这里,4%表示七年间平均损失率。如果纯费率采用4%,从上例得出,第一年恰好是4%,其余六个年份徘徊在4%上下:

它的偏离正数=(0.04−0.035)+(0.04−0.035)+(0.04−0.038)=0.011
它的偏离负数=(0.04−0.046)+(0.04−0.043)+(0.04−0.042)=−0.011

正负相等,各占其半,在以后年份里有50%的可能性会超过0.04,也有50%的可能性低于0.04。保险人不能据此确定未来年度的赔付额。因为它具有不稳定的特点。这种不稳定性,在统计学上称为某种指标的波动率。测定某种指标波动率的正确方法,就是计算均方差。计算损失率波动幅度,就是均方差在计算纯费率时的实际应用。它代表损失率偏差的平均数。均方差公式为:

$$\sigma=\sqrt{\frac{\sum_{i=1}^{n}(X_i-\bar{X})^2}{n-1}} \tag{4-7}$$

其中,σ表示均方差,X_i表示第i年损失率,$\bar{X}$表示损失率的算术平均数,n表示损失率的年数。

按上例计算:

年 份	损失率 X_i	离差 $X_i-\bar{X}$	离差平方 $(X_i-\bar{X})^2$
1	0.04	0	0
2	0.035	−0.005	0.000 025
3	0.046	+0.006	0.000 036
4	0.043	+0.003	0.000 009
5	0.036	−0.004	0.000 016

续 表

年 份	损失率 X_i	离差 $X_i - \bar{X}$	离差平方 $(X_i - \bar{X})^2$
6	0.038	−0.002	0.000 004
7	0.042	+0.002	0.000 004
	$\sum_{i=1}^{n} X_i = 0.28$	0	$\sum_{i=1}^{n}(X_i - \bar{X})^2 = 0.000\ 094$

代入均方差公式时,除以 $n-1$,即:

$$\sigma = \sqrt{\frac{0.000\ 094}{7-1}} = \sqrt{0.000\ 015\ 7} = \pm 0.003\ 96$$

均方差与算术平均数之比,称偏差系数。

$$偏差系数 = \sqrt{\frac{0.003\ 96}{0.04}} \times 100\% = 9.9\%$$

这是一个相当小的偏差系数。在实际工作中,纯费率在损失率算术平均数的基础上加 10% 的稳定系数。其公式为:

$$纯费率 = 损失率 \times (1 + 稳定系数) \tag{4-8}$$

一般情况下,稳定系数的取值范围在 10%—20%,可保证保险财务的稳定。

(三) 附加费率厘定

财产保险的附加费率是指供保险人经营业务费用的费率。它是以经营管理费和预期利润为基础,根据以往若干年度业务费用的实际支出和预期利润占保险金额的比率确定的。其计算公式为:

$$附加费率 = \frac{业务费用开支总和}{保险费总额} \times 100\% \tag{4-9}$$

业务费用总开支,主要包括:
(1) 按保费的一定百分比上交的营业税;
(2) 按保费的一定百分比支付的代理手续费;
(3) 按保费的一定百分比支用的业务费、企业管理费;
(4) 按保险金额的一定百分比支用的工资及其他费用;
(5) 预期经营利润等。

附加费率除按上述公式计算外,也可用占纯费率的一定比例来表示。如附加费率为纯费率的 20%。

纯费率加附加费率为毛费率。这种毛费率,只是财产险某一大类的毛费率,不符合分项业务的需要,因此,还必须进行分项调整,这种调整称为级差费率调整。例如:房屋建筑有不同结构,可分一等建筑、二等建筑和三等建筑等;货物运输有不同运输工具、不同航线和不同货物等,它们的危险程度各不相同,需要根据不同的危险程度进行适当调整,以适应各分项业务的客观实际,使危险大的业务费率高一些,危险小的业务费率低一些,体现公平合理原则。在自愿保险的情况下,投保人有很大的选择性,级差费率尤为重要。

级差费率的调整是毛费率的最终形成,也是保险人向投保人收取保险费的费率标准。

二、赔付率法

赔付率法(Loss Ratio Method)首先根据赔付率计算费率调整因子,然后对当前的费率进行调整得到新的费率。在赔付率法中,新费率等于费率调整因子与当前费率的乘积,用公式可以表示为:

$$R = A \times R_0 \tag{4-10}$$

其中,R 表示未来的新费率,R_0 表示当前的费率,A 表示费率调整因子。

由此可见,在赔付率法中,关键在于计算费率调整因子。费率调整因子可以用公式表示如下:

$$费率调整因子 A = \frac{赔款和理赔费用率 + 固定费用率}{1 - 变动费用率 - 利润附加率} \tag{4-11}$$

其中,赔款和理赔费用率(Loss & LAE Ratio)是指单位保费中用于支付赔款和理赔费用的比率;固定费用率(Fixed Expense Ratio)是指单位保费中用于支付固定费用的比率。

在费率调整因子的计算公式中,分子表示单位保费中需要用于支付赔款、理赔费用和固定费用的金额,而分母表示从单位保费中扣除变动费用和利润附加之后,理论上可以用于支付赔款、理赔费用和固定费用的金额。如果分子和分母相等,说明在当前费率水平下,实际需要的金额和可以使用的金额相等,因此费率水平无需调整;反之,就需要对当前的费率水平进行调整。

上述费率调整因子可以通过基本保险方程求得。将前述的基本保险方程变形,当前费率水平下的利润附加比率可以表示为:

$$Q_0 = 1 - \frac{P + F}{R_0} - V \tag{4-12}$$

费率厘定的最终目标是确保公司目标利润的实现。这里,具体表现为利润附加比率应该达到目标水平。如果当前费率水平下的利润附加比率低于(或高于)目标水平,就应该相应地提高(或降低)当前费率,即将其乘上一个费率调整因子。换言之,如果用 Q 表示目标利润附加比率,则应有:

$$Q = 1 - \frac{P + F}{A \times R_0} - V \tag{4-13}$$

上式经变形,即可求得实现目标利润附加的费率调整因子为:

$$A = \frac{P/R_0 + F/R_0}{1 - V - Q} \tag{4-14}$$

在上式中,分子中第一项是经验期的赔付率(Loss Ratio),即经验期的赔款和理赔费用在保费中所占的比率;第二项是固定费用率(Fixed Expense Ratio),即固定费用在保费中所占比率。分母上也被称作可变允许赔付率(Variable Permissible Loss Ratio)。上式中各个项目都可以根据调整以后的经验数据计算求得。

假设某险种的经验数据如表 4-1 所示。

表 4-1 某险种的经验数据

经验赔付率(即赔款和理赔费用在保费中的比率)	65%
固定费用率	6%
变动费用率	25%
利润附加率	5%

根据表 4-1 的数据,容易求得费率调整因子为:

$$A = \frac{P/R_0 + F/R_0}{1 - V - Q} = \frac{65\% + 6\%}{1 - 25\% - 5\%} = 1.0143$$

即为了实现目标利润附加率,当前费率水平应该上调 1.43%。

专栏 4-1

纯保费法和赔付率法的应用范围比较

一、纯保费法基于每个风险暴露的纯保费(赔款和理赔费用)计算保费,因此,如果风险暴露的确定比较困难或者风险暴露在不同个体风险之间难以保持一致(如商业火灾保险),就不宜使用纯保费法。

二、应用赔付率法需要已知当前的费率水平,因此赔付率法不适用于新业务的费率厘定。对于新业务,最好在预测期望赔款(纯保费)的基础上,应用纯保费法厘定其保费。

三、应用赔付率法需要计算经验赔付率,而经验赔付率是经验期的赔款和当前费率水平下的已赚保费之比。因此,如果该险种在经验期的费率变化较大,计算当前费率水平下的已赚保费很困难时,最好使用纯保费法。譬如,在个人汽车保险中,保险公司通常使用奖惩系统,即根据保单持有人的索赔经验调整其续期保费,而且使用的费率因子较多,这就使得计算当前费率水平下的已赚保费比较困难。但是,汽车保险的风险暴露数比较容易确定,因此采用纯保费法厘定费率更为方便。

第三节 费率调整

一、费率调整方法

费率调整方法主要包括水平调整方法和趋势调整方法。其中,水平调整方法是指把经验期的保费按照当前的费率水平重新进行计算;趋势调整方法是指把当前的费率水平调整到未来新费率的使用期。

(一) 水平调整方法

通常而言,如果经验期包括若干年,则各年的费率水平很可能不同。此时,如果应用赔付率法厘定保险费率,就需要将经验期的费率都调整到当前的费率水平,并在此基础上计算已赚保费,即得到当前费率水平下的已赚保费。计算当前费率水平下的已赚保费的最精确的方法是将经验期的每一份保单都按照当前的费率水平重新计算保费,这种方法也称为风险暴露扩展法(Extension of Exposures),也称风险单位扩展法。但这种方法要求已知详细的风险暴露数据,且计算的工作量相对较大。作为这种方法的一种替代,可以使用平行四边形方法进行近似估计。平行四边形方法假设风险暴露数在经验期内是均匀分布的,并根据简单的几何关系,可以将经验期的已赚保费调整到当前的费率水平。

(二) 趋势调整方法

类似于赔款和费用会受到通货膨胀等经济因素的影响而不断变化,每个风险暴露的平均保费也会存在趋势变化。事实上,即使在费率保持不变的情况下,每个风险暴露的平均保费也可能随着时间而有显著的变化。譬如,如果业务组合中高费率的保单所占比例增加,则每份保单的平均保费水平也会上升。

1. 影响平均保费水平的各种因素的调整方法。下面介绍平均保费水平的影响因素及其调整方法。

(1) 平均保费水平的影响因素。造成未来平均保费水平和历史平均保费水平不同的因素主要包括:费率在经验期的变化;费率厘定系统的变化;费率厘定系统本身对平均保费水平的影响;业务结构的变化。这些变化对平均保费水平所产生的影响不尽相同:既可能是一次性的影响,也可能是持续性的影响;既可能是可测量的影响,也可能是无法测量的影响;既可能是突发的影响,也可能是渐进的影响。下面分别讨论上述每一种因素对平均保费水平所产生的影响。

第一,费率在经验期的变化。费率在经验期发生的变化对平均保费水平产生的影响既是一次性的,也是可测量的。在费率厘定时,通常需要把经验期的保费都调整到当前的费率水平上。

第二,费率厘定系统的变化。费率厘定系统的变化主要包括采用了新的费率厘定系统,或对已有的费率厘定系统进行调整。这些变化通常会对平均保费水平产生一次性的、可测量的影响。费率厘定系统的变化可以分为两种类型。第一种类型是费率的变化(Rate Level Changes)。譬如,如果费率系统对某种风险提供5%的折扣,而将近一半的保单持有人符合折扣条件,那么总的保费水平将大约下降2.5%,这与基准费率下降2.5%的效果是相同的。第二种类型是保费的变化(Premium Level Changes)。譬如,在汽车保险中,如果将责任限额从15万元上调到20万元,那么保单持有人将会支付更高的保费,当然也会获得更多的保障。

上述两种类型的变化对未来的保费水平会产生直接影响,其中第一种类型的变化只会影响保费的大小,而第二种类型的变化会同时影响保费和赔款的大小。

第三,费率厘定系统本身对平均保费水平的影响。很多公司采用的费率厘定系统本身会对平均保费水平不断产生影响。这种影响通常是可测量的、连续的、渐进的,而且预计在未来的保险期间仍将持续。譬如,在车辆损失保险中,模型年计划(Model Year Plan)和车辆标志计划(Vehicle Symbol Plan)将对汽车保险的平均保费水平产生持续向上的推力。

模型年计划赋予较新生产的汽车较高的费率因子,目的是为了考虑不断增加的修理和重置费用。随着保单持有人淘汰旧车、购买新车,模型年费率因子会不断提高,因而保单持有人所缴纳的保费也会随之上升。这种费率厘定系统产生了一种自动上调保费的趋势,因此降低了汽车保险费率上调的需求。事实上,如果汽车保险的赔款增长幅度低于保费的增加幅度,还需要对费率水平进行适当的下调。

类似于模型年计划,车辆标志计划也将产生保费上升的趋势。车辆标志因子从直观上看是基于新车价格的,越是昂贵的汽车,其费率因子也越高,所以随着保单持有人以更昂贵的新车替换掉旧车,车辆标志因子的平均水平也会不断上升。

许多公司同时采用模型年计划和车辆标志计划,在这种情形下,两种计划叠加会产生更为显著的保费上升趋势。

第四,业务结构的变化。在某些情况下,业务结构的变化可能是突发的,譬如刚刚接受了另外一家保险公司的某种业务。然而,对于大多数公司而言,业务结构的变化通常是连续的、渐进的。

业务结构的变化对平均保费水平会产生显著的影响。譬如,如果被保险人选择更高的免赔额以降低保费,就会造成下降的保费趋势;如果保险公司承保了更多的高风险业务,就会造成上升的保费趋势。

由于业务结构的变化,即使经验期的保费已经调整到了当前的费率水平,经验期的平均保费水平仍然有可能不同于当前的平均保费水平,因此有必要对当前费率水平下的历史保费再次进行调整,以反映未来保险期间可能出现的业务结构的变化。需要注意的是,在进行这一调整时,必须明确经验期的业务结构是否在未来有可能继续发生变化。

(2)调整方法。有两种方法可以对影响平均保费水平的各种因素进行调整。

第一种方法是根据当前的情形,重新计算经验期的保费。从理论上讲,这种调整是精确的,适用于一次性和可测量的影响。其隐含的假设是:经验期发生的变化在未来不会持续,因此对平均保费水平的影响已经停止。譬如,费率在经验期发生的变化就是这种情况,它对平均保费水平的影响既是一次性的,也是可以测量的。

第二种方法是观察经验期内平均保费水平的总体变化趋势,选定年平均趋势因子,并将其应用于经验期的保费。根据年平均趋势因子,可以将经验期内每一年的平均保费水平都调整到未来保险期间的平均保费水平。当经验期发生的某些变化对平均保费水平的影响是连续的,并且难以精确测量时,通常会采用这种方法。这种方法假定,经验期发生的变化在未来还会持续。譬如,业务结构逐渐向更高责任限额的变化不仅会造成经验期平均保费水平的上升,而且这种变化在未来的保险期间仍会持续。

需要注意的是,在对经验期的保费进行调整时,只可采用其中的一种方法,否则就会重复计算这些变化对平均保费水平所产生的影响。因此,如果选择了第一种方法对影响平均保费水平的变化进行了调整,那么在分析保费趋势时必须确保没有对这一变化进行重复计算。

如果经验期的变化对平均保费水平的影响是一次性的、突发的和可测量的，可以应用第一种方法对经验期的保费直接进行调整；如果经验期的变化对平均保费水平的影响是连续的、渐进的并且难以测量，则可以通过观察经验期平均保费水平的变化趋势对经验期的保费进行调整，即应用第二种方法。

综上所述，影响平均保费水平的因素主要包括四种类型，下面分别给出相应的调整方法。

第一，费率在经验期的变化。费率在经验期发生的变化对平均保费水平产生的影响是一次性的、可测量的，因此可以将经验期的保费直接调整到当前的费率水平。

第二，费率厘定系统的变化。费率厘定系统的变化对平均保费水平所产生的影响也是一次性的、可测量的，因此可以将经验期的保费直接调整到当前的费率水平。值得注意的是，在分析平均保费水平的变化趋势时，必须剔除已经经过直接调整的前述两种影响因素。

第三，费率厘定系统本身对平均保费水平的影响。保险公司使用的一些费率厘定系统本身也会造成平均保费水平的不断变化，这种费率厘定系统对平均保费水平产生的影响是可测量、连续的、渐进的。如前所述，选择调整方法的关键是首先要判断影响平均保费水平的变化因素在未来的保险期间是否会延续。如果这种变化会继续保持，可以将这种变化引入趋势因子中进行调整；如果这种变化预计不再延续，可以对这种变化进行直接调整。

第四，业务结构的变化。业务结构的变化对平均保费水平的影响类似于费率厘定系统。因此在调整前，首先需要明确业务结构的变化在未来的保险期间是否会延续，若这一变化已经停止，则可以直接调整；若这一变化会延续，则可以将这种变化引入趋势因子中进行调整。若在每一个费率因子下都有完整的风险暴露数据，则就可以直接调整。譬如，假设在经验期投保人的男女性别比例为6∶4，其费率因子分别为1.2和1，平均费率因子为1.12。预计在未来的保险期间，投保人的性别比例为5∶5，费率因子保持不变，平均费率因子为1.1。在这种假设下，容易求得平均保费水平将下降1.79%。

2. 趋势期限和趋势因子的调整方法。采用12个月移动平均保费序列计算保费增长趋势不会受到风险暴露数变化的影响，还可以平滑掉可能存在的随机波动。与赔款的增长趋势不同，对于大多数险种而言，平均保费水平的增长趋势没有显著的季节效应。

由于保费有承保保费和已赚保费之分，那么在分析平均保费水平的增长趋势时，应该使用平均已赚保费序列还是平均承保保费序列呢？对于这个问题目前存在两种不同的观点。

一种观点认为，最终的保费趋势因子将应用于经验期在当前费率水平下的已赚保费，所以应该用平均已赚保费序列进行趋势分析。

另一种观点则认为，虽然经验期的保费是已赚保费，但是可以确定经验期已赚保费的平均承保日期，进而分析平均承保保费的变化趋势，因此基于平均承保保费的保费趋势分析方法也是有效的。此外，与平均已赚保费相比，平均承保保费包含的信息更加靠近新费率的使用期，从而可以更好地反映业务结构的最新变化。这是因为，对于任意一份保单而言,只有承保以后,承保保费才会逐渐转变为已赚保费。

确定平均保费水平的变化趋势主要有两种方法：一步法和两步法。

(1) 一步法。一步法在整个经验期和未来的保险期间都采用单一的年度趋势增长因子,并且分别对经验期内每一年的保费进行单独的趋势调整,但都要趋势化至同一个时点。

(2) 两步法。另一种对保费进行趋势调整的方法是两步法,可以看作是对一步法的改进。之所以使用两步法,是因为对经验期的每一年使用统一的年度趋势因子也许是不合适的。

二、费率调整方法的应用

(一) 水平调整方法的应用

下面通过一个简单的例子来说明采用平行四边形这种近似方法的调整过程。

假设经验期包括2011年、2012年和2013年,每份保单的保险期限均为12个月,过去几年的费率调整情况如表4-2所示。

表4-2 费率调整

费率调整日期	费率调整幅度	相对费率水平	费率有效时期
2009年7月1日	11%	1	2009.7.1—2010.6.30
2010年7月1日	12%	1.12	2010.7.1—2012.6.30
2012年7月1日	10%	1.232	2012.7.1—

如果把2009年7月1日的相对费率水平确定为1,则2010年7月1日的相对费率水平为1.12,而2012年7月1日的相对费率水平为1.12×1.1=1.232。

由于所有保单的保险期限均为12个月,所以在经验期的第一年(即2011年),已赚保费要么是按相对费率水平1承保的(如在2010年上半年承保的保单),要么是按相对费率水平1.12承保的(如在2010年下半年或2011年承保的保单)。

图4-1是关于上述数据的平行四边形表示法,其中横轴表示保单的生效日期,纵轴表示保单期限结束的百分比。实线将图形分割成了三个部分：第一部分的相对费率水平为1,第二个部分的相对费率水平为1.12,第三个部分的相对费率水平为1.232。

图4-1 不同时期的相对费率水平

从图 4-1 可以看出，2011 日历年度的已赚保费由两部分构成：一部分（左上三角形）是按相对费率 1 计算的，而其他部分是按相对费率 1.12 计算的。2012 日历年度的已赚保费也由两部分构成：一部分（右下三角形）是按相对费率 1.232 计算的，而其他部分是按相对费率 1.12 计算的。同理，2013 日历年度的已赚保费也由两部分构成：一部分（左上三角形）是按相对费率 1.12 计算的，而其他部分是按相对费率 1.232 计算的。

下面以 2011 日历年度为例，说明如何将该年的已赚保费调整为按当前费率水平表示的已赚保费。图 4-2 是 2011 年已赚保费的构成情况。

如果假设保险公司在 2011 年承保的业务是均匀分布的，则从图 4-2 可以看出，在 2011 年的已赚保费中，有 12.5% 的已赚保费（用左上三角形表示，面积为 $0.5 \times 0.5 \div 2 = 0.125$）是按相对费率 1 计算的，另有 87.5% 是按相对费率 1.12 计算的。因此 2011 年的平均相对费率水平为 $1 \times 12.5\% + 1.12 \times 87.5\% = 1.105$。

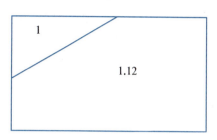

图 4-2　2011 年已赚保费的构成

由于当前的相对费率水平为 1.232，则当前费率水平因子为 $1.232 \div 1.105 = 1.1149$。应用当前费率水平因子乘以 2011 年的已赚保费，即得 2011 年的当前费率水平下的已赚保费。

对 2012 年和 2013 年的已赚保费作同样的调整，即可得到整个经验期的在当前费率水平下的已赚保费，如表 4-3 所示。

表 4-3　当前费率水平下的已赚保费的计算

日　历　年　度	2011 年	2012 年	2013 年
已赚保费(1)	1 200 万	1 400 万	1 500 万
相对费率水平为 1 的已赚保费所占比例(2)	12.50%	0	0
相对费率水平为 1.12 的已赚保费所占比例(3)	87.50%	87.50%	12.50%
相对费率水平为 1.232 的已赚保费所占比例(4)	0	12.50%	87.50%
平均相对费率水平(5)=1×(2)+1.12×(3)+1.232×(4)	1.105	1.134	1.218
当前费率水平因子(6)=1.232/(5)	1.114 9	1.086 4	1.011 5
当前费率水平下的已赚保费(7)=(1)×(6)	1 337.9 万	1 521 万	1 517.2 万

将三个日历年度在当前费率水平下的已赚保费相加，即得整个经验期在当前费率水平下的已赚保费为 4 376.1 万元。

需要特别注意的是，应用平行四边形方法的一个重要假设是保险公司承保的保单在经验期内均匀分布，如果实际情况并非如此，如每年的某些季度承保的保单较多，而其他季度承保的保单较少，则用这种方法计算经验期在当前费率水平下的已赚保费会产生较大的误差。一种解决办法是按季度应用平行四边形方法，即假设保险公司在每个季度承保的业务是均匀分布的。

(二) 趋势调整方法的应用

1. 影响平均保费水平各种因素的调整方法的应用。为了更加直观地说明重复计算带来的影响,下面的表4-4给出了一组假设的平均承保保费的序列数据。图4-3显示了最近24个季度的12月移动平均承保保费。

表4-4 平均承保保费序列

季度	承保风险暴露数	季度平均承保保费	调整因子	承保保费	当前费率水平下的承保保费	12个月移动总承保保费	当前费率水平下12个月移动总承保保费	12个月移动平均承保保费	当前费率水平下12个月移动平均承保保费
(1)	(2)	(3)	(4)	(5)	(6)=(5)×(4)	(7)=(5)的移动总和	(8)=(6)的移动总和	(9)=(7)÷(2)的移动总和	(10)=(8)÷(2)的移动总和
1	1 000	400	1.25	400 000	500 000				
2	1 020	402.97	1.25	411 033	513 791				
3	1 040	405.96	1.25	422 198	527 748				
4	1 061	408.96	1.25	433 907	542 383	1 667 138	2 083 922	405	506
5	1 082	412	1.25	445 784	557 230	1 712 922	2 141 152	408	509
6	1 104	415.05	1.25	458 219	572 774	1 760 108	2 200 135	411	513
7	1 126	418.13	1.25	470 818	588 523	1 808 728	2 260 909	414	517
8	1 149	421.24	1.25	484 005	605 006	1 858 826	2 323 532	417	521
9	1 172	424.36	1.25	497 350	621 687	1 910 392	2 387 990	420	525
10	1 195	427.51	1.25	510 870	638 588	1 963 043	2 453 804	423	529
11	1 219	430.68	1.25	524 999	656 249	2 017 224	2 521 530	426	533
12	1 243	433.87	1.25	539 296	674 120	2 072 516	2 590 644	429	536
13	1 268	437.09	1	692 793	692 793	2 267 959	2 661 750	461	540
14	1 293	440.33	1	711 689	711 689	2 468 777	2 734 851	491	544
15	1 319	443.6	1	731 386	731 386	2 675 163	2 809 988	522	549
16	1 345	446.89	1	751 339	751 339	2 887 207	2 887 207	553	553
17	1 372	450.2	1	772 093	772 093	2 966 507	2 966 507	557	557
18	1 399	453.55	1	793 140	793 140	3 047 958	3 047 958	561	561
19	1 427	456.91	1	815 007	815 007	3 131 579	3 131 579	565	565
20	1 456	460.29	1	837 534	837 534	3 217 974	3 217 974	569	569
21	1 485	463.71	1	860 756	860 756	3 306 636	3 306 636	573	573
22	1 515	467.15	1	884 659	884 659	3 398 156	3 398 156	578	578
23	1 545	470.61	1	908 872	908 872	3 492 020	3 492 020	582	582
24	1 576	474.11	1	933 990	933 990	3 588 277	3 588 277	586	586

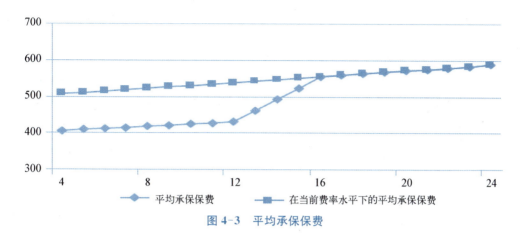

图 4-3 平均承保保费

表 4-4 给出了图 4-3 所使用的各种数据。该表中 12 个月移动平均承保保费和在当前费率水平下的平均承保保费是每个风险暴露的保费。该表中的"移动总和"是指 12 个月(4 个季度)移动总和,譬如第(7)列"承保保费"的移动总和就是相邻 4 个季度的承保保费之和,第一个值是 1—4 季度的承保保费之和,即 1 667 138＝400 000＋411 033＋422 198＋433 907,第二个值是 2—5 季度的承保保费之和,即 1 712 922＝411 033＋422 198＋433 907＋445 784。

注意,从第 12 季度到第 16 季度之间,平均承保保费出现了快速上升,这是由于如表 4-3 所示在经验期的中点费率上调了 25% 所致。如果不剔除费率在经验期的一次性上升,应用指数回归可以得到年平均保费的趋势增长因子,相应的指数回归方程可以表示为:

$$y = a \times b^t \tag{4-15}$$

其中,y 表示 12 月移动平均承保保费,t 表示时间(季度)。注意,在建立回归方程时,第一个移动平均承保保费对应的时间为 $t=1$。

上式两边取对数,可以将其转化为线性回归方程:

$$\ln y = \ln a + t \ln b \tag{4-16}$$

应用表 4-4 中第(9)列的数据,容易得到下述回归结果:

$$\begin{cases} \ln a = 5.935\ 2 \Rightarrow a = 378.13 \\ \ln b = 0.023\ 13 \Rightarrow b = 1.023\ 4 \end{cases} \tag{4-17}$$

由此可见,如果不剔除费率在经验期的一次性变化,每个季度的平均保费增长率大约为 2.34%,相应的年平均保费增长率大约为 9.7%。

应用相同的回归方法,如果剔除费率在经验期一次性上升的影响,即应用表 4-4 中第(10)列的数据,在当前费率水平下计算年平均承保保费的趋势增长因子,大约为 3%。

因此,对于本例的数据,恰当的方法是首先对费率的一次性变化进行调整,然后用调整后的数据拟合平均保费水平的增长趋势因子。换言之,在本例中,只有 3% 的年趋势增长因子在未来是有可能持续的。如果用9.7%预测未来的保费增长趋势,显然会严重高估未来的平均保费水平。

2.趋势期限和趋势因子调整方法的应用。下面分别介绍一步法和两步法的应用。

(1)一步法。目前大多数公司都采用一步法来确定平均保费水平的变化趋势,它也是对赔款进行趋势化调整的标准方法。图4-4以2011日历年为例,说明了保费的趋势调整和趋势期限的选择。

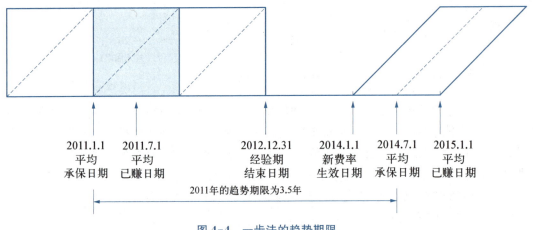

图 4-4 一步法的趋势期限

因为对保费趋势进行分析的基础是平均承保保费,所以经验期内每一年合理的趋势期限应该是从该年的平均承保日期到未来保险期间的平均承保日期。需要注意的是,经验期内每一日历年的中点为该日历年保费的平均已赚日期,平均承保日期要比平均已赚日期提前半个保险期间。对于保险期间为12个月的保单而言,平均承保日期要比平均已赚日期提前半年。

下面以图4-4中2011事故年为例说明如何确定趋势期限。假设所有保单的保险期间为12个月,经验期为2010—2012年,新费率生效日期为2014年1月1日。2011年的第一笔已赚保费来自2010年1月2日承保的保单,因为这些保单有效期的最后一天为2011年1月1日;2011年的最后一笔已赚保费来自2011年12月31日承保的保单。由此可见,2011年的已赚保费对应的承保区间为24个月。由于对称效应(例如2010年1月1日承保的保单对日历年2011年已赚保费所做的贡献和2011年12月31日承保的保单对2011年已赚保费所做的贡献是相等的;2010年1月2日承保的保单对2011年已赚保费所做的贡献和2011年12月30日承保的保单对2011年已赚保费所做的贡献是相等的),2011年已赚保费对应的平均承保日期为这24个月的中点,也就是2011年1月1日,比2011年已赚保费对应的平均已赚日期2011年7月1日提前了半个保险期间,即6个月。由此可见,对2011年已赚保费进行调整的趋势期限为3.5年。类似地,对2010年和2012年的已赚保费进行调整的趋势期限分别为4.5年和2.5年。

(2)两步法。图4-5中展示了两步法的应用,其中实点表示在当前费率水平下的平均承保保费。

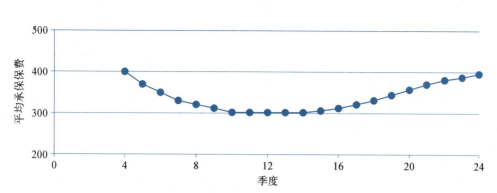

图 4-5　12 个月移动平均承保保费

从图 4-5 可以看出，在当前的费率水平下，平均承保保费在观测期的中间有所下降，随后又上升到初始水平。假设在未来的保险期间，平均保费水平每年增长 5%。如果采用一步法确定趋势因子，就必须把经验期的趋势因子（在图 4-5 中大约为 0%）和未来保险期间的趋势因子（5%）进行折中处理，通常会选择这二者的某种平均值，如 2%。但这种方法存在的问题是：如果第一年处于经验期之内，则将第一年的保费趋势化至未来保险期间的总趋势因子应该与第六年的总趋势因子相等，因为该图表明它们的平均保费水平相等。但是，如果采用一步法，将使得第一年比第六年多出 5 年的趋势期限，从而导致第一年的总趋势因子要远远大于第六年。此外，将第三年的保费趋势化至未来保险期间的总趋势因子应该大于第一年和第六年，因为该图表明第三年的平均承保保费低于第一年和第六年，但在一步法中显然无法实现这一点。

两步法采用经验期最后一年的平均承保保费除以经验期每一年的平均已赚保费，即可得到第一步的趋势因子。第二步再从经验期最后一年的中点趋势化至未来保险期间的平均承保日期。

图 4-6 显示了经验期为 2010—2012 年，新费率生效日期为 2014 年 1 月 1 日，保单期限为 12 个月时，如何采用两步法确定 2011 年平均承保保费的趋势期限。

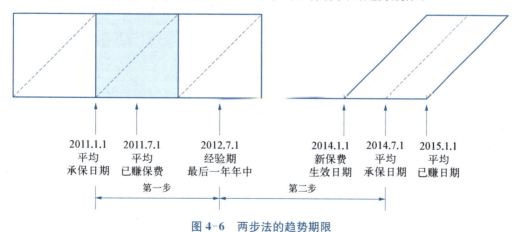

图 4-6　两步法的趋势期限

从图 4-6 可以看出，未来保险期间的平均承保日期为 2014 年 7 月 1 日，整个趋势期限仍然是 3.5 年，与一步法的趋势期限相同，只不过将整个趋势期限分解成了两个部分。

在图4-6中,第一步的趋势因子等于采用2012年中点上的平均承保保费除以2011年中点上的平均已赚保费。由于平均承保日期比平均已赚日期提前半年,所以第一步的趋势因子所对应的趋势期是从2011年1月1日到2012年7月1日,长度为1.5年,换言之,该趋势因子相当于把2011年1月1日的平均承保保费调整到了2012年7月1日的平均承保保费水平。注意,第一步得到的趋势因子不是年度趋势因子,而是第一步趋势期的总趋势因子。

两步法隐含的一个假设是平均保费序列中的最后一个数值为"真实值",即未受随机波动的影响。对于索赔频率或索赔强度而言,这种假设未必成立,但对于平均保费而言,随机波动的影响较弱,所以每一个数值都较为稳定,可以近似看作是"真实值"。

不妨假设经验期内每年的平均已赚保费(调整到了当前费率水平)如表4-5的第(2)列所示,在经验期最后一年(即2015年)的平均承保保费为352.25,新费率的生效日期为2017年1月1日,有效期为1年,则两步法的应用过程如表4-5所示。第一步的趋势因子相当于将经验期各年的平均承保保费水平调整到2015年中点上的平均承保保费水平。进一步假设从2015年中点到新费率使用期(即2017年)中点,平均保费水平每年增长10%,因此第二步的趋势因子为1.21,这相当于把2015年中点上的平均承保保费水平调整到了新费率使用期中点上的平均承保保费水平。该表的第(5)列总趋势因子相当于把经验期各年的平均承保保费水平调整到新费率使用期中点上的平均承保保费水平。用总的趋势因子乘以经验期各年的平均已赚保费,就相当于把经验期各年的平均已赚保费调整到了2017年的平均已赚保费水平。譬如,2012年的总趋势因子为1.157,这就意味着在保持当前费率水平不变的情况下,2012年的平均已赚保费(368.36)到了2017年也会增长到 $368.36 \times 1.157 = 426.19$。

表4-5 两步法中趋势因子的计算

年份	当前费率水平下的平均已赚保费	当前费率水平下2015年中点上的平均承保保费	第一步的趋势因子	第二步的趋势因子	总的趋势因子
	(1)	(2)	(3)=(2)/(1)	(4)=1.12	(5)=(3)×(4)
2012	368.36	352.25	0.956	1.21	1.157
2013	346.09	352.25	1.018	1.21	1.232
2014	339.12	352.25	1.039	1.21	1.257
2014	345.97	352.25	1.018	1.21	1.232
2015	366.89	352.25	0.96	1.21	1.162

案例分析

劳工补偿保险费率厘定举例

前文的讨论中,假设风险基础固定,而且不受通货膨胀的影响,如汽车保险中的车年。但在某些情况下,风险基础比较复杂,如劳工补偿保险的风险基础通常为工资额,家庭财产保险的风险基础通常为保险金额,而公众责任保险的风险基础通常为营业额等。这类风险基础会受到通货膨胀等经济因素的影响,因此被称为利率敏感型风险基础。对于利率敏感型风险基础,随着通胀的发生,风险暴露数会自动增加。例如,家庭财产保险通常含有预防通胀的条款,即其保额会随着通胀的发生自动上调一定的百分比,从而使得家庭财产保持在足额保险的状态。这种风险暴露数的自动增加类似于保费趋势,降低了费率上调的实际需求。

在预测未来的期望赔付率时,需要对经验期的索赔频率、索赔强度和平均保费的变化进行调整。为了获得合理的赔付率预测值,对赔付率的分子和分母所进行的调整必须一致。

索赔频率趋势是指每份保单或每个风险暴露的平均索赔次数的变化;索赔强度趋势是指每次索赔的平均赔付额的变化;索赔频率趋势和索赔强度趋势的乘积代表了纯保费的趋势。注意,在乘积的过程中,平均索赔次数被消去了,因此纯保费的趋势是指每份保单或每个风险暴露的平均赔付额的变化(这与索赔频率趋势的度量基准是一致的,即每份保单或每个风险暴露)。为了获得合理的赔付率预测值,还需要对赔付率的分母做出适当调整,使平均保费的变化基准也为每份保单或每个风险暴露。换言之,在对保费序列进行趋势分析时所使用的风险基础必须和进行索赔频率分析时所使用的风险基础一致,或者都用每份保单,或者都用每个风险暴露。

如果对索赔频率、索赔强度和平均保费的趋势分别进行调整,其净效应相当于调整赔付率的变化趋势。因此在某些险种中,也可以直接对赔付率进行趋势调整,此时,就无需考虑风险基础的选择问题了。

下面以表 4-6 中所示的劳工补偿保险为例,对风险基础的选择进行说明。在该表中,每 100 元工资额为一个风险暴露,工资每年增长 4%,赔款每年增长 5%。为了简化分析,假设除了工资额的增长外,没有影响保费趋势的其他因素。假设其他变量的增长趋势如表 4-7 所示。

表 4-6 利率敏感型风险基础的保费趋势

事故年	伤残雇员数	伤残雇员数	伤残雇员数	伤残雇员数	索赔次数	最终赔款
(1)	(2)	(3)	(4)	(5)	(6)	(7)
1	10	450 000	45 000	90 000	5 000	60 000
2	10	468 000	46 800	93 600	5 000	63 000
3	10	486 720	48 672	97 344	5 000	66 150
4	10	506 189	50 619	101 238	5 000	69 458
5	10	526 436	52 644	105 287	5 000	72 930
合计		2 437 345	243 735	487 469	25 000	331 538

续 表

事故年	每百元工资额的平均保费	每个雇员的平均保费	每百元工资额的索赔频率	每个雇员的索赔频率	索赔强度	每百元工资额的平均赔付额（纯保费）	每个雇员的平均赔付额（纯保费）	赔付率
	(8)	(9)	(10)	(11)	(12)	(13)	(14)	(15)	(16)
1	2	9 000	0.111 1	500	12	1.33	6 000	66.70%
2	2	9 360	0.106 8	500	12.6	1.35	6 300	67.30%
3	2	9 734	0.102 7	500	13.23	1.36	6 615	68.00%
4	2	10 124	0.098 8	500	13.89	1.37	6 946	68.60%
5	2	10 529	0.095	500	14.59	1.39	7 293	69.30%

注：
(3)中第1个事故年的年平均工资为给定值，以后每个事故年增长4%。
(4)=(2)×(3)/100
(7)中第1个事故年的最终赔款为给定值，以后每个事故年增长5%。
(9)=(5)/(4)
(10)=(5)/(2)
(11)=(6)/(4)
(12)=(6)/(2)
(13)=(7)/(6)
(14)=(7)/(4)
(15)=(7)/(2)
(16)=(14)/(9)

表 4-7 年度增长趋势假设

列 数	描 述	增长趋势
(4)	风险暴露数	4.00%
(9)	每个风险暴露(百元工资额)的平均保费	0.00%
(10)	每个雇员的平均保费	4.00%
(11)	每个风险暴露(百元工资额)的索赔频率	−3.85%
(12)	每个雇员的索赔频率	0.00%
(13)	索赔强度	5.00%
(14)	每个风险暴露(百元工资额)的平均赔付额（纯保费）	0.96%
(15)	每个雇员的平均赔付额（纯保费）	5.00%
(16)	赔付率	0.96%

在表4-7中，每百元工资额为一个风险暴露，所以风险暴露数的增长趋势等于工资额的增长率，均为4%。每个雇员的平均保费也会随着工资额的增长而增长，所以年度增长趋势为4%。由于索赔次数保持不变，而风险暴露数每年增长4%，所以每个风险暴露的索赔频率每年增长−3.85%，即[1/(1+4%)−1]=−3.85%。前面已经假设

赔款每年增长5%,所以在索赔次数和雇员数保持不变的情况下,每次索赔的平均赔付额和每个雇员的平均赔付额每年也将增长5%。由于赔付额每年增长5%,而风险暴露数每年增长4%,所以每个风险暴露的平均赔付额每年将增长0.96%,即[(1+5%)/(1+4%)−1]=0.96%。由于每个风险暴露的平均赔付额每年增长0.96%,而每个风险暴露的纯保费保持不变,所以赔付率的年度增长趋势为0.96%。

在该例中,虽然雇员的数量没有增加(始终为10),但是由于工资额的增加导致了风险暴露数的增加(第(3)列和第(4)列),其中每百元工资额为一个风险暴露。从表4-7可以看出,每个风险暴露的平均保费序列并不存在保费趋势(第(9)列),但是每个雇员的平均保费存在着正的保费趋势(第(10)列)。

与保费趋势类似,赔款趋势中的索赔频率部分既可以用每百元工资额为基准(第(11)列),也可以用每个雇员为基准(第(12)列),而索赔强度的基准始终为每次索赔(第(13)列)。为了便于讨论,可以将索赔频率趋势和索赔强度趋势合并为纯保费趋势,其基准可以为每百元工资额(第(14)列)或每个雇员(第(15)列)。

根据表4-6的数据,计算未来的期望赔付率可以采取不同的方法。下面假设新费率从第7年的1月1日生效,有效期为1年,现在需要预测新费率使用期内的期望赔付率。可以采用以下三种方法。

方法1:直接采用赔付率趋势对经验赔付率进行调整,相应的计算公式为:

$$调整后的赔付率 = 经验赔付率 \times (1 + 赔付率趋势)^{趋势年数} \qquad (4-18)$$

新费率使用期从第7年的1月1日开始,有效期为1年,所以已赚保费的平均日期(即平均已赚日期)和事故发生的平均日期均为第7年的年末,即在新费率使用期,赔付率对应的平均日期为第7年的年末。从第5年的中点到第7年的年末正好是两年半,所以第5个事故年的趋势期为2.5年。

在这种方法下,新费率使用期的期望赔付率预测值为70.9%,如表4-8所示。

表4-8 直接采用赔付率趋势对经验赔付率进行调整

事故年	经验赔付率	赔付率趋势	趋势年数	调整后的赔付率
1	0.667	0.96%	6.5	70.90%
2	0.673	0.96%	5.5	70.90%
3	0.680	0.96%	4.5	70.90%
4	0.686	0.96%	3.5	70.90%
5	0.693	0.96%	2.5	70.90%

方法2:分别采用赔款趋势和保费趋势对经验赔付率进行调整,赔款趋势和保费趋势的基准均为每百元工资额。这种方法的结果和方法1相同,如表4-9所示,但其优点是可以对赔付率的各个组成部分(索赔频率和索赔强度)分别选择趋势因子。方法2的计算公式为:

$$\text{调整后的赔付率}=\text{经验赔付率}\times[(1+\text{赔款趋势})/(1+\text{保费趋势})]^{\text{趋势年数}}$$
(4-19)

表4-9　分别采用赔款增长趋势和保费增长趋势对经验赔付率进行调整

事故年	经验赔付率	每百元工资额的赔款增长趋势	每百元工资额的保费增长趋势	趋势年数	调整后的赔付率
1	0.667	0.96%	0.00%	6.5	70.90%
2	0.673	0.96%	0.00%	5.5	70.90%
3	0.680	0.96%	0.00%	4.5	70.90%
4	0.686	0.96%	0.00%	3.5	70.90%
5	0.693	0.96%	0.00%	2.5	70.90%

方法3：分别采用赔款趋势和保费趋势对经验赔付率进行调整，但赔款趋势和保费趋势的基准均为每个雇员。这种方法与方法2的原理相同，只是在计算赔款增长趋势和保费增长趋势时，以每个雇员为计算基准。方法3的计算公式和计算结果与方法2完全相同，如表4-10所示。

表4-10　分别采用赔款增长趋势和保费增长趋势对经验赔付率进行调整

事故年	经验赔付率	每个雇员的赔款增长趋势	每个雇员的保费增长趋势	趋势年数	调整后的赔付率
1	0.667	5.00%	4.00%	6.5	70.90%
2	0.673	5.00%	4.00%	5.5	70.90%
3	0.680	5.00%	4.00%	4.5	70.90%
4	0.686	5.00%	4.00%	3.5	70.90%
5	0.693	5.00%	4.00%	2.5	70.90%

由此可见，在对经验赔付率进行调整时，可以采用不同的方法，但需要特别注意的是，在选择赔款增长趋势和保费增长趋势时，必须使用相同的计算基准，譬如，在前述方法2中都为每百元工资额，方法3中都为每个雇员。如果在计算赔款增长趋势时使用每百元工资额，而在计算保费增长趋势时使用每个雇员，即两个增长趋势选择不同的计算基准，其结果就会出现偏差。

本 章 小 结

1. 保险人根据保险金额，按一定的比率计算出应收取的保险费，这里一定的比率就是保险费率。保险费率的厘定应遵循四个基本的原则：公平合理原则、保证偿付原则、相对稳定原则、促进防损原则。
2. 财产保险费率的厘定可以采取两种基本方法：纯保费法和赔付率法。纯保费是赔款和理赔费用之和，纯保费法通过在纯保费上附加各种必要的费用和利润得到保费。赔付率法首先根据赔付率计算费率调整因子，然后对当前的费率进行调整得到新的费率。从实际应用的角度看，这两种方法是不同的，但从理论上讲，赔付率法只是纯保费法的另一种表现形式，它们在本质上是等价的，只是所需数据不同而已。如果所有数据都是已知的，则上述两种计算方法会得出完全相同的结果。事实上，在赔付率方法中，用费率调整因子乘以当前费率，即可得到纯保费法中的费率计算公式。但在实际应用中，由于可获得的数据会受到一定限制，因此需要注意两种方法的不同特点。
3. 费率调整的方法主要包括水平调整方法和趋势调整方法。其中，水平调整方法是指把经验期的保费按照当前的费率水平重新进行计算；趋势调整方法是指把当前的费率水平调整到未来新费率的使用期。
4. 以劳工补偿保险为例，列举了费率厘定和费率调整的具体应用。

重 要 概 念

财产保险　费率厘定　纯保费法　赔付率法　费率调整

习题与思考题

1. 什么是保险费率？厘定保险费率应遵循哪些原则？
2. 简述财产保险费率厘定的两种方法，给出各自的特点和适用范围。
3. 采用纯保费法给出计算和调整住宅保险费率的应用案例。
4. 采用赔付率法给出计算和调整汽车保险费率的应用案例。

第五章

财产保险的经营

> **学习目标**
>
> 1. 了解保险营销的概念与特点
> 2. 掌握保险营销的渠道
> 3. 理解承保的基本流程与承保周期
> 4. 掌握保险资金的性质与来源、资金的配置以及管理模式
> 5. 了解保险理赔的基本目标、步骤以及理赔员的类型
> 6. 掌握再保险的分类与安排模式

第一节 营 销

一、保险营销的概念

美国市场营销协会对于营销的定义是：营销是计划关于商品、服务和创意的观念、定价、促销与分销，以创造符合个人和组织目标的交换的一种过程。保险营销就是在变动的市场环境中，以保险为产品，以市场交换为中心，以满足被保险人的需要为目的，实现保险企业目标的一系列整体活动。它立足于全方位的思考，以系统的方法和策略达成保险销售，把保险销售纳入一个更完整的行动体系来加以俯瞰。

这里不难看出：(1) 保险营销活动以市场为起点和终点，它的对象是目标市场顾客，即保险营销活动集中全力满足目标顾客的需求。(2) 保险营销的目的是保险公司所从事的一种满足客户需求的活动。(3) 保险营销活动的目标是多元的，不仅要推销保险商品，获取利润，更要巩固和提高市场占有率，在公众心目中树立良好的形象。

需要明确的是，保险营销并不等于保险推销。保险推销是指推销人员(保险公司的员工、保险代理人或保险经纪人)通过帮助和说明等手段，促使顾客采取购买行为的活动过程。而营销包括产品开发、研究、产品定价、渠道选择、沟通与服务等内容，包括了售前、售中和售后的活动。显然，保险推销仅仅是保险营销过程中的一个阶段，这一阶段的任务就是千方百计地将保险产品卖出去。而保险营销则是包括推销在内的系统工程，其通过创

造,提供出售,并同别人自由交换产品和价值,以获得所需之物的一种社会和管理过程。满足顾客的需求是保险营销的目的,是保险营销的出发点和归宿点。风险及由此而来的对于保险的需求,是保险业存在的前提。保险需求产生并存在于保险营销活动之前,作为保险公司不能创造保险需求,而只能通过各种方式影响、刺激和发掘人们的保险需求,将保险需求转化为保险行为,并推出各种适销对路的保险产品满足这些需求。

二、保险营销的特点

与工商企业的市场营销相比,包括保险营销在内的金融营销是一种服务营销。这种营销活动的标的、主客体、目的要求和实现方式都有自身的特点。保险营销标的特征包括:

1. 存在形式上的无形性。它看不见、摸不着,不采取任何具体的物质形式来展示,而通常是采取账簿登记、契约文书等形式,人们购买各项包括保险产品在内的金融产品并不一定要持有具体的金融资产,而只需要保存代表该资产的各种凭证即可。

2. 本质上的一致性和可替代性。金融产品与一般的实物产品不同,它的使用价值和价值是重合的。它是一种价值尺度的表现,持有它,就意味着持有该价值尺度的任何商品和服务,使自己的需求愿望得到满足。金融产品的这种本质上的一致性赋予了不同金融产品间的可替换性,使得其容易被其他金融企业所仿效,从而加大了竞争的难度。

有形货物的市场营销主要是企业对客户的外部营销,有形货物生产企业一线员工通常只担负生产功能,而不担负营销功能。与有形货物的市场营销不同,在金融企业中,员工成为营销活动的主体,员工的状况直接决定着顾客的满意度,因此,金融企业在做好企业与顾客的外部营销的同时,必须把一线员工作为内部"顾客",对一线员工做好内部营销,包括工作设计、员工招聘、员工培训、相互沟通及激励等。对金融企业来说,成功的内部营销是成功的外部营销的前提。

三、保险营销策略

4P理论,是产品(product)、价格(price)、渠道(place)、促销(promotion)的简称。对于保险而言,4P策略是指险种策略、费率策略、渠道策略和促销策略。

(一) 险种策略

保险产品是保险公司提供给目标顾客的有用的商品和服务,是满足消费者各种不同健康需求的载体。它不仅仅是指保险产品本身,而是一个整体产品体系,包括产品种类、产品质量、产品性能、产品设计、特色、式样、规格、材料、品牌、包装、服务、保证等等。通常意义上,产品主要有两层含义,即实质产品和形式产品。而在现代营销方式下,产品又被赋予了第三层含义,即附属产品。附属产品就是产品中蕴含的附加价值,它可以满足人们的审美、认同、尊严等心理效用。现代营销中的产品策略,就是既要注意强化产品的前两种内涵,更要注重拓展第三层内涵。

财产保险市场的需求随着宏观经济的变化、风险管理要求的多样化而不断发展变化,因此保险人提供的险种也应该随着市场需求的变动而变动。例如,在财产保险市场上,传统的家庭财产保险条款因其老化,遭到一部分保险客户的淘汰,其条款不仅被修订过多次，而且衍生出受欢迎的家庭财产两全保险以及集保障、储蓄和投资三种功能于一体的新型投资理财型家庭财产保险和其他多种专项家庭财产保险。保险人应当不时根据发展变化了的市场需求情况，在巩固有活力、有竞争力的险种的同时，高度重视开发、设计新险种，改进旧险种，以最大限度地满足保险客户的风险保障需求。

每一个险种都有自己的生命周期，以新的保险产品进入保险市场开始，经历成长、成熟再到衰退，具体包括进入期、成长期、成熟期、衰退期四个阶段，在不同的阶段需要配合不同的营销策略。

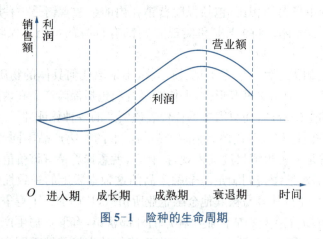

图 5-1 险种的生命周期

（二）费率策略

保险产品的价格就是费率，是消费者为了获取保险产品或服务所必须支付的货币数量，不仅仅是产品与服务的一种货币表现形式，而且是一种价格体系，包括价格水平、折扣、折让、付款期限、支付方式、信用条件、心理价格等等。为适应市场经济规律，监管部门对保险的条款费率会逐步放开，费率策略成为最活跃的组合策略。

费率策略具体而言又包括低价策略、高价策略、优惠价策略和差异价策略四种。低价策略往往是保险公司为了迅速占领市场或者打开新产品的销路所采取的以低于原价格水平确定费率的策略。高价策略与低价策略相反，它是采取高于原价格水平确定费率的策略，通过高价策略，保险公司可以获得高额利润，有助于提高自身效益，同时以高价来规避高风险项目，有利于经营稳定，但是高价策略不利于开拓市场。优惠价策略是在原价格水平基础上，以折扣费率、抽奖、赠送礼品等多种形式销售产品。差异价策略是保险公司对于处于不同地域的保险标的、不同的险种和竞争对手的不同策略，采取不同的费率。

从财产保险市场营销的实践来看，在不发达的财产保险市场上，险种定价被看作是见效最快、市场供求和竞争对手行为反应最敏感的部分，即使在发达的财产保险市场，险种的价格普遍降到了较低的水平上，保险人仍然可以通过定价来争取竞争成功的策略。

（三）渠道策略

又称通路策略，是指保险由保险公司手中转移到消费者手中所经过的渠道。它也不单单指销售渠道本身，还指保险销售的整个网络体系。

保险产品的销售渠道主要分为直接销售渠道和间接销售渠道。直接销售渠道是指保险公司利用支付薪金的员工或者电话、网络等工具直接向消费者提供保险产品和服务,比较适合实力雄厚、分支机构健全的保险公司。间接销售渠道是指保险公司通过保险代理人和保险经纪人等中介机构向消费者推销保险产品与服务。

对于销售渠道的选择,保险公司需要根据保险产品、市场需求和企业自身条件等因素,综合考虑分析可能产生的费用、风险和利润,选择合适的销售渠道,目的就是以最小的代价最有效地将保险产品推销出去。

(四) 促销策略

是指保险公司把有关保险产品和服务的信息传递给消费者,鼓励目标顾客购买产品和服务而进行的所有活动。它不单单是指一般意义上的促销活动,更是一个促销组合,包括人员促销活动、广告、媒体、文字或图像、公共关系、营业推广等等。

促销策略主要包括三种:广告促销策略、公共关系促销策略和人员促销策略。广告促销策略是指以广告的形式,通过大众媒介向人们传递保险产品和服务信息,并说服其购买。广告一方面介绍新险种和服务,另一方面也宣传公司形象。公共关系促销策略是指保险公司采用保险文化展、大型保险咨询活动、行业名人专访、社区电影、艺术义演等形式巩固传播效果,使人们可以多层次、多角度地了解保险产品和服务;保险公司还可以通过赞助国家的教科文卫体育事业,支持社会公益活动来塑造公司良好的社会形象,提高公司的影响力。人员促销策略是指业务员直接与客户进行接触交谈并宣传介绍产品和服务,使客户直接获得有关产品与服务的详细信息,同时业务员也可以了解到潜在客户的需要。

四、保险营销渠道

财产保险营销的渠道主要包括直销和间接营销渠道。

(一) 直接营销渠道

直接营销渠道,也称直销制,是指保险公司利用支付薪金的业务人员向保险消费者直接提供各种保险险种的销售和服务。现代科技运用于保险业务的直销活动,能极大地提高保险营销服务的现代化水平。直接营销渠道主要包括保险公司直接销售、直接邮件营销、电话营销、保险零售店和网络营销等。

(二) 间接营销渠道

在现代保险市场上,保险公司在依靠自身的业务人员进行直接营销的同时,还广泛地利用保险中介人进行间接营销。间接营销渠道主要指通过中介人,即保险代理和保险经纪人的销售渠道。

保险代理人是根据保险人的委托,向保险人收取代理手续费,并在保险人授权的范围内代为办理保险业务的单位和个人。保险代理是由民法调整的民事法律行为。《民法通则》第63条规定:"代理人在代理权限内,以被代理人的名义实施民事法律行为。被代理人对代理人的代理行为,承担民事责任。"

一般民事代理的被代理人仅对代理人在代理权限内的代理行为承担法律责任,一旦代理人超越代理权限或滥用代理权,均为无效代理,被代理人不承担任何责任。保险代理则不然,即使保险代理合同上明确了代理权限、代理期限及违约责任,保险代理人若过失或故意(不论善意还是恶意)弃权或越权进行代理活动,当被保险人出险时,保险人必须承担赔付责任,但保留向保险代理人追偿的权利。当然,保险代理人如与投保人恶意串通,损害保险人利益,则将与投保人负连带责任,情节严重者须承担刑事责任。保险人有必要掌握这一特征,选择保险代理人应该慎重,除考察其主体资格外,还应详细调查其资格背景。

保险经纪人是基于投保人的利益,为投保人和保险人订立保险合同提供中介服务,并依法收取佣金的单位。保险起源于海上保险,保险经纪人则是与海上保险同时发展起来的,在保险营销中扮演着重要的角色。保险经纪人受投保人委托,为投保人提供有关保险人的业务情况、资信背景等重要资料,并设计最佳保险方案,联系双方洽谈订立保险合同事宜,但不参加保险合同的订立,是居于保险合同当事人之间起媒介作用的中间人。与一般中间人不同的是:一般中间人的报酬由委托人支付,而根据国际惯例,保险经纪人向保险人收取佣金。

与保险代理人不同的是,保险经纪人是以独立的名义进行保险中介服务,它不依附于某一个固定的法人或自然人,而是具有独立法律地位的单位。它要有一定的条件和资格,有一定的资金作为保证金。并能以自己的名义享有民事权利,承担民事义务。保险经纪人因过错给投保人、被保险人造成的经济损失,由自己承担法律后果。

尽管保险代理人和经纪人都是辅助人或中介人,都办理保险业务,向保险人收取佣金或手续费,但在实际上却泾渭分明。它们的区别在于:保险代理人是保险人的代理人,以保险人的名义与投保人签订保险合同;保险经纪人则是基于投保人的利益,与保险人签订保险合同。由此可见,保险代理人从广义来讲,既包括代表保险人利益的代理人,也包括基于投保人或被保险人利益的经纪人;但从狭义上看仅指前者,而不包括后者。

第二节 承 保

承保是保险经营的重要环节,是指保险人接受投保人的申请并与之签订保险合同的全过程,一项保险业务从接洽、协商、投保、审核到收费都属于承保工作。承保对于保险公司而言非常重要。保险公司的经营基于风险大量原则,但并不是所有的风险都符合保险公司承保的要求,保险公司必须对风险进行评估并选择合适的风险承保。因此保险公司需要认真进行风险选择,做好承保工作。

一、承保的基本程序

保险公司的承保程序包括制定承保方针、获取和评价承保信息、审查核保、作出承保决定、单证管理、续保等步骤。

(一) 制定承保方针

一般由承保部门制定与公司目标相一致的承保方针以及编制承保手册。承保手册规定承保的险种、展业地区、使用的保险单和费率厘定计划等信息。承保手册还界定了可以接受的、难以确定的和拒保的业务。

（二）获取和评价承保信息

财产保险公司可以通过投保单、中介人、地区销售经理和消费者调查报告等方式获取承保信息。在国外财险市场，保险中介人的作用很大。例如，美国就是以保险代理人和经纪人为中心进行保险营销。中介人在成熟的保险市场上对于获取承保信息的作用相当关键。

（三）审查核保

财险公司的专业技术人员根据核保要素识别和评估风险。核保是风险选择的过程，是财险公司承保工作的核心。

（四）作出承保决定

根据核保的结果，作出是否接受承保的决定。这分为三种情况：

1. 正常承保：按照标准保单和标准费率承保。
2. 附条件承保：通过增加限制性条件或者加收附加保费的方式承保。
3. 拒绝承保：风险明显高于一般水平或者低于承保标准的，作出拒绝承保的决定。

（五）单证管理

核保部门拟定承保条件决定承保后，由出单部门或经办机构缮制保险单或保险凭证等保险合同文件。缮制单证是承保工作的重要环节，其质量好坏关系到财险合同双方当事人的权利义务是否能顺利履行。单证的缮制要求字迹清楚，内容准确，数字计算无误，项目完整，不能任意涂改。

（六）续保

续保是指原保险合同有效期满后，投保人在原有保险合同的基础上向保险人提出续保申请，保险人根据投保人的申请和实际情况，可对原合同条件做适当修改而继续签约承保的行为。续保能力是保险公司对原有客户和业务的保留能力。在保单到期前的一段时间，相关人员应通知被保险人，以使让其及时办理续保手续避免保险中断[①]。

二、承保选择与承保控制

（一）核保的概念和原则

保险核保是指保险公司对可保风险进行评判和分类，进而决定是否承保、以什么样的条件承保的分析过程。这里所说的承保条件主要指保险责任范围、保险金额、保险费率、免赔额、保费缴纳方式、其他费用等。

核保是承保工作的核心，核保工作的好坏直接关系到保险合同能否顺利履行，关系到保险公司承保业务的盈亏和财务稳定。严格规范核保工作是降低赔付率、增加保险公司盈利的关键。因此，核保工作的规范性也是衡量保险公司经营管理水平高低的重要标志[②]。

核保应当遵循一定的原则。首先，应该以保证保险公司长期承保利润为前提。与客户保持良好的关系有利于公司的长期盈利，因此在核保时应该将目光放长远，避免一味追求规模的短期行为。要全面细致地进行核保，争取最好的承保条件，为公司带来长期的承保利润。其次，要提供高质量的专业服务。以风险控制为基础，实施科学决策，积极、主动

[①] 魏巧琴.保险公司经营管理[M].上海：上海财经大学出版社，2016.
[②] 付菊，李玉菲.财产保险核保核赔[M].北京：中国金融出版社，2013.

开展标的风险评估工作,为核保决策提供依据。此外,要谨慎运用公司的承保能力。在公司发展还不够成熟的时候,不盲目为了追求经营业绩而承保难以承保的风险。经营要以稳定为先,慎重核保,必要时利用再保险的支持。最后,要实施市场规范,争取市场领先地位。

(二) 核保的内容

核保的内容包括核保选择以及核保控制[①]。

1. 核保选择。核保选择是指保险公司通过分析、审核、确定保险标的的风险状况,决定承保条件的过程。核保选择体现在两个方面:一是尽量选择同质风险的标的承保,从而使风险在量上得以测定,以期实现风险的平均分散;二是淘汰那些超出可保风险条件的保险标的。核保选择包括事前核保选择以及事后核保选择。

事前核保选择是在承保之前进行的核保选择。保险承保工作的基本目标是为保险公司安排一个安全和盈利的业务分布组合。为此,保险人为避免逆向选择,必须选择一组能够适当平衡的被保险人,也就是说低于平均损失的被保险人能够抵消高于平均损失的被保险人,以便使保险费收入足以抵付支出。承保选择是在展业的风险选择基础上,对可承保的标的进一步分析、审核,确定接受承保的条件。投保单是承保选择的第一手资料,通过对每份投保单的审核,分析风险的大小作出正常承保、条件承保和拒保的决定。核保选择既包括对"人"的选择,即对投保人或被保险人的选择;也包括对"物"的选择,即对保险标的及其利益的选择。

事后核保选择是在承保之后进行的核保选择。事后核保选择是保险人对保险标的的风险超出核保标准的保险合同作出淘汰的选择,具体表现为:

(1) 保险合同保险期满后,保险人不再续保。

(2) 保险人如发现被保险人有明显误告或欺诈行为,则会中途中止承保或解除保险合同。例如,我国《保险法》第16条规定:"投保人故意或者因重大过失未履行如实告知义务,足以影响保险人决定是否同意承保或者提高保险费率的,保险人有权解除合同。"《保险法》第27条规定:"未发生保险事故,被保险人或者受益人谎称发生了保险事故,向保险人提出赔偿或者给付保险金请求的,保险人有权解除合同,并不退还保险费。"

(3) 按照保险合同规定的事项注销保险合同。例如,我国远洋船舶战争险条款规定,保险人有权在任何时候向被保险人发出注销战争险责任的通知,通知在发出后7天期满时生效。

2. 核保控制。核保控制是指保险人对投保风险作出合理的承保选择后,对承保标的的具体风险状况,运用保险技术手段,控制自身的责任和风险,以合适的承保条件给予承保。承保控制的对象分为两类:一类是风险较大但保险人还是予以承保的保险标的,而为防止自己承担较大的风险,保险人必须控制自己的保险责任;另一类是随着保险合同的成立而产生的新风险,包括道德风险因素和心理风险因素。对于第一类控制对象,保险人可以通过各种技术手段,例如提高免赔额、降低保险金额等来限制自己的风险责任。对第二类控制对象的难度则要大得多。

道德风险因素,是指被保险人或受益人故意促使风险事故的发生,以至于引起财产和人身的损失,如欺诈、纵火、投毒等。心理风险因素是指投保人或被保险人在参加保险后

[①] 魏巧琴.保险公司经营管理[M].上海:上海财经大学出版社,2016.

所产生的松懈心理,即不再小心防范所面临的风险。例如,投保火灾保险后,对可能的火灾隐患不闻不问,对消防器材不认真保养等。针对道德风险和心理风险因素,保险人可以采取避免超额保险、不定值方式承保、与被保险人共保、规定续保优惠等方式降低风险。

(三)财产保险核保要素分析

1. 保险财产的性能和构造。保险财产自身的性能和构造与风险关系密切。以建筑物为例,木结构、钢筋混凝土结构、钢架结构的建筑物在火灾保险中采用的费率是不同的。另外,建筑物自身有没有防火设计、抗震设计,也将影响到风险大小和承保的费率。

2. 保险财产的用途。保险财产的用途会影响风险发生的概率大小。例如,在汽车保险中需要了解车辆是自用车、出租车还是货运车;在火灾保险中需要了解建筑物是公寓、商场还是加工车间等。保险财产的用途改变,风险大小也会改变,直接影响到保险人的承保决定。

3. 保险标的物所处的环境。保险标的物所处的环境不同,直接影响其出险概率的高低以及损失的程度。例如,对所投保的房屋,要检验其所处的环境是工业区、商业区还是居民区;附近有无诸如易燃、易爆的危险源;救火水源如何以及与消防队的距离远近;房屋是否属于高层建筑,周围是否通畅,消防车能否靠近等。

4. 投保标的物的主要风险隐患和关键防护部位及防护措施状况。保险人需要认真检查投保财产可能发生风险损失的风险因素。例如,投保的财产是否属于易燃、易爆品或易受损物品;对温度和湿度的灵敏度如何;机器设备是否超负荷运转;使用的电压是否稳定;建筑物结构状况等。还要对投保财产的关键部位进行重点检查。例如,建筑物的承重墙体是否牢固;船舶、车辆的发动机的保养是否良好。此外,需要严格检查投保财产的风险防范情况。例如,有无防火设施报警系统、排水排风设施;机器有无超载保护、降温保护措施;运输货物的包装是否符合标准;运载方式是否合乎标准等。

5. 有无处于危险状态中的财产。正处在危险状态中的财产意味着该项财产必然或即将发生风险损失,这样的财产保险人不予承保。这是因为保险承保的风险应具有损失发生的不确定性。必然发生的损失属于不可保风险。如果保险人予以承保,就会造成不合理的损失分布,这对于其他被保险人是不公平的。

6. 检查安全管理制度的制定和实施情况。健全的安全管理制度是预防和降低风险发生的保证,可减少承保标的损失,提高承保质量。因此,核保人员应核查投保方的各项安全管理制度,核查其是否有专人负责该制度的执行和管理。如果发现问题,应建议投保人及时解决,并复核其整改效果。倘若保险人多次建议投保方实施安全计划方案,但投保方仍不执行,保险人可调高费率,增加特别条款,甚至拒保。

三、承保周期

承保周期是非寿险市场的特有现象,是指承保利润、承保能力随着时间的推移呈现出上下波动的周期性、规律性变化的现象。1979年,美国一家保险企业发布了财险市场调查的行业研究报告,首次提出承保周期(underwriting cycle)这一概念。

承保周期可以通过周期性的市场疲软期(soft market)和市场坚挺期(hard market)来说明。市场疲软期的特征是大量的保险人在价格稳定甚至下降的情况下寻求卖出新的保单,而市场坚挺期的特点则为保险供给量下降,价格急剧上升。可以通过承保利润率的波动来观察承保周期:在市场疲软期,市场竞争激烈,承保利润率较低;在市场坚挺期,承保利润率逐步走高(见图5-2)。

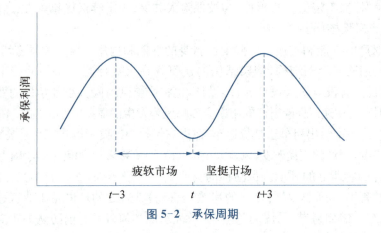

图 5-2 承保周期

学者们针对承保周期的成因提出了不同的理论和假说,可以分为外部冲击假说和内部定价假说①。

(一) 外部冲击假说

外部冲击假说主要包括以下两种:

1. 竞争驱动假说。在市场坚挺期,保险需求旺盛而保险供给量不足,此时保险的需求弹性小,促使保险公司往往通过提高价格的方式来提高承保利润。而高利润吸引更多的资本进入市场,增加了供给,逐渐导致保险的供给过剩。此时市场进入了疲软期,保险人在价格稳定甚至下降的情况下寻求卖出新的保单,行业费率趋于下降,承保标准变得宽松。疲软期的承保利润减少,使得一些资本退出市场,市场的供给减少,又逐渐进入了市场坚挺期。如此周而复始,循环往复,形成了承保周期。

2. 经济周期假说。这一理论认为承保利润与经济周期的波动存在很大的关联。衡量这种联系的一个重要经济指标是利率水平。公平保费水平应该等于未来损失的折现值,所以利率的高低对保险产品的价格和保费规模有直接的影响。那么,承保利润率就会受到利率水平的影响,利率的周期波动也会导致承保利润率的周期波动。除了利率水平的影响之外,学者还发现承保利润率与一国的 GDP 增长率、消费者价格指数等经济指标也有很强的相关关系。

外部冲击理论主要探讨了行业外的因素对保险承保利润的影响。内部定价假说则主要关注保险行业内的原因。

(二) 内部定价假说

内部定价假说主要包括以下三种:

1. 非理性定价假说。这一理论认为保险公司在定价时存在非理性的因素。保险公司在利用精算技术进行保险产品定价时,往往需要根据历史的损失经验数据来估计未来的赔付率。在运用外推预测定价技术的过程中,过多地考虑了过去一年中的损失,导致去年

---

① 李心愉,李杰.中国非寿险市场承保周期研究[J].保险研究,2010(2).

赔付的异常值将会反映在当期产品的定价中。例如,假设去年的赔付额较高,则保险公司会提高今年保险产品的价格,那么在对保险产品的总需求一定的前提下,保费规模相应提高,承保利润率也会相应上升。

2. 制度冲击假说。制度冲击假说认为非理性定价假说忽略了保险公司在产品定价时的理性调整行为。这一假说认为保险公司在定价机制上不是非理性的,只是由于保险业中的制度因素,例如监管滞后、数据信息滞后、保单更新滞后等,导致了保险产品利润率的周期波动现象。制度性的滞后使得前几期的赔付额都会对当期的保险产品的价格、保费规模进而对承保利润率和赔付率产生影响。

3. 承保力约束假说。在现实中,保险公司很难保持在最优资产规模。在外部冲击发生时,由于存在市场摩擦,保险公司不能立即达到最优资产规模,这势必会影响到保险的供给。对于保险公司而言,内部融资的成本低于外部融资,因此当保险公司的财务盈余受到冲击时,会通过产品价格和保单限制等措施来提高承保利润率,进而增强内部融资功能。

第三节 资金运用

财险公司的利润来自承保收益和投资收益两个方面。承保收益通过综合成本率来反映,投资收益通过投资收益率来反映,承保收益和投资收益的加总综合反映了财险公司的运营情况。一个财险公司可能存在大于1的综合成本率,即财险公司的承保收益为负,但是投资收益可以弥补承保上的损失。随着保险市场的竞争加剧,巨灾发生更加频繁,赔付增多的大背景下,财险公司的承保利润被压缩,甚至出现亏损。资金运用和投资收益则成为推动财险公司前进的车轮。

一、资金的来源与性质[①]

(一) 保险资金的来源

1. 资本金。资本金是保险公司所有者对公司的投资,包括初期投资和后续投资。设立保险公司的最低资本金数额一般由各国保险法律规定。《保险法》第69条规定,设立保险公司,其注册资本的最低限额为人民币2亿元,国务院保险监督管理机构根据保险公司的业务范围、经营规模,可以调整其注册资本的最低限额,但不得低于2亿元。各国保险监管还往往要求保险公司以一定比例的资本金缴存保证金。《保险法》第97条规定,保险公司应当按照其注册资本总额的20%提取保证金,存入国务院保险监督管理机构指定的银行,除公司清算时用于清偿债务外,不得动用。

资本金的规模和保险公司可以承担的风险是挂钩的。保险公司承担的风险资金额越大,需要的资本金就越多,以此来保证保险公司的偿付能力。如美国纽约州保险法规定,经营财产保险业务的保险公司的保险收入不得超过其实收资本的3倍。而我国《保险法》第102条规定,经营财产保险业务的保险公司当年自留保险费,不得超过其实有资本金加

[①] 朱南军.保险资金运用风险管控研究[M].北京:北京大学出版社,2014.

公积金总和的 4 倍。

保险公司的资本金是公司的自有资金,除了在发生特大灾害或因经营不善导致偿付能力出现问题时才会动用。因此,资本金除了缴纳保证金的部分外,其余部分都可以进行投资,且具有良好的稳定性和长期性。

2. 责任准备金。保险责任准备金,是指保险公司为了承担未到期责任和处理未决赔款而从保险费收入中提存的一种资金准备。财产保险的责任准备金可以分为未到期责任准备金、未决赔款准备金、长期财产险责任准备金和总准备金。

(1) 未到期责任准备金。未到期责任准备金,又称未满期保险费准备金,或未到期风险准备金,是指在会计年度决算时,对未满期保险单提存的一种准备金。由于保费的收取早于保险的赔付,同时保险合同规定的保险责任期限与企业会计年度在时间上不可能完全吻合,因此在会计年度结算时,必须有期限未届满或虽已收取但应属下一个年度的保险费,这一部分保险费即称为未到期责任准备金。

(2) 未决赔款准备金。未决赔款准备金是指保险公司在会计年度决算以前发生保险责任而未赔偿或未给付保险金,在当年收入的保险费中提取的资金。未决赔款准备金又可以分为已发生已报告的赔款准备金和已发生未报告的赔款准备金。

(3) 长期财产险责任准备金。长期财产险责任准备金,是指保险期在一年以上的财产保险业务的责任准备金。长期财产险责任准备金包括对长期工程险、再保险等按业务年度结算损益的保险业务提取的责任准备金,以及对长期工程险等以外的、不需要按照业务年度结算损益的长期财产险业务提取的责任准备金。

(4) 总准备金。总准备金是用来满足风险损失超过损失期望以上部分的责任准备金。总准备金是从保险公司的税后利润中提取的。

专栏 5-1

保险资产的规模与分布[①]

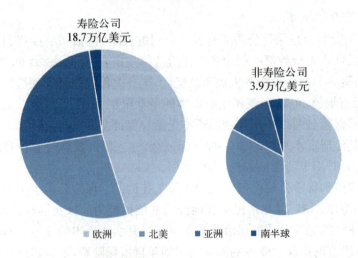

---

① 瑞士再保险.极具挑战全球环境下的保险投资[J].Sigma,2010(5).

欧洲拥有全世界最大的保险资产,几乎为全球保险资产的一半。美洲紧随其后,拥有6.4万亿美元的保险资产。亚洲一共拥有5.2万亿美元的保险资产。而南半球的国家,包括大洋洲、拉丁美洲和非洲,仅仅占全球保险资产的3%。

由于寿险产品具有储蓄和投资的成分,所以寿险资产远远超过了非寿险资产。2009年底,寿险和非寿险分别持有18.7万亿美元和3.9万亿美元的资产。

(二) 保险资金的性质

保险是金融行业的一部分,其资金与其他投资资金具有相同点,但由于保险负债经营的特殊性,保险资金也具有自身的一些性质:

1. 负债性。保险资金的来源主要是负债端而不是资产端。由于收取保费和履行赔付责任之间存在时间差和数量差,导致保险公司拥有大量的闲置资金可以进行投资。在可以运用的保险资金中,除了所有者权益类的资金外,其余的准备金都可能在未来某个时点具有偿付义务。保险资金的负债特点使得保险资金运用对于安全性的要求非常高,同时也需要保持保险资金的保值增值以完成未来的偿付义务。

2. 稳定性。保险资金主要由公司的资本金和责任准备金组成。资本金是公司的自有资金,是股东对公司的投资,除了在偿付能力不足时之外不会动用。因此,资本金是保险公司资金中最稳定的部分。责任准备金虽然具有未来偿付的义务,但是保险公司长期经营,财产险在到期后也可能续保,因此责任准备金也具有一定的稳定性。

3. 社会性。保险有社会稳定器的作用。从微观上看,保险通过赔偿被保险人的经济损失,帮助个人或机构减少经济危害,保证其在受到损害时及时地恢复和转移风险,同时也有利于促进个人或家庭消费的均衡,帮助企业加强经济核算。从宏观角度来看,保险在保障社会稳定和促进经济发展及对外贸易中发挥了巨大作用,可以保障社会再生产的正常进行,积极推动商品的流通和消费。保险资金来源于社会上分布广泛的保户缴纳的保险费,保险资金也承担着未来对不同保户的偿付责任,因此保险资金也具有社会性。

二、保险资产配置结构

(一) 财产保险的资产配置特点

由于保险资金负债经营的特点,保险公司的投资相对保守,通常在政府债券和高评级公司债券上配置大量资产。相对于寿险而言,财险的期限更短,因此财险更多地配置在了流动性更高的资产上面,多为短期金融工具,如银行存款、股市基金、信托投资、短期债券、商业票据等短期投资。以2010年美国非寿险的资产配置为例,超过50%的资产配置在了安全性较高的债券上面,流动性高的现金和股票也占了较大的比重。

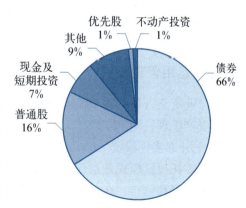

图5-3 2010年美国非寿险资产配置

数据来源:The Insurance Fact Book 2012.

在考虑财险资产配置的时候有两点需要强调。首先,财险合同以短期合同为主,大多数为一年及以内的合同,财险的理赔往往也需要迅速地完成。而且,与寿险不同,财险的赔付金额波动更大,比如发生一个巨灾就可能带来巨额的赔付压力,因此财险的资产配置中流动性的要求更高。其次,投资收益对财险公司而言至关重要。在存在承保亏损的情况下,投资收益可以冲抵承保业务的亏损,让保险公司继续存活下去[①]。

(二) 资产配置的主要形式

1. 债券。债券是一种金融契约,是政府、金融机构、工商企业等直接向社会借债筹措资金时,向投资者发行,同时承诺按一定利率支付利息并按约定条件偿还本金的债权债务凭证。根据发行主体不同,债券可以分为政府债券、金融债券和企业债券,三者在安全性和收益率上有所不同。由于安全性较高,债券一直以来都是保险资产配置的重要组成部分。

2. 股权类投资。股票是股份公司发行的所有权凭证,是股份公司为筹集资金而发行给各个股东作为持股凭证并借以取得股息和红利的一种有价证券。每股股票都代表股东对企业拥有一个基本单位的所有权。股票可以分为普通股和优先股。优先股有固定的股息率,不参与红利分配;普通股则要参与红利分配。在公司破产清算时,优先股的清偿顺序在普通股之前。因此,普通股股东承担的风险更大,预期收益率也高于优先股。

股权类投资风险相对较大、收益相对较高,可以给保险公司带来良好的投资回报。但是,由于股权类投资的风险也较大,为了保证保险资金的安全,监管部门往往会对股权类投资的比例做出限制。

3. 不动产投资。不动产投资是指保险公司通过购买土地、建筑物或修建住宅、商业建筑等手段获取长期而稳定的租金收入。由于不动产的流动性较差、投机性强以及风险较大,财险公司在不动产上的配置较少。

由于不动产投资的风险问题,各国对不动产投资都加以严格的监管。我国对不动产投资也加以了限制。在比例限定上,规定投资不动产的账面余额,不高于本公司上季度末总资产的10%,投资不动产相关金融产品的账面余额,不高于本公司上季度末总资产的3%,投资不动产及不动产相关金融产品的账面余额,合计不高于本公司上季度末总资产的10%。

三、资金运用管理模式

保险业资金管理的典型模式有三种:外部委托投资、公司内设投资部门和设立专业化保险资产管理机构。

(一) 外部委托投资

外部委托投资模式是指保险公司将可以运用的保险资金委托给外部的专业投资管理机构进行管理和运作。在外部委托投资模式下,保险公司自身不参与资金的运作,而是将

---

① George E. Rejda, Michael McNamara. Principles of Risk Management and Insurance[M].北京:中国人民大学出版社,2014.

资金运作全部或者部分地委托给外部的专业投资管理机构。外部委托投资的控制风险较大,同时还需要向外部的管理机构缴纳费用,因此外部委托投资适合发展初期、规模较小、不具有专业投资能力的保险公司。部分大型保险公司也将个别自己管理能力较弱的投资品种交由基金公司运作。提供委托管理的机构主要是一些独立的基金公司和部分综合性资产管理公司,主要为保险资金、基金、捐赠基金、养老金及其他机构投资者提供服务。

外部委托投资模式的优点在于保险公司不需要自己组建专门的投资团队,可以专心于保险业务。外部的专业机构可以对保险资金进行专业化管理,实现资金的规模效应,减少管理成本和交易费用。但是,外部委托投资模式也存在缺点。最显著的问题就是委托代理问题,外部机构是保险公司不可控制的,受委托的机构的投资策略可能与保险公司的发展策略不一致,受委托机构也可能不尽心经营,给保险公司带来损失。

(二) 公司内设投资部门

公司内设投资部门模式,是指保险公司内部设立专门的投资部门来管理公司的资金运作活动。内设投资部门使得保险公司比较容易管理资产运作,方便把控公司的战略发展走向;同时可以平衡资产端和负债端,利于资产负债的久期匹配。但是,公司内设投资部门存在缺乏竞争性和专业性的问题。

(三) 设立专业化保险资产管理机构

设立专业化保险资产管理机构的模式,是指通过全资或控股子公司的运作,投资管理公司的运作模式,保险资金运用的主体是控股的子公司。随着保险市场的不断发展,保险公司的规模增大,大量的保险集团设立了专门的资产管理公司,还收购或控股了其他的基金管理公司。这种模式还可以细分为专业化控股投资模式和集中统一投资模式:前者是资产管理公司分别接受集团控股公司旗下的寿险、产险子公司的委托进行保险投资活动;后者是集团控股公司将寿险、产险子公司的资金积聚起来,从集团层面拨给资产管理子公司,然后再由资产管理子公司进行投资管理。

投资管理公司的运作模式能够弥补内设投资部门及委托外部机构管理的不足,有利于对保险资金进行专业化、规范化的市场运作,降低投资的市场风险和管理风险,提高保险资金的收益水平。在国际保险业中,有80%以上的公司采取设立专业化保险资产管理机构的模式对保险资金进行经营管理和运作[1]。

第四节 理 赔

保险理赔,是指保险事故发生时,保险公司根据保险合同的规定对被保险人提出的索赔请求进行处理的过程。理赔是保险公司履行承保承诺、实现经营利润以及维护客户利益的关键环节,是保险公司经营中的重要组成部分。

---

[1] 曲扬.资金运用的国际比较与启示[J].保险研究,2008(6).

一、理赔的基本目标

(一) 查证已发生的承保损失

在事故发生后,保险公司需要确定特定的财产是否是保单的保障对象、造成事故的原因是否在保单的保障范围内。如果确定需要承担赔付责任,保险公司还需要确定保险标的的损失程度和损失金额。财产保险合同属于损失补偿性合同,由于损失补偿原则要求被保险人所能获得的赔偿只能以其实际损失为限,因此对于财产保险而言,确定实际损失金额是非常重要的。

(二) 公平快速支付索赔

对于在保险范围内的损失,保险公司应该承担赔付责任。如果有效的索赔被拒绝,那么保险公司的声誉会受到影响,保险保障的社会功能也失效了,对于新保单的销售会造成很大的影响。在确定了赔偿责任后,保险公司应当快速、主动、准确、合理地进行赔付。

另一方面,对于不属于保险责任的索赔,保险公司应该拒绝赔付,否则对于其他的被保险人是不公平的,因为这些赔付会造成保费升高。财产保险还应当特别注意损失补偿原则,不要超额赔付。在遇到重复保险时应该按照自身承担的比例进行赔偿。存在第三者过失时,要恪守代位求偿原则。

(三) 为被保险人提供个性化援助

理赔不仅仅是赔偿损失,还包括了在保障损失发生后为被保险人提供个性化援助。例如,旅行意外险往往包含了全球救援条款,协助被保险人应对旅行中的各种意外挑战,包括协助寻找遗失的行李证件、紧急语言翻译服务、医疗运送和送返、补办机票预订酒店等服务。有的大型的保险公司还专门成立了全球救援公司来专门提供个性化援助。[①]

> **专栏 5-2**
>
> ### 天津爆炸案[②]
>
> 2015 年 8 月 12 日,中国天津港的一座仓库发生两次巨大爆炸,造成 165 人遇难、8 人失踪、798 人受伤,并导致周围财产和基础设施大规模破坏。爆炸的剧烈程度以及当时巨大的资产潜在风险,使得天津港爆炸成为亚洲有记录以来最大的人为保险损失事件。根据瑞士再保险公司的估计,该事故的财产索赔额在 25 亿美元到 35 亿美元之间。
>
> 这次巨大的爆炸是物流园区内的一座储存有危险化学品的仓库引起的,引发的两次爆炸近震震级约为 2.3 级和 2.9 级,相当于 3 吨 TNT 和 21 吨 TNT 的威力。爆炸现场附近的财产——大多是集装箱码头和汽车存放设施——因此被毁,附近等待中转的数千辆新车也毁之一炬。
>
> 天津爆炸事故给保险公司的理赔带来了很大的困难。爆炸发生后,事故现场进行了封锁,保险公司不能进入现场进行勘察,因此无法全面准确地评估损失范围以及计算相应的赔偿金额。但是,新科技的运用为保险理赔提供了帮助。这次天津爆炸事故利用了机

---

① George E. Rejda, Michael McNamara. Principles of Risk Management and Insurance[M].北京:中国人民大学出版社,2014.

② 瑞士再保险.2015 年的自然灾害与人为灾难:亚洲遭受重大损失[J].Sigma,2016(1).

器人、无人机和卫星影像协助损失评估。爆炸发生之后,无人机立即被派往灾害现场进行拍照。将这些图片与事件发生之前的现场卫星图像进行对比,即可了解破坏范围,以及爆炸发生之时现场数量众多的车辆和集装箱的情况。初步损失评估正是根据这些信息进行的。

这次事故涉及车险、企财险、责任险、货运险等多个险种,理赔的责任认定也非常复杂。比如,如果爆炸时停在现场的车辆处于中转中,则根据货运险的条款规定,可以由水运货运险进行赔偿。而如果天津是车辆的最终目的港,则可能需要根据财产保险来进行赔偿。

天津爆炸事故涉及了国内外多个保险公司的赔付,根据彭博社的估计[1],欧洲保险公司在本次事故中受损最为严重,其中苏黎世保险公司赔付最高,达到了2.75亿美元。中国保险公司中,中再集团受损1.74亿美元左右,是中国保险公司中受损最重的公司。

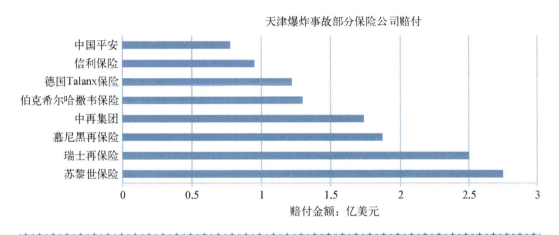

天津爆炸事故部分保险公司赔付

二、理赔人员类型

国内财产保险主要采用公司内部的理赔人员进行定损理赔,但是发达的财险市场上,还常常通过保险中介、公估公司等其他方式进行理赔,因此了解理赔人员的类型也是必要的。

(一) 保险代理人

在一些国外市场上,保险代理人在一定的额度内有权利处理索赔。被保险人只需要向代理中介提供必要的索赔资料,即可在代理人的协助下完成全部的理赔手续。这种由代理人主导的理赔为保险公司节省了成本,并维持了保险公司的良好形象。

(二) 公司理赔员

公司理赔员是保险公司雇佣的,专门负责理赔勘查工作的人员。国内的财险大多采用自主理赔的方式,因此公司理赔员在理赔环节扮演了重要的角色。

(三) 独立理赔员

独立理赔员是独立于保险公司,为保险公司提供理赔服务并收取一定费用的个人或

---

[1] From Berkshire to Zurich, Here's What Insurers Lost on Tianjin[N]. Bloomberg, 2015-11-18.

组织。独立理赔员为保险公司提供专业的理赔处理服务。保险公司在发生巨灾时,或是在某个时间段索赔案件太多时会雇佣独立理赔员协助理赔。

(四) 公估人

保险公估人指依法设立的独立从事保险事故评估、鉴定业务的机构和具有法定资格的从事保险事故评估、鉴定工作的专家。他们是协助保险理赔的独立第三人,接受保险公司和被保险人的委托为其提供保险事故评估、鉴定服务。

三、财产保险理赔的步骤

不同类型的财产保险的理赔程序存在差异,但是一般需要经过登记立案、单证审核、现场勘查、审定责任、赔款的计算和赔付、代位追偿和结案与归档保管等理赔步骤。①

(一) 登记立案

保险事故发生时,被保险人有义务及时通知保险公司。财险公司在接到报案时要详细询问被保险人名称、保单号码、出险日期、出险地点、估计损失等并记录下来。财险公司接到出险通知后,无论是否属于保险责任,均应及时立案。

(二) 单证审核

被保险人在损失通知后,应该向财险公司提供索赔所必需的各种单证。财险公司在接到被保险人的损失通知和索赔单证后,应当及时进行审核。单证审核的目的是财险公司据此决定是否有必要全面展开理赔工作。

单证的审核内容包括:保单是否有效、损失是否属于保险责任范围、索赔人在索赔时对保险标的是否具有保险利益、其他相关单证是否有效、损失的财产是否为保险财产、损失是否发生在保险期限内等。

(三) 现场勘查

现场勘查是掌握出险情况、核定损失的核心步骤。查勘人员在赶赴现场之前,首先要了解保险标的的基本情况,然后根据灾害事故类别,携带必要的查勘工具。现场勘查的具体内容包括:查明出险的时间和地点、调查核实出险的原因、查清受损标的的具体情况、妥善处理受损的保险标的、获得保险事故的第一手资料等。

(四) 审定责任

财险公司在对损失清单、各项单证和查勘结果进行认真审查核实,确认各种单证的有效性和可靠性的基础上,认为风险事故是属于保险事故的,应明确表示予以赔偿,并进一步确认赔偿的范围。对于不属于保险责任的损失和事故,财险公司不承担赔偿责任,保险人需要向被保险人发出拒绝赔偿的书面通知。

(五) 赔款的计算和赔付

在确定了保险赔偿责任和责任范围后,保险人应当根据保险标的的保额和承保条件来决定赔偿方式。财产保险合同一般承担的损失包括保险金额限度内保险标的的实际损失、合理的施救费用以及必要的检验费用。财产保险的赔款计算要以保险金额为限、以实际损失为限、以保险利益为限,赔偿方式主要有比例责任赔偿方式、第一危险责任赔偿方

---

① 魏巧琴.保险公司经营管理[M].上海:上海财经大学出版社,2016.

式、限额责任赔偿方式和免责限度赔偿方式。在保险人和被保险人就损失责任、赔偿金额达成协议后,即可支付赔款。

(六) 代位求偿

如果保险事故是由第三者引起,财险公司自向被保险人赔偿保险金之日起,应取得由被保险人填写的权益转让书,在赔偿金额范围内由财险公司代位被保险人向第三者请求赔偿。

(七) 结案与归档保管

在理赔人员支付赔款后,应将赔案材料收集整理并进行归档,以便日后查阅。

根据路透社报道,苏黎世保险集团准备在人伤理赔中使用人工智能,这将把理赔流程从一小时缩短至几秒钟时间(详见专栏5-3)。

专栏 5-3

人工智能在理赔中的应用[①]

苏黎世保险公司的主席 Tom de Swaan 告诉路透社:"我们最近引入了人工智能,它帮助我们把理赔流程缩短到了5秒钟,这为我们节省了4万工作小时。我们当然是准备扩大这种类型的人工智能的使用。"保险公司在三月已经开始使用机器审阅纸质材料,比如医学报告等。

保险公司正争相使用新涌现出来的科技,比如大数据和人工智能。比如 Lemonade 公司做出承诺,在人工智能的帮助下,租房和房主保险在90秒以内可以完成承保手续,3分钟内可以完成理赔手续。

Swaan 先生说,苏黎世保险公司作为欧洲第五大的保险公司,会加快人工智能在理赔方面的应用。他表示,人工智能投入之后理赔的准确性上升了,因为机器学习会在每一次理赔后取得进步。

日本富国生命保险公司在2017年1月就投入了人工智能,直接取代了34名员工,每年将节省1.4亿日元的开支。英国保险公司 Aviva P.L.C.也正在考虑使用人工智能。

Swaan 先生表示,他并不害怕传统的科技巨头比如谷歌、苹果等进入保险领域。有一些科技公司已经表示了进入保险领域的意图,并希望和苏黎世保险进行合作。

第五节 再 保 险

再保险,是保险人的保险,指保险人将其所承保的部分或全部风险责任向其他保险人进行保险的行为。当保险公司的风险单位或累积风险过大时,可以通过再保险分散风险,补偿赔付损失。由于再保和保险市场开放,保险造成的损失在全球保险市场得到分散。

---

① Brenna Hughes Neghaiwi, John O'Donnell. Zurich Insurance Starts Using Robots to Decide Personal Injury Claims[N]. Reuters, 2017-05-19.

根据 2015 年 11 月 16 日彭博社报道,天津"8·12"爆炸案事故发生赔付主体包括苏黎世保险、瑞再、慕尼黑再保险和中再等公司(详见本章专栏 5-2),这些公司的规模大、实力强,本次爆炸损失对公司财务状况并未造成太大影响。

一、再保险的种类

再保险按保险责任的分保形式,可以分为比例再保险和非比例再保险两大类。

(一) 比例再保险

比例再保险是以保险金额为基础来确定原保险人(分出公司)自留责任和再保险人(分入公司)分保责任的再保险方式。分出公司和分入公司按固定比例或可变比例分割保险金额,分享保费,分担风险、损失和理赔费用。比例再保险是再保险的最初形式,也是分出公司用以调整业务结构和财务状况的基本手段。

比例再保险又可分为成数再保险、溢额再保险以及成数和溢额混合再保险三种。

1. 成数再保险。成数再保险是指原保险人与再保险人在合同中约定风险责任的分摊比率,将每一危险单位的保险金额、保险费、损失赔偿按照约定的比率在分出公司和分入公司之间进行分摊的再保险方式。

成数再保险合同按照比例降低保险企业承保的所有风险,而不论保险企业是不是想自己承担。从原保险人角度看,对自身愿意且能够承担的风险进行分保是一种"浪费",同时它也不均衡风险责任,即原保险合同保险金额高低不齐的问题,在成数分保之后仍然存在。

但从另一个角度看,成数再保险是对保险企业承担风险的最简单而直接的分散工具,比较易于管理。而且由于成数再保险下原保险人和再保险人真正地共命运,原保险人的业务经营质量会同时同比例地影响双方,因此成数再保险是再保险种类中引发道德风险最小的。在成数再保险下,再保险人可以和原保险人一起享受原保险经营的效果,但为了进行风险保险,原保险人必须支付搜索和筛选、销售和核保、保单服务、索赔管理等成本,为此,再保险人必须支付原保险人佣金以补偿这些保单获取和管理成本。成数再保险的佣金通常表示为再保险费的一定比例,作为再保险人获得再保险业务的价格成本。

2. 溢额再保险。溢额再保险是由原保险人与再保险人在合同中约定自留额和最高分入限额,将每一危险单位的保险金额超过自留额的部分分给分入公司,并按照实际形成的自留额与分出额的比率分配保险费和分摊赔款的再保险方式。

在溢额再保险中,分出公司可以根据不同业务种类、质量和性质以及自身承担风险的能力,确定最佳自留额,凡是在自留额以内的业务则不必分出。因此,保险企业通过自留额的确定既可以减少巨额赔偿带来的波动性,又可以把可留的保险风险留存在自己的手中,因此可以实现风险责任均衡化。

溢额再保险赋予了原保险人自由决定自留额的权利,使得原保险人依照实际情况保留风险,而把超出自留额之上的风险转移给再保险人,因此,溢额再保险有可能引发原保险人的道德风险,当索赔超出自留部分的时候,原保险人就没有了激励去采取更谨慎的索赔处理技术,道德风险的存在会提高再保险人的管理成本和赔偿成本,因此再保险费比较高。

溢额再保险中，自留额是厘定再保险限额的基本单位，称之为线。分保额与自留额的倍数关系，称为线数。溢额再保险合同通常用线数表示。例如：20线的合同，是指分保额是自留额的20倍。

专栏 5-4

溢额再保险与成数再保险的异同

相同点：

都是以保险金额为基础来确定责任分配，且自留额、分保额与总保险金额都存在一定比例关系，都属比例再保险。

区别：

1. 溢额再保险的自留额是确定的，在自留额限额内不需分保；成数再保险的自留额是不确定的，且无论保险金额多少，均需按比例分保。

2. 溢额再保险的分保比例是变动的，根据保险金额与自留额而变动，而成数再保险的分保比例是不变的。

3. 溢额再保险合同双方的利益不是完全一致的，且对分出公司有利，而成数再保险合同双方利益一致，对分入公司有利。

4. 溢额再保险具有一定的灵活性，但手续繁琐；成数再保险缺乏弹性，但手续简单。

3. 成数和溢额混合再保险。成数和溢额还可以混合在一起构成混合再保险，将成数再保险和溢额再保险组织在一个合同里，以成数再保险的限额作为溢额再保险的起点，再确定溢额再保险的限额。

(二) 非比例再保险

非比例再保险是以赔款为基础来确定再保险当事人双方责任的分保方式，当赔款超过一定额度或标准时，再保险人对超过部分的责任负责。赔款对保险人来说即是损失，故又称损失再保险，一般称之为超额损失再保险或超赔再保险。

非比例再保险要求保险公司和再保险公司在特定的垂直层分配风险和收益，分层的情况取决于损失的大小和保险公司的自留额水平，只有当赔款超过自留额时，再保险公司对超过部分的责任直至最大限额负责。超赔再保险下，再保险公司收取的保费不是基于原保费的一定比例，而是成为一般承保要素的函数，包括风险性质、集中度和既往损失经验等。

非比例再保险包含险位超赔再保险、事故超赔再保险和赔付率超赔再保险。

1. 险位超赔再保险。险位超赔再保险是以一次事故中每一危险单位所发生的赔款为基础来计算自负责任额和再保险责任额的再保险。

2. 事故超赔再保险。事故超赔再保险是以一次事故所发生的赔款总和来计算自负责任额和再保险责任额的再保险方式。该再保险方式主要用于巨灾事故的保障，避免一次事故造成过大的责任累积，因此又被称为巨灾超赔再保险。

事故超赔再保险的责任计算，最关键的是一次事故的划分。在事故超赔再保险合同中一般会订有"时间条款"，以作为划分"一次事故"的标准。例如，有的规定台风、飓风、暴风连续48小时内为一次事故；地震、洪水连续72小时内为一次事故；暴动、罢工持续72

小时为一次事故。

3. 赔付率超赔再保险。赔付率超赔再保险也称损失中止再保险或止损再保险,是按年度的净保费收入与赔款净额的比率来确定自负责任和分出责任的一种再保险方式,即在约定的某一年度内,当原保险人赔付率超过一定标准时,由再保险人就超过部分负责至某一赔付率或金额的再保险方式。

在非比例再保险下,几家不同的再保险公司可以共同参与一项超赔协议,每家再保险公司承担其中一个风险层。例如,A 保险公司可能自留 300 万元,而将超出的部分直到 6 000 万元的责任限额转移给再保险公司,在实际安排时,A 公司可以将超出 300 万的 500 万元赔偿责任转移给 B 再保险公司,即 B 再保险公司的起赔点为实际损失 300 万,上限为实际损失 800 万,将超出 800 万的 2 200 万元的赔偿责任转移给 C 再保险公司,将超出 3 000 万的 3 000 万元赔偿责任转移给 D 保险公司,这样就实现了分层转移全部风险。超赔再保险分层机制能够实施的主要原因是不同的再保险公司拥有不同的风险管理、地域、组合专长,拥有不同的风险容忍度和风险偏好,因此会倾向于选择不同层级的风险损失层,而且随着再保险公司的承保组合及资本目标的变化,其参与不同层级的意愿和能力也可能发生变化。

专栏 5-5

比例再保险和非比例再保险的综合运用

假设有一保险企业面临承保风险,该保险企业可以采用各种再保险形式或者再保险组合来进行风险转移安排。保险企业可以首先安排一个溢额再保险合同,自留额为 50 万元,分出责任限额为 20 线,也即分出保额为 1 000 万元。对于这一再保险合同的自留部分,保险企业安排一个险位超赔再保险,对每一危险单位自留额设计为 5 万元,也即当一个危险单位发生损失时,5 万元以内的由保险企业自己承担,超出 5 万元之上的 45 万元损失转移给再保险公司。

假定在再保险期限内,有两个危险单位 A 和 B 发生了损失赔付。危险单位 A 的保险金额为 200 万元,损失赔付 40 万元,危险单位 B 的保险金额为 50 万元,发生损失赔付 15 万元。则溢额和险位超赔再保险综合风险转移情况如下表所示。

溢额和险位超赔再保险综合风险转移情况

单位(万元)	保险金额	损失赔付	溢额再保险转移风险	溢额再保险后自留额	险位超赔转移风险	险位超赔后净自留额
风险单位 A	200	40	30	10	5	5
风险单位 B	50	15	0	15	10	5
溢额再保险转移总风险			30			
溢额再保险后自留额				25		
险位超赔转移总风险					15	
险位超赔后净自留风险总额						10

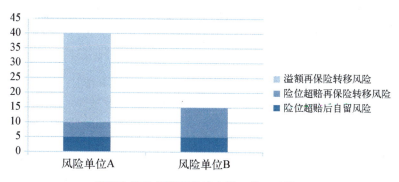

溢额和险位超赔再保险安排下的风险转移

保险企业也可安排溢额和事故超赔再保险进行风险转移，假定该保险企业在安排了溢额再保险后，进行的是事故超赔再保险的安排，即保险企业对每一次事故造成的损失赔偿自留5万元，分出45万元，假定上述危险单位A和B的损失都由一次事故造成，则在溢额和事故超赔再保险安排下，保险企业风险转移如下表所示。

溢额和事故超赔再保险综合风险转移情况

单位(万元)	保险金额	损失赔付	溢额再保险转移风险	溢额再保险后自留额
风险单位A	200	40	30	10
风险单位B	50	15	0	15
溢额再保险转移总风险			30	
溢额再保险后自留额				25
事故超赔转移总风险				20
事故超赔后净自留额				5

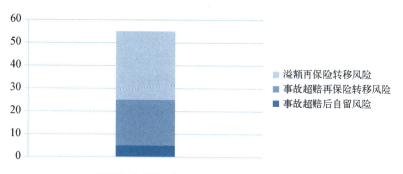

溢额和事故超赔再保险安排下的风险转移

保险企业还可安排溢额、险位超赔和事故超赔再保险进行风险转移。假定该保险企业在安排了溢额再保险后，保险企业安排了一个自留额为5万元，转移风险责任为45万元的险位超赔再保险，同时希望对一次事故导致的损失，自己最高承担10万元，因此同时安排了一个自留额为10万元,转移风险责任为90万元的事故超赔再保险。则在溢额、险位超赔和事故超赔再保险安排下,保险企业风险转移如下表所示。

溢额、险位超赔和事故超赔再保险综合风险转移情况

单位(万元)	保险金额	损失赔付	溢额再保险转移风险	溢额再保险后自留额	险位超赔转移风险	险位超赔后净自留额
风险单位A	200	40	30	10	5	5
风险单位B	50	15	0	15	10	5
风险单位C	100	10	5	5	0	5
总损失赔付		55				
溢额再保险转移总风险			35			
溢额再保险后自留额				30		
险位超赔转移总风险					15	
险位超赔净自留风险总额						15
事故超赔转移总风险						5
再保险安排后的保险企业净损失						10

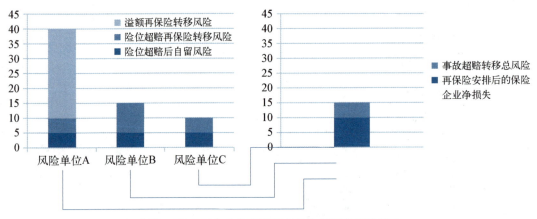

溢额、险位超赔和事故超赔再保险安排下的风险转移

虽然在此案例中,溢额和事故超赔再保险安排比溢额和险位超赔再保险下保险企业自己承担的风险小,但并不意味着前者一定优于后者,当一次事故发生损失的危险单位较多且损失较大,损失总额远远超出事故超赔的风险转移限额时,溢额和险位超赔再保险的安排可以给企业带来更多的保障。因此,再保险组合并没有固定的优劣之分,而是可以根据保险企业不同的风险承保特点和损失发生情况提供不同的保障。也就是说,保险企业可以根据自己的承保风险特点和损失经验,按照自身风险承保能力,设计不同的再保险组合来实现不同的风险转移的目的。

二、再保险的安排模式

再保险有三种安排模式：临时再保险、合同再保险和预约再保险。

(一) 临时再保险模式

1. 临时再保险的概念。临时再保险是最早的再保险方式，是指在保险人有分保需要时，临时与再保险人协商，订立再保险合同，合同的有关条件也都是临时议定的。对于某一危险，保险人是否要再保险，再保险多少，全视其本身所承受的风险累积情况来决定，强调临时、自主与弹性。

2. 临时再保险的特点。临时再保险的自由度大，当事人双方都有自由选择的权利。分出公司对于业务是否要安排再保险，分出金额多少，选择的险别和费率条件都可以根据自身所承受的危险责任累积程度以及自留额的多少来决定；同样，分入公司是否接受，接受多少，是否需调整再保险的条件，也完全视业务的性质，本身可承担的能力以及已接受业务的责任累积，自主决定灵活洽商，无任何强制约束。

临时再保险的适应性较强。临时分保以个别保单或危险单位为分保基础，只要原保险人产生了再保险需求，就可以以临时安排的方式寻求再保险，而且采用临时再保险形式分保时，既可进行比例分保，也可进行非比例分保，适应性强。

另外，临时再保险是逐笔办理的，手续烦琐，费用较高，整个业务处理的时间较长。

3. 临时再保险的运用。临时再保险目前一般是合同再保险模式的补充，往往运用于高风险的业务。如航空险、污染责任险，超过合同限额以及合同除外的业务，以及新开办的、数量少、业务不稳定或规律性较难掌握的业务的分保安排。另外，进行再保险业务交换时也可以运用临时再保险安排模式。

(二) 合同再保险模式

1. 合同再保险的概念。合同再保险是由原保险人和再保险人事先签订再保险合同，约定分保业务的范围、条件、额度、费用等的再保险安排模式。再保险合同明确了原保险人和再保险人各自的权利和义务，凡属合同规定范围内的业务，原保险人必须分出，再保险人必须接受。所以，这种分保形式又被称固定分保或义务分保。

2. 合同再保险的特点。合同再保险具有强制性，任何一方都没有选择的权利，只要是合同规定范围内的业务，就必须完全依照合同办理分出分入。

合同再保险一般是长期性合同，但订约双方都有终止合同的权利，通常要求终止合同一方于当年年底前三个月以书面方式通知对方，在年底终止合同。

合同再保险一般是以分出公司某种险别的全部业务为基础，对于约定的业务，无需逐笔办理，简化了分保手续，提高了分保效率。

专栏 5-6

合同再保险与临时再保险的区别

合同再保险的安排大体上与临时再保险相同，所不同的是合同再保险是按照业务年度安排分保的，而临时再保险则是逐笔安排的。

合同再保险	临时再保险
约束性,再保险人必须接受规定的业务	临时性,再保险人可以接受或拒绝
大量风险	单个风险(与保单一致)
不必详细告知风险的细节,除非是特殊业务,或按合同规定提供报表	必须告知风险的细节情况
时间和经济成本相对较低	时间和经济成本均较高
合同事先安排,保险人承保的业务将自动得到分保保障	每一风险必须单独安排,没有市场承诺的分保保障

3. 合同再保险的运用。合同再保险的运用范围最为广泛,目前国际再保险市场上普遍采取此种再保险方式。

(三) 预约再保险模式

1. 预约再保险的概念。预约再保险又称临时固定再保险,是介于临时再保险与合同再保险之间的一种再保险。对合同规定范围的业务,原保险人可以自由选择是否分出及分出成数;而再保险人则没有选择自由;凡合同规定范围的业务,只要原保险人决定分出,再保险人就必须接受,无选择的余地。

2. 预约再保险的特点。预约再保险赋予当事人双方的权利不对称,对原保险人没有强制性,但对再保险人有。预约再保险对于接受公司具有合同再保险性质,对分出公司则具有临时再保险性质。

比起临时再保险,预约再保险手续简单,节省时间。但接受公司对预约再保险的业务质量不易掌握,预约再保险业务的稳定性较差。

3. 预约再保险的运用。预约再保险往往作为合同再保险的一种补充。当原保险人承保业务的保险金额超过合同再保险的自留额和再保险限额之和,需要对超过的溢额部分再进行分保时,可以采用预约再保险。另外,一个保险公司对一类特殊的业务办理临时分保次数增多时,为节省手续,往往考虑采用预约再保险。这有利于将某类超过自留或固定合同限额的业务自动列入预约再保险合同,不必安排临时分保。

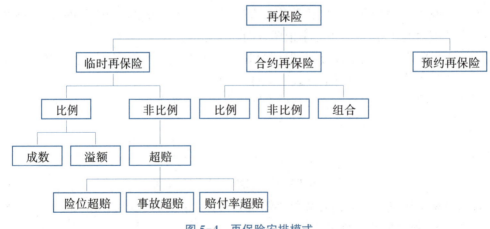

图 5-4 再保险安排模式

> **案例分析**

人工智能在互联网保险中的运用[①]

利用人工智能对保险公司经营价值链的各个环节进行改造是互联网保险的重要价值。人工智能技术的一个重要基础是大数据运用,但目前包括保险人工智能在内的人工智能技术在发展过程中面临的最大瓶颈就是如何合法地获取并使用大数据。

一、网络保险中的人工智能及其运用

- 智能销售

利用人工智能,可以在网络上构建人工智能销售系统,与消费者实现互动,对消费者的疑问进行解答,根据消费者的需求推介产品,及时完成投保、承保、扣费、回执签收、双录的流程。

- 智能承保

在人工核保环节,有部分公司也开始尝试引入人工智能和大数据来进行辅助核保。如目前不少公司都通过智能穿戴系统收集消费者健康数据,以实现区分费率、防止欺诈的目的。在财险领域,也有公司开始推出车联网产品(Usage-Based Insurance, UBI)。

- 智能保全

未来,智能保全将可以通过语音识别、人脸识别、社会网络识别等多重手段交叉确认消费者身份,从而确保是消费者本人亲自办理。智能保全服务既能够解决销售人员代消费者办理保全业务的时效性差和服务质量差的问题,还能够有效预防不法分子利用退保、账号变更等骗取保险公司和消费者钱财的行为。

- 智能理赔

传统的理赔手段以人工查勘、人工定损为主,主要的工作量和成本都集中在人力资源上。未来,人工智能理赔系统可以通过收集、分析整个行业的理赔案件,建立对应模型,在发生保险事故时由消费者将事故现场情况以及标的物的损害情况上传到保险公司,由智能理赔系统给出定损建议,同时智能理赔在保险欺诈上也可以发挥很大的作用。

二、合法获取并使用大数据

利用人工智能对保险公司经营价值链的各个环节进行改造是当前互联网保险发展的重要内容。人工智能技术的一个重要基础是大数据运用,但目前包括保险人工智能在内的人工智能技术在发展过程中面临的最大阻碍就是如何合法地获取并使用大数据。

对于原始数据中的个人信息,我国法律并未专门进行立法保护,但在一系列法律法规及规章制度中,仍可以找到有关个人信息保护的内容,包括但不限于:2012年《全国人民代表大会常务委员会关于加强网络信息保护的决定》提出"公民个人电子信息"概念,即能够识别公民个人身份和涉及公民个人隐私的电子信息,同时也认定出售个人电子信息的行为属于网络信息违法犯罪行为;2013年工业与信息化部颁布的《电信

[①] 乔乔.保险与AI:人工智能在互联网保险中的运用[Z/OL].零壹财经微信公众号,2018-01-08.

和互联网用户个人信息保护规定》中规定电信业务经营者、互联网信息服务提供者及其工作人员、电信管理机构及其工作人员，不得出售个人信息；2015年颁布的《刑法修正案(九)》中修改的第253条加大了对个人信息的保护，出售他人个人信息者根据情节将被依法处以罚金、拘役甚至是判处3年以上10年以下有期徒刑；2017年6月1日实施的《网络安全法》第42条规定，未经被收集者同意，不得向他人提供个人信息，但经过处理无法识别特定个人且不能复原的除外。

　　对于原始信息中的非个人信息及大数据产品，我国法律并未专门进行立法保护，但是由于两者均具有一定的商业价值，所以在司法实践中往往通过著作权法、反不正当竞争法、合同法、侵权法等相关规定来对之进行保护。

　　由此可见，无论原始数据还是经过加工的大数据产品，在未经数据主体授权的情况下，收集、使用、出售原始数据或大数据产品均属于违法行为，需要承担相应的民事、行政甚至刑事责任。值得注意的是，《网络安全法》第42条虽然规定了"经过处理无法识别特定人"的个人信息可以不经被收集人的同意而对外提供，但交叉识别技术的发展使得对匿名化信息进行多次交叉验证后确定身份成为了可能。因此，对那些经过交叉识别后能够识别的信息，还是应先取得被收集人的同意。

本 章 小 结

1. 保险营销是在变动的市场环境中，以保险为产品，以市场交换为中心，以满足被保险人的需要为目的，实现保险企业目标的一系列整体活动。由于保险产品在形式上的无形性，保险营销必须特别关注内部营销。财产保险营销的渠道主要包括直销和间接营销渠道，间接营销渠道以保险代理和保险经纪人为主。
2. 承保是保险经营的重要环节，是指保险人接受投保人的申请并与之签订保险合同的全过程。保险公司的承保程序包括制定承保方针、获取和评价承保信息、审查核保、作出承保决定、单证管理、续保等步骤。承保周期是非寿险市场的特有现象，是指承保利润、承保能力随着时间的推移呈现出上下波动的周期性、规律性变化的现象。
3. 资金运用决定了财产保险公司的投资收益。保险资金的来源主要是资本金和责任准备金。保险资金具有负债性、稳定性和社会性特征。由于保险资金负债经营的特点，保险公司的投资相对保守。相对于寿险而言，财险的期限更短，因此财险更多地配置在了流动性更高的资产上面。多为短期金融工具，如银行存款、股市基金、信托投资、短期债券、商业票据等短期投资。
4. 保险理赔，是指保险事故发生时，保险公司根据保险合同的规定对被保险人提出的索赔请求进行处理的过程。理赔人员的类型包括保险代理人、公司理赔员、独立理赔员和公估人。
5. 再保险是保险公司转移自身风险的一种重要手段，保险公司可以通过成数再保险、溢额再保险等比例再保险，以及险位超赔再保险、事故超赔再保险、赔付率超赔再保险等非比例再保险模式转移自身的风险。保险公司可以通过临时再保险、合同再保险以及预约再保险安排分保。

重 要 概 念

保险营销　核保　承保周期　责任准备金　理赔　比例再保险　险位超赔再保险　事故超赔再保险　赔付率超赔再保险　临时再保险　合同再保险　预约再保险

习题与思考题

1. 保险营销与推销的区别。
2. 核保的内容包括哪些？
3. 什么叫作承保周期？承保周期形成的假说有哪些？
4. 保险资金的来源有哪些？
5. 保险资金主要配置在哪些资产中？
6. 财产保险的资金和人身险的资金配置有何区别？
7. 材料思考题：

美国市场在2008年金融危机后经历了多轮次的降息；欧洲市场近年来经济疲软，受量化宽松等经济政策影响，利率持续走低；日本市场在经历了20世纪90年代的经济泡沫破灭后，市场利率一路下跌，目前已经跌破零利率水平。全球利率走低的大背景下，中国难以独善其身。中国市场同样在2016年底之前经历了数次降息，一年期基准存款利率下降至1.5%，10年期国债利率也跌至3%以下的水平。低利率的环境维持了超过一年的时间。

利率对于保险公司而言非常重要。第一，利率环境影响保险公司的投资收益。根据瑞士再保险的估计，全球保险行业的资产管理和投资规模约为25万亿美元。利率每下降一个百分点，保险行业每年的投资收益就会减少2 500亿美元，约占全球保费收入的6%左右[1]。第二，保险产品的需求会受到影响。在财产保险定价中，如果利率下降，理赔现值就会上升，保险费率就会上升，反之亦然。利率下跌通常会造成保险产品价格上涨，导致需求下降。当然对于强制性的保险而言这点是不成为问题的。第三，由于保险公司的资产负债很难做到完全的久期匹配，导致保险公司的资产和负债受到利率变动的影响不同，给资产负债管理带来困难。

请思考：

(1) 低利率对于财产保险资金运用的影响？

(2) 在低利率环境下如何进行资产配置？

---

[1] 瑞士再保险.迎接利率挑战[J].Sigma,2012(4).

(3) 财产保险公司应该采取哪些措施来应对低利率市场？

8. 材料思考题：

2015年以来，中国保监会连续两年开展"亮剑行动"，针对消费者反映集中、社会舆论关注的突出问题开展了重点检查，有力地震慑了违法违规行为，维护了消费者合法权益。2017年5月，保监会再次下文，要求继续开展打击打击损害保险消费者合法权益行为"亮剑行动"。

专项检查内容包括：

（一）保险销售欺骗、隐瞒行为。

检查重点为保险公司和兼业代理机构在开展保险销售过程中是否存在欺骗、隐瞒等违法违规行为。欺骗行为包括但不限于：夸大保险责任或保险产品收益，对与保险业务相关的法律法规或政策作虚假宣传，以其他金融产品的名义宣传销售保险产品，诱导唆使投保人为购买新的保险产品终止保险合同而损害其合法权益，以"叫停返还型健康险""重大疾病保险费率调整"等为名的违规"炒停"行为，以"商业车险改革后保费增加"为由欺骗消费者提前续保商业车险的违规行为等。隐瞒行为包括但不限于：不告知责任免除、特别约定条款、提前解除合同可能产生的损失、万能保险投连保险费用扣除情况等。

重点检查人身保险公司的新型保险产品业务、财产保险公司的车险业务、银行类兼业代理机构的电话销售业务。除上述检查内容外，对银行类兼业代理机构的检查内容还应包括是否配备专业、完备的电话销售系统，是否有完善的电销业务管理制度，是否建立禁拨管理制度并有效执行等。

（二）客户信息真实性。

检查重点为保险公司业务系统中记载的投保人姓名/名称、被保险人姓名/名称、身份信息、联系电话、联系地址以及银行账号等重要客户信息是否存在缺失、虚假等情况，是否存在伪造、篡改客户信息等行为。

（三）小额理赔服务落实情况。

检查重点为保险公司对《保险小额理赔服务指引（试行）》的贯彻落实情况，包括但不限于：保险小额理赔服务监测指标的重要数据是否真实完整，是否按照要求简化保险小额理赔索赔资料，结案率和平均索赔支付周期是否超过规定期限，是否主动告知消费者关键节点信息和结果，是否做到理赔全流程透明管理等。

请思考：

(1) 保险销售中代理的不当行为由谁承担责任？

(2) 保险公司如何管理各个渠道中的销售行为？

(3) 车险中的小额理赔服务应当注意些什么？

11. 计算题：

假设有一保险企业面临承保风险，首先安排一个溢额再保险合同，自留额为100万元，分出责任限额为10线。对于这一再保险合同的自留部分，保险企业安排一个险位超赔再保险，对每一危险单位自留额设计为20万元，超出20万元之上的80万元损失转移给再保险公司。

假定在再保险期限内，有三个危险单位A、B和C发生了损失赔付。危险单位A的保险金额为500万元,损失赔付100万元,危险单位B的保险金额为80万元,发生损失赔付15万元,危险单位C的保险金额为1500万元,损失赔付1000万元。

(1) 计算此种安排下原保险企业的净自留风险总额和分保责任额。

(2) 假定保险企业在溢额再保险自留额的部分安排的是事故超赔再保险,自留额仍为20万元,超出20万元之上的80万元损失转移给再保险公司,而上述ABC三个危险单位是在一次事故中发生的损失赔付,计算此种安排下原保险企业的净自留风险总额和分保责任额。

第六章

海 上 保 险

学习目标

1. 掌握海上保险的定义、分类和作用。
2. 了解海上保险保单主要内容。
3. 了解海上保险主要险种——海上货运险、船舶保险的主要承保责任、保险期限、保险费率等内容。

第一节　海上保险概述

海上保险是现代保险的起源。它是在海上这一特定领域内，为海上贸易和海上运输提供风险保障的一种保险，简称为水险。海上保险通常通过专门的海上保险法、海商法或商法来定义。

英国《1906年海上保险法》对海上保险的定义为："海上保险合同是保险人按照约定的承保范围，在保险人遭受海上损失即由于从事航海冒险所发生的损失时，对其负责赔偿的合同。"

美国对海上保险如此定义："海上保险是被保险人按照约定向保险人支付保险费，保险人按照约定，在被保险人所拥有的处在海上危险中的特定利益受到损失时承担赔偿的合同。"

日本《商法》中对海上保险的定义为："海上保险合同是以补偿因航海事故所发生的损害为目的的合同。""除本章另有规定或合同另有约定之外，保险人应就保险标的在保险期间，因航海事故所发生的一切损害负赔偿责任。"

我国《海商法》第216条规定："海上保险合同，是指保险人按照约定，对被保险人遭受保险事故造成保险标的的损失和产生的责任负责赔偿，而由被保险人支付保险费的合同。"

从各国有关海上保险的法规可以看出，海上保险是保险人根据保险合同规定，对被保险人因遭受海上风险（包括自然灾害、意外事故、外来风险等）所造成的损失（包括财产损失、利益损失或产生的责任),按照承保的条件和范围提供经济补偿的一种保险。

一、海上保险的特征

海上保险的定义表明海上保险是承保存在于海上这一特定领域风险的保险。海上保险所承保的空间范围大,承保的风险面广,加上承保的标的经常流动,致损因素复杂、保障对象多变不定、险种险别多样,在实务中,还常常需要运用诸多相关的国际法规和惯例进行承保、理赔,所以,海上保险具有了很多其他非寿险所不具有的特点。

(一) 承保的空间范围大

海上保险承保的空间范围非常大,因为它是以广袤的海洋作为背景,世界海洋面积达3.6亿平方公里,占地球表面总面积的71%;古时候,人们把海上贸易和航行称为海上冒险,是因为海上风险多种多样,而且当风险发生,特别是当发生意外事故又遭遇恶劣气候时,人们如果不能获得及时的救援,常常会导致船、货、人等各方的全部毁损。

海上保险在如此广大的空间领域中为绝大多数的海上风险承保,不仅如此,随着国际贸易的发展和各种先进运输工具的出现,国际贸易货物运输方式与操作方式也随之演变。当今,贸易货物从起运地到目的地的全程运输,依靠单一的海运已经不能满足需要,而是需要几种运输方式交替的多式联运来完成。通常,这样的多式联运以海上运输方式为主,结合陆上运输甚至航空运输等方式,将贸易货物从一个国家的发货人运达另一个国家的收货人。由此,海上保险承保的风险已不再局限于海上风险,还扩展到与国际贸易有关的陆上、内河水域或空运途中。

(二) 承保的风险种类、性质和形态各异

海上保险承保的主要风险是在辽阔海洋上航行或停泊时所遭遇的各种风险,有海难和外来风险,而海难又包括海啸、巨浪、狂风等巨大自然灾害和沉没、碰撞等意外事故,外来风险又包括偷窃、渗漏等一般外来风险、提货不着等特别外来风险以及战争、罢工这样的特殊外来风险。

如此众多类型的风险不仅发生在广阔的海洋上,而且有来自陆地上的比如洪水等风险,还有涉及国家政策的经济、政治风险。这些风险可能是保险标的流动状态中遭遇的,也可能是保险标的在停泊或仓储期间静态的风险;遭遇风险的标的在形态上不仅有物质形态的如船舶、货物,也有非物质性的如利益、费用和责任等。

(三) 承保的标的常处于流动状态

海上保险是为国际贸易、远洋运输和其他对外经济活动服务的,是为国际贸易货物、远洋运输和其他对外经济活动等提供风险保障的险种。所以,海上保险承保的标的主要是远洋商船和国际贸易货物,国际贸易货物就是通过从一国港口到另一国港口的位移来实现其价值的增值,而远洋商船在航运经营中也常常在不同国家的各个港口间航行。所以,海上保险的标的以流动状态为主,而它们遭遇风险的不确定性大大增加,发生事故损失的地点也变化不定,在此期间,标的的价值往往发生了变化,为了便于及时、合理定损,保险人一般采用定值保险方式承保这些标的,这在《海商法》等相关法律中有规定。

(四) 致损因素复杂

海上保险的标的经常处于流动状态,遭遇的风险既多且广,有难以预料的自然灾害和

意外事故，也有各种包括人为因素的外来风险。比如，海上运输的货物水损，可能是舱汗导致的，也可能是海上暴雨或风浪进舱导致的海水水渍斑损。有时候，标的的损失是多种因素导致的。比如，运输海上货物的船舶先是发生搁浅，船底受损，船上所载瓷器也有部分碰损，之后船舶又遭遇狂风巨浪，船舶船壳破损、船底损失加剧，船上瓷器进一步受损。标的受损原因还有可能是货物自身的原残，或者是因进口国当局拒绝货物进港等政策因素造成，或者是货物被窃、港口码头方装卸等人为因素造成。总之，海上保险标的的受损原因多种多样，致损因素纷繁复杂，而海上保险特别是海上货物运输保险不同险别承保范围不同，所以，确定致损因素从而明确保险责任是保险理赔工作的重要环节。

（五）险种险别多样

海上保险由于运输方式以及各种保险标的所需要获得的风险保障各异，需要多种多样的险种、险别来满足不同的保障要求。从险种来说，主要分为海上货物运输保险、船舶保险和运费保险等；海上货物运输保险根据承保货物的特性可分为海上货物运输保险、海上运输冷藏货物保险、海上运输散装桐油保险和集装箱货物运输保险等数种。海上货物运输保险按照我国《海洋运输货物保险条款》（CIC）规定，分为基本险和附加险两类，基本险分为平安险、水渍险和一切险，附加险分为一般、特别和特殊共10多个附加险。根据英国《协会货物保险条款》（ICC）分为主险三款 ICC（A）、ICC（B）、ICC（C）和其他附加险。船舶保险分为全损险和一切险两个险别，还有船舶建造保险等相关险种。

（六）保障对象变化不定（仅限于海上货物运输保险）

国际贸易货物因其经营目的决定了它们在运输过程中经常被转手，货物转让之后其保险利益也随之转移。为了促进和保障国际贸易中货物善意的转让，货物善意受让人的利益必须得到保障，因此，保险人允许通过在海上货物运输保险保单上进行背书使得保险利益随货物所有权的转让而自动转移，而无须事先或事后再征得保险人的同意，这样海上货物运输保险和货运提单的背书转让可同时进行，有力地保障了国际贸易活动的开展。当然，随着海上货物运输保单的转让，保单持有人同时变更为货物受让人，即保单保障的对象也随之变化。

（七）海上保险的国际性决定其适用相关的国际法规和惯例

海上保险因承保标的经常在国际间流动，其遭遇的风险也往往是跨国界、跨地域的风险，海上保险为国际风险提供保障，是具有国际性的险种。在海上保险合同订立时可能会按照投保人需求采用国外的海上保险条款，即使投保人使用的是本国的条款，在合同的订立、履行的过程中都会受到不同国家的法律和惯例的影响和面临国际法规适用的问题，还要按照有关国际公约或国际惯例来进行仲裁或诉讼。大家比较熟悉的《海牙规则》《维斯比规则》《汉堡规则》和《鹿特丹规则》就是划分保险人、托运人、承运人之间货损责任关系的国际公约，《约克-安特卫普规则》则是国际上进行共同海损理算的国际惯例。

二、海上保险的分类

海上保险是现代保险制度的起源，作为一种财产保险，早期人们按照风险发生的范围或按承保的风险事故命名，之后更多地按保险标的来命名。

按保险标的，海上保险传统上分为船舶保险、海上货物运输保险和运费保险三个大类。随着国际贸易和运输方式的发展和改进,海上贸易和海上运输经营者依法应承担的各种责任成为海上保险的承保对象,比如油污责任保险等。

目前,海上保险采取按保险性质和按保险合同相结合的分类方法。按保险性质分类即按保险实施形式、保险承保责任的内容和范围进一步分类;按保险合同分类即按保险标的、保险价值、保险期间和承保方式进一步分类。

(一)按保险标的分类

按保险标的分类,主要分为海上货物运输保险、船舶保险、运费保险和保赔保险。

1. 海上货物运输保险,是指以远洋船舶所载运的货物为保险标的的保险。海上货物运输保险承保的货物一般是指以运送到目的地为目的的贸易货物和非贸易货物。

2. 船舶保险是指以各种类型的船舶为保险标的的保险。船舶保险承保的船舶是一个综合体,由船壳、船机和船舶属具组成。船舶一般分为两大种类:一种是普通商船,包括各种货船和客船;一种是特殊用途船舶,如油轮、游船、集装箱船等。不同的船舶适用不同的船舶保险条款,适用不同的船舶保险单。我国的《船舶保险条款》适用于从事货运或客运的远洋船舶。

3. 运费保险是指以船舶营运中的期得运费为保险标的的保险。期得运费主要包括普通运费中的到付运费和租船运费中的承租船运费。普通运费中的到付运费因为是由货主在承运人将货物运抵目的地后才支付,所以承担这种运费风险的承运人需要投保运费保险来获得保障。租船运费中的承租船运费由于是由租船人在目的地才支付给船舶出租人的,承担这种运费风险的船东需要购买运费保险。由于运费风险属于船舶的营运损失,船舶保险通常把运费作为费用保障的一部分来承保船舶的营运损失。我国不单独承办运费保险。

4. 保赔保险是保障与赔偿保险的简称,指以船东在航运业务经营中因违反运输合同所产生的经济责任、因违反运输合同所产生的经济责任及因航运管理上的过失所引起的法律责任为保险标的的保险。保赔保险从性质上属于责任保险,承保船舶保险不保的各种责任和相关费用。保赔保险通常由具有互助性质的相互保险组织及船东保赔协会承办。

(二)按保险价值分类

按保险合同签订时有无约定保险标的的价值,可以分为定值保险和不定值保险。

1. 定值保险指的是保险双方在签约时就对保险标的约定一个价值载明在保险合同中,并以这个约定的价值作为确定保险金额依据的保险。

海上保险中的海上货物运输保险和船舶保险一般都采用定值保险的方式承保,而且保险价值是按照相关法律的具体规定来确定的。我国《海商法》第219条规定,船舶的保险价值"是保险责任开始时的价值,包括船壳、机器、设备的价值,以及船上燃料、物料、索具、给养、淡水的价值和保险费的总和";货物的保险价值"是保险责任开始时货物在起运地的发票价格或者非贸易商品在起运地的实际价值以及运费和保险费的总和"。

2. 不定值保险是指保险双方在签订保险合同时不对保险标的约定保险价值,只在保险合同中订明保险金额的保险。保险金额是计算保险费的依据。当保险标的因遭受承保风险发生损失时,保险人通常按损失发生时标的的实际价值进行估计,以损失发生地当时的市场价值作为保险价值确定的依据,并在保险金额的额度内予以赔偿。如果损失发生时确定的保险价值高于保险金额,保险人通常按二者的比例来计算赔款;如果保险价值低于保险金额,保险人按标的的实际损失程度在保险金额限度内负责赔偿。海上保险中采用不定值保险的情况较少,当海上货物运输保险以预约保险方式承保时货物发生损失,如果被保险人没有及时申报每批发运的货物,保险人采用不定值保险进行理赔。

(三)按保险期间分类

按保险人承保期间为标准,可分为航次保险、定期保险、混合保险、停泊保险和船舶建造保险等。

1. 航次保险是指按航次确定保险期间的保险。保险双方在签约时约定一个起航日期,指明从起运港到目的港之间的一个单航次、往返航次或多航次,保险人按照订明的航次确定保险责任期间。

海上货物运输保险和承保不定期营运船舶的船舶保险通常采用航次保险。海上货物运输保险根据"仓至仓"条款规定保险人对保险标的的承保责任起讫。船舶航次保险按照承保的船舶是否载货规定不同的责任起讫:对载货船舶,保险人的保险责任自货物在起运港装船时开始起,至货物在目的港卸船完毕时终止,最多延长至船舶抵达目的港当日午夜零时起算不超过 30 天;对不载货船舶,保险人的保险责任自船舶在起运港解缆或起锚时开始,至目的港抛锚或系缆完毕时终止。

2. 定期保险指以一段固定时间为保险期间的保险,保险双方在签约时可以在约定的半年、一年最短不少于 3 个月的一段时间内,保险人自保险合同上注明的起保日零时起至期满日的 24 时至承担保险责任,保险责任起讫时间以保险合同签订地的时间为标准。船舶保险多采用定期保险。

3. 混合保险指既以时间又以航次作为保险期间的保险。混合保险的保险责任以航次为主,并具体规定了时间加以限制,以避免航行拖延时间过长,保险责任终止以二者中先发生的为准。海上货物运输保险和船舶保险均常采用混合保险。

4. 停泊保险指以船舶在港区内连续停泊的时间为保险期间的保险。保险人对因不营运或因需要维修、改装而在港区内停泊一段时间的船舶在静止状态下遭到的意外损失或者对船舶在港区内挪动、移泊和变换停靠码头的行动过程中遭到的意外损失承担赔偿责任。对于投保船舶定期保险的船舶因上述原因在港区内连续停泊 30 天以上,也视作停泊保险,保险人应将定期保险费高于停泊保险费的差额退还给被保险人,这就是停泊退费。

5. 船舶建造保险指以船舶在建造过程中的包括开工建造、上船台(船坞)、下水、试航等各阶段时间为保险期间的保险。起保日和终止日应载明在保险合同上。

(四)按承保方式分类

按对保险标的的承保方式为标准分类,海上保险可分为逐笔保险、流动保险、总括保险和预约保险。这四种承保方式基本上在我国海上货物运输保险实际业务中使用,其中逐笔保险也可适用于船舶保险。

1. 逐笔保险指被保险人就其每一艘船舶或每一批货物与保险人根据标的的风险状况、航程长短和投保条件一笔一笔商定承保条件的保险。逐笔保险适用于船舶保险和货物批量零星、收货人分散的进出口货物运输保险。

2. 流动保险指保险人对被保险人在约定的期间所需要运输的一定量的货物实行预约总承保的保险。在这种承保方式下，保险双方签订的保险合同上载明运输货物的名称、承保险别、航行区域和保险总金额，保险人对每条运输船舶每次事故的货物损失确定一个限额。流动保险的特点是保险费预付，并可能涉及退费。保险费按被保险人签约时估计的保险期间内所要运输货物的总价值和平均费率确定。保险期满时按实际发运的运输货物的保险金额总和进行结算，如果分批发运货物的保险金额总和未达到签约时约定的保险总金额，保险人对被保险人预付的保险费中多收的那部分予以退还。在保险期间内，当被保险人发运某批货物时，需立即通知保险人以便货物自动获得承保，如果分批发运货物的保险金额总和达到合同约定的保险总金额时，保险人责任即终止；若某批发运的货物发生保险事故损失，保险人按实际损失赔偿，但以该批发运货物的保险金额为限。

流动保险对一定期间内分批发运、品种单一的进出口货物适用，如粮食、原油等。

3. 总括保险是一种与流动保险基本相似的保险，即保险双方签约时，先确定保险期间和保险金额，在保险合同上载明需要运输货物的名称、航程、承保的险别，在保险期内，保险人对被保险人每一批发运的货物全部承保。总括保险与流动保险的不同处主要有三点：一是保险总金额约定后，被保险人须一次性缴清保险费，不涉及退费，即若保险期满时保险总金额尚有余额，保险人也不再按保险期内实际发运货物的保险金额结算保费；二是保险合同中不再确定每条运输船舶每次事故的货物损失限额，被保险人每发运一批货物后不需通知保险人，即保险人对保险期内发运的货物自动承保；三是保险人对被保险人发生保险事故损失的发运货物在该批货物的保险金额内按实际损失赔偿，并将每笔赔款从保险总金额中扣除，如保险期内保险总金额扣完，保险责任即告终止；四是总括保险可以通过加贴"恢复条款"(Reinstatement Clause)恢复保险金额，从而使扣除赔款后减少的保险总金额能够恢复到原先的水平，被保险人在按比例加付保险费后再获得需要的保障额度。

总括保险对在一定期间内分批发运、航程短、每批发运的货物基本相同且价值低的进出口货物适用。

4. 预约保险，也称开口保险，在该承保方式下，保险双方在保险合同中约定包括运输货物的种类、每批发运货物的最高保险金额、运输区域、保险费率和保险费结算办法等保险范围。预约保险的特点包括：一是凡属于保险合同约定范围内的货物一经起运，合同自动生效；二是在保险期内，被保险人每发运一批货物应填写起运通知书，把该批发运货物的名称、价值、保险金额等相关信息及时向保险人申报，保险人据此与被保险人结算保险费，并以此作为保险事故损失赔偿的依据；三是被保险人可以延迟填写或补办起运通知书，即使补办起运通知书时该批货物已受损，保险人仍负责赔偿，这是预约保险最主要的一个特点；四是保险人事后获知发运货物已平安运抵目的地、但被保险人疏漏通知时，仍可要求被保险人如数缴付保险费；五是预约保险在签约时并不约定保险总金额，保费为事后定期（如按月）结算，免除了被保险人预先缴付保险费的负担，这也是预约保险一个显著的优点；六是预约保险分为定期和不定期两种，定期预约保险的保险期限可以规定为一年或两年，不定期预约保险长期适用，如需终止合约，可由保险合同一方提前30天通知另一方，定期或不定期预约保险的保险期间比一般的财产保险要长。

预约保险适用货物批量多、期限长、需要在一定时期内分批发运的进出口货物,尤其是以 FOB(离岸价格)和 CFR(成本加运费价格)贸易条件成交的进口货物。按这两种贸易术语成交的贸易货物按惯例应由买方负责投保,但有时卖方将货物装船后未立即向买方发出装船通知,致使买方未能及时向保险人申报,而此时货物已装船起运,如果货物在买方填写起运通知书之前遭到保险损失,按前述的保险方式是不能得到保险人赔偿的。允许疏漏通知补报的预约保险使作为被保险人的买方在漏保时也能够得到有效的保障。此外,预约保险保留了流动保险的优点,无须保险双方逐笔商议,节省手续,在避免漏保的同时还能获得一定的资金流动性,所以在国际海上保险市场上受到从事国际贸易的被保险人的欢迎,被越来越多地采用。目前,我国提供海上进口货物运输保险的保险人对物资流通集中、财务管理严格、运输条件较好、相关单证齐全、信誉良好的企业单位采用预约保险的承保方式。

三、海上保险的功能

海上保险是随着海上运输和海上贸易发展而产生和发展起来的,作为一种有效的损失补偿机制,海上保险为海上贸易和海上运输的正常进行和繁荣发展起到了重要作用。

(一)海上保险为国际贸易保驾护航

国家贸易在不同国家或地区的进出口商之间进行,由于进出口商之间通常相隔遥远,在进口商收到货、出口商收到货款之前,国际贸易双方都面临着不可测的风险,因为货物在运输途中可能遭遇自然灾害、意外事故或者外来风险而导致损失,如果货损没有得到及时的补偿,那么或者出口方无法收到货款,或者进口方无法收到货物,将导致国际贸易活动无法正常进行。通过投保海上保险可以转移国际贸易活动中可能遭遇的主要风险,一旦承保风险发生,货物遭受损失,被保险人可以及时获得保险人的损失补偿,从而保证了国际贸易活动的顺利进行。

(二)海上保险保证和推动海上运输的发展

国际贸易的顺利进行离不开国际货物运输,通过国际货物运输,使国际贸易货物从出口商手中安全交付给进口商,如此,国际贸易才能真正完成。在国际货物运输方式中,海上运输是采用最为广泛的一种运输方式。海上运输在海洋上进行,海上风险繁多且变化莫测,又互相影响,作为海上运输的主体,远洋船舶遭遇风险损失后如果不能获得及时和全面的保障,将会给船东带来毁灭性的打击,海上运力会越来越小,如果国际贸易货物的运输载体难以与国际贸易的要求相匹配,将无法保证国际贸易的进行和发展。尤其现在船舶吨位越来越大,装备也越来越精良,比如配备太阳能推进器、核能推进器,使得船舶觉察、抵御和预防海上灾害事故侵袭的能力越来越强,但是这也并不能消灭海上风险、避免灾害损失的发生,相反,一旦船舶遭遇海上风险损失,其损失金额可能更加重大。所以,海上航运需要利用海上保险来处理各个阶段的风险,并且在损失发生后能获得及时的补偿,以使海上营运和国际贸易不至于中断,由此促进更多经济主体投入到国际商业活动中去。

第二节 海上保险合同和费率

一、海上保险保单分析

(一) 海上保险合同概念

海上保险合同是通过采用书面合同形式来明确保险人与被保险人之间的权利与义务关系的。在海上保险合同中,被保险人缴付保险费,以此获得保险人对其所拥有的海上财产及特定利益提供保险保障;保险人在收取保险费的同时对被保险财产或利益遭受约定的海上灾害事故损失时承担经济补偿的责任。

根据英国《1906年海上保险法》第1条对海上保险合同含义的表述以及我国《海商法》第216条关于海上保险合同的规定,可将海上保险合同概括为:以规定被保险人按合同内容缴付保险费来获得保险人在保险标的遭遇约定的海上事故所引起的经济损失和责任时给予补偿的合同。

(二) 海上保险合同的主要内容

海上保险合同内容是合同当事人之间由法律确认的通过合同条款反映的权利义务关系及相关事项。

1. 海上保险合同的条款。按性质,海上保险合同条款分为基本条款和附加条款两大类。基本条款是保险人拟定并印在保险单上有关保险双方当事人权利和义务的基本事项;附加条款是在基本条款的基础上,根据需要约定或附加的,以此来扩大或限制基本条款中所规定的权利和义务的补充条款。

实务中,海上保险合同基本条款规定的保险人承担的责任称作基本险,附加条款规定的保险人承担的责任称为附加险。根据我国《海洋运输货物保险条款》,基本险有三种,即平安险、水渍险和一切险;附加险有一般附加险、特别附加险和特殊附加险三类,每类中又分多个险别。

2. 海上保险合同的基本事项。我国《海商法》第217条规定,海上保险合同应列明以下基本事项:保险人名称;被保险人名称;保险标的;保险价值;保险金额;保险责任和除外责任;保险期间;保险费。

保险价值是保险标的的实际价值,是被保险人确定保险金额和保险人确定损失赔偿的基础。海上保险通常采用定值保险,所以保险人和被保险人会在签约时确定标的的保险价值,一般按我国《海商法》第219条规定来计算海上保险标的的价值,也可由保险双方协商约定。

保险金额是被保险人按其保险利益为基础对保险标的实际投保的金额,是保险人计算保险费的依据和承担赔偿责任的最高限额。如确定的保险金额和标的保险价值一致,则为足额保险;如果确定的保险金额仅为标的保险价值的一部分,就是不足额保险;如果保险金额超过保险价值即为超额保险,我国《海商法》第220条对超额投保部分明确规定为无效。

保险责任是保险人按合同约定承保的风险和承担的赔偿责任。保险责任是保险人在海上保险合同中承担的最重要的义务,分为基本责任、附加责任和特约责任。保险责任可用列举保险责任的方式和列举除外责任两种方式来表示。除外责任是保险人按照海上保险合同约定不承保的风险和不承担赔偿责任的范围。保险人可以此明确责任范围,避免纠纷。除外责任事项分为三类,即原因免除、损失免除和项目免除。除外责任采用两种方式表示:列举不负保险责任事项的方式;不列举的概括方式,也就是把所有未被列入保险责任的事项全都纳入除外不保的范围。

保险期间指保险人按照合同约定为被保险人提供保险保障的起讫时间,只有在保险期间内发生的保险事故损失,保险人才负责赔偿。定期海上保险合同以约定的具体时间(一般为一年,也可少于一年)为保险期间;航次保险合同以航次作为保险期间,具体规定按海上货运险和船舶保险各有不同。

保险费指被保险人根据合同规定支付给保险人的费用,以此获得保险人对保险标的提供的保障。缴付保险费是被保险人必须履行的合同基本义务,也是保险人按照保险合同享有的基本权利。海上保险合同的保险费按保险金额和保险费率的乘积确定,并在保单上载明具体数额。保险费数额除了受到保险金额的影响,保险人厘定费率时参考的因素也会对保费的最终水平起到重要作用,比如投保的险别、运输货物的性质、运输船舶的新旧、航程的长短、途经港口的情况、船东经营管理水平等因素都会导致保费产生高低不同的区别。通常,被保险人应在签约时一次缴清海上货物运输保险和船舶航次保险合同的保险费;船舶定期保险合同的保险费也应在签订合同时全部缴清,但如征得保险人同意,被保险人也可分期缴付。

3. 海上货物运输保险合同分析。我国《海洋运输货物保险条款》(2009版)规定,我国海上货物运输保险的基本险有平安险、水渍险和一切险三种。

平安险(Free from Particular Average,简称FPA),意为"不负责单独海损"。平安险保险责任共有8项,具体负责:自然灾害造成的全损;意外事故造成的全损或部分损失;在意外事故发生前后,自然灾害造成的部分损失;落海损失;施救费用;避难港损失和费用;共同海损牺牲、分摊或救助费用;货方根据运输合同条款偿还船方的损失。平安险一般适宜投保的货物是低值、裸装的大宗货物,比如木材、钢材等。

水渍险(With Particular Average,简称WA),意为"负责赔偿单独海损",即负责赔偿平安险不负责的部分损失。根据我国海运险条款,水渍险的责任共有9项:平安险所承保的8项责任;自然灾害造成的部分损失,这里的自然灾害指"被保险货物由于恶劣气候、雷电、海啸、地震、洪水自然灾害所造成的部分损失"。水渍险适宜投保的是不大可能发生碰损、破碎,或容易生锈但不影响使用的货物,如铁钉、螺丝等小五金类产品以及旧设备等二手货。

一切险(All Risks,简称AR),并非承保一切风险造成的货物损失,但该险承保的责任的确不少,共有10项:水渍险所承保的9项责任;外来风险造成的全部或部分损失,这里的外来风险是指包括偷窃、提货不着、淡水雨淋等11种一般外来风险,这11种一般外来风险也可单独投保海上货物运输保险的11种一般附加险,所以一切险的责任范围也可表述为水渍险的全部责任范围加上11种一般附加险所承保的责任。一切险适宜一些可能遭受损失因素较多的货物或希望获得较为充分风险保障的货主投保,如粮油食品等。

海上货物运输保险的附加险分为一般附加险、特别附加险和特殊附加险三类。一般附加险承保 11 种一般外来原因所引起的货物损失,也称为普通附加险。特别附加险承保包括舱面货物险、进口关税险、拒收险等一些涉及政治、国家政策法令和行政措施等的特殊外来风险所导致的货物损失。我国海上货物运输保险目前主要承保 6 种特别附加险。特殊附加险主要承保战争和罢工这两种风险。我国海上货物运输保险特殊附加险有两种:战争险和罢工险。

我国海上货物运输保险的三种基本险规定保险人对下列原因造成的货物损失不负责赔偿:一是故意行为或过失所造成的损失;二是属于发货人责任所引起的损失;三是保险责任开始前,货物原已存在品质不良的除外规定;四是被保险货物的自然损耗或本质缺陷的除外规定;五是战争险和罢工险承保和不保责任的除外规定。

海上货物运输保险的保险期间,也即责任起讫,是保险人对被保险货物承担保险责任的起讫时间。在正常运输情况(即指按正常的航程、航线行使并停靠港口,被保险货物自运离保单载明的起运地发货人仓库或储存处所开始,直至货物到达保单载明的目的地收货人仓库或储存处所为止的过程)下,海上货物运输保险的责任起讫时点按"仓至仓条款" (Warehouse to Warehouse Clause)确定保险人对货物所承担的保险责任,从货物运离保险单所载明的起运地发货人的仓库或储存处所开始运输时生效,一直到运抵保险单所载明的目的地收货人的最后仓库或储存处所时为止。保险人承担保险责任"起"的时点:被保险货物必须离开起运地发货人仓库开始运输之时,保险责任才开始,如果货物在被搬出装上运输工具的过程中受损、或者货物在已被装上运输工具但运输工具尚未离开仓库时受损,因未到保险责任"起"的时点,保险人不承担赔偿责任。发货人仓库也有两个含义:一是指发货人在起运地自己的仓库,也就是发货人将需起运的被保险货物装上运输工具并直接运往港口码头装船之前的那个仓库;二是指发货人临时租用的承运人仓库或港区码头仓库,因有些发货人在港区码头没有固定的仓库,所以把从自己在起运地仓库分批运来的货物储存在临时租用的承运人仓库或港区码头仓库,此时,这些临时租用的仓库被视为发货人仓库,如果被保险货物在临时租用仓库内受损,保险人不负责赔偿。保险责任"讫"的时点是在被保险货物运抵保险单载明的目的地收货人最后仓库之时,最多延长至最后一件被保险货物卸下船舶的当日午夜零时起算满 60 天为止,二者以先发生者为准,如果被保险货物在卸载港被卸下船后,被转运到不是保单所载明的目的地,那么保险责任自货物转运之时便告终止。收货人最后仓库有几种情况:一是收货人自己设在卸载港的仓库;二是收货人的代理人或受托人设在卸载港的仓库;三是收货人在卸载港没有自己的仓库,为储存货物而租用的港口、码头、海关等临时性运输仓库。

4. 船舶保险保单分析。我国的船舶保险条款是 1972 年由当时的中国人民保险公司制订,并分别于 1976 年、1986 年和 1995 年进行了修订,目前国内船舶保险公司使用的是基于人保 1995 年版本的 2009 年修订版。

中国船舶保险条款(CHIC)承保的险别共有全损险和一切险两种。全损险(Total Loss Cover)负责赔偿保险船舶因遭受承保风险而造成的全部损失,包括实际全损和推定全损,不负责保险船舶的部分损失。一切险不仅赔偿保险船舶因承保风险造成的全部损失,还对因承保风险导致的保险船舶的部分损失在扣除一定比例的免赔额后承担赔偿责任。全损险和一切险承保的责任范围不同,但承保的风险相同。

全损险和一切险承保的风险可大致分为传统的海上风险和印区玛瑞式风险两种。传统的海上风险指包括海上自然灾害和意外事故的海上灾难以及与海洋无必然联系的外来风险。这类风险需要满足两个条件:一是应属于海上或航海中的风险,是海上航行特有的风险;二是须具有偶然性和意外性,也就是说自然的损耗或磨损以及必然的海上风险损失不在此列。海上自然灾害指"地震、火山爆发、闪电或其他自然灾害",海上意外事故指"搁浅、碰撞、触碰任何固定或浮动物体或其他物体或其他海上灾害",外来风险指暴力行为、抛弃货物和核风险事故。印区玛瑞式风险(Inchmaree),亦称"疏忽条款",包含那些并不属于海难范围,由不可预料的疏忽或过失所造成损失的风险,具体指"装卸或移动货物或燃料时发生的意外事故""船舶机件或船壳的潜在缺陷""船长、船员和引水员、修船人员及租船人的疏忽行为""船长、船员有意损害被保险人利益的行为""任何政府当局,为防止或减轻因承保风险造成保险船舶损坏引起的污染,所采取的行动(即防污行动)"。

一切险和全损险一样承保船舶因承保风险造成全部损失的风险,此外,船舶一切险还负责承保风险发生导致的船舶部分损失,以及共同海损、救助费用、施救费用和船舶的碰撞责任。船舶全损包括船舶完全损失和船舶失踪的实际全损以及承保风险发生后,船舶虽未达到全部灭失的程度,但以原状达到目的港已不可能,而施救或修理在经济上又不合算的推定全损;船舶部分损失是指保险船舶因承保风险发生而受损后所需支出的修理费用;船舶碰撞责任是被保险船舶遇其他船舶相撞产生的碰撞责任和被保险船舶遇船舶以外的其他任何固定的或浮动的物体接触产生的触碰责任。共同海损指共同海损牺牲和费用以及共同海损分摊;救助费用是指被保险人以被救助人的身份在保险船舶获救以后应按国际惯例确定的原则支付给救助人的救助报酬;施救费用是指由于承保风险造成船舶损失或船舶处于危险之中,被保险人为防止或减少根据本保险可以得到赔偿的损失而付出的合理费用。船舶一切险负责以上六部分损失、责任和费用的赔偿,在对部分损失进行赔偿时,需要扣除免赔额,也即保险人对免赔额限度内的损失不负赔偿责任。

船舶保险的除外责任有:船舶不适航的除外规定;被保险人及其代表的疏忽或故意行为;正常磨损或报验规定除外规定;战争、罢工的除外规定。

船舶保险的保险期限,有定期和航次两种确定方式。定期船舶保险的责任期限是固定在一段时间内的。我国《船舶保险条款》第5条第1款规定:"定期保险期限最长一年。起止时间以保险单上注明的日期为准。"定期保险期限也可延长,如果保险到期时,保险船舶仍在航行中或处于危险中或在避难港或中途港停靠,只要被保险人事先通知保险人并按日比例加付保费后,船舶保险将继续负责至船舶抵达目的港。如保险船舶在延长期内发生全损,需加缴6个月保险费。定期船舶保险期限也可以根据被保险人需要,定为3个月、6个月。我国船舶保险通常用日历年度计算方式确定定期保险的1年期限,即从1月1日至12月31日;英国则允许跨年度计算定期保险的年期限,比如2016年4月1日至2017年3月31日。船舶航次保险期限按我国《船舶保险条款》第5条第2款规定:"航次保险:按保险单订明的航次为准。"航次保险期限起止时间因是否为载货船舶而不同:不载货船舶自起运港解缆或起锚时开始至目的港抛锚或系缆完毕时终止;载货船舶自起运港装货时开始至目的港卸货完毕时终止,但自船舶抵达目的港当日午夜零点起最多不超过 30 天。船舶航次保险期限还要考虑被保险人投保的单航次、往返航次或多航次来确定。

二、海上保险费率

保险费率就是保险价格,是保险人为承担保险责任向被保险人收取保险费的标准。保险费率根据承保风险大小、承保责任范围、经验理赔数据、保险人经营管理费用等因素来厘定。

(一) 海上货物运输保险费率分析

海上货物运输保险的费率是保险人为承保海上运输货物所厘定的据以收取保险费的标准。在厘定海上货物运输保险费率时,既要考虑从物(货物)因素,还要综合海上运输货物作为国际贸易货物的国际性特点和我国国际贸易发展情况来厘定。

1. 影响海上货物运输保险费率厘定的因素分析。海上货物运输保险费率厘定需要参考的基本因素主要包括以下几个:一是货物的性质,货物性质不同,保险人承担的风险不同,需要区别费率来体现,比如危险物品、易碰损物品等货物,保险人会厘定高于一般货物的费率。二是货运运输方式,根据货物采用海运、陆运等运输方式以及采用直达、转船或联运等货运组织方式的不同,货物在运输途中可能遭遇到的风险状况、损失发生的程度和适用的保险条款也各不相同,对不同的保险对象而言,需要确定差异化的费率。三是投保险别,我国海上货物运输条款的三个基本险中,按承保责任范围由高到低排列,一切险承保范围最广、承保责任最大,其次是水渍险,承保范围最小、承保责任最轻的是平安险,所以,它们的费率水平也是由高到低依次排列。如果被保险人根据自身需要在基本险的基础上再加保一些附加险,则费率也会产生变化。英国协会货物保险条款(ICC)的三个基本险 ICC(A)、ICC(B)、ICC(C),承保范围也由 A 款至 C 款逐渐减小,费率也依次降低。四是航程和装卸港口,航程远近通常决定了保险人承担责任的时间长短,航程越远,保险人承保期限越长,遭遇风险和损失的可能性越大,费率自然要高一些,反之,则低一些;装卸港口的条件、设备、管理水平等也会影响费率水平,如果港口条件差、设备陈旧,装卸容易出现问题进而导致货物损失,而港口管理混乱无序,货物容易遭受失窃损失,因而在这种情况下,保险人需要提高费率来承保运输货物。五是船龄和船舶吨位,船舶有新旧之分,从船舶建造年份算起,船龄在 15 年以上的视为老船,老船的机械性能、水密性等船况通常不如新船,船舶吨位小的船舶抗海上风险能力相对吨位大的船舶要小,所以老船、小吨位船舶出险概率大,货物受损的可能性也较大,所以,保险人会就此加费。

鉴于海上运输货物与国际贸易活动息息相关,具有明显的国际性质,所以厘定海上货物运输保险费率还需要考虑相应的国际因素:一是厘定的费率水平在考虑本国海上货运险损失统计资料的基础上,还要结合国际市场,使费率水平适合国际市场的行情,以增强我国货运险在国际市场上的竞争能力;二是厘定的费率应能被国际再保险人接受,既便于我国保险人在国际海运险市场分出风险,也利于我国保险人接受其他国家海运险保险人的分入业务。英国劳合社是世界范围内海上保险的旗舰,劳合社凭借其在世界各大港口的情况系统,能迅速掌握国际范围内的各种精确的保险统计数据,所以,劳合社厘定的海上货物运输保险的费率在各国海上保险市场上起到主导和指示性作用。

2. 我国进口货物保险费率构成。我国进口货物保险费率主要分为四类：一是一般货物费率，只要投保了基本险且未被列入"指明货物费率表"中的出口货物都归属一般货物费率的范围，海运的一般货物费率按平安险、水渍险和一切险分为三种；陆运、空运和邮运的一般货物费率分为基本险和一切险两种。二是指明货物费率，这是针对某些易损货物加收保费的一种附加费率。指明货物按类别划分为八大类，分别是粮油食品及土畜产类、轻工品类、纺织品类、五金矿产类、工艺品类、机械设备类、化工品类和危险品类。因这八大类货物易发生短少、破损或腐烂等损失，所以需要在一般货物费率的基础上加上指明货物费率来计算保费。三是货物运输战争、罢工险费率，无论货物采用海运、陆运、空运或邮运哪种运输方式，只要是我国的出口货物都按一个费率计收战争险保费，如货物途径地区战争或罢工风险变大，保险人有权调整战争险费率，战争罢工险按战争险费率计费，单独投保罢工险，也按战争险费率计费。四是其他加费规定，主要包括一般附加险加费、特别附加险加费、舱面险加费等根据货物特性、航程和附加投保的一些险种所作的加费规定。

综上，出口货物保险费率公式如下：

总保险费率＝一般货物费率＋指明货物费率＋战争险费率＋其他规定的加费标准

（二）船舶保险费率分析

船舶保险费率厘定考虑因素主要有：

1. 船舶的性能和种类。它们反映了船舶的技术状态和出海营运的条件以及由此涉及的船舶抵御海上灾害事故能力的强弱，进而决定了事故损失概率的高低；船舶的种类和性能还关系到船舶所能承载的货物及其航行区域，这些同样会影响承保风险损失的发生。

2. 船龄和吨位。船龄长短与船舶性能密切相关，船龄长，船舶受到的自然磨损比如浪损、锈蚀等情况通常比船龄短的船舶要严重，这是不可避免的，由此也决定了船龄长的船舶在航行中抵御海上风险的能力弱于船龄短的船舶，其遭遇海上风险发生损失的可能性和损失程度都会增大，修理费用也会增高。同理，营运吨位大的船舶抗击海上风险的能力高于吨位小的船舶，所以，船龄短、吨位大的船舶费率自然要优于船龄长、吨位小的船舶。

3. 承保条件。承保条件关系到保险责任范围，如果被保险人需要保险责任范围大的承保条件，保险费率自然要高一些，反之，则费率会低一些；免赔额同样是承保条件中重要的一项内容，通常，免赔额定得高一些，被保险人自我承担的风险就会大一些，相应保险人承担的风险就会降低，由此，费率应会定得低一些；反之，免赔率定得较低的话，费率就会高一些。目前，我国国内船舶保险市场规定的免赔额为保险金额的5%，比国际市场规定的免赔额低很多，所以，我国国内船舶保险的费率水平相对较高。

4. 船壳、船机的价值和保险金额。船舶是一个合成体，由船壳、船机、船舶属具和给养等构成，其中船壳和船机是决定船舶价值的主要部分，进而影响保险价值以及按保险价值确定的保险金额，当船壳和船机在国际船舶市场上价格发生变动，船舶的保险价值和保险金额以及相应的保险费率也需要随之调整。

5. 被保险人的资信和经营管理状况。海上航运业是一个风险集中的行业，古代称为海上冒险，所以海上航运的经营者资金实力是否雄厚、是否具有较高的经营管理水平对海上船舶航行的安全性有很大的影响,因为船东通常通过雇佣经理人员、船长、船员来驾驶和管理船舶,如果船东实力雄厚,船东也会倾向于雇佣高素质的经理、船长和船员,雇佣人员对船舶的使用、维护都也会更加用心,从而使船舶能更好地维持其性能,由此船舶遭遇风险时发生损失的概率就会降低,损失的程度也可能减轻。

6. 船舶以往的损失记录。船舶以往的损失记录从一个方面反映了船东对船舶的经营管理水平和船舶性能等情况,在保险人厘定船舶费率时,可以向其提供预测船舶未来发生风险有力的参考,如同其他运输工具保险费率参考因素一样,船舶以往损失记录在保险人确定费率时起到了主要作用;赔付率是船舶以往损失记录的一个重要指标,保险人会根据往年的赔付率来不断调整船舶保险费率,按照往年赔付率不同的水平区间,我国船舶保险人对中国远洋运输公司船舶的费率会有不同程度的增减,比如:赔付率30%在以下,费率降低20%;赔付率为31%—40%,费率降低15%;赔付率在61%—70%,费率不动;赔付率为71%—80%,费率增加8%;赔付率为101%—130%,费率增加25%;赔付率在130%以上,费率另议。保险人还会根据不同船东情况灵活调整船舶费率,伦敦保险协会下属的船舶联合委员会会按不同船队以往赔付率制定不同的费率标准。

第三节 海上保险市场

一、国际海上保险市场

国际海上保险联盟(International Union of Marine Insurance,简称IUMI)数据委员会的数据显示,2015年全球海上保险收入为299亿美元,较2014年同期下跌10.5%。全球经济萧条,大宗商品价格较低,海上保险交易量减少,尤其是海上保险市场,导致全球经营范围内的各种海上保险均出现收入降低的局面。

目前,全球海上保险市场主要分为欧洲地区、亚太地区、拉丁美洲、北美和其他市场,欧洲市场是全球第一大海上保险市场,2015年,欧洲地区占海上保险总收入的50.4%;其次为亚太市场,亚太地区占海上保险总收入的27.1%;拉丁美洲和北美市场居其后,占比分别为9.8%和5.8%;其他市场占比6.8%。

从具体业务来看,业务量最大的是货运险和船壳险。2015年,货运险占海上保险总收入的52.9%,船壳险收入占比为25%,海工/能源保险和责任险分别为15%和7.1%。

2015年货运险的保费收入为158亿美元,较2014年减少9.1%;船壳险部分保费收入为75亿美元,较2014年同期减少8.4%。IUMI数据显示,2014年全球船舶险保费总额是76亿美元,同比下降5.8%,船舶险保费收入已连续第四年下降。从船舶保险索赔方面看,由于美元走势强劲,在保费以美元形式支付,而维修费以当地货币支付为主的情况下,2015年索赔金额出现小幅上升,但是索赔频率与全损的频率继续呈下降趋势;船舶维修费用保持相对稳定或略有减少。2015年海工能源方面的保费收入大幅下跌20%至45亿美元。

总的来说,当前全球海上保险市场呈现出向下和不确定的态势,大宗商品价格走低、运价水平低以及航运市场的持续疲软给海上保险带来较大的挑战。2015年保费收入中的货运损失的比例高于 2014 年。我国经济增长放缓以及大宗商品价格低位运行对全球贸易造成严重的负面影响,同时也波及海上货运险。天津港爆炸事故造成了有史以来记录的最大货运损失,其对 2014 年和 2015 年保费收入的影响至今尚不清楚。随着港口和单一船舶的累计价值增加以及由自然灾害引起的索赔比例增加,昂贵货物的索赔风险预计未来将有所增加,这些不确定因素使得很难预测货运险的未来趋势。同时,近年来国际航运业也陷入了低迷态势,导致船舶保险的保费持续走低,虽然由于全球投资组合的性质,汇率的变动对其造成的影响相对较小,但整个船舶保险市场还是呈现出一种疲软的态势。尽管目前全球船队的规模仍在继续增长,但是投保的平均船舶价值有所减少,因此,船壳险的收入也随之降低。海工/能源方面的保费收入的进一步下跌主要是由于海工计划项目被推迟或取消所致。因为低油价迫使海工项目尤其是深水项目和北极项目延迟或取消,所以短期内这种情况不会出现好转的迹象。

二、我国海上保险市场

目前,我国经营海上保险业务的保险公司有近 60 家,经营海上保险业务的专业中介机构共 300 多家,上海已有人保、太保、平安等 11 家航运保险运营中心,海事仲裁、运价交易、航运咨询等完善的海上保险市场必要组成部分的中介机构也逐渐在沪聚集。

根据 IUMI 数据显示,2014 年中国已跃居全球第一大货运险市场(市场占比 9.2%),而 IUMI 发布的 2015 年全球航运保险统计数据显示,中国在货运险领域继续保持世界第一,2015 年中国货运险保费收入 143.26 亿元,全球市场份额达 9.0%;按 IUMI 统计数据,2014 年中国已成为全球第二大船舶险市场(市场占比 11.9%),仅次于英国劳合社(17.1%),2015 年中国船舶险保费收入达 55.1 亿元,占全球船舶险市场的份额与 2014 年的 11.9% 相同,中国仍然是仅次于劳合社的第二大船舶险市场;在离岸能源险方面,中国离岸能源险保费增幅也一枝独秀,2015 年在全球离岸能源险保费下降 20% 的背景下,中国实现了 27.11% 的保费增长率;同时,上海已成为亚太主要航运保险中心之一,2015 年上海船舶及货运险保费收入 38.33 亿元,仅次于新加坡,是香港船货险保费收入的 1.72 倍。

三、我国航运中心建设与海上保险

2014 年 9 月 3 日,中国政府网发布了《国务院关于促进海运业健康发展的若干意见》全文。《意见》指出,我国要提升海运业国际竞争力,引导要素和产业聚集,加快建设国际海运交易和定价中心,打造国际航运中心。我国交通运输部指出,在《意见》的框架下,我国要加快五大国际航运中心建设,包括上海、天津滨海新区、大连、武汉和重庆。

凭借优越的自然条件与经济环境优势,1995 年上海成为我国最早提出并建设的国际航运中心。2009 年 4 月国务院正式通过《关于推进上海加快发展现代服务业和先进制造业,建设国际金融中心和国际航运中心的意见》(以下简称《意见》)。《意见》中指出:"到 2020 年,基本建成航运资源高度集聚、航运服务功能健全、航运市场环境优良、现代物流服务高效,具有全球航运资源配置能力的国际航运中心;基本形成以上海为中心、以江浙为两翼,以长江流域为腹地,与国内其他港口合理分工、紧密协作的国际航运枢纽港。"

经过多年的建设，上海凭借港口资源禀赋、先行先试政策优势以及金融、贸易等现代服务业发展基础，形成了外高桥、洋山—临港、北外滩、陆家嘴洋泾、吴淞口、虹桥、祝桥等七大航运服务集聚区。

"十二五"期间，上海除了进一步巩固海港国际枢纽地位，基本确立亚太门户复合航空枢纽地位外，航运中心建设的制度创新也有序推进，现代航运服务功能不断完善。上海依托自贸区平台，国际海上运输、国际船舶管理、国际海运货物装卸、国际海运集装箱站和堆场、国际船舶代理等领域的外资准入进一步放宽。启运港退税政策正式启动，并已逐步扩围至沿江沿海 8 个口岸。沿海捎带、航空快件国际中转集拼、海运国际中转集拼业务试点，国际船舶等级制度创新不断深化。现代航运服务功能不断完善，发展形成了北外滩、陆家嘴、洋泾等航运业务集聚区，并以此为载体，推动航运要素加快集聚，已有约 250 家国际海上运输及其辅助业的外商驻沪代表机构，以及约 1 500 家国际海上运输及辅助经营单位在沪从事经营活动。全球九大船级社在沪开设了分支机构，20 多家国内外知名航运经纪公司在沪注册运营。波罗的海国际航运公会上海中心、上海国际航空仲裁院等一批国际性、国家级航运功能性机构先后入驻。上海国际航运中心建设取得了世人瞩目的成就，《新华-波罗的海国际航运中心发展指数报告（2015）》发布的航运中心综合评价结果显示，全球十大国际航运中心中，上海位列第六。

上海是"一带一路"和长江经济带的重要交汇点，"十三五"期间，根据"一带一路"的倡议，我国提出了上海国际航运中心建设新的发展目标和基本任务。上海国际航运中心的发展目标是到 2020 年，上海将基本建成具有全球航运资源配置能力的国际航运中心，进入世界航运中心前列。

航运金融是现代航运服务体系最重要的组成部分，伴随我国国际航运中心建设，我国海上保险市场规模也逐步扩大，目前中国是全球第一大船舶险市场、第二大货运险市场。航运融资、航运衍生品等航运金融业务也得到了进一步的发展，比如，上海自贸试验区累计引进境内外融资租赁母公司 300 多家，SPV 项目公司 300 余家，累计注册资本 1 000 多亿元。同时，我国航运保险服务体系也在逐步形成，推出了一系列优化发展环境、提升产业能级的新举措。2015 年 7 月 1 日，航运保险产品注册制在上海正式实施，航运保险产品注册管理平台正式上线运行。航运保险产品注册制以简政放权为理念，以互联网技术为手段，以促进航运保险产品创新为落脚点，以推动航运保险行业发展、服务实体经济为目的，改变了保险产品审批备案制模式，是我国保险监管制度突破性的创新举措。截至 2015 年 10 月底，航运保险产品注册制实施三个月以来，共注册航运保险产品 433 款，其中主险 116 款，附加险 317 款；同时，上海航运保险协会正联合上海航运交易所加紧开展航运保险指数的研发，这将有助于航运保险市场主体把握航运保险市场行情，优化资源配置，提升航运保险企业的市场定价权；2016 年成立的上海保险交易所，其功能之一也是为国际航运保险等业务搭建平台。

尽管我国海上保险的国际影响力正在提升，但与国际其他航运保险中心发展的悠久历史相比，我国海上保险仍处于起步阶段，比如，2015 年上海海上保险中的离岸保险收入只有 1.3 亿元人民币，和伦敦劳合社离岸保费收入的 20 亿元人民币相差甚远，在保险产品体系、人才队伍建设、服务体系集群化程度及相关法律环境等多方面我国还有待改善和提升。

当然，在全球海上保险总体较为低迷的情况下，我国航运保险业仍然获得了发展的新契机。首先，"自由贸易区"战略的实施将促进我国投资与贸易的便利化，这有利于刺激我国国际贸易的增长。其次，"一带一路"贯穿亚非欧大陆，沿线国家发展潜力巨大，其基础建设带来的刚性需求能够拓展我国的出口市场，航运保险业将在发挥为"一带一路"建设保驾护航的同时扩大自身市场。最后，我国国际航运中心建设、上海国际金融建设、航运保险中心建设都将使航运保险得到更多更好的政策支持，这将为我国航运保险业的发展提供重大助力。

专栏 6-1

某电力装备企业出口货物受损理赔案

涉及险种：海洋货物运输险

风险类别：长途运输包装破损

赔付金额：69.4 万美元

案例概述：某电力技术装备企业出口至埃塞俄比亚的 500 kV 输变电项目工程的钢芯铝绞线，在上海运往吉布提途中受损。某保险公司通过与海内、外检验人员的配合，将受损货物运回国内定损并最终承担保险赔偿责任。保险公司结合了出口项目货物理赔处理的特点，围绕查勘、减损、定损、赔付等环节，第一时间了解受损情况，在目的港未将受损货物卸船及时退运；组织各方参与拍卖受损货物，最大程度减少损失；积极主动引导客户并服务客户，截至 2015 年 6 月共支付赔款 694 246.8 美元。

案件特点：本案是保险服务中国企业"走出去"的一个典型缩影。海外的电力工程、线路工程是我国企业走出战略的重要的领域之一。本案中的理赔人员，协调国内外各方，准确判断、充分沟通，协调各方密切合作、迅速行动，使案件得以圆满解决。同时，本案所反映出来的风险，对于中国企业"走出去"的投保安排以及风险考量，都具有参考价值。

案例分析

未明确最终目的地的"仓至仓"条款

一、基本案情

2010 年 4 月，原告尤迪特公司向原告耀科公司购买一台自动模切机，贸易条件为 CIF 印度那瓦什瓦港。耀科公司向被告投保，投保单显示被保险人为耀科公司，货物自中国上海港运至印度那瓦什瓦港，投保险别为一切险、海运战争险、罢工险、骚乱和民变险，从受益人仓库至申请人仓库。投保单还记载了货物的唛头、保险货物项目、保险金额等，投保人、发票号、发票金额、提单号、最终目的地等处空白。根据被告陈述，耀科公司在投保时未提供涉案货物的出口文件。被告向耀科公司出具保险单，主要内容与投保单相同，货物为定值足额保险。根据保险单背面条款"三、责任起讫"的约定，本保险责任期间为"仓至仓"。货物自上海出运后，耀科公司将保险单背书转让给尤迪特公司。尤迪特公司将涉案集装箱从印度那瓦什瓦海鸟集装箱集散站提出，拟经陆路运往尤迪特公司在印度浦那的处所。集装箱装车时完好无损。次日，装有涉案集装箱的集卡在高速公路上发生翻车事故致涉案货物受损。

二、裁判结果

法院经审理后认为,耀科公司与被告之间成立海上保险合同关系,耀科公司将保险单背书转让给尤迪特公司,则有权向被告主张保险赔偿的主体为尤迪特公司。涉案货物从目的港提离后,运往印度的浦那,而浦那和那瓦什瓦并非同一城市或地区,因此根据保险合同约定的"仓至仓"条款,被告的保险责任自货物提离目的港开始运输时终止。保险责任期间并非保险合同中免除保险人责任的条款,法律没有规定保险人需对责任期间作出解释。而且被告要求耀科公司填写的书面格式投保单已明确载明"最终目的地"一栏,已足以引起投保人的注意,但耀科公司并未填写。投保单系要约,被告根据耀科公司填写的投保单内容签发保险单并无过错。综上,涉案货物发生事故已超出被告保险责任期间。据此,法院判决驳回两原告的诉讼请求。

三、典型意义解读

"仓至仓"条款在目前的海上保险实践中得到大量运用,本案关于保险责任期间终止的争议十分典型。"仓至仓"条款本质上就是保险责任期间的扩展条款,将"起运港"扩展至"发货人仓库","目的港"扩展至"收货人仓库",其责任期间的终止包括四种情形:(1)货物运至目的地收货人的最后仓库或存储处。一般来说,如果投保时明确告知具体地点的,则该地点应为"最后仓库或存储处";如果仅载明目的港,那么货物实际运至收货人在港区内的任一仓库均可视为"最后仓库或存储处";如果仅载明目的地,比如某一城市,那么收货人在该目的地的行政区划范围内的任一仓库均为"最后仓库或存储处"。(2)货物被用于分配、分派或被非正常运输至其他处所。这需要结合被保险人的具体行为和目的来判断是否属于"正常运输"。通常而言,为了分拣、重新包装、分销等目的的或者其他与货物运输无直接关联且属于收货人可控的原因,应当视为"非正常运输";若为了货物运输而入仓,如货物在转运港入仓、目的港临时入仓等待货车等,之后在合理的时间内继续货物运输的,应视为"正常运输"。(3)货物卸离海轮后满六十天。该款为保险责任期间的兜底条款。这里的60天期间是绝对的,无阻断事由。(4)货物开始转运时终止。保险合同是合同双方合意的结果,对保险合同涉及的保险标的、责任承担等内容均建立在双方的明确预期之上。货物在运至目的港后转运至约定之外的目的地,属于投保人单方行为,对保险人而言该行为造成的风险不可预见,保险人不应对此承担责任。一旦转运行为开始,保险责任期间立即终止。本案符合第四种情形,即货物在运抵那瓦什瓦港装上卡车时,涉案海上保险合同保险责任期间即终止。因此,货物在运往浦那的陆路运输中发生的事故不在保险责任期间内,保险人无需进行保险赔付。

本 章 小 结

1. 海上保险是现代保险的起源,具有很多其他非寿险所不具有的特点:承保的空间范围大,承保的风险种类、性质和形态各异,承保的标的常处于流动状态,致损因素复杂,险种险别多样,保障对象变化不定,海上保险的国际性决定其适用相关的国际法规和惯例等。按照不同的分类标准,海上保险可以分为不同的类别。按保险标的,海上保险传统上分为船舶保险、海上货物运输保险和运费保险三个大类;按保险合同签订时有无约定保险标的的价值,可以分为定值保险和不定值保险;按保险人承保期间,可分为航次保险、定期保险、混合保险、停泊保险和船舶建造保险等;按对保险标的的承保方式,海上保险可分为逐笔保险、流动保险、总括保险和预约保险。海上保险为海上贸易和海上运输的正常进行和繁荣发展起到了重要作用。

2. 海上保险合同内容是合同当事人之间由法律确认的通过合同条款反映的权利义务关系及相关事项。我国海上货物运输保险的基本险有平安险、水渍险和一切险三种;我国船舶保险承保的险别共有全损险和一切险两种。海上货物运输保险费率厘定主要考虑以下因素:货物的性质、货运运输方式、投保险别、航程和装卸港口、船龄和船舶吨位等;船舶保险费率厘定主要的考虑因素有:船舶的性能和种类、船龄和吨位、承保条件、船壳、船机的价值和保险金额、被保险人的资信和经营管理状况以及船舶以往的损失记录。

3. 全球海上保险市场主要分为欧洲地区、亚太地区、拉丁美洲、北美和其他市场。伴随我国国际航运中心建设,我国海上保险市场规模也逐步扩大,目前中国是全球第一大船舶险市场、第二大货运险市场。

重 要 概 念

海上保险　海上货物运输保险　平安险　水渍险　一切险　仓至仓条款
船舶保险　全损险　一切险　碰撞责任　碰撞损失　保赔保险

习题与思考题

1. 海上保险有哪些特点?
2. 海上保险如何分类?分别可以分为哪几类?
3. 海上货物运输险有几个基本险?它们的主要承保责任是什么?保险期限如何确定?
4. 船舶保险有几个基本险?它们的主要承保责任是什么?保险期限如何确定?
5. 海上货运险费率厘定需要参考哪些因素?海上货运险费率由哪几部分构成?
6. 船舶保险费率厘定需要参考哪些因素?

第七章

机动车辆保险

> **学习目标**
> 1. 了解机动车辆保险的特点、种类与内容
> 2. 掌握强制汽车责任保险的概念与特征
> 3. 掌握交强险与商业第三者险的区别
> 4. 了解机动车辆商业保险费率市场化改革
> 5. 了解机动车辆商业保险市场发展现状与存在的问题

第一节 机动车辆保险概述

一、机动车辆保险的特性

机动车辆,是指通过动力装置驱动或牵引行驶的交通工具,其功能涵盖物品运输、人员乘用或从事特定工作等;从类型方面加以界定,主要有汽车、挂车、无轨电车、农用运输车、摩托车、拖拉机、专用机械车等,但不含火车、有轨电车等轨道运行车辆。

与其他一般的财产保险相比,机动车辆保险有其特点:

1. 承保标的具有流动性。机动车经常处于移动状态,造成的事故复杂,承保风险多样。

2. 属于不定值保险。

3. 赔偿方式主要是修复。当受损的机动车可以通过修理恢复原有形式和功能时,使用修复的赔偿方式;只有发生车辆全损时,采用现金的赔偿方式。

4. 采用绝对免赔额(率)赔偿。损失由被保险人与保险人共同承担,增加被保险人的安全意识,降低事故发生可能。

5. 规定无赔款优待方式。当车辆在保险期内安全行驶未发生保险事故、未发生赔款时,给予投保人在续保时享受优待的一种奖励方式。

6. 对机动车辆第三者责任险采用强制保险方式。我国自2004年5月正式实行机动车辆第三者责任强制保险制度,目前机动车辆第三者责任险采用的是"强制三者险"与"商

业三者险"并存的投保模式。

根据公安部交通管理局的数据,2016年私家车保有量已经较2012年翻了一番,2017年6月,私家车占比较2012年提高了16个百分点,达到了76.1%。2012年百户家庭汽车保有量首次超过20辆,标志着我国进入汽车社会,2016年达到36辆,千人汽车保有量也由2012年的89辆提高到140辆。汽车已经从奢侈品和身份的象征,逐步演变为生活必需品和代步工具。因此,为机动车辆驾驶安全提供保障的一系列措施十分必要,其中,机动车辆保险的作用尤为显著。

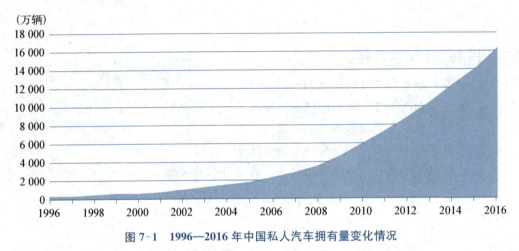

图7-1　1996—2016年中国私人汽车拥有量变化情况

数据来源:国家统计局.

图7-2　2016年底汽车保有量超过200万辆的城市

数据来源:公安部交通管理局网站.

机动车辆保险不仅是我国财产保险领域长期占据主导份额,收入占比超过70%的重要险种;而且具有普通产品难以兼备的正外部性,在转移驾驶风险、维护交通秩序、促进社会经济发展等方面都扮演着重要的角色,是道路交通安全维护中极为关键的一个环节。这也是我国政府始终着力推行机动车辆保险,并对车险行业实行重点监管的原因。

在我国,除机动车辆第三者责任保险为强制投保险种外,其他险种均属于商业保险范畴,包括交强险的附加险种,如车上责任险、无过失责任险与车载货物掉落责任险等。

传统上,将机动车辆保险分为基本险和附加险两种。附加险不能单独投保,应在办理同一合同项下与其相对应的基本险之后才能投保或承保。

(一) 保险责任

在我国,机动车基本险主要为车辆损失险和第三者责任险。

1. 车辆损失险的保险责任有:(1)碰撞、倾覆。碰撞是指保险车辆与外界静止的或运动中的物体意外撞击;倾覆是指保险车辆由于自然灾害或意外事故,造成本车翻倒,车体触地,使其失去正常状态和行驶能力,不经施救不能恢复行驶;(2)火灾、爆炸;(3)外界物体倒塌或坠落;保险车辆行驶中平行坠落;车辆在行驶过程中发生意外事故,整车腾空(包括翻滚360度以上)后,仍四轮着地所产生的损失;(4)自然灾害(包括:雷击、暴风、龙卷风、暴雨、洪水、海啸、地陷、冰陷、崖崩、雪崩、雹灾、泥石流、滑坡);(5)载运保险车辆过河的渡船遭受自然灾害(只限于有驾驶员随车照料者)。在发生保险事故时,为了减少车辆损失而对车辆采取施救、保护措施所支出的合理费用,保险人负责赔偿,但不超过保险合同所规定的保险金额。

2. 第三者责任险的保险责任是被保险人或其允许的合法驾驶员在使用被保险机动车过程中发生意外事故,致使第三者遭受人身伤亡或财产直接损失,依法由被保险人承担的损害赔偿责任,保险人依照合同的约定,承担赔偿责任。

(二) 除外责任

机动车辆保险合同的除外责任主要分为两类:一类是不承保风险,另一类是损失免除。

1. 不承保风险。包括:战争、军事冲突、恐怖主义活动、暴乱、扣押、罚没、政府征用;非保险人或被保险人允许人员驾驶使用保险车辆;被保险人或驾驶员的故意行为或从事非法活动、竞赛测试;包括在营业性维修场所修理、保养期间发生的损失;车辆所载货物掉落泄露;驾驶员饮酒吸毒或被药物麻醉无有效驾驶证驾驶保险车辆;肇事逃逸等等。以上原因造成的损失,保险人不承担赔偿责任。

2. 损失免除。包括自然磨损[①](包括朽蚀、故障、轮胎爆裂);地震;人工直接供油、高温烘烤等不符合车辆安全操作规范的行为;自燃和不明原因火灾;摩托车或其他两轮车辆停放时翻倒;受本车所载货物撞击;受损后未修而继续使用;玻璃单独破碎;排气管被水淹后启动发动机使发动机损坏等等。以上原因造成的损失,保险人不承担赔偿责任。

3. 其他除外责任。包括间接损失;保险车辆发生意外事故,致使被保险人或第三者停业、停驶等造成的损失;精神损害;污染赔偿;保险车辆全车被盗及在此期间附属设备的丢失与第三者人员伤亡或财产损失等。

---

① 当自然磨损造成损失时,不属于意外事故,保险人不承担赔偿。但自然磨损是引起保险事故(如碰撞、倾覆等)的原因时,保险人是应负责的。

(三) 保险金额和赔偿限额

车辆损失保险为不定值保险，其保险金额确定方式有三种，并由被保险人和保险人协商确定。

1. 按投保时新车的购置价格确定。新车购置价是指保险合同签订时，在签订地从市场上购置与保险车辆相同类型新车（包括车辆购置附加费）的价格。

2. 按投保时保险车辆的实际价值确定。实际价值，是指同类型车辆市场新车购置价减去该车已使用年限折旧金额后的价格。折旧按每满一年扣除一年计算，不足一年的，不计折旧。折旧率按国家有关规定执行，但最高折旧金额不能超过新车购置价的80%。

3. 由保险人和被保险人协商确定，但保险金额不能超过投保时同类型的新车购置价。

第三者责任险承保的标的是被保险人所承担的民事赔偿责任，事先无法预计可能会发生的最大损失，所以要在合同制定时，确定赔偿限额。赔偿限额是保险人计算第三者责任险的保险费的依据，也是承担第三者责任险每次事故赔偿的最高限额，一般由保险人提出，投保人在投保时选择。

自保险合同签订后，若由于各种客观、合理的原因，如给车辆添置或减少设备使保险车辆价值发生了改变，需要调整保险金额或赔偿限额时，可由被保险人在合同有效期内向保险人书面申请批改，申请调整的保险金额或赔偿限额在保险人签发批单以后生效。

(四) 机动车辆保险的赔偿处理

1. 被保险人索赔。事故发生后，被保险人索赔时应向保险人提交保险单、事故证明、事故责任认定书、事故调解书、判决书、损失清单和有关费用单据等资料。

2. 修复方式进行赔偿。保险车辆在因保险事故受损时，可以修复且维修金额不超过原保险车辆实际价值时，以修复赔偿为原则。在修理之前，保险人与被保险人共同商议修复项目、修复费用，并确定最后的赔付金额。对于被保险人未经过保险人定损而自行修理发生的费用，保险人有权重新核定修理费用或拒绝赔付。

3. 根据事故责任比例确定免赔率。我国机动车辆保险条款规定对每次保险事故的赔款计算应实行按责免赔。在事故中，被保险人承担的责任大小不同，将决定不同的免赔率。目前大部分的免赔标准为：负全部责任的免赔20%；负主要责任的免赔15%；负同等责任的免赔10%；负次要责任的免赔5%；单方肇事故的免赔20%。

第二节 机动车交通事故责任强制保险

一、概述

机动车交通事故责任强制保险（简称"交强险"）是指由保险公司对被保险机动车发生道路交通事故造成本车人员、被保险人以外的受害人的人身伤亡、财产损失，在责任限额内予以赔偿的强制性责任保险。旨在保障因交通事故遭受损害的第三方的生命财产权益，以保险赔付的方式为其提供及时和必要的补偿，同时避免不必要的事故纠纷。

自 2006 年交强险制度实施以来,交强险受益人群不断扩大,各项风险逐步控制,整体经营趋于稳定(见图 7-3 至图 7-7)。2016 年,交强险共承保机动车(包括汽车、摩托车、拖拉机)2.07 亿辆,同比增长 13%;机动车交强险投保率为 72%,其中汽车投保率达到 94%。2016 年,保险行业共处理交强险赔案 3 010 万件,其中垫付抢救费用 48 万件,提取道路交通事故社会救助基金 20 亿元。交强险综合赔付率为 72%,综合费用率为 29%,显著低于同期商业车险费用率水平,体现出强制保险低成本、高效率的运行特点。交强险开办至今,长期面临承保亏损。2013 年以来,得益于投资收益的拉动,交强险逐步实现经营微利,因高额亏损造成的金融风险得到有效遏制。2016 年,交强险承保亏损金额为 22 亿元,同比减少 27 亿元,加上投资收益后实现经营利润 46 亿元,累计经营亏损有所减少[①]。

图 7-3 交强险历年承保车次(2006—2016)

图 7-4 交强险历年保费收入(2006—2016)

---

① 根据中国保险行业协会数据。

图 7-5　交强险历年赔付成本（2006—2016）

图 7-6　交强险历年承保亏损（2006—2016）

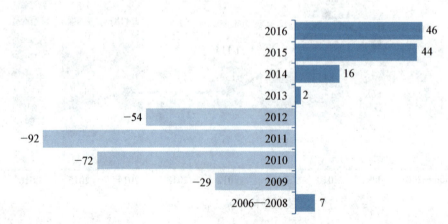

图 7-7　交强险历年经营利润（2006—2016）

资料来源：原中国保监会．

二、交强险与商业第三者责任保险比较

交强险与商业第三者责任保险有以下不同之处：

1. 制度设计的目的与功能不同。交强险制度兼顾交通事故受害人的经济保障、医疗救治和减轻交通事故肇事方的经济负担两个方面，具有很强的社会公益性。其根本目的在于使受害人能够得到及时有效的补偿。商业第三者责任保险（以下简称"商业三者险"）则属于一种普通的商业保险，其根本目的在于分散风险，保护被保险人利益，即通过保险的风险管理功能转移被保险人的赔偿责任风险。

2. 性质与经营原则不同。交强险是一种特殊的责任保险，实行商业化运作模式，保险公司在业务运作上遵循总体上不盈利不亏损的原则。保险公司实际上起了一个代办的角色，在性质上属于政策保险，有人甚至认为其具有社会保险的性质。商业三者险则是一般的商业责任保险，属于财产保险的一种，保险公司经营此项业务以营利为目的。

3. 合同实施方式不同。交强险是法定强制保险，只要是在中国境内道路上行驶的机动车的所有人或者管理人都应当投保交强险，未投保的机动车不得上路行驶，否则将受到法律法规的处罚。这种强制性不仅体现在强制投保上，也体现在强制承保上，具有经营机动车交通事故责任强制保险资格的保险公司不得拒绝承保，也不能随意解除合同。商业三者险则属于民事合同，机动车所有人或者是管理人拥有是否选择购买的权利，保险公司也享有拒绝承保的权利。

4. 保险条款和基础费率制定方式不同。交强险在全国实行统一的保险条款和基础费率，保险公司不能任意更改，保险监管机构按照交强险业务总体上"不盈不亏"的原则审批费率。商业三者险保险合同的条款和费率原则上则由保险公司依据国家指导性条款和基础费率自主拟定，投保人具有一定的选择权。但目前我国商业车险费率市场化改革仍在进行中，实现商业车险条款和费率完全由公司自主制定尚需时日。

5. 归责原则与责任范围不同。除特别规定外，交强险的赔偿范围几乎涵盖了所有的道路交通责任风险。按照《道路交通安全法》第76条的规定，"机动车发生交通事故造成人身伤亡、财产损失的，由保险公司在机动车第三者责任强制保险责任限额范围内予以赔偿"。无论被保险人有无过错，只要因交通事故造成第三者损害，受害人均可请求保险赔偿给付，即通常所说的"无责赔付原则"。由于不设任何免赔率和免赔额，其保障范围大大拓宽。反观商业三者险，则是纯粹的责任保险，保险的标的是"被保险人对第三者依法应负的赔偿责任"，即采用"过错责任原则"。保险公司一般依据投保人或被保险人在交通事故中应负的责任比例来确定赔偿责任，且不同程度地规定了免赔率、免赔额或责任免除事项等。

6. 责任限额不同。交强险在全国范围内实行统一的分项责任限额，即分为死亡伤残赔偿限额、医疗费用赔偿限额、财产损失赔偿限额以及被保险人在道路交通事故中无责任的赔偿限额。全国各地限额相同，投保人不可进行选择。商业三者险则实行单一的分档次责任限额，不再区分人身损害赔偿限额和财产损害赔偿限额，而且分为若干个档次，投保人可以选择。

交强险与商业三者险的比较可归纳为表7-1。

表 7-1 交强险与商业三者险的比较

对比项目	交强险	商业三者险
赔偿原则	无过错原则	过错原则
经营原则	不盈不亏原则	以营利为目的
经营模式	商业代办	商业经营
保障范围	比较宽	相对窄
强制性	强制缔结	自愿缔结
条款和基础费率	统一的条款费率	双方都有选择权
责任限额	统一的分项责任限额,投保人不可以选择	单一的分档次责任限额,投保人可以选择不同的档次
赔偿顺序	第一位	在交强险之后赔付

交强险和商业三者险可以在同一管理制度下共存,二者并不矛盾。交强险可以给予被保险人及受害人基本的保障,商业三者险是对交强险的必要而有益的补充,投保商业三者险可以获得交强险最大赔付限额之外的损失赔偿。

三、境内外交通事故责任保险经营模式及保障范围比较

(一) 境内外交通事故责任保险经营模式

1. 非营利模式:由政府主导,商业保险公司仅提供代为承保的职能。在该模式下,政府主导建立机动车交通事故责任保险体系,并由商业保险公司代为承保。

目前该经营模式为日本和我国台湾地区所采用。在台湾地区所谓"强制汽车责任保险法"第 41 条对交强险费率的规定中说明,费率由财政主管机关和交通主管机关共同拟订,并需经社会公正人士组成的费率审议委员会再次审议表决。由此可见,台湾地区在交强险经营中选择的是由主管机关厘定标准费率,各保险公司代为执行的模式,保险公司并没有定价的自主权。在此种模式下,承保交强险的保险公司仅收取一定数量的手续费,而并不需要直接承担经营风险,交强险的盈亏实际由政府或地方当局负责承担,由此最大程度地保证交强险的公益性。此外,保险公司还享受交强险经营收入免征营业税的待遇。在台湾地区,该制度被称为"公督民办"制。

2. 商业化模式:保险公司自主经营,自负盈亏,政府不介入经营。在该模式下,保险公司结合期望赔付水平与利润因子计算出交强险费率,各保险公司自主经营,采取不同的费率标准。不同的保险公司之间,费率水平差异可能十分明显。目前该经营模式为美国、德国、韩国和我国香港地区所采用。

美国在国内 47 个州和哥伦比亚特区都实行了机动车辆强制责任保险制度,仅有新罕布什尔州、田纳西州和威斯康星州未出台强制投保机动车辆保险的相关法律。

3. 国家专营模式:由国家专门设立的保险公司进行运营,商业保险公司并不介入。在该模式下,商业保险公司不参与机动车交通事故责任保险经营,而是由国家专门设立的

保险公司进行运营。这种方式的优势在于可以实现机动车交通事故责任险与其他商业险种完全分开核算,便于度量成本和制定经营策略。目前,新西兰采取此种方式。新西兰同样也是最早建立对交通事故造成的人身意外伤害实行全面无过错补偿制度的国家。

4. 国内模式:由监管机构统一制定费率,各保险公司根据费率条款予以执行。在2015年机动车险费率市场化改革之前,我国交强险经营主要采取监管机构统一制定费率、各保险公司根据费率条款予以执行的模式。但政府并未为保险公司设置专门补贴或税收优惠。保险公司一方面承担提供道路交通安全保障和社会救助的责任,按照法律和制度安排,在经营中遵循"不盈利不亏损"的费率模式;另一方面又要服从商业经营的市场规律,自负盈亏,实际上承担了较高的经营风险。根据交强险经营的统计数据,我国经营交强险的保险公司大都处于亏损经营的状态,对保险公司经营积极性的提高不利。

(二)境内外交强险保障范围比较

1. 损失保障范围。我国交强险的保障范围包括被保险机动车发生道路交通事故造成本车人员、被保险人以外的受害人的人身伤亡、财产损失。在韩国、日本、新加坡等东亚国家,机动车交通事故强制责任保险的保障范围仅涵盖事故中因人身伤亡造成的损失,与此相关的财产损失并不属于此险种的赔付范围,可以最大限度地集中财力资源为交通事故的受害者提供人身安全救助和保障;同时,由于节约了与财产损失相关的赔偿支出,也可以更好地促进交强险的发展完善。

2. 人员覆盖范围。在世界各地的立法及制度实践中,机动车交通事故强制责任保险的保障范畴大多涵盖较广,不仅包括在事故中遭受损害的第三方,还将车上乘客一并包括在内。如,在我国台湾地区,事故受害人是指因交通事故遭受伤害或死亡的人,并未将车上乘客排除在外。此外,除将投保人作为被保险人外,对其他人在使用或管理被保险人汽车时造成交通事故的赔付责任也考虑在内。相比之下,我国大陆交强险对人身保障的覆盖范围明显偏窄,并不包括车上乘客,这无疑削弱了对人身保障的力度。

四、交强险费率测算

由于交强险属于汽车保险中的一类,在费率测算时应当采取非寿险精算的基本方法,同时遵循保险公司费率确定的基本原则。

(一)交强险费率的确定基础

理想情况下,被保险人缴纳的保费金额应当与保险期内预期发生的赔付支出额度一致,即保费总额等于事故发生情况下给付保险金限额。由于交强险与保险标的相关的风险状况相对复杂,影响索赔的频率和索赔强度的风险因子数量众多,影响程度也存在差异,保险标的风险水平各不相同,因此保险公司在费率厘定过程中应当全面、综合地将诸多可能影响被保险人风险状况的因子纳入考虑,在此基础上确定费率水准。

一般情况下,保险公司在制定汽车保险费率水平时,多将风险因子划分为"从车"和"从人"两大类。

1. 从车费率模式。在从车费率模式下,保险公司在费率测算中主要根据被保险车辆的风险状况确定费率安排。目前,我国交强险的费率测算主要采取此种模式,将与被保险车辆有关的风险因子作为影响费率的主要因素。

现行费率体系中，影响费率的基本变量主要有以下几类：

(1) 按照车辆使用性质的不同，可以划分为营业车辆与非营业车辆；

(2) 按照车辆的类型划分，可以划分为客车、货车、特种车、摩托车、拖拉机等；

(3) 按照车辆的种类、吨位、型号等，可以对车辆进行更详细的划分；

(4) 除以上三种划分方式外，还可按照车辆的产地进行分类，将车辆划分为进口车辆与国产车辆；按照车辆行驶区域进行分类，对使用地区不同的车辆实行不同的费率。

从车费率模式的优势在于测算简便，易于操作；但也存在诸多显而易见的缺陷，因为汽车驾驶者的反应能力、操作习惯、风险偏好等特质对行车过程中的风险状况起着决定性的作用，单独按照车辆信息测算费率不但缺乏准确度，而且也不利于发挥驾驶者谨慎驾驶、改善风险状况的主观能动性。

2. 从人费率模式。以被保险车辆驾驶者自身的风险因子为确定汽车费率主体因素的模式，称为从人费率模式。这是目前绝大多数国家采取的机动车辆保险费率安排模式。其中，世界各国选取的从人风险因子也并不相同，大致有如下几类：

(1) 按照驾驶人的年龄不同进行划分。具体年龄划分根据各国交通法规差异而有所区别，但总体来说一般划分为三类：第一类是驾驶期限较短，性格偏向冲动，责任感不强的年轻驾驶人群体；第二类是驾驶期限较长，具备丰富经验，性格理智谨慎，具备较强责任感的中年驾驶人群体；第三类是驾驶期限长，经验充足，性格谨慎但反应较为缓慢的老年驾驶人群体。一般来说，认为第一类驾驶人为高风险群体，第三类为次高风险群体，第二类为低风险群体，总体费率水平与三类人群的风险状况相适应。

(2) 按照驾驶人的性别不同进行划分。根据研究调查，女性驾驶人的驾驶习惯普遍偏向谨慎型，相对来说风险较小；男性驾驶人的驾驶习惯则偏于激进，相对来说风险高于女性驾驶人。

(3) 按照驾驶人的驾龄不同进行划分。驾龄的长度也可以从一定角度反映出驾驶人的经验状况。一般来说，驾驶人获得驾驶资格证后的前三年属于事故多发的期间，之后事故发生频率逐渐降低。

(4) 按照驾驶人的出险频率或交通违章记录进行划分。一般来说，出险次数或交通违章记录较少的驾驶人风险程度良好，并且有极大概率继续保持良好的风险状况。经常发生交通事故的驾驶人在之后的出险概率可能仍然较高。

(5) 按照驾驶人是否连续投保进行划分。一般来说，保险公司对于老客户的风险状况了解比对新客户的风险状况了解更多，因此对风险状况不明确的新客户，为避免逆向选择问题一般需要收取略高一些的保费。对于连续投保且风险水平较低的老客户，保险公司一般会给予一定费率优惠。

根据以上分析，可以发现从人费率模式与从车费率模式相比更为严谨、全面，能更好地涵盖影响保险标的风险状况的诸多风险因子。因此，我国车险自从车费率模式向从人费率模式转变的趋势值得肯定，计算结果也更为严谨精确。

3. 费率的厘定模式。交强险采取定额保费制度，按照车辆类型、座位数或吨位将投保车辆划入不同的风险等级，由此确定保险费率。

表 7-2　我国机动车交通事故责任强制保险费率(2008版)

车辆大类	序号	车辆明细分类	保费(单位：元)
一、家庭自用车	1	家庭自用汽车6座以下	950
	2	家庭自用汽车6座及以上	1 100
二、非营业客车	3	企业非营业汽车6座以下	1 000
	4	企业非营业汽车6—10座	1 130
	5	企业非营业汽车10—20座	1 220
	6	企业非营业汽车20座以上	1 270
	7	机关非营业汽车6座以下	950
	8	机关非营业汽车6—10座	1 070
	9	机关非营业汽车10—20座	1 140
	10	机关非营业汽车20座以上	1 320
三、营业客车	11	营业出租租赁6座以下	1 800
	12	营业出租租赁6—10座	2 360
	13	营业出租租赁10—20座	2 400
	14	营业出租租赁20—36座	2 560
	15	营业出租租赁36座以上	3 530
	16	营业城市公交6—10座	2 250
	17	营业城市公交10—20座	2 520
	18	营业城市公交20—36座	3 020
	19	营业城市公交36座以上	3 140
	20	营业公路客运6—10座	2 350
	21	营业公路客运10—20座	2 620
	22	营业公路客运20—36座	3 420
	23	营业公路客运36座以上	4 690
四、非营业货车	24	非营业货车2吨以下	1 200
	25	非营业货车2—5吨	1 470
	26	非营业货车5—10吨	1 650
	27	非营业货车10吨以上	2 220
五、营业货车	28	营业货车2吨以下	1 850
	29	营业货车2—5吨	3 070
	30	营业货车5—10吨	3 450
	31	营业货车10吨以上	4 480

续 表

车辆大类	序号	车辆明细分类	保费（单位：元）
六、特种车	32	特种车一	3 710
	33	特种车二	2 430
	34	特种车三	1 080
	35	特种车四	3 980
七、摩托车	36	摩托车 50 CC 及以下	80
	37	摩托车 50 CC—250 CC（含）	120
	38	摩托车 250 CC 以上及侧三轮	400
八、拖拉机	39	兼用型拖拉机 14.7 kW 及以下	按保监产险〔2007〕53 号实行地区差别费率
	40	兼用型拖拉机 14.7 kW 以上	
	41	运输型拖拉机 14.7 kW 及以下	
	42	运输型拖拉机 14.7 kW 以上	

资料来源：《关于中国保险行业协会调整机动车交通事故责任强制保险费率的批复》（保监产险〔2008〕27 号）。

此外，自 2007 年 7 月起，我国颁布《机动车交通事故责任强制保险费率浮动暂行办法》，开始实行交强险浮动费率制度，将车辆发生的道路交通事故记录与保费折扣幅度挂钩。其中，费率浮动安排只与车辆本身索赔记录相关，驾驶人的索赔记录不影响费率折扣额度。其次，只考虑车辆发生的有责任且已经发生赔付的记录，无责任记录不纳入浮动考虑范围。

表 7-3 机动车交通事故责任强制保险费率浮动比率

浮动因素			浮动比率（%）
与道路交通事故相联系的浮动	1	上一个年度未发生有责任道路交通事故	−10
	2	上两个年度未发生有责任道路交通事故	−20
	3	上三个及以上年度未发生有责任道路交通事故	−30
	4	上一个年度发生一次有责任不涉及死亡的道路交通事故	0
	5	上一个年度发生两次及两次以上有责任道路交通事故	10
	6	上一个年度发生有责任道路交通死亡事故	30

资料来源：关于印发《机动车交通事故责任强制保险费率浮动暂行办法》的通知（保监发〔2007〕5 号）.原中国保监会网站.

2010 年 1 月，公安部与原保监会颁布《关于实行酒后驾驶与机动车交强险费率联系浮动制度的通知》，将对饮酒驾车违法行为的记录加入交强险费率浮动办法之中。每次发生饮酒驾车违法行为，交强险费率将在原有基础上上浮 10%，如违法行为未处理则上浮 15%；每次发生醉酒后驾车违法行为，交强险费率将在原有基础上上浮 25%，违法行为未处理上浮30%,但总体累计费率上浮的额度不超过60%。将交强险费率折扣水平与酒驾行为挂钩,有利于提高驾驶者的安全意识,更客观全面地度量驾驶者的驾驶行为风险水平。

专栏 7-1

车 险 分[①]

2016年全国有1.5亿私家车主,涉及54%的家庭。但在车险行业,只有14家公司车险承保盈利,41家亏损的公司亏损总额达到63亿元,行业亏损比例达到75%。精准定价能力的缺失,是这些车险公司面临困境的重要原因。

蚂蚁金服将海量"从人"信息通过人工智能等技术进行挖掘,对车主进行精准画像和风险分析,量化为300到700不等的车险标准分,分数越高代表风险越低。这样既能为保险公司提供帮助,又能保障用户的隐私安全。

此外,实验室跟保险公司还共创出职业特性风险度、身份特质风险度、信用历史、消费习惯、驾驶习惯、稳定水平等细分标签。保险公司在获得用户授权的情况下,可以查询用户的车险标准分,或是结合自身数据对标签进行加工建模,得到自己的车险专用分,从而依据车险分进行更为公平的车险定价,以合理的价格把优质的客户吸引进来。

根据个人身份、行为习惯来提升车险定价准确性,在美国等国际市场已经是非常成熟的技术。蚂蚁车险分将向所有有意愿、有能力使用车险分提升风险识别能力的公司开放,并且前期将免费开放。

第三节 机动车保险市场

一、机动车辆商业保险费率市场化改革

(一) 改革起步及发展

不同于推行车险费率市场化改革举措前,已有了将近一个世纪的车险经营历史,具备较丰富经验积累的日本;我国在1980年才正式恢复机动车辆保险业务经营,机动车辆商业保险费率市场化改革更是起步偏晚,自21世纪初方才开始推行。费率市场化改革的原因主要有:

1. 定价机制不合理,造成赔付率偏高。传统车险业务模式,根据车的购置价格按一定比例直接给车险定价,这种"一刀切"的定价模式导致驾驶员投保后不会注意谨慎驾驶,事故发生率高,也没办法区分驾驶行为习惯差、赔付多的车主,造成车险赔付率偏高,企业亏损。

2. 同质化竞争严重,渠道分成极高。传统车险同质化非常严重,保险公司必须依赖代理机构销售车险,渠道竞争陷入简单价格战,渠道分成比例一般在30%,部分地区高

[①] 资料来源:蚂蚁金服微信公众号,2017年5月25日。

达 70%。

3. 定损环节不透明，骗保问题严重。汽车维修所导致的赔付款占到所有赔付款的 70% 以上，维修零配件价格不透明、投保人与 4S 店串通夸大损伤程度要求保险公司进行更高额赔偿，且人力成本及伤害赔偿标准不断提高等问题使保险公司在出险后面临更高的赔偿压力。

2001 年 9 月，原保监会选择广东省作为车险费率改革试点区域，之后逐步推广。2003 年 1 月 1 日，关于车险条款费率新制定的管理制度开始在全国范围内广泛实施，新制度给予了各保险公司确定车险条款和费率的较高自由度，但在全面市场化进程中出现了一系列问题：费率市场化的初衷本是引导车险市场主体差异化经营，在产品和服务方面充分发挥各自优势，达到提高效率、良性发展的目的；但改革中却出现价格战等恶性竞争行为，反而导致市场效率降低，改革效果未达到预期标准。其中，深圳市由于车险市场已经进入充分竞争阶段，车险费率的下滑趋势尤其明显，2003 年，深圳费率水平为 0.70%；而 2005 年已经下降至 0.39%，平均每年下降的幅度为 25.99%。

由于改革的第一阶段表现不尽如人意，2006 年开始，第一轮车险费率改革再次获得推行。本轮改革旨在推进车险行业市场化进程，确立以偿付能力为中心的全新监管体制，为此，在历史数据及行业赔付经验的基础上，中国保险行业协会经过测算确定了行业通行的费率，并在此基础上分别设计了 A、B、C 三类商业车险基本险条款，由承保车险业务的保险公司根据自身状况酌情选择。三类条款总共涵盖八个细分险种，分别为：车损险、商业三者险、车上人员责任险、盗抢险、不计免赔率特约险、玻璃单独破碎险、车身划痕险和可选免赔额特约险。然而，三款产品之间的差异并不大，其中，为国内绝大多数保险公司所应用的 A、B 两款条款所使用的短期月费率完全相同，三款产品仅在保障范围、除外责任、免责范围和附加险条款设定方面存在极小的出入，如：极端天气和自然灾害造成的损失中，龙卷风、暴风属于 A 条款的免责范围，而 B、C 条款皆予以承保，且 C 条款的保障范围还额外增加了热带风暴、沙尘暴及雪灾等灾害天气造成的损失。除此以外，三款产品在费率水平方面的差异几乎可以忽略不计。

在 2006 年开始的这一轮改革中，给予保险公司的产品费率自主性，主要体现在附加险条款的费率允许自主设置这一层面。但监管部门仍有额外的管控措施，即各保险公司为其承保的车险项目提供的最大保单折扣不得低于七折，因此，留给费率的自主定价空间仍然较为有限，机动车辆保险市场化水平的提升也难以一蹴而就。A、B、C 三类条款为各家保险公司正式采用后，因"高保低赔、无责不赔"等不良风气甚嚣尘上而颇受诟病，而条款本身的复杂性和专业性偏强，不利于投保人理解，也给日后可能出现的纠纷埋下了隐患。在这一阶段中，原保监会对车险市场实行重点监管，除出台政策限制费率恶性竞争外，还对市场秩序的整顿提出了诸多要求，如严格规范中介业务、对违规行为严厉处罚等。然而，从各公司的市场表现来看，对车险费率改革深化的需求仍十分明显，车险行业的经营能力仍需进一步提升。

（二）改革深化阶段

2015 年，商业车险费率市场化改革开始进入深化阶段，最大的进步在于定价时加入对"从人"因素的考量，这一改变也完全符合目前国际范围内的行业趋势。当年 3 月 24

日,原保监会颁布《深化商业车险条款费率管理制度改革试点工作方案》,规定从当年4月1日开始,试点区域黑龙江、山东、广西、重庆、陕西、青岛6个保监局所辖区域内,业务内容范围包括机动车辆商业保险范畴的财产保险公司可以根据《方案》制定的规则,对商业车险条款费率实行自主申报。经过一年的试点,2016年7月1日,车险费率市场化改革正式推向全国。

在此次改革中,保险行业协会将先前的二款示范条款整合为统一条款,同时为保险公司的费率厘定提供了更高的自主权。要点如下:

1. 费率计算方法更为简洁、规范、清晰。改革前,保险公司计算车险保费的方法一般采取(新车购置价×费率+基础保费)×调整系数的方法进行计算,车险费率市场化使保险公司拥有车险费率拟定自主权,在参考基准纯风险保费的基础上,进行差异化的定价。差异化定价的基础则可以是消费者驾驶行为、违规记录、车辆零配件价格、维修成本等一系列因子。

改革后,车险保费的计算公式更加合理和科学,为:

$$[基准纯风险保费 \div (1 - 附加费用率)] \times 费率调整系数$$

在上式之中,"基准纯风险保费"是由我国保险行业协会根据历史数据试算和估计获得的纯风险保费额度,作为各保险公司确定费率的参考,并作为车险费率厘定中的行业基础。调整系数是一个综合性概念,也是保单折扣率的计算依据,计算方法为无赔款优待系数、自主核保系数、自主渠道系数和交通违法系数四者的乘积,这种计算方法与从前相比,更便于投保人了解保费的构成方式,操作过程也相对简单方便。

其中,基准纯风险保费和无赔款优待系数费率调整方案参照中国保险行业协会拟订的费率基准执行,附加费用率预定为35%,公司拟订的自主核保系数费率调整方案和自主渠道系数费率调整方案均可在0.85至1.15范围内使用,这意味着优质客户最高将能获得近28%的费率折扣。

2. 在车险定价中加入对车型风险的考量。具体来说,就是在改革前原有的、以新车购置价作为车险定价核心因素的思路基础上,将"整车零配件价格比",即各类型汽车零部件更换的价格标准,与车型系数一并纳入基准纯风险保费的计算之中。为此,中国保险行业协会确定了0.8、0.9、1.0、1.1、1.2五个档次的车型系数以区分不同类型车辆的风险等级,风险等级较高的车型对应较高的保费定价系数,并在差异化的基准纯风险保费中得到体现。

3. 通过定义自主核保系数,赋予经营主体以自由确定费率的权利。自主核保系数允许财险公司在对风险进行合理判断的基础上对保费加以适当调整,使行业协会制定的基准保费在实践中获得更为灵活的应用,保险公司所收缴的保费和所承担的风险可以更为有效地获得匹配。

4. 将驾驶人的风险程度作为重要的费率调整因素。改革前,全国范围内根据过往年度出险记录进行费率调整的无赔款优待方案(NCD)七个等级的系数区间仅涵盖[0.7,1.3]的狭窄范围,波动非常有限,且NCD系数并非强制应用;自2011年开始北京、厦门、深圳三地被选为试点区域,在全国方案基础上将风险等级细化,并对奖惩力度做了适当加强,也取得了相对积极的效果,为费率改革方案提供了借鉴。

表 7-4 商业车险费率改革前后出险记录对保费的影响系数比较

历史出险记录		下年度保费折扣系数	
		商业车险费率改革前	商业车险费率改革后
新车投保		0.95	1
上年度出险	≥5 次	1	2
	4 次	0.923 4	1.75
	3 次	0.846 5	1.5
	2 次	0.769 5	1.25
	1 次	0.769 5	1
	0 次	0.7	0.85
过去 2 年出险	0 次	0.7	0.7
过去 3 年出险	0 次	0.7	0.6

资料来源：机动车商业保险承保实务要点(试点地区试行版)，原中国保监会网站。

改革后的新费率方案将过去的出险记录作为客户风险状况的评判标准，为风险更低的客户提供一定程度的优待。上年度不出险、连续两年不出险、连续三年不出险的客户，均可获得相应程度的保单费率折扣；有过出险记录的客户则被要求更高的保费金额作为补偿。改革后要求 NCD 折扣系数必须付诸应用，以便实现通过价格优惠对安全驾驶行为给予正向激励，并对风险水平较高的被保险人给予提高费率的惩罚的措施，这有利于在全社会形成谨慎行车、安全驾驶的积极风气，具有广泛的正面意义。

5. 确定了车辆保费和保额的计算准则，规定车损险保额按投保时被保险机动车辆的实际价值计算，避免了原先"高保低赔"，按新车购置价确定保费，赔付时却按包含折旧因素在内的实际价值考虑的问题。这条规定避免了合同签订和实际理赔中的模糊环节，使车险市场更为公平规范，也更利于维护投保人的利益，但由于压缩了保险公司的利润空间，也对保险公司的经营能力提出了更高的要求。

6. 在改革方案中明确提出对"创新条款"的肯定，即鼓励和支持有条件的保险公司，根据大数据统计结果，自行拟定创新条款内容，成为机动车辆保险商业条款的有益补充。这一改革思路有利于我国保险公司加强人才培养，提高创新意识，加大对产品创新的投入和支持，便于吸取国际先进经验，同行业前沿水平接轨。

2016 年，车险改革继续推行，从 2016 年 1 月 1 日起，津、吉、皖、豫、鄂、湘、粤、川、青、宁、新、内蒙古等省、自治区、直辖市原保监局所辖地域也加入商业车险改革试点范畴之中，试点地区的数目从 6 个扩大到 18 个。这次改革的主要目的在于真正推进车险费率及整个行业市场化进程，切实维护消费者的合法权益，确保行业市场可为被保险人提供优质高效的保险服务，促进资源的合理配置。

2017 年 6 月 8 日，原保监会下发《关于商业车险费率调整及管理等有关问题的通知》，扩大自主核保系数和自主渠道系数的浮动区间，加大公司自主定价权。

(三)改革效果

合理定价、差异化竞争是车险费率改革核心逻辑。在传统定价机制下,各家险企车险产品同质化严重,只能通过折扣或者给销售渠道高提成比例抢占市场份额。尤其近年新车销售速度不断放缓,车险销售更加依赖提高渠道分成比例以获得更多投保份额,费用压力下保险企业大面积亏损。

按车辆购置成本定费的模式无法准确对个体风险定价,因而保险公司无法实现稳定承保利润,全行业普遍性亏损。费率改革允许保险公司根据用户驾驶习惯、出险次数等一系列因子构建更合理的精算模型,对每个投保人的事故概率进行更科学的估计。保险公司基于这一精算模型,可以制定更合理的保费,获得稳定承保利润。

放开定价权之后,保险企业可通过差异化条款设计,减少保险公司对渠道的依赖,摆脱简单价格战,降低承保费用率,提升保险公司整体利润率。车险费率改革给予保险公司更多定价自主权,可以自行选择车主行为指标设计定价因子,针对不同驾驶特点的车主推出针对性的更有竞争力的保险条款,在细分车险投保人群中形成更强竞争力。

从改革的效果来看,车险费率市场化改革初期,确实对行业状况造成了一定的冲击:一方面,各家保险公司需要对新条款作出解读和及时转变策略适应新规;另一方面,车险行业本来就是充分竞争的行业,随着费率水平确定灵活性的提升,市场供求关系在车险费率厘定中扮演的角色也更加重要,体量较小的保险公司与具备知名品牌效应的大型保险公司争夺市场份额的难度变得越来越大。而此次费率改革的整体趋势以降低费率水平、减轻投保人保费负担为主,对于综合费用率偏高、利润水平有限的车险行业来说,无疑造成了更大的挑战。然而,从长远角度来看,本次改革必然利大于弊。

首先,车险行业利润水平有限,很大程度上是因为汽车维修费用日益增加,车辆零部件更换的成本和人工费用不断增长,形成高额的维修成本,且部分成本难以与保费收入实现匹配,压缩了行业利润空间。在现阶段的费率市场化改革中,将"零整比"因素纳入定价因子,充分考虑到不同型号汽车对应的维修成本的水平差异,细化了定价公式,使测算出的费率更为准确。

其次,车险综合费用率居高不下,与行业内费率水平差异不大、经营车险的各家公司缺乏提升管理效率的动力有密切关系。一方面,各家保险公司的信息管理平台大多尚不完善,经营管理风格偏于粗放;另一方面,车险行业对从业人员的培养缺乏体系,人员流失率较高且素质总体偏低,无论是工作效率还是客户体验都与期望值相距甚远。此次车险费率改革,可以激励国内车险公司从粗放路线向精细化经营管理战略转型,及时加强人力资源建设,提升信息管理水平和数据分析能力,实现高效运作。

二、机动车辆保险市场

从行业结构及整体表现来看,据原保监会统计,2016年车险保费为6 835亿元,其中商业车险保费收入5 135亿元,交强险保费收入1 700亿元。车险保费收入占财产保险保费收入比重为74%。

2012年至2017年,车险市场年均保费增速为13.47%,大幅低于2000年至2017年19.35%的年均增速,尤其是2014年以后,保费增速呈逐年下降并企稳的趋势。

在中国经营车险的保险公司一共有 55 家,2016 年仅 14 家财险公司实现车险盈利,剩余 41 家亏损的公司亏损总额达到 63 亿元,行业亏损比例达到 75%。

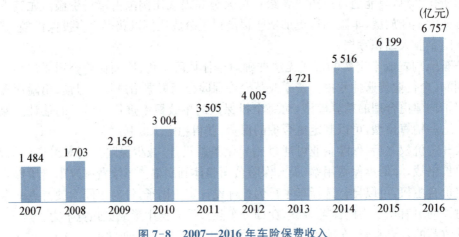

图 7-8　2007—2016 年车险保费收入

资料来源:中国原保监会.

数据变动趋势表明,我国车险发展过程中仍然存在诸多问题,基本可以概括为如下几点:首先,车险产品同质化问题相当严重,类型也较为单一,难以满足消费者的多元需求;其次,车险产品费率普遍偏高,投保人在市场范围内缺乏话语权,切身利益得不到保障;再次,由于各保险企业之间竞争激烈甚至存在恶性竞争,保费收入增长速度受到限制,部分保险企业仍然保留陈旧的经营体制,对成本和费用的控制效果不佳,用于伤亡赔付和车辆维修的开支居高不下,致使车险综合成本率处于上升态势,车险承保业绩恶化,利润空间一再压缩,几乎难以为继。

另一方面,纵观国际市场,允许车险市场经营者自由确定费率已经成为目前的主要趋势。保险密度和保险深度都处于领先水准的英、美、日等国都曾经历过行业发展初期的统一监管阶段,但最终仍然选择过渡到相对自由的市场化定价模式,政府已经放宽对费率的严格管制,将工作重心置于对偿付能力的间接管控方面。其中,日本与我国的改革背景较为相似,改革后短期内同样曾经出现市场竞争加剧的态势,但由于改革前的准备工作较为充分,行业协会已积累了大量可用于费率计算的风险数据,且市场主体基本具备相对成熟的经营理念,以优质产品作为核心竞争力,而非盲目滥用价格武器与对手抗衡,因此最终得以形成良性、稳定、有序的发展态势。联系国内机动车辆保险费率市场化改革的推进历程,这些国际领域的成功经验在实践中值得学习和借鉴。

专栏 7-2

UBI 车 险[①]

UBI,全称为 Usage Based Insurance,即根据驾驶员使用车辆的程度来设计的机动车保险,或者更广义地来说,User Behavior Insurance,即基于驾驶人各方面驾驶行为的差异

---

① 商车费改深化,UBI 迎来黄金发展机遇[N].中国保险报,2016-07-30.

化车险产品。其理论基础非常简单,UBI 车险就是结合"保额定价""车型定价",以驾驶行为为核心确定风险定价模型,即驾驶行为表现安全的驾驶员应该获得保费优惠。保费取决于实际驾驶时间、地点、具体驾驶方式或这些指标的综合考量。关键在于感知"车""人""环境""使用"的数据,并传送至数据处理平台,然后再进行数据应用。因此,UBI 车险大体包含数据感知模块、数据传输模块、数据处理模块、数据应用模块四大模块。这些指标数据需要通过安装在汽车上的小型车载远程通信设备(Telematics)来实现,国内相关的硬件设备(OBD)也已进入快速发展期。

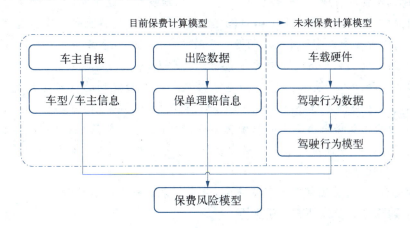

基于车联网大数据的 UBI 则可以从以下多个方面解决保险公司现有问题以及优化业务模式:

1. 精准及个性化定价——基于大数据与人工智能,能实现对各种风险更为精准、动态的定价;

2. 多样化的保障方式——基于车联网数据可以更精确判断车辆运行状态,因此保险保障有可能按照更灵活的时段、路线、距离、环境等因素设定,用户体验将更为良好;

3. 精确风险管理——丰富定价因子,判断客户风险,改善理赔流程,减少欺诈风险;

4. 优化用户行为——吸引"好"客户,改善驾驶习惯,降低事故频率,促进赔付下降;

5. 实现大数据应用——充分分析和挖掘已收集用户的风险数据、消费数据和行为数据的价值;

6. 高效管理渠道——帮助保险公司快速确定优秀的渠道,控制费用率;

7. 增加用户黏性——通过互联网和移动互联网实现网上购买、保费优惠、事故第一时间通知及提供多种客户感兴趣的相关服务,可以增加用户接触,改善客户关系,延长服务周期,还可为开展其他销售活动提供机会。

简言之,UBI 将成为汽车市场的一个长期的解决方案,而不只是短期的定价优势。

截至 2016 年 6 月,全球 UBI 保单量已有 1 540 万份,较上年同期增长 77%。其中,美国、意大利、英国的 UBI 保单量依次分别为 790 万份、500 万份和 86 万份。英国 UBI 保单量增长率位居全球第一,达到了 115%,而美国作为全球第一大车险市场,UBI 保单量较上年同期增长 97.5%。全球 UBI 保费增长 60%,远高于个人车险保费 39% 的增幅。

> **案例分析**

客户的购物信息可以为车险定价吗[①]?

英国两大超市——塞恩斯伯里(Sainsbury)和乐购(Tesco)脑洞大开,决定改变传统回馈老顾客的方式。从以往的对超市商品打折,改变成对车险打折(这两家公司也兼有银行和保险业务)。也就是说,如果你是超市的老顾客,提供给你的车险保费可能有折扣!

超市指出:我们有个类似于会员卡的东西,这些会员卡有每个顾客的购物记录。有些顾客,他们购物很有规律,甚至称得上是有计划地购物。这说明,他们的生活很严谨,很有计划,所以他们开车时也会很小心,出险的概率较小。逻辑上貌似有些道理,但是能否让广大消费者接受又是另外一个问题。分歧主要体现在联系性和公平性的问题。

(一)购物数据和车险定价联系不紧密。按理说,最直接也最科学的车险产品的定价应该遵循被保险人历史出险次数和违章次数。而上面提到的这种运用超市购物数据来预测消费者的行为趋势,进而影响车险价格的想法,显然有些牵强。

(二)由购物数据来决定车险保费交多少,对消费者而言有失公平。如果仅仅因为购物习惯不规律而导致错过了车险保费打折的机会,这显然是不公平的。而且也无法获得消费者的理解。

对于这些问题,英国超市已经考虑到,让我们来看一下他们的解释。

(一)购物数据仅为补充分析数据

在预测车险被保险人出险概率的漫长过程中,很多公司尝试了多种直接或间接的方法。比方说,乐购超市曾经试图通过观察驾驶员在加油站加油的行为来衡量他们是否有计划地使用车辆,从而判断他们是否为谨慎驾驶员。但是这种方法却有一个致命的缺陷:无法辨别该驾驶员是否为出租车驾驶员。出租车驾驶员加油频率高,加油更有计划,但这不能说明他就是个谨慎驾驶员。因此,通过分析超市购物数据来作为补充方法便被放上了提案。

(二)购物数据仅用于提供车险优惠而不会导致保费提高

出于回馈老顾客的目的,超市购物的行为预测仅用于为那些拥有良好购物习惯的客户提供车险保费折扣,而不会因为某些人购物没有规律而提高他们的车险保费。也就是说,仅有奖励,没有处罚。

但是,这项提案还是引起了专家们的广泛质疑。来自东安格利亚大学、专门研究网络隐私的保罗·伯纳尔(Paul Bernal)教授认为,如果超市数据真的可以反映出顾客的生活方式和购物行为的话,这会侵犯消费者的隐私权。

另外,一系列致力于规范企业利用消费者信息行为的法律——"欧洲通用数据保护条例"(GDPR)于2018年5月起正式实施。而英国也明确指出将贯彻执行这项新法。GDPR内容包括禁止公司通过分析顾客信息的方式,预测他们的购物偏好和购物特点的行为。这显然往塞恩斯伯里和乐购的脸上泼了一大盆冷水,有可能导致他们试图利用顾客购物信息来为车险产品定价的计划就此夭折。

[①] 保监微课堂微信公众号,2018-01-16.

本 章 小 结

1. 机动车辆保险是我国财产保险最主要的部分。机动车辆保险隶属于财产保险范畴之内的运输工具险,其标的不仅涵盖机动车辆本身,还包括与机动车辆直接相关的第三者责任,二者可能遭受的损害分别由车辆损失保险和车辆第三者责任保险两类险种承保。
2. 机动车交通事故责任强制保险是我国法律强制规定机动车辆投保的险种,交强险与商业三者险虽然同属于车险范畴,但除保障内容与保障范围不同外,在经营模式方面也存在差异。交强险不以营利为目的,采取"不盈利不亏损"的模式,经营交强险的保险公司必须采用监管机构统一制定的条款和费率。
3. 由于我国机动车辆商业保险定价机制不合理、赔付率偏高、同质化竞争严重等因素,21世纪初开始推行机动车辆商业保险费率市场化改革。2001年开始的费率改革给予了各保险公司确定车险条款和费率的较高自由度,改革中却出现价格战等恶性竞争行为,对行业状况造成了一定的冲击。在2006年开始的这一轮改革中,给予保险公司的产品费率自主性,主要体现在附加险条款的费率允许自主设置这一层面。2015年,改革进入深化阶段,最大的进步在于定价时加入对"从人"因素的考量。
4. 我国车险市场近年来集中度呈现出下降趋势,市场竞争更为激烈。另一方面,车险市场获得了极为显著的增长,但自2011年以来增速已经显著放缓。在承保业绩方面,车险综合成本率处于上升态势,财险公司的承保利润率并不尽如人意。

重 要 概 念

交通强制险　商业第三者责任险　从车费率模式　从人费率模式

习题与思考题

1. 简述交强险与商业三者险的区别。
2. 我国车险费率市场化改革的效果如何?存在哪些问题?
3. 什么是从车费率模式与从人费率模式?
4. 简述我国车险市场的发展状况与存在的问题。
5. 甲车和乙车都购买了车辆损失险和第三者责任险。某日,甲车和乙车相撞,经交通管理部门判定,甲车负主要责任,承担70%的责任;而乙车负次要责任,承担30%的责任。在这起事故中,甲车的车辆损失6 000元,甲车驾驶员的医疗费用为2 000元。乙车的车辆损失10 000元,而乙车的驾驶员在这起事故中负重伤,发生医疗费用为20 000元。假设:事故责任免赔率以《机动车商业保险行业基本条款(B款)》规定计算。问:

(1) 交通管理部门应该如何计算赔款？(2) 保险公司应该如何计算赔款（考虑交强险）？

7. 材料思考题[①]

从 2017 年第一个季度的情况来看，根据保监会的数据，车险保费增速仅 6.6%，而 2016 年这一数字为 8%。市场竞争变得更为激烈，在高费用竞争的环境下，车险行业整体盈利情况非常严峻，中小公司普遍亏损。从各家保险公司披露数据来看，2017 年第一个季度，保费收入排名前 10 的车险公司当中，有 3 家公司出现了承保亏损，而排名在 11—30 之间的 20 家险企中，只有 2 家实现了盈利，其余均为亏损。

从不同的渠道来看，变化趋势也很明显。从不同的渠道来看，保险公司网销车险负增长 66.6%，假网销业务回流传统渠道，但以蚂蚁金服为代表的网销直通业务一季度增势迅猛；传统电销渠道受价格优势不再和监管自律的双重影响，增长降为 6.9%；传统渠道（非直销渠道）增长 13.7%，明显快于线上渠道。

中小公司的困境在于渠道的多元性不够，往往无法在保费规模较大的车商等主流传统渠道上与领头羊公司竞争，又或者过去的直销渠道还是部分中型公司赖以生存的基石，随着费改的深入，也渐渐有些前景黯淡。各个渠道的生存空间在哪里，是否还有差异化的应对之法？

请思考：

(1) 中小保险公司应该如何在车险市场上生存？

(2) 车险费率市场改革应该如何进行以利于行业的良性发展？

[①] 费改巨大冲击之下未来车险行业将面临更多挑战[EB/OL]. 新浪汽车综合，2017-05-22.

第八章

农业保险

> **学习目标**
> 1. 掌握农业保险的概念、特点与分类。
> 2. 了解种植业保险的主要险种,包括生长期农作物保险、收获期农作物保险和林木保险。
> 3. 了解养殖业保险的主要险种,包括牲畜保险、家禽家畜保险、水产养殖保险。
> 4. 了解国内外农业保险运作体系与监管机制。

第一节 农业保险概述

一、农业保险的特点

农业保险,是指以农业生产中处于生长期或收获期的农作物、经济作物或牲畜和水产养植物为保险标的,承保种植业、养殖业因遭受自然灾害、意外事故疫病或者疾病造成的损失的财产损失保险。

据统计,自然灾害每年给中国造成1 000亿元以上的经济损失,受害人口2亿多人次,而其中,农民往往是最大受害者,过去的救灾方式主要依靠民政救济、中央财政的应急机制和社会捐助,这种形式的救助具有不确定性,无法切实保障农民的利益,所以举办农业保险意义重大。开展农业保险不仅有利于农村经济的持续发展、促进农业资源的合理配置,也可以减轻灾后政府筹措资金的压力,给农村社会生活的稳定提供帮助。

农村保险不同于一般财产保险的主要特点有:

1. 保险标的具有生命性。农业保险的标的往往具有生命,面临死亡(枯萎)、疾病等等失去经济价值的风险。

2. 农业保险的经营风险较大、经营费用高。农业生产在很大程度上依赖于外部环境,这些风险可能来自各种自然灾害,也可能是社会风险或经济风险。并且,一旦出险,农业生产往往会受到巨大的打击。相应的,保险赔付就会很大。高风险、高赔付导致农业保险的经营风险较大、经营费用高。

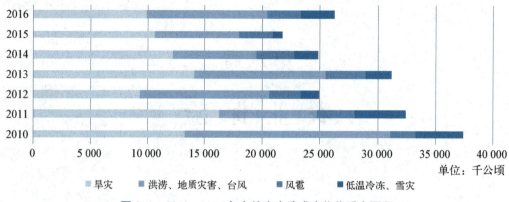

图 8-1　2010—2016 年自然灾害造成农作物受灾面积

数据来源：中国国家统计局.

3. 农业保险有地域性和季节性。地理因素和气候因素对农业有着重要的影响，因此农业保险会根据不同的地区、不同的季节有很大的差别。

4. 农业保险具有政策性。商业公司在正常市场环境下难以或不会进入该领域，农业保险往往有政府支持。政府不仅参与宏观决策，而且可能介入微观经营管理活动，给这类业务经营补贴和其他财政优惠措施以及行政便利。

二、农业保险的分类

（一）按承保对象划分

按承保对象划分，有种植业保险和养殖业保险。种植业保险包括生长期农作物保险、收获期农作物保险、林木保险等；养殖业保险包括牲畜保险、家禽保险、水产品保险等。

（二）按保险责任划分

按保险责任划分，有单一风险保险、混合风险保险和一切保险。单一风险保险的保险责任即只承保一种责任的保险，如小麦雹灾保险、林木火灾保险等。混合风险保险，承保一种以上可列明责任的保险，如水果保险可以承保风灾、冻灾等。一切保险，除了不保的风险以外，其他风险都予以承保的风险。

（三）按承保方式划分

按承保方式划分，有成本保险和产量产值保险。成本保险，是以生产投入作为确定保障程度的基础，根据生产成本确定保险金额的保险。农业生产成本是随生长期而渐进投入的，因此成本保险一般采用变动保额、按生育期定额保险的方式进行。产量或产值保险，是以生产产出作为确定保障的基础，根据产品产出确定保险金额的保险，以实物量计，称为产量保险；以价值量计，称为产值保险。

（四）按保险性质划分

按保险性质划分，有政策性农业保险和商业性农业保险。对涉及国计民生的主要农作物作为政策性农险对待，政府支持力度大、参与深，除提供相关政策与资金补贴外，还负责制订农险条款与费率、对经营主体进行审批或由国家农险公司进行专项经营；而对小品种或单一险种等商业性农险业务，一般由私营保险公司或行业协会设计开发产品并报监管机构审批。

三、农业保险经营原则

由于农业保险标的是有生命的动植物,与自然灾害有着特别紧密的联系,它的生产要受外界环境等因素的制约,因而农业保险具有地域性、季节性和连续性特点。这些特点决定了农业保险经营的难度大,即具有危险难测定、损失难评估、业务难管理三大难点。从农业保险的特点和难点出发,农业保险经营遵循"收支平衡、略有节余,以备大灾之年"的原则。这个原则是根据农业保险的难点、农民经济负担(支付保险费)能力、农村科学技术水平、农村保险从业人员的技术力量等条件为客观依据提出的。

四、农业保险实施方式

根据农业保险经营原则,借鉴国外农业保险的经验,结合我国特点,在经营农业保险时,可选用不同的实施方式。

(一)法定(强制)保险方式

法定保险是国家(政府)对一定的对象,以法律、法令或条例规定某些标的必须投保的保险。法定保险可以是全国性的,也可以是地方性的。对某些灾害发生频繁、受灾面积大、损失后果严重(给广大农业生产者带来极大的不安定,可能影响农业生产持续进行,国民经济的发展也会受到一定影响)的种植业和养殖业,可实行法定保险。例如,国家为保障城乡食用肉的生产,规定郊区生猪必须参加保险等。在强制保险时,国际上许多国家由政府补贴农民一定的保险费,以减轻农民负担。

(二)自愿保险方式

自愿保险是由投保人与保险人双方协商,自愿签订保险合同的一种保险方式,投保人有投保的自由,也有不投保的自由。农业生产门类广、品种多,有些危险在某一局部发生,只造成局部性损失。在这种情况下,农业生产经营者可根据自己经营的农业产品的危险程度,自愿参加某一农业保险。

(三)合作共保方式

由于农业保险技术复杂、面广量大,可采取保险人和农业生产有密切关系的专业单位实行共保,使一些专业单位、职能部门与保险"利益共享、责任共担",从而共同合作、相互促进,推动农业保险健康发展。

(四)互助合作保险方式

为解决农村自然灾害多、受灾面积大、业务分散、业务量大和专业保险网点不足、服务不周的矛盾,农村集体经济单位或农民可通过互助合作办理合作保险或互助保险。当发生自然灾害或意外事故时,受灾户可通过互助合作保险的形式得到经济补偿。

第二节 种植业保险

种植业保险,是指保险人对被保险人在从事种植业生产过程中,由于其所种植的各种作物、林木等遭受自然灾害或意外事故所造成的损失,给予经济补偿的一种保险。主要险种有生长期农作物保险、收获期农作物保险和林木保险。

一、生长期农作物保险

（一）保险标的

处于生长期的各种农作物，包括粮食作物、经济作物和其他作物。

（二）保险责任

生长期农作物面临的主要灾害有两种：自然气候原因引起的自然灾害（包括干旱、水灾、涝灾、冰雹、干热风、霜冻、暴风、暴雨、台风、龙卷风、寒潮等）；由病虫草的危害引起的自然灾害。

生长期农作物保险的保险责任有单一险、混合责任险和一切险。

（三）责任免除

保险人不承担的保险责任主要有：被保险人的故意行为、欺骗行为所致的损失；间作、套种的非保险标的和毁种复播的农作物损失；因盗窃、他人毁坏或畜、兽、禽啃食所致的损失；未尽力防范和抢救所致的损失；战争行为；保险责任以外的灾害所致的损失。

（四）保险期限

保险期限根据农作物的生长期来确定。保险期限一般定为从作物出土定苗到成熟收割这段时间的全部或某一部分或该段时间的延伸部分。主要农作物的保险期限如下：（1）水稻保险：从插秧开活开始至收割时止。（2）棉花保险：从棉花出土定苗开始至采摘收获完毕时止。（3）小麦保险：从小麦返青或拔节开始至收割时止。（4）烤烟保险：移栽后长出第一片新叶时至工艺成熟期终止。（5）油菜保险：从齐苗或抽薹开始至角果 2/3 成熟时止。

（五）保险金额

我国的农作物保险，主要保障被保险人在受灾后能恢复简单再生产，因此一般以保成本或低额保产量的方式估算保险价值，确定保险金额。

成本保险是指以农作物的投入成本确定保险金额。这里的投入成本，包括种子、肥料等材料耗用费、人力作业费、机械或畜力作业费等直接费用。而产量保险是指按亩平均收获量的成数确定保险金额。一般以同一风险区同类标的正常年份三至五年亩平均收获量的四至六成承保。最高不超过八成。目前产量保险，国外承保的成数较高，如美国 80%，而我国的承保成数一般为 50%。

（六）赔偿处理

保险期间发生数次责任范围内的灾害损失，累计赔偿额不超过保额；部分赔偿后，保单继续有效，但保险金额减去已赔偿额；保险亩数低于实际种植亩数时，按保险亩数与实际种植亩数的比例赔偿；农作物损余残值折价给被保险人，从赔款中扣除。

生长期农作物受灾后 80% 以上的植物死亡，已没有实现该作物预期收获量的可能，或改种其他作物的季节已过，这种情况下视为全部损失，按保险金额赔偿。若可以改种，则补偿改种成本并对改种后的农作物继续承担保险责任。

部分损失时，成本保险，计算亩赔款等于亩保险成本减去亩平均收入，再根据损失程度计算赔款。产量保险,计算亩赔款等于单价(政府收购价)乘以亩保险产量和实收亩平均产量的差。

二、收获期农作物保险

(一) 保险标的

凡成熟后进入收割、脱粒、晾晒、碾打、烘烤等初加工的夏、秋粮食作物和经济作物。例如收割的水稻、小麦在脱粒、晾晒碾打过程中,可作为收获期水稻、小麦火灾保险的保险标的。

(二) 保险责任

分为单一责任和混合责任。

单一责任为只承保火灾一项责任,并负责发生火灾时的施救费用及灾后整理费用。

混合责任为除承保单一责任外,还包括农产品在加工期遭受的如洪涝、暴风雨、阴雨、霉烂、雷电等灾害造成的损失。

(三) 责任免除

保险人不承担的保险责任主要有:被保险人的故意行为、欺骗行为所致的损失;被保险人违反法律、法规,在公路、街道等场所晾晒、碾打农作物发生火灾造成的损失;发生灾害时,被保险人不采取必要保护或施救措施造成的损失;战争行为;保险责任以外的灾害所致的损失。

(四) 保险期限

此保险是生长期农作物保险的后续保险。其承保期限一般是从农作物收割(采摘)后进入晾晒场起至完成初级加工进入仓库之前的这一阶段。一般时间较多。而实际承保时,保险人通常会把起保期向前推,定在收割、采摘前10天左右。

(五) 保险金额

每亩保险金额用当年或上年国家对于保险标的同类的农产品的收购价格乘以被保险人所在地同类标的作物前三年平均亩产量的60%—80%确定。在保险实务中,计算所在地的平均产量时,往往以"村"为基础。

(六) 赔偿处理

全部损失时,当农作物的投保面积小于等于实际种植面积时,按保险金额赔偿。当保险面积大于实际种植面积时,按实际种植面积和每亩保险金额计算赔偿金额。部分损失时,按农作物的投保面积与实际种植面积的比例计算赔偿金额。此外,施救、整理和保护保险财产所支付的费用,另行计算。

三、林木保险

(一) 保险标的

生长着的各种森林、砍伐后尚未集中存放的圆木、竹林等。

(二) 保险责任

火灾(任何原因引起的火灾都属于保险责任);病虫害;风灾;雪冻;洪水等。

(三) 责任免除

一般林木保险的保险责任属于列举式责任,凡没有列举的危险事故,均视为责任免除。

(四) 保险金额

林木保险的保险金额有三种确定方式。

1. 按蓄积量和承保成数确定保险金额。林木材蓄积量指林木的产量,按立木体积来度量。林木的蓄积量等于单位面积上立木蓄积量乘以总面积。保险金额等于木材价格乘以总蓄积量。

2. 按成本价确定。林木的成本是造林和育林的过程中投入的物化劳动和活劳动的综合,不包括利润和税金。

3. 按再植成本确定。林木再植成本包括挖树眼、清地、挖坑、移植、树苗、施肥到林木成活所需的一次总费用。也称为造林费用。

(五) 赔偿处理

发生保险事故时,保险公司根据被保险人采取的投保方式进行赔偿。

1. 按蓄积量投保:

赔付金＝每立方米价格×(每亩蓄积量×承保成数－每亩材积损失量)×受损面积

2. 按成本价投保:

赔偿金＝受灾面积×每亩保额×(灾前标的估价×受灾面积－灾后残值)/灾前标的估价

3. 按再植成本投保:

赔偿金＝国家标准造林成本×赔偿面积×损失程度×
被保险森林实有密度/国家森林标准种植密度

第三节 养殖业保险

养殖业保险是指保险人对被保险人在从事养殖生产过程中,因遭受自然灾害或意外事故致使养殖的动物造成损失,给予经济补偿的一种保险。我国常见的养殖保险有牲畜保险、家禽家畜保险、水产养殖保险。

一、牲畜保险

(一) 保险标的

役用、肉用、乳用和种用的牛、马、骡、驴、骆驼等。

(二) 保险责任

由以下原因造成的大牲畜死伤和丧失劳动能力的损失,保险人负责赔偿:自然灾害中的火灾、洪水、暴风雪、地震、雷击、台风等;疾病中的传染病、瘟疫等;意外事故中的淹溺、摔跌、互斗、野兽侵袭、建筑物倒塌、中毒、触电、窒息等以及为防止传染病流行,政府下令捕杀或掩埋。

(三) 除外责任

保险人不承保的赔偿责任主要有:被保险人及其家庭成员的故意行为;对牲畜不合理的使用,导致牲畜劳累死亡;没有进行合理的防疫、治疗;第三者责任造成的牲畜伤亡;其他未列入保险责任的危险事故。

(四) 保险期限

一般的保险期限为一年,期满一年,如果续保,则需另办手续。另外,规定从保单生效期起10—20日内为疾病观察期。保险期满,续保合格的大牲畜,免除观察期。

(五) 保险金额

属于单位、集体所有的牲畜按投保时的账面价值的成数投保,成数一般为40%—60%。属于个人所有的牲畜,按保险人与投保人逐头共同评定的价值的成数承保。

(六) 赔偿处理

由于大牲畜在发生保险事故后,往往具有可利用的残值,所以保险人要求被保险人在出险时必须及时报案。一般规定,被保险人应在24小时内报案。超过24小时的,无论牲畜残值可否利用,保险人按一定比例扣除残值。超过28小时的,保险人不予赔偿,退回保费。

保险大牲畜发生保险事故死亡后,保险人应对受损大牲畜核损,按保险金额或保险金额定额扣除残值后赔付,不可变价的尸体,不扣残值。保险大牲畜中的役畜因保险事故而永久性丧失使役能力后,经保险人同意淘汰处理的,应增加残值扣除的比例后,差额赔付。

二、家禽和家畜保险

(一) 保险标的

猪、羊、兔等肉用家畜;鹿、麝、貂等商品家畜;牛、马、驴等家畜。

(二) 保险责任

家畜保险的保险责任在牲畜保险的责任范围的基本上增加了家畜因难产、阉割造成的死亡以及因发生传染病而被命令捕杀掩埋的保险责任。

(三) 除外责任

被保险人及其家庭成员的故意行为;家畜被盗走或走失;家畜因缺草缺料而冻死、饿死;家畜伤残;保险责任未列举的危险事故。

(四) 保险期限

根据保险标的不同,保险期限有所区别。育肥家畜的保险期限,从断奶分栏开始,到出栏、宰杀或售出时止。一般为6到10个月,比如猪的育肥期为6个月,其保险期限就是6个月。育种用的家畜,其保险期限则一般为一年,满期后,可续保。

(五) 保险金额

家畜保险保险金额的确定一般有估价承保和定额承保两种方式。

1. 估价承保:根据相同种类、畜龄的家畜的市场价格来确定被保险中小家畜的价值,以其成数为保险金额,成数一般为五至七成。

2. 定额承保：由保险人根据不同类别、不同畜龄、不同用途的中小家畜的不同价值分成不同档次的保险金额,由投保人根据自身饲养的家畜的实际情况选择某个档次的保险金额确定方法。

（六）赔偿金额

按家畜的估定价值承保的,扣除残值后赔付。定额承保的家畜,按条款中规定的保险金额档次赔付,不扣残值。保险家禽发生保险责任范围内的死亡,如果实际饲养只数超过保险只数时,按保险只数占实际饲养只数的比例计算赔付。

三、水产养殖保险

（一）保险标的

利用淡水或海水水域进行人工养殖的虾、贝、藻、鱼、蟹、蚌等。

（二）保险责任

1. 死亡责任：限于非正常缺氧死亡（在高温低气压的恶劣气候条件下,淡水中所含的氧成分下降,不足以满足水生动物维持生命所需而引起的死亡）；他人投毒、爆炸死亡（他人故意向池塘水域中投放有毒物质或爆炸物引起的养殖对象的死亡）；疾病死亡（保险标的疾病、瘟疫等经治疗无效所致的死亡）等。

2. 流失责任：因自然灾害或非人为的原因所造成的保险标的流失并不可追回的损失,比如台风、暴风雨、龙卷风、洪水所造成的堤坝溃决引起的流失。

（三）除外责任

包括自然死亡或流失；放养过程中,由于天敌侵害所致使的损失；被保险人或其家属的故意行为；水质污染（限于部分险种）。

（四）保险期限

一般根据保险标的的一个养殖周围来确定；养殖周期长于一年的按一年期承保,到期续保,另行签单。如鱼、虾的保险期从春、初夏放苗开始,至秋天捕捞；蚌珠的成长期为3年,保险期限为一年,可续保2次至3年。

（五）保险金额

按照从开始养殖到收获时所投入总成本的全部或部分确定。对于某些已养殖成熟待售的水产品保险和一次性投入成本较大的水产品保险,也可以采取按产值的全部或部分确定保险金额的办法。

无论用何种方式确定保险金额,一般保险人设置30%的免赔,由被保险人自己负责损失的30%。

（六）赔偿处理

以成本方式投保时,按照成本逐渐投入、标的价值逐渐增加的规律,根据保险期内不同时期凝聚的不同成本量与保额的比例计算赔款,进行损失补偿。

以产值方式投保时,发生全损,按保额扣除残值计算。发生部分损失时,最后产值高于或等于保险产值的,保险人不予赔偿,产值低于保额的,保险人补足赔偿。

第四节 农业保险市场

一、国外农业保险运作体系和监管机制[①]

(一) 美国

美国农业保险历史久远,业务规模居世界第一,其主要通过立法、财政支持、再保险保障等多种手段维护农业保险体系的良性运转,并根据国际国内政治经济形势的发展变化不断调整优化农业保险计划。

1. 农业保险发展历程。美国政府于1938年正式推出《联邦农作物保险法》(《农业法案》第五部分)。同年,依法组建了联邦农作物保险公司(FCIC),负责承保农险业务。1939年至1980年,农业保险一直由FCIC直营,以试点形式进行。其间,《联邦农作物保险法》一共修改了12次。1980年至1996年,农业保险经营模式进入政府机构和私营保险公司共同经营的"双轨制"时代,即引进私营保险公司和代理人参与经营和产品销售,私营保险公司既可以直接从事农作物保险和再保险,独立承担风险损失责任,也可以为FCIC代办。但在此后十几年间,农作物保险参与率并没有达到预想的程度,原因是农民受灾后仍可以通过自然灾害救助计划得到补偿,制约了保险参与率。1994年,美国再次对农业保险经营管理方式和政策进行了较大变革,规定自然灾害救助必须在农民购买农业保险的前提下才能享受,实际上是用经济手段强制农民参加保险。

1996年,FCIC则逐步退出直保领域,私营保险公司开始经营或代理全部的农业保险业务。此后,美国农险经营模式逐步转为由私营保险公司单独经营的"单轨制"时代。目前,美国农业保险市场主体由政府所属的FCIC、私营保险公司、代理人与农作物保险协会(NCIS)组成。

2. 农业保险产品类型及监管。美国的农业保险种类繁多,目前可供选择的险种有20余个,产品包括多风险农作物保险、雹灾险、森林保险、天气指数保险等,覆盖124种农作物和牲畜[②]。

政府依据不同的险种大类实行差异化管理。其中,多风险农作物保险为主要险种,按产品性质分为两大类:一类是产量保险,承保产量下降带来的损失(可选产量保障程度从55%到80%);另一类是收入保险,从产量和价格(可选价格保障程度从55%到100%)两个方面对农户的收入提供保障。由于风险保障的覆盖范围从自然风险扩展到市场风险,以收入或收益为基础的保险产品受到普遍认可,近年来在农业保险业务中的比重逐步提高。

多风险农作物保险属于政策性业务,政府通过政策支持、资格准入审批、制定条款费率、提供再保险支持等多种措施推进业务。一是资格准入审批方面。私营保险公司只有经过FCIC批准后才能经营政策性险种,2013年共有16家公司获得资格,公司之间业务

[①] 中国保监会财产保险监管部.中国农业保险发展报告(2015)[M].天津:南开大学出版社,2016.
[②] 发达国家农业保险概览[N].农民日报,2017-05-17(5).

规模差别较大。二是政策支持方面。由 FCIC 对农场主提供保费补贴和对保险公司提供管理费补贴。提供最基础的风险保障(50%的产量及 55%的价格保障水平)的保险产品被称为巨灾保险产品(CAT),保费全由政府补贴;提供 50%以上保障水平的产品称为扩大保障保险产品,农户根据自己的需求和资金实力选择投保。政府根据险种及保障水平提供不同比例的保费补贴(约 35%—65%),补贴比例随着保障程度的提高而降低。补贴资金不直接进入保险公司账户,由 FCIC 统一管理,年底同私营保险公司结算。管理费补贴按照保费收入的一定比例划拨,目前为 16.25%,基本能覆盖保险公司支付给代理人的佣金。三是保险条款和费率方面。美国高度重视保险条款的完善及损失统计与调查工作。条款费率均由 FCIC 制定,私营保险公司直接使用,无需再审批或备案。费率可根据地区、作物、耕种方式、保障水平等因素进行细化,并形成标准化保单,在 FCIC 官方网站公布。四是承保理赔方面。在美国,农场主一般通过代理人统一向保险公司投保、索赔,对于超过巨灾保障水平的"扩大保险"一般仅可通过代理人投保,代理人名单由当地农业部门提供。在定损环节,集中化的农场作业方式以及发达的产业链信息系统,使得历史产量、实际产量很容易确定,同时目标价格参考期货市场,所以定损环节不需要大量的人力成本。此外,FCIC 主要运用非现场数据分析和纳税记录来控制虚假理赔现象。五是再保险保障方面。美国农业再保险体系由联邦政府建立,通过 FCIC 向私营保险公司提供成本相对低廉的比例与非比例再保险保障。私营保险公司只有在与 FCIC 签署《标准再保险协议》后,才能获得政策性业务经营资格。

农作物雹灾和火灾保险等一直以商业保险形式存在,由私营保险公司自主制定条款费率,或使用美国农作物保险协会制定的保单开展直保业务,并接受各州保监部门监管。

3. 农业保险现状。2013 年,美国农业保险保费收入近 120 亿美元。其中,80%来自收入保障保险,该险种财政支持力度大,所有保费收入中政府补贴达到 62%。主要农作物保费收入占绝大比例(如玉米、大豆、小麦、棉花四类作物的保费收入占总保费收入的 82%,承保覆盖率分别达 83%、84%、86% 和 91%)。此外,虽然所有州都开展了农险业务,但保费规模区域差别很大,排名前五位的州保费收入占全美的 42%,保费规模前十位的州占 70%左右,有 26 个州保费规模占比不足 1%(合计占比仅 7%)。

(二) 加拿大

1959 年,加拿大联邦政府通过了《农作物保险法》,明确由联邦政府对省级农业保险计划给予财政补贴,并负责和各省签订再保险协议。目前,保费由联邦政府承担 35%,各省承担 25%,农户自缴 40%;经营费用由联邦政府与省政府各承担一半。

加拿大农业保险经营主体包括特许保险公司和私营保险公司。其中,特许保险公司隶属于联邦或地方政府,专营政策性农险业务,在各省(加拿大 11 个省中有 10 个省开展政策性农险业务)设立分公司。公司高管由政府任命并受各省政府监管。每年经营盈余作为大灾风险准备金滚存到下一年度。政策性产品方面,加拿大政策性农险为产量保险,保额由播种季农产品期货市场价格和经验产量的乘积决定。条款和费率在每年初由特许保险公司与各省政府协商后确定。其中,谷物和油料作物保险实行风险费率区划,少数作物以省为基础厘定费率。

私营保险公司经营雹灾险以及其他商业性农业保险,自行制定保险条款及费率,但经营资质要经联邦或省政府批准,并接受监管机构的监管。

(三) 日本

日本从1920年开始试点,1938年颁布《农业保险法》,1947年颁布《农业灾害补偿法》,之后多次修改。日本农业保险目前采用政府支持下的共济互保形式,政府在都、道、府、县一级设农业共济联合会,在市、町、村一级设由农民组成的农业共济组合。农林水产省负责监管,重点是监督共济联合会,同时都、道、府、县也行使监管责任。农林水产省经营局下设农业保险课和农业保险监理官,对农业保险进行两年一次的例行检查和必要抽查。日本农险条款和费率由政府制定,一般由农林水产省根据历史数据确定最低费率,地方政府在不低于最低费率的情况下确定执行费率,三年修改一次。日本法律规定水稻及其他谷物、桑蚕等要强制投保,对水果、果树、糖类、温室等有最低投保面积要求。同时,日本政府为了减少农民的保险费用,对于参加农业保险的农户,不论强制保险或自愿保险都可以享受政府对保险费的补贴。而当灾害发生后,赔偿责任由农业保险三级组织(农业共济组合、农业共济联合会、农业共济再保险会计处)共同承担。一般情况下承担保险责任的保额比例为:共济组合10%—20%,联合会20%—30%,政府50%—70%,遇有特大灾害,政府承担80%—100%的保险赔款[1]。据了解,日本目前正在研究在农险领域引入商业保险机制。

(四) 印度

印度于1972年试办农业保险,主要由4家国有保险公司经营,联邦政府和州政府制定保险条款和费率上限,各保险公司可进行调整但不得超限。产品主要是指数保险,包括三大类:一是基于地区产量的国家农业保险计划(NAIS)。印度在1999年推出国家农业保险计划,属于政策性非强制保险。中央银行基于稳定农民生产生活和保证银行贷款安全的考虑,规定贷款农户必须参保,非贷款农户则自愿参加,联邦政府和州政府给予农户60%的保费补贴,农户自付40%,保险费率约为10%左右。二是在NAIS基础上进行完善的MNAIS(细分保险单元以减少基差风险)。由于MNAIS具有更好的财务稳定性,已基本替代了NAIS。三是基于天气指数的农作物保险计划(WBCIS)。2007年开始,印度在产量指数保险基础上又创新出天气指数保险,由于无需历史平均数据,理赔与实际受损无关,无需实地查勘,只要触及预先设定的气象指数,即算保险责任发生,因此比产量指数保险更加简便,可操作性强,得到了印度政府大力支持,目前已成为印度农业保险占比第二的产品。此外,传统农业保险在印度从一开始就有,由于承保和理赔操作困难,一直未能发展壮大,目前仅提供给大农场和庄园。

二、农业保险在我国的发展

(一) 农业保险发展历程[2]

中国作为农业大国,农业人口在全国人口的比例中占据绝大多数,在当时刚刚结束战争的大形势下,恢复农业生产成了重中之重,于1950年开始试办农业保险。

---

[1] 发达国家农业保险概览[N].农民日报,2017-05-17(5).
[2] 刘峰.农业保险的转型升级[N].中国金融,2016-04-15.

在新中国成立初期第一个五年计划完成后,1958年12月国内保险业务即宣布被停办。直到1982年才重新开始在部分地区以商业模式恢复试办农业保险。在之后的十年经历了市场化改革、体系化转变,农业保险蓬勃发展,1992年底,全国农业保险保费收入已达8.17亿元。

从20世纪90年代起,农业保险逐步萎缩。由于农民缴费能力较低,又缺乏政策支持,农业保险经营连年亏损,1993年至2003年,由高速增长到低速增长,农业保险占当年财产保险保费收入从1992年的2.57%到2004年的0.35%,农业保险经历了严重滑坡。

2004年起,我国新一轮的农险试点开始实施。保监会先后批设5家专业性农业保险公司(见图8-2),引进外资农业保险公司并鼓励综合性保险公司开办农业保险业务。农业保险在2007年之前一直在商业保险的框架下进行,其性质仍以商业保险为主。2007年中央财政首次列支21.5亿元预算额度进行政策性农险保费补贴试点,中央政府补贴农险正式开始。对关系国计民生的农畜产品生产保险给予补贴,逐步使商业性农业保险转变为政策性农业保险。在随后的"十一五"时期,我国农业保险的保费收入自2006年的8亿元增加到2010年的135.68亿元,增长了近16倍。2011年,我国农业保险保费收入达到173.8亿元,同比增长28.1%,为农业提供风险保障6 523亿元。农业保险覆盖农户超过1.69亿户次,承保户数同比增长20%。

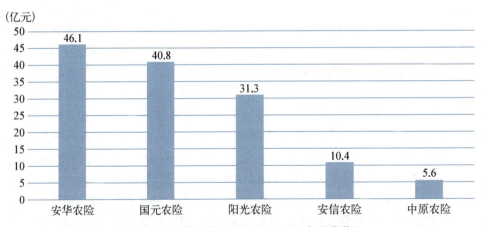

图8-2　5家专业农业保险公司2016年保费收入

资料来源:中国保险报,2017-06-14.

2012年农业保险的立法取得实质性的进展。10月24日,国务院常务会议审议通过《农业保险条例(草案)》:明确了国家对农业保险给予财税政策支持;明确了保险公司经营农业保险的原则;根据农业保险的潜在风险、业务操作及经营结果等方面的特殊性,规定了农业保险的经营规则,为农业保险规范发展奠定法律基础。

(二) 农业保险发展成效

1. 业务规模持续增长。从参保情况看,全国的农业保险金额从2006年的0.11万亿元猛增至2016年的2.16万亿元,增长了18.6倍;投保农户由2007年的0.498亿户次增加到2016年的2.04亿户次,增长了3.1倍;承保面积由2006年的2.3亿亩增长至2016年的17.2亿亩,增长了6.5倍;提供农业保险服务的机构由2006年只有5家增长至2017年的31家①。多数省份已有3家以上的经办机构,初步形成适度竞争的市场格局。我国已成为全球第二、亚洲第一大农业保险市场。

2007年至2015年,承保农作物从2.3亿亩增加到14.5亿亩,增长了5.3倍,占全国主要农作物播种面积的59%;玉米、水稻、小麦三大口粮作物平均承保覆盖率超过70%。承保农作物品种超过189种,基本覆盖农、林、牧、渔各个领域。开办区域已覆盖全国所有省份。

2. 功能作用日益突出。从保障水平看,我国农业保险的保障程度由2007年的1 720.22亿元增长至2016年的21 578.43亿元,增长了11.5倍;简单赔付率由2007年的63%增加至2016年的83%;为投保农户提供的损失赔偿(已决赔偿)由2007年的28.1亿元增加至2016年的348.1亿元,增长了11.4倍;受益农户由2006年的451.2万户次增加至2016年的4 575.5万户次,增长了9.14倍。2016年,农业保险提供风险保障2.2万亿元,是保费收入的52倍,中央财政补贴资金杠杆率128,支付赔款348亿元,同比增长33.9%,收益农户4 575.5万户次,同比增长15.1%②。

这些成就的原动力之一是中央和地方各级财政的大量投入和支持,2007年中央和地方财政补贴农业保险保费38.8亿元,2017年已增长到317.8亿元,是2007年的近8.19倍。农业保险"稳定器"和"助推器"的作用得到充分体现。

3. 改革创新不断涌现。价格保险试点已拓展到26个省市,实现保障水平从保自然风险向保市场风险扩展,协助解决基本生活品价格大幅波动导致的"菜贱伤农、菜贵伤民"问题。通过保险机制引导养殖户主动进行无害化处理,防止病死畜禽流入市场,维护社会食品安全。开展"保险+期货""保险+信贷"试点,完善农村金融服务链,缓解农户特别是新型农业经营主体"风险高、贷款难"问题。

专栏 8-1

"保险+期货"模式

早在2015年"保险+期货"模式已开始试点,后被写入中央一号文件。此次试点品种为玉米和大豆,现货规模适度增加至去年的5倍。从运营模式来看,试点方案以期货价格作为农业保险的定价基准,将保险公司面临的农产品价格波动风险剥离到期货公司,再由期货公司利用期货市场对冲风险,实现多方共赢。

农产品价格波动大,虽然有一定补贴,但并不能根本性的解决问题。美国在2000年以前,对农业也有补贴,现在通过农业保险的形式来进行。"保险+期货"模式一方面可以减轻政府的财政负担,另一方面,可扩大保险的应用范围和使用频率,真正做到"保险为民"。

短短十年间,我国农业保险走过了发达国家几十年乃至上百年走过的道路。在关于土地流转和农业适度规模经营、农业对外合作、林权制度改革等多个产业发展政策和区域发展战略中,均将农业保险作为重要的配套措施。我国农业保险也得到国际保险业的高度关注,被誉为"世界农业保险典型模式之一"。

---

① 黑龙江专员办.我国农业保险发展现状及思考[EB/OL].财政部网站,2018-01-26访问.
② 同上.

> **专栏 8-2**

中国农业保险再保险共同体

2014年11月21日,境内所有农业保险经营主体发起成立中国农业保险再保险共同体(以下简称"农共体"),集行业之力形成境内农业保险风险分散集成平台。

成立农共体的主要目的,一是确保农业保险体系稳健运行。我国农业再保险对国际市场依赖性较高,再保险供给渠道波动性较大。同时,受全球变暖的影响,我国极端天气气候事件发生概率在不断增加,区域性、流域性风险正在逐步暴露。2013年黑龙江特大洪涝灾害(赔付超过27亿元)、2014年辽宁特大旱灾(赔付超过10亿元)和海南两次台风,相关省份均出现了巨额超赔。成立农共体,有利于确保境内农业保险分保渠道的稳定。二是为农业保险扩大覆盖面和提升保障程度提供支撑。当前,我国正处于推进农业现代化的新时期,农业生产逐步向适度规模经营转变,投入规模更大,面临风险更高,对农业保险的风险保障需求也必然更加强烈。2007年至2014年,我国农业保险承保主要农作物从2.3亿亩增加到11.69亿亩;保费收入从51.8亿元增长到325.7亿元,业务规模跃居世界第二。随着保障水平与保险覆盖面的进一步扩大,农业保险大灾风险分散问题成为亟待解决的问题。成立农共体,有利于稳定直保机构信心,支持其扩面提额。三是支持促进农业保险产品创新。目前,我国一些高风险业务和国家鼓励发展的领域(如渔业保险、目标价格保险等)在国际再保险市场难以分出。成立农共体,将高风险业务与传统农业保险业务统一安排再保险,可以解除直保公司后顾之忧,支持其积极开发农户迫切需要的高保障产品。同时,农共体还可以发挥数据积累与研究作用,提高行业风险管理、产品创新与经营管理水平,为国家大灾风险分散机制积累经验、探索道路。

目前农共体可为行业提供2800亿元的承保能力,满足行业96%以上的再保险保障需求,2015年实际提供风险保障1421亿元,担任首席再保人的业务占市场份额85%以上。

案例分析

农业保险扶贫案例[①]

1. 泰国水稻保险计划

泰国政府联合农业和农业合作社银行(BAAC)、泰国保险业协会和保险公司,推出了水稻保险计划,可以在自然灾害发生的情况下,补偿农民购置种子、化肥等投入的费用。保障覆盖泰国40%的稻田和200万种植稻米的农民。其中政府负担60%保费,BAAC为贫困农民负担剩余40%保费;非贫困农民自付40%保费。

双重索赔触发条件:触发第一基于当地政府现行的灾害警报,第二基于灾害现场的损失程度。平均保额约合每亩113.33元人民币。

---

① 2017年瑞士再保险中国农险研讨会.

2. 墨西哥巨灾农险和直接赔款计划 CADENA

墨西哥保险公司和国有再保险公司 Agroasemex，携手瑞士再保险公司等国际再保险公司，通过作为被保险人的墨西哥农业、畜牧和渔业部（SAGARPA），为小农户提供经济援助，部分取代传统灾后救济。具体产品包括作物天气指数保险、作物面积指数保险、牧场级别牲畜 NDVI 保险、传统家畜保险等。可以实现快速理赔，墨西哥政府提供补贴。

3. 肯尼亚牲畜保险项目（KLIP）

由肯尼亚农业部设计保险框架并提供保费，当地保险联盟和瑞士再保险公司承保，保障农民饲养的牲畜（奶牛、山羊和骆驼）。世界银行资助的国家家畜研究所进行建模工作；第三方计算代理将观测决定是否进行索赔支付。政府为列入肯尼亚饥饿安全计划内的农民提供全额保费补贴。

该基于遥感卫星 NDVI 的保险方案，通过移动技术（POS）支付。在近几个月的严重干旱后，向 12 000 户家庭支付平均每户 160 美元（1 050 元人民币）的赔偿。

4. 危地马拉面对中小企业的营业中断小额保险

产品设计由 MiCRO 提供，产品由危地马拉当地保险公司 Banrural 和 Aseguradora Rural 承保。保障因降雨过多、严重干旱和地震等影响造成营业中断的农业和小型企业的损失。

该巨灾风险指数保单通过客观数据（包括 NASA 卫星）验证的预定指标自动触发保单，持有人还可以接受由国家相关机构组织的管理灾害风险的培训。

5. 印度尼西亚小微金融抵御地震风险

保护小额信贷机构免受因自然灾害导致借贷人无法偿还的风险。在亚齐和苏门答腊地区，为小额信贷机构（MFIs）在地震后的贷款损失提供保障。小额信贷机构可以立即获得赔偿，其客户可享受贷款还款期的延长，同时还可以提供额外的紧急贷款。

本 章 小 结

1. 农业保险，是指以农业生产中处于生长期或收获期的农作物、经济作物或牲畜和水产养殖物为保险标的，承保种植业、养殖业因遭受自然灾害、意外事故疫病或者疾病造成的损失的财产损失保险。农业保险不同于一般财产保险，其保险标的具有生命性，经营风险较大、经营费用高，具有地域性和季节性，同时也有很强的政策性。

2. 种植业保险，是指保险人对被保险人在从事种植业生产过程中，由于其所种植的各种作物、林木等遭受自然灾害或意外事故所造成的损失，给予经济补偿的一种保险。主要险种有生长期农作物保险、收获期农作物保险和林木保险。

3. 养殖业保险是指保险人对被保险人在从事养殖生产过程中，因遭受自然灾害或意外事故致使养殖的动物造成损失，给予经济补偿的一种保险。我国常见的养殖保险有牲畜保险、家禽家畜保险、水产养殖保险。

4. 大多数国家都开展了农业保险。发展至今，美国的农业保险市场发展得最好，业务规模世界第一。相比之下,中国的农业保险则起步较晚,还经历了中断的时期,2004年,我国新一轮的农险试点开始实施。发展到现在,我国农业保险发展初有成效,业务规模持续增长、功能作用日益突出、改革创新不断涌现。

重 要 概 念

农业保险　种植业保险　养殖业保险

习题与思考题

1. 农业保险区别于一般财产保险的特征有哪些?
2. 农业保险的经营原则是什么?
3. 种植业保险主要有哪些险种?
4. 养殖业保险主要有哪些险种?
5. 我国农业保险发展现状和存在的问题是什么?
6. 联合国粮农组织2001年公布了目前全球公认的粮食安全定义:"粮食安全是这样一种情形:当任何人在任何时候从物质和经济角度都可以获得充足,安全和营养的食物,可以满足其积极健康生活的饮食需求和食物偏好。"请分析农业保险如何在保障粮食安全问题上发挥作用。
7. 材料分析题[①]

中国是世界上最大的农业国之一,农业部门占GDP的10%,占全国就业人口40%。虽然农业部门具有全球重要性,但是中国在满足国内粮食需求和防范洪水、干旱或台风等自然灾害方面面临着重大挑战。因此在1999—2003年间粮食产量显著下滑的刺激下,中国政府采取一系列措施提振农业,包括增加农业投入和机械补贴、保障粮食最低采购价、免征税收及提供粮食直补。自此之后发展农业一直是中国政府的工作重点,同时政府也打算提高对世界农业商品市场的利用并提升农民的经济和社会地位。

2007年以来,中国政府为农民提供保费补贴支持,使得农民有能力购买农业保险。中央政府为国家多种灾害保险试点计划提供补贴,该计划覆盖六个省份及多种主要农作物。计划还提供牲畜补贴,涵盖母猪和母牛。2012年,试点计划扩大至全国,并包括更多农作物,如谷物、棉花、油类植物和糖类植物。中央政府还计划为林业、生猪和橡胶设计和开发出更多保险计划。此外,中央政府未提供补贴的一些特殊农作物得到省级政府补贴支持。

请思考:

(1) 中国的农业发展面临哪些风险?
(2) 农业保险应该如何发展来保障中国的粮食安全?
(3) 政府应该在农业保险发展中扮演怎样的角色?

---

① 瑞士再保险.携手应对新兴市场的粮食安全问题[J].Sigma,2013(1).

第九章

信用与保证保险

学习目标

1. 了解信用与保证保险的概念和特点
2. 掌握信用风险的可保性
3. 了解我国信用保险的发展轨迹与发展状况
4. 了解我国保证保险的发展过程、模式及发展状况
5. 通过案例进一步加深对保险公司经营保证保险的风险及风险管理的了解

第一节 信用与保证保险理论基础

一、信用与保证保险的界定

信用与保证保险是由保险人为被保证人向权利人提供担保的保险。当被保证人的作为或不作为致使权利人遭受经济损失时,保险人负经济赔偿责任。因此,信用、保证保险实际上是一种担保业务。

在信用、保证保险中,涉及的当事人有三个方面,即保证人(保险人)、权利人(被保险人或受益人)和义务人(被保证人)。投保方既可以是义务人,也可以是权利人。因此,根据投保对象不同,信用与保证保险可分为保证保险和信用保险两种。

(一)信用保险的概念

信用保险指权利人直接向保险人投保,要保险人担保被保证人的信用,它是权利人要求保险人为他人(被保证人)的信用提供担保。当权利人因发生保险事故遭到经济损失时,作为担保方的保险人,只在被保证人不能补偿损失时,才行使代为补偿的职责。并且,被保证人对保险人(保证人)为其向权利人支付的任何补偿均有返还给保险人的义务。

(二)保证保险的概念

保证保险,指被保证人(义务人)根据权利人的要求,向保险人投保,要保险人担保自己的行为。保险人承保的是投保人自己的信用。换言之,保证保险是被保证人借保险人的信用,向权利人提供担保。

二、信用风险的可保性分析

在商业活动中,债权债务关系的出现标志着信用的产生,随着经济的发展逐渐演化出商业信用、银行信用与国家信用等类别。信用可以为信用主体带来信用利益,但同时,也使得他们会面临信用风险。信用风险是由于债务人信用状况和履约能力的变化导致债权人资产价值遭受损失的不确定性。现代经济是信用经济,建立在信用交易基础之上,在全球经济、政治、技术快速发展变化的背景下,信用风险也以指数形式增长,需要得到有效的管理。

保险是专业有效的风险管理工具,但并不是所有的风险都可以通过保险进行转移,可保风险需要满足一定的条件:纯粹风险、可测性、偶然性、意外性以及大量相互独立的同质风险单位存在。而信用风险满足可保风险的条件,以信用风险作为保险标的的信用与保证保险才得以形成与发展。

(一)信用风险在信用经济下具有一定的纯粹风险特征

债权人和债务人之间面临的主要风险就是信用风险,从债务人角度看,如果不按时充分履行还款义务,短时间似乎取得了收益,但是在现代信用经济下,由于信用体系的建立,债务人不履行债务会使其信用能力下降,将来资金紧缺时再想获取借款是非常困难的,严重可能导致破产,因此从长远利益来考虑,在信用信息充分披露情况下,信用风险也具备了纯粹风险的特点。

(二)信用风险能够确定和测量

信用风险的度量大致可分为三个阶段,在 1970 年以前,大多数金融机构基本上采取专家分析法,即依据专家的经验和主观分析来评估信用风险,专家通过分析借款人的财务信息、经营信息、经济环境等因素,来对借款人的资信、品质等进行评判,以确定是否给予贷款。这个阶段评估信用风险的主要方法有 SC 法、5W 或 5P 法、LAPP 法、五级分类法等等,主要采用的是定性评估方法。从 20 世纪 70 年代初到 80 年代底,金融机构主要采用基于财务指标的信用评分方法,以关键财务比率为基础,对粹财务比率赋予不同权重,通过模型产生一个信用风险分数或违约概率,如果该分数或概率超过一定值,就认为该项目隐含较大的信用风险。主要包括线性概率模型、Logit 模型、Probit 模型、Altman Z 值模型与 ZETA 模型等。20 世纪 90 年代以来,一些著名金融机构运用现代金融理论和数学工具来定量评估信用风险,建立了以风险价值为基础、以违约概率和预期损失为核心指标的度量模型,现代信用风险度量模型主要包括 CreditMetrics 模型、信用监控模型(KMV 模型)、CreditRisk+模型以及信贷组合观点(Credit Portfolio View)四大类模型。现代计量工具的应用使得信用风险具备可测性。

(三)信用风险发生具有意外性,且概率较小

债务人的生产经营会受到外部经济环境和内部经营管理环境的影响,这些环境发生变化都有可能造成债务人还款能力下降,发生信用风险。由企业自身故意行为以外的其他因素引发的信用风险具有意外性,保险公司可以予以赔偿。另外在债务人可以正常运作的情况下,会按照签订的贷款合同要求按时归还贷款,因此贷款信用风险造成损失发生的概率通常较小,并且,在信用经济中,债务人为保持自身的信用评级,降低将来的贷款成

本,也会努力降低信用风险的发生。

(四) 信用风险具有大量同质且相互独立的风险单位

从企业债务人角度来看,中小企业的数量非常多,满足大数的要求,且每个企业的经营状况不同,企业涉及到各个行业,大多数企业同时遭受风险事故一般不会发生,所以对于信用风险来说,其保险标的存在大量同质独立的风险单位且风险分散。

三、信用与保证保险的独特属性

(一) 信用与保证保险区别于一般保险的特性

与一般商业保险相比,信用与保证保险有如下共同特性。

1. 信用与保证保险法律关系的主体有三方。一般保险合同是在投保人和保险人之间签订的。而信用、保证保险合同当事人有三方,即保证人、被保证人和权利人。

信用、保证保险中的保证人一般为保险人。由于其他机构亦可从事担保业务,因此,保证人应是法律允许从事保证业务的各类法人。

被保证人是合同当事人的一方,可以是法人,也可以是自然人。

权利人是享受保证保险合同保障的人,是享受与被保险人签订合同利益的一方。当被保证人违约或不忠诚使权利人遭受经济损失时,权利人有权从保险人处获得补偿。

2. 在信用与保证保险中,保证人承诺的责任通常属"第二性"付款责任。信用与保证保险合同是保险人对另一方的债务偿付、违约或失误承担附属性责任的书面承诺。这种承诺是在信用、保证保险合同规定的履行条件已具备,而被保证人不履行合同义务的情况下,保险人即保证人才履行赔偿责任。当发生保险事故,权利人遭受经济损失时,只有在被保证人不能补偿损失时,才由保险人代为补偿。

3. 被保证人对保险人有偿还的义务。由于信用、保证保险承保的是一种无形的信用风险,保险人必须事先对被保证人的资信进行审查,并要求被保证人提供反担保,以保障其对权利人支付的任何赔偿能从被保证人处得到返回。

4. 从理论上讲,保险人经营这类业务只是收取担保费而无承保利润可言。这是因为信用与保证保险均由直接责任者承担责任,保险人不是从抵押财物中得到补偿,就是行使追偿权追回赔款。

(二) 信用保险和保证保险的区别

在实务中,尽管信用保险和保证保险承保的标的都是信用风险,但两者又存在着一定的区别,主要表现在以下几个方面:

1. 承保模式不同。信用保险是填写保险单来承保的,其保险单同其他财险保险单并无大的差别,都规定了责任范围、除外责任、保险金额(责任限额)、保险费、损失赔偿、被保险人权利义务条款等;而保证保险是出立保证书,与财产保险保单有本质区别,其内容很简单,只规定担保事宜。

2. 合同主体不同。信用保险的被保险人是权利人,承保的是被保证人(义务人)的信用风险,除保险人外,保险合同中只涉及权利人和义务人两方;保证保险是义务人应权利人的要求投保自己的信用风险,义务人是被保证人,由保险公司出立保证书担保,保险公司实际上是保证人。保险公司为减少风险往往要求义务人提供反担保(由其他人或单位向保险公司保证义务人履行义务),这样保证保险中还涉及义务人、反担保人和权利人三方。

3. 承担风险不同。信用保险中,被保险人交纳保费是为了把可能因义务人不履行义务而使自己受到损失的风险转嫁给保险人,保险人承担着实实在在的风险,必须把保费的大部分或全部用于赔款。保险人赔偿后虽然可以向责任方追偿,但成功率很低。保证保险中,义务人(被保险人)交纳保费是为了获得向权利人保证履行义务的凭证,即保险人只出立保证书,履约的全部义务还是由义务人自己承担,理论上讲没有发生风险转移,保险人收的保费则是凭其信用资格而获得的一种服务费,风险或损失仍由义务人或反担保人承担,在两者都没能力承担时才由保险公司代为履行义务,因而对保险人而言,风险相对小得多。

第二节　我国信用保险的发展

一、我国信用保险的发展轨迹与整体发展情况

(一) 我国信用保险的发展轨迹

我国的信用保险的发展始于 20 世纪 80 年代初期。1983 年初,中国人民保险公司上海分公司与中国银行上海分行达成协议,对一笔出口船舶的买方信贷提供中、长期信用保险;1986 年人保开始试办短期出口信用保险;1988 年,国务院正式决定由中国人民保险公司试办出口信用保险业务,并在该公司设立了信用保险部。1994 年以后,中国进出口银行也经办各种出口信用保险业务。

2001 年 12 月,我国第一家专门经营信用保险的国有独资的中国出口信用保险公司(简称中国信保)成立,成为我国唯一一家非营利性质,合法经营政策性出口信用保险业务的专业机构。2003 年,平安联合国际保险巨头科法斯推出了国内短期信用保险,其后,其他一些实力较强的保险企业也采用与国际保险企业合作的方式,借鉴国际发展经验来发展国内商业信用保险,推出短期险业务。2013 年底,中国人民保险公司重新取得经营出口信用保险的营业执照,长达 13 年的出口信用保险独家经营的格局被打破,随后太平洋保险公司、平安保险公司和大地保险公司等陆续获得试运营信用保险业务的执照。

(二) 我国信用保险的发展种类

我国信用保险分为国内信用保险、出口信用保险和投资保险,因出口业务存在较高的商业风险和政治风险,信用保险尤其在进出口贸易中被普遍使用。

1. 国内信用保险。国内信用保险是以国内贸易中赊购的买方信用、接受预付款的卖方信用、借贷活动中的借方信用等为保险标的的信用保险。主要包括贷款信用保险、赊销信用保险以及预付信用保险。

贷款信用保险是保险人对贷款人(银行或其他金融机构)与借款人之间的借贷合同进行担保并承保借款人信用风险的保险。在贷款信用保险中,贷款方(即债权人)是投保人。当保单签发后,贷款方即成为被保险人。当企业无法归还贷款时,债权人可以从保险人那里获得补偿。贷款人在获得保险人的补偿后,必须将债权转让给保险人,由保险人向借款

人追偿。

赊销信用保险是为国内商业贸易中延期付款或分期付款行为提供信用担保的一种信用保险业务。投保人(被保险人)是制造商或供应商,保险人所承担的是买方的信用风险。

预付信用保险是保险人为卖方交付货物提供信用担保的一种信用保险业务。投保人(被保险人)是商品的买方,保险人所承保的是卖方的信用风险。

2. 出口信用保险。出口信用保险是承保出口商在经营出口业务的过程中因进口商方面的商业风险或进口国方面的政治风险而遭受损失的一种特殊的保险。

进口商的商业风险指买方付款信用方面的风险,又称买方风险。包括买方破产或实际已资不抵债而无力偿还货款、买方逾期不付款、买方违约拒收货物,致使货物被运回、降价转卖或放弃等风险。

政治风险是指与被保险人进行贸易的买方所在国或第三国发生内部政治、经济状况的变化而导致买卖双方都无法控制的收汇风险,又称国家风险。包括买方所在国实行外汇管制,限制汇兑;买方所在国实行进口管制,禁止该类商品进口;买方的进口许可证被撤销;买方所在国颁布延期付款令;买方所在国发生战争、动乱、骚乱、暴动等;买方所在国或任何有关第三国发生非常事件致使买方无法履约等风险。

出口信用保险不同于一般的保险,它在相当程度上承保的是进口商的道德风险,因而风险比较复杂,需要有一整套承保理赔的专业调查网络予以配合,这是一般保险人无力承受的。因此,世界各国出口信用保险一般都由政府直接办理,或由政府投资成立一个专门负责提供出口信用保险的经营实体办理,有的国家政府则委托私营机构代理。2001 年,我国正式设立了专业的出口信用保险公司负责办理出口信用保险业务。

出口信用保险通常分短期与中长期两种。短期出口信用保险合同适用于支付货款信用期不超过 180 天的出口贸易的保险(有时也可承保货款信用期延长至 365 天的出口贸易)。一般适用于大批量,重复性出口的初级产品和消费性产品。中长期出口信用保险合同适用于资本性货物,如船舶、飞机、成套设备等出口以及工程承包、技术服务等合同,信用期限在 180 天以上或 5 年、8 年。这类合同由于金额大,执行时间长,涉及的产品要专门设计、制造,货物的交付与货款的支付办法与一般性货物的出口有较大差别,因此保险的条件和承保的方法,也不同于短期出口信用保险,需要保险人早期介入,采用专门设计的保单承保。

专栏 9—1

出口信用保险案例[①]

2005 年 4 月,东北地区某出口企业 A 公司向欧洲买家 B 公司出口男士羽绒服,合同金额 18 万美元,结算方式为 OA(OPEN ACCOUNT 赊销)60 天。A 公司于货物出口前在辽宁信保投保了短期出口信用保险,并获得保险人批复的买方信用限额 20 万美元。货物出口后,欧盟颁布特保措施,禁止中国纺织品入关,致使货物无法通关,A 公司遂向辽宁信保通报可能损失。

---

① 中国纺织品欧盟遇险信保解难[EB/OL].中国纺织,http://www.tnc.com.cn/info/c-012001-d-85101.html.

接到 A 公司的报损通知后,辽宁信保立即要求 A 公司将货物退运回国,避免发生过高的港口费和滞期费,同时积极协助 A 公司在国内尽快处理货物,最终将货差及各项费用损失控制在 5 万美元以内。对 A 公司此笔业务造成的损失,中国信保最终承担了全部的保险责任,并及时向 A 公司支付了赔款。

可以说,本案是一起政治风险致损的典型案例。政治风险多由国家和政府原因造成,如 2004—2005 年间,欧美等进口国政府先后以"禽流感""特保设限"等为由禁止货物通关,致使出口企业蒙受较大损失。此外,随着贸易保护主义的抬头,行业标准等非关税壁垒措施增加,也导致国际贸易风险加大。由于政治风险多为巨灾类风险,突发性高、影响面大,事先不易预防,短期内又很难消除,所以一旦发生,往往给出口商造成巨额经济损失。中国信保作为国家出资设立的政策性保险公司,本着扶持企业走出去的基本经营理念,通过承保政治风险,充分彰显出中国信保的政策性保障功能。

3. 投资保险。投资保险又称政治保险,承保本国对外进行投资的投资人在投资期间因对方国家的政治原因造成的投资损失的风险。

投资保险的保障范围大致有:因东道国实行国有化或其他原因,使投资项目被没收或征用的损失;因东道国限制汇兑,使投资者的资本或利润不能汇回本国而造成的损失;东道国发生战争、革命、内乱使投资项目遭到损毁或无法运作而造成的损失。原则上只承保新的直接的投资项目,包括:现金投入、机器设备投入、建筑物、技术专利等。

投资保险的保险期分为短期和长期两种。短期为一年;长期为 3 年至 15 年。投保 3 年后,被保险人可以要求注销保单,但未到 3 年提前注销保单,被保险人须交足 3 年保费。

专栏 9-2

投资保险案例[①]

K 公司拥有中亚某国某油田的勘探开发许可权,其股东为注册在英属曼岛的 A 公司和注册在该中亚某国的 T 公司,各占股 50%。中国的 ZH 公司、SP 公司联合收购了 A 公司 100% 股权,从而获得该油田 50% 的权益,并参与该油田的开发生产和经营。

其中,ZH 公司的投资总额中 30% 为自有资金,70% 从中资某银行贷款。在进行了深入的国别风险和具体承保风险分析后,中国信保通过海外投资股权保险产品为 ZH 公司全部收购投资提供了征收、战争、汇兑限制和政府违约风险保障。

(三) 我国信用保险的整体发展情况

我国信用保险占整个财产保险市场份额的比例较小。按照中国保险年鉴统计数据,2016 年,信用保险原保险保费收入 380.51 亿元,占财产公司保险业务的比例为 2.41%。

[①] 中亚某国石油收购项目海外投资股权保险[EB/OL].中国出口信用保险公司网站,http://www.sinosure.com.cn/sinosure/ywjs/tz/zlbx/hwtz-gq-bx/index.html.

图 9-1　我国信用保险与财险公司保费收入对比

二、国内信用保险的政策环境变化与发展情况

（一）国内信用保险发展的政策环境

我国正在积极加强信用体系建设，改善信用环境，这是信用保险发展的重要环境基础。从政策导向看，政府高度重视社会诚信建设，多次召开重要会议对信用体系建设进行部署，将其作为市场决定资源配置的重要配套措施。2012 年，央行及发改委牵头 36 家成员单位，发起了社会信用体系建设部际联席会议。保监会、国家发展改革委联合印发了《中国保险业信用体系建设规划（2015—2020 年）》，其中明确保险业信用体系建设目前亟待建立保险业统一信用信息平台和健全守信激励失信惩罚机制。2015 年 6 月，网站"信用中国"的上线使得国家统一信息平台的建设又向前迈了一大步，许多企业和个人的信用状况都可以在该网站查询，很小的失信违约也会被立即记录在案。

另外，国家鼓励商业信用保险发展。2009 年，我国首次采用财政补贴的形式推动国内商业信用保险发展，对投保企业进行不高于实际所缴保险费 50% 的基本保费补贴。2010 年在此基础上给予投保下乡产品国内商业信用险的"家电下乡"企业 10% 的下乡保费补贴，并设置最高补助上限，投保方若为中小商贸企业补助上限为 20 万。在对保险公司的补助上，规定保险公司为中小商贸企业 800 万以下的融资提供保障，若保费率不高于银行同期贷款基准利率化 25%，将获得不高于 0.2% 融资款项且最高 500 万的风险补助。国家通过政策引导的形式倡导企业投保信用保险，提升风控能力水平。

（二）国内信用保险的发展状况

国内商业信用保险发展时间短、基础薄弱，虽然近几年得到了一定发展，但业务规模还很小。发达地区国家企业普遍投保信用保险，福布斯 500 强中 80% 的企业，70% 的欧盟内部贸易总量（包含内贸和出口）都通过信用保险来保障贸易安全。而我国国内商业信用保险承保金额每年只有内贸份额 1% 左右，大约为 2 000 亿元。与世界发达国家作比较，我国商业信用保险发展程度较低。

虽然经营企业逐步增加，但业务种类和品种有待完善。平安财险和科法斯合作，从 2003 年 10 月启动国内短期贸易信用保险以来，经营国内商业信用保险的企业陆续增加。

2006年，中信保正式试办内贸险业务。安联、大地、人保财险、太平洋财险、中银保险等也陆续开展国内信用保险业务。但各公司的信用险产品都比较雷同且单一，主要是账期在180天以内的短期贸易信用险，类型多年变化不大。

三、出口信用保险的发展状况

我国出口保险业务作为一项政策性保险，始终围绕服务国家战略，在支持我国外经贸发展、保障国家经济安全以及促进经济增长和产业升级、促进就业和国际收支平衡等方面，发挥卓有成效的作用。

我国出口信用保险的业务种类不断增加，目前中国信保有短期出口信用保险、中长期出口信用保险、投资保险、担保业务以及商账追收、资信评估、贸易融资等，其中以短期和中长期业务保险为主。

我国出口信用保险承保额增长快速，增长率高于GDP和出口贸易额的增长率。2002年出口信用保险的承保额为27.5亿美元，2015年承保金额为4 715.10亿美元，经过十几年承保额增加了一百多倍。

表9-1 我国出口总额和出口信用保险承保额　　　　　　　　　单位：亿美元

年　份	2008	2009	2010	2011	2012	2013	2014	2015
出口额	14 306.9	12 016.1	15 777.5	18 983.8	20 487.1	22 090	26 430	22 700
承保额	627	1 166	1 329.8	2 275.3	2 936.5	3 230.2	4 450	4 715.1

数据来源：中国保险统计年鉴、中国出口信用保险公司年度报告.

图9-2 出口信用保险、GDP、出口总额增长率

我国出口信用保险业务种类发展不均衡，短期出口信用保险占据主要地位，而中长期业务所占比例较小。短期险承保额从2003年的42.5亿美元发展到2015年的3 638.8亿美元。而中长期信用保险承保额仅从2003年的13.6亿美元增长到2015年的238亿美元。如表9-2所示，出口信用保险不同业务的承保金额，随着时间的推移，各业务所占比例不但没有越来越均衡，反而差距越来越大。

表 9-2　出口信用保险各业务的承保额　　　　　　　　　　　　单位：亿美元

年　份	2007	2008	2009	2010	2011	2012	2013	2014	2015
短　期	301	370	902	1 500	2 043	2 811	3 093	3 825	3 638
中长期	34.5	26.4	80.6	73.1	96.4	124.7	181	273	238
海外投资	39	53	46.6	51.2	164.8	245	304	358	409.4

数据来源：中国出口信用保险公司网站.

专栏 9-3

中国信保支持"中巴经济走廊"项目

1. 项目背景

巴基斯坦是中国"一带一路"倡议的重要沿线国家。旗舰项目"中巴经济走廊"正在全面推进，中巴经贸合作以走廊建设为引领，以瓜尔达港、能源、交通基础设施和产业合作为重点，形成"1+4"经济合作布局。目前，巴基斯坦能源短缺现象严重，已经成为制约巴基斯坦经济发展和民生改善的主要因素。"中巴经济走廊"投资中，将近1/3用于支持能源项目。塔尔煤电一体化项目所开发的煤矿是全球煤炭储量最大的煤矿之一，储量为1 750亿吨，项目的顺利完成不仅能缓解巴基斯坦面临电力缺口扩大的压力，还能提高巴基斯坦采矿行业整体水平，改善塔尔地区的就业状况，为当地的社会与经济发展带来积极效益。

2. 项目风险分析

从宏观层面来看，一是政治风险。巴基斯坦的政治风险主要是由于腐败丑闻引发朝野政党角力，执政党穆斯林联盟（谢里夫派）经受考验，各党围绕2018年选举积极备战，政局稳中有变，地方利益争夺激烈，借"线路之争"向"中巴经济走廊"发难。

二是宏观经济风险。由于安全形势不稳、能源供应短缺、基础设施落后等制约因素缓解尚需时日，加之国际贸易处于不利地位、政府负担沉重以及投资资金短缺等问题短期内难以解决，巴基斯坦的经济增速难以达到预期。

三是税收风险。巴基斯坦存在税收制度不健全和税收政策体系不稳定等问题，随着巴政府债务压力增大，联邦政府除了开源节流无更多政策选择，增加税收、提高税率的税制改革趋势加强。

四是安全风险。巴基斯坦2016年以来暴恐袭击事件时有发生，短期内难以根本改善。巴基斯坦塔利班及"东伊运"恐怖组织等对中国项目和人员安全威胁上升。

就项目本身而言，由于项目规模庞大、实施时间长且涉及较多参与方，融资需求非常大，结构十分复杂，项目涉及银行共计超过15家，除了提供项目贷款的中方银团和巴方银团（共13家），在煤矿和电站两个项目上还分别有流动资金贷款人，在购电及供煤协议下另有开具信用证的银行。

3. 中国信保承保分析

中国信保承保了该项目的中长期出口买方信贷保险，保险责任范围包括商业风险政治风险，保单承保金额较高，赔付率为95%，给予了中资银团有力的支持。中国信保在承保时充分考虑了巴基斯坦当地的政治事件和项目所涉及到的商业事件。该项目保单承保的传统政治风险主要囊括了战争、革命、暴乱、征收、汇兑限制以及政府颁布延期付款令,此外,考虑到巴基斯坦2016年以来恐怖主义活动时有出现,中国信保还将恐怖主义行动及与之相关的破坏活动纳入承保范围之中,出现上述政治事件,中国信保将根据赔偿比例在最高赔偿限额内承担贷款本金及利息的赔偿责任。保单承保的商业风险包括借款人破产、解散,及借款人拖欠贷款协议项下应付的本金或利息。

买方信贷保险是中国出口信用保险公司向贷款银行提供还款风险保障的一种政策性保险产品,承保人在考虑承保时主要关注内容包括商务合同的价格构成、预付款和国产化比例,项目所在国别的商会、商务处支持力度,出口商的履约资质及海外业绩、借款人及担保人的资质和买方信贷合格贷款银行的资质等因素。出口信用保险机构处于控制风险总量、分散风险的考虑,在对世界各国进行风险评级的基础上设立国家承保限额,并进行动态调整。

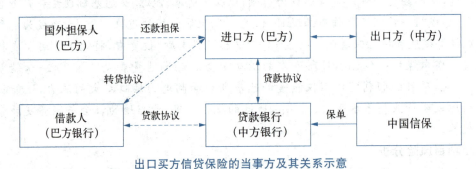

出口买方信贷保险的当事方及其关系示意

第三节 "互联网+"及小微企业政策背景下我国保证保险的发展

一、我国保证保险的初始发展阶段

(一)我国保证保险初始阶段的发展背景

从20世纪90年代末到2009年是我国保证保险发展的尝试阶段。这一阶段中,保证保险经历了从试点、飞速发展、萎缩的整个轮回。

1998年,在亚洲金融危机的冲击下,中国政府着手扩大内需。当年9月,中国人民银行颁布《汽车消费贷款管理办法》,该办法规定:以质押方式申请贷款的,或银行、保险公司提供连带责任保证的,首期付款额不得少于购车款的20%,借款额最高不得超过购车款的80%。

(二)我国保证保险初始阶段的发展情况

财险公司的汽车消费贷款保证保险(简称"车贷险"),因其可以满足消费者的低首付需求,受到了市场的热捧,于是财险公司纷纷涉足这一市场。据保监会2004年公布的数据,车贷险自推出后以年均200%以上的速度迅猛增长。

然而,在激进扩张之下,2001年以来车贷险业务经营风险日渐显现:一是诈骗、挪用资金、恶意拖欠及经营不善引发了严重的拖欠贷款问题,致使赔付率高企;二是涉嫌诈骗案件和法律纠纷较多,使保险公司陷入大量的刑事案件和诉讼纠纷中;三是为清理逾期贷款,保险公司付出了很高的管理成本。部分地区车贷险业务赔付率高达100%以上。为此有的公司停办此项业务,进行清理整顿。

当时我国车贷险业务经营风险形成的主要原因在于:一是信用体系不健全,缺乏信用监督和惩罚机制;二是车贷险产品设计不合理,责任范围过大,极易诱发借款人道德风险;三是保险公司对车贷险业务的风险性认识不足;四是社会环境变化对车贷险经营影响较大。

2004年1月,针对车贷险市场中存在的突出问题,保监会制定下发了《关于规范汽车消费贷款保证保险业务有关问题的通知》,要求保险公司加强集中管理,建立完善风险控制机制,审慎开展车贷险业务。

二、新阶段我国保证保险的发展动因

2009年以后,我国保证保险发展进入一个新的阶段。2009年,新《保险法》颁布,保证保险被明确列在财产保险项下,随着互联网的广泛发展和应用,P2P热火朝天发展,政府部门不断出台政策推动小微企业贷款保证保险,我国保证保险得到了迅速的发展。2015年,保证保险原保险保费收入达到208.1亿元。这一阶段保证保险的发展重心在贷款保证保险,尤其是得到国家政策支持的小额贷款保证保险,2015年,我国贷款保证保险保费收入为192.55亿元,占保证保险总保险保费收入的92.5%。2016年1月成立的阳光渝融信用保证保险股份有限公司,是我国首家市场化专业信用保证保险公司。

(一)"互联网+"背景下P2P飞速发展,对信用保证保险需求大增

随着全球新一轮科技革命和产业变革,互联网与各领域的融合发展成为不可阻挡的时代潮流,我国进入"互联网+"时代,所谓"互联网+"就是"互联网+各个传统行业",但这并不是简单的两者相加,而是利用信息通信技术以及互联网平台,让互联网与传统行业进行深度融合,创造新的发展生态。2015年,国务院发布《国务院关于积极推进"互联网+"行动的指导意见》,提出了"互联网+"的发展目标、思路和原则。

P2P正是"互联网+金融"的产物,所谓P2P是"person-to-person"(或 peer-to-peer)的缩写,是一种将小额资金聚集起来借贷给有资金需求方的一种商业模型,由具有资质的网络信贷公司(第三方公司、网站)作为中介平台,借助互联网、移动互联网技术提供信息发布和交易实现的网络平台,把借、贷双方对接起来实现各自的借贷需求。P2P在我国正式出现是2006年,到了2015年,P2P平台数量已经超过了3 600家,网贷成交额突破万亿,P2P正发展成为中国金融业内一股不可忽视的力量。但与此同时,P2P平台信用风险凸显,平台卷钱跑路,提现异常等问题频发,针对互联网金融的风险隐患,监管部门鼓励保险公司与互联网企业合作,提升互联网金融企业风险抵御能力。

(二)国家重视小微企业发展,推动小额贷款保证保险进行增信

这一时期我国政府重视小微企业发展,不断出台政策支持小微企业,其中很重要的一

项就是通过推动小额贷款保证保险进而推动小微企业发展。2011年10月,国务院出台措施拓宽小微企业融资渠道,发展小微企业贷款保证保险。2011年12月,保监会要求广大险企发挥增信作用。2013年国务院提出"试点推广小额贷款保证保险"的意见,要求保险公司与银行加强业务合作,共同分担小微企业贷款信用风险。2015年,保监会联合工信部、商务部、人民银行、银监会出台《关于大力发展信用保证保险服务和支持小微企业的指导意见》,鼓励银行对购买保证保险的小微企业给予贷款优惠政策,允许具有一定小贷业务规模的保险公司接入人民银行征信系统,鼓励保险公司创新经营模式、创新保险产品,助推缓解小微企业融资难、融资贵问题。根据保监会数据,2015年6月,全国已经有浙江、重庆等25个省市推出小微企业贷款保证保险试点,贷款保证保险业务保费收入在财产保险公司保费总收入中的占比不断增大。

同时我国保险业在传统财险市场上的竞争激烈,中小保险公司生存压力大,需要开拓新的市场找寻新的利润来源,保证保险在此背景下得到了飞速发展。

三、新阶段我国保险保险的发展模式

国内保证保险总体上呈现三种模式。

(一)"银保合作"模式

"银保合作"模式是纯市场化的运作方式,金融机构间进行的商业化合作。2006年,平安产险信用保证保险事业部首创"保证保险+银行贷款"的业务模式,推出了个人消费信用保证保险,2012年3月,平安推出小微企业贷款保证保险。在具体操作上,保险公司依托线下团队获取和筛选客户,通过小额贷款履约保证保险为客户增信,之后与银行资金对接。在风险控制方面,平安财险采用央行的征信记录,包括个人和公司的信用信息,另外还委派专门的核保专员,通过实地调查的方式了解企业的具体信息,有效地控制了风险。不过也正因为核保严格,承保总额只有1亿元左右。

"银保合作"模式的另一种表现方式是"保证保险+P2P网贷平台"。P2P网贷平台投保履约保证保险,当P2P网贷平台上的借款人不按合同规定履行偿还债务本息的义务时,保险公司提供赔付。保险公司为P2P网贷平台增信,并且提升互联网金融企业风险抵御能力。

(二)"政银保"模式

"政银保"模式是通过政府支持,保险公司开发小额贷款保证保险等保险新产品,银行依据保险分散风险发放贷款或提供服务,用来缓解科技中小企业以及小微企业所面临的融资困难和融资成本高的问题,即采用政府、银行以及保险三者相结合的模式。

"政银保"贷款保证保险的一般运营模式:首先,想要贷款的小微企业或者涉农企业向银行和保险公司提出贷款申请,经过审查后对于符合条件的企业需要向保险公司购买贷款保证保险。其次,针对符合条件的企业,保险公司承保后会相应的给企业增信保单,与此同时,银行会为小微企业提供所需款项。再次,财政有相应的资金池针对借款户一定比例的保费进行补贴。最后,当企业出现违约,损失的部分由保险公司和银行以及政府财政按各自的比例来分担,当然此时保险公司可以向借款人的逾期贷款进行追偿,追偿物由三者各自赔付比例来分担。

专栏 9-4

浙江"政银保"模式试点

2009年浙江省宁波市为了促进当地经济的发展而推行小额贷款保证保险的试点工作。由于有些企业自身资质信用较低,在申请贷款时候需要银行和保险公司共同把关防止出现信用违约。宁波市政府建立专门的资金池用于超赔补偿机制,当企业出现违约的情况,银行和保险公司共担风险,当保险公司在该保险赔款额度超过当年保费收入的150%的部分,则政府给予补偿。从目前的情况来看,宁波市"政银保"模式实施效果较好,很多小微企业得到了贷款,赔付也及时,并且其中很多企业是首次获得银行贷款。可见,实施"政银保"模式的贷款保证保险能够有效促进小微企业融资,解决融资难的问题,促进宁波市整体经济的发展。

在宁波试点中"政银保"模式小额贷款保证保险的申请流程如下:首先,企业需要向银行和保险机构(由中国人保财险宁波分公司和太平洋财产保险宁波分公司共同组成)提交相关申请材料,其次银行和保险公司要对企业进行调查并对提交材料仔细审核。最后,与审核通过的企业签订合同,然后发放相应贷款额度。在这个过程当中,保险公司通过收取企业的保费来对其担保,当出现借款人欠银行利息连续达到3个月以上或者贷款到期后一个月内没有归还本金并且银行对企业催收后仍然没有收回,则保险公司需要对银行进行赔偿。当出现企业违约情况,银行和保险公司按3∶7比例共同承担风险,中国人保财险宁波分公司和太平洋财险宁波分公司按一定比例各自分摊,同时政府使用1 000万元的超额补偿基金来作为后盾,共同促进贷款保证保险的实施。

四、新阶段我国保证保险产品的创新

我国保证保险产品不断创新,保证保险转移风险的种类不断扩大。

2015年12月,我国出现了土地流转履约保证保险,承保土地承租方如果不按照土地经营权流转合同约定履行支付租金的义务,则由保险公司承担租金赔偿责任。我国土地流转过程中,由于缺乏强有力的约束机制,双方违约代价偏低,使得土地流转风险居高不下,农民的租金无法兑现。通过土地流转履约保证保险一旦承租方违约,流转方的损失都将由保险公司赔付,事后再由保险公司向承租方追讨。

2015年12月,中华联合财产保险公司与邛崃友良种植合作社负责人签订保险保单,为其流转的1 171.19亩土地提供土地流转履约保证保险。根据约定,不管是农户违约退出,还是业主拒不支付租金,保险公司都将对损失方进行赔付。保费按土地流转交易额的3%收取,财政"以奖代补"分摊50%的保费,另一半保费农户出20%、业主承担80%。

2017年4月,土地流转履约保证保险完成首单赔付工作。2014年12月,邛崃市大同乡陶坝村10组、12组54户农户将635亩土地流转给一家魔芋种植专业合作社,并于次年参加了土地流转履约保证保险,2016年,合作社因经营不善导致资金链断裂,无力支付2017年土地流转租金31.75万元。大同乡政府和陶坝村委会立即按照保险约定通知保险公司启动赔付程序。2017年4月,保险公司完成了赔付。

专栏 9-5

"互联网+"和P2P背景下履约保证保险的发展模式、风险与监管

P2P在我国发展迅速,为了网贷持续健康发展,保障投资者利益,P2P平台开始"去担保化",自身不能为投资者提供担保,而只能定位为信息中介,撮合投融资双方直接交易。2016年8月,中国银监会、工信部、公安部、国家互联网信息办公室正式发布《网络借贷信息中介机构业务活动管理暂行办法》,明确网络借贷信息中介机构不得直接或变相向出借人提供担保或者承诺保本保息。引入第三方担保势在必行。而保险公司具有雄厚的资金实力,又是专业管理风险的机构,P2P购买履约保证保险可以有效地为平台增信,降低投资者顾虑,提高融资效率。截至2017年5月,包括还未上线但已经完成和保险公司进行履约险合作签约的P2P网贷平台共有27家。

1. 网贷履约保证保险的主要模式

（1）借款人投保模式

借款人通过网贷平台发起借款申请,并在网贷平台合作的保险公司购买履约保证保险。投资人可以在投资后查得项目的保单号,并通过保险公司查询相关保单。一旦借款人发生还款逾期,保险公司将先行对投资人进行赔付。该模式下,每个借款项目有对应的一份履约险保单,保险金额覆盖本息和。典型平台为小赢理财,众安保险为在小赢平台众安保险专区销售的理财产品,提供本息全额保单。如果理财产品逾期,2个工作日内通过系统自动赔付,历史兑付率达100%。

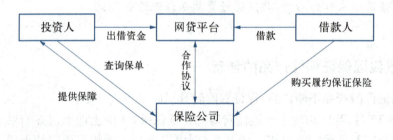

（2）网贷平台投保模式

借款人通过网贷平台发起借款申请,网贷平台作为投保人在合作的保险公司购买履约险,借款人逾期,保险公司对投资人进行赔付。投资人查得项目的保单号,并通过保险公司查询相关保单。该模式下,每个借款项目同样有对应的一份履约险保单,保险金额覆盖本息和。典型平台为米缸金融,米缸金融向合作伙伴天安财险投保履约保证保险,当借款人兑付逾期时,由天安财险向投资人进行本金及收益赔付。

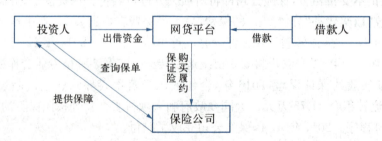

2. 网贷履约保证保险的特点

(1) 保险公司可有效提高网贷平台的增信,吸引投资者

保险公司是受到保监会监管的正规金融机构,对于申请保险牌照的企业准入门槛要求较高,再加上保监会监管一直比较严格,保险行业很少出现大的风险。因此,只要保险公司愿意提供担保,相应的理财产品的安全性还是值得认可的。因此,对于网贷平台来说,能够与保险公司合作,可以提高网贷平台信用,吸引新用户、刺激老用户投资理财。

(2) 保险公司对投保人要求较高

由于目前部分网贷平台坏账率、不良率等数据的真实性、准确性有待考证,再加上保险公司的风控能力有待提高,保险公司很少为网贷平台的纯信用借款的投保人提供保障服务。目前,保险公司对于投保人要求有稳定的收入,且能提供反担保措施。也就是说,保险公司一般只针对有房产、保单、公积金且收入稳定的信用优质的用户提供增信服务。因为这样做,即使将来出现风险,保险公司赔付了投资人的本息,也不用担心自己的损失,只需要处理借款人的房子、保单、公积金等即可挽回损失。

此外,很多保险公司只是给自己的关联平台背书,并不敢与信用一般的网贷平台合作,再加上保监会的监管,保险公司对合作对象也表现得更谨慎。

(3) "P2P+履约险"类的理财产品,一般收益较低

虽然网贷平台上此类理财产品变得更加安全,但是收益也相对较低。与保险公司合作购买履约险,不论是借款人还是平台出资购买,均要花费一笔不小的费用,据了解有履约险平台项目每月的保费率为0.56%,对于借款人来说承受着一笔不小的借款成本,这些成本往往使得对投资者的承诺投资收益率降低,因此履约险平台的综合收益率普遍要远低于P2P网贷行业的综合收益率。以小赢理财为例,小赢理财2017年至今的平均综合收益率为7.11%,低于网贷行业综合收益率超过200个基点,这对一些风险偏好的投资者吸引力不大。

另外,对于部分风险承受能力较弱的投资者来说,特别是无收入来源的中老年人,有履约险保障的P2P产品不仅收益较低而且还有可能存在假保险等风险,不如买银行理财、货币基金来得放心。

(4) 履约保证保险有责任限定条款

履约保证保险一般都会有免赔率以及保险限额的规定。比如与黄河金融合作的浙商财险保单的保险条款中表明,浙商财险对每次事故赔偿限额为人民币50万元,累计赔偿限额为人民币1 000万元。

3. 网贷履约保证保险的风险

(1) 经济下行带来的风险

目前我国经济下行压力增大,借款人容易发生信用风险,进而通过保险将风险传递给保险公司,导致赔付增加。例如信达财险2015年年度信息披露显示,信达财险承保335笔保证保险业务,累计保费收入2 125万元,累计赔付52 624万元,通过追索收回的只有590.40万元。

(2) P2P平台本身的经营风险

目前,P2P网贷公司良莠不齐,经营风险颇高。公开数据显示,2013年全年,国内先

后有 75 家 P2P 平台出现问题；2014 年，有 275 家；2015 年，这一数值快速攀升至 896 家，除个别平台属于蓄意欺诈外，多数出问题的平台都是因坏账率高企所致。如果保险公司不能准确衡量这些网贷平台的风险，将会大大增加保险赔付，导致经营亏损。

（3）保险公司的风险管理能力不足带来的风险

保证保险虽然在我国出现时间较早，但近几年才真正受到重视，保险公司专业人才缺乏，尤其是"互联网＋"的新背景下，风险的识别、评估、定价以及之后的风险控制、追偿索赔等要求比较高，再加上政府的鼓励支持，保险公司容易降低风险管控，盲目扩大规模，风险极大。例如在侨兴私募债违约事件中，浙商财险 2016 年初的净资产只有 13 亿元，而承保的"侨兴私募债"本息保证总额就达到 11.46 亿元，且对如此集中的信用风险并没有进行再保险，导致公司经营出现巨大亏损。

4. 对网贷履约保证保险的监管

2016 年以前，对保证保险业务一直呈现政策松绑的状态，鼓励保证保险的发展。2015 年 7 月，人民银行等十部门联合发布《关于促进互联网金融健康发展的指导意见》，鼓励保险公司与互联网企业合作，提升互联网金融企业风险抵御能力。同月，保监会印发《互联网保险业务监管暂行办法》，放开了多个互联网保险险种的地域经营限制，允许保险公司将其经营区域扩展至未设立分公司的省、自治区、直辖市，其中就包括保证保险。这些政策有利地推动了保证保险的发展。

但随着 P2P 平台的问题频出，为保障保险企业的稳定经营，2016 年以来，互联网保证保险监管呈现持续加强的趋势。

2016 年 1 月末，保监会下发《关于加强互联网平台保证保险业务管理的通知》，要求保险公司经营互联网平台保证保险业务时，应当充分考虑"偿二代"监管制度对该类业务的资本约束，确保该业务的整体规模与公司资本实力相匹配；同时要求保险公司选择信誉良好的优质客户，审慎开展业务。

2016 年 12 月，保监会下发了《关于进一步加强互联网平台保证保险业务管理的通知（征求意见稿）》，从经营原则、产品开发要求、保险金额设置、最大可损控制、承保能力、业务结构、期限拆分、准备金评估等 20 个方面进行完善修订；并对保险金额控制明确了监管要求，要求对企业单户累计最高承保金额不得超过 500 万元，对个人不得超过 100 万元。

2017 年 5 月 12 日保监会发布了《信用保证保险业务监管暂行办法（征求意见稿）》，该《征求意见稿》规定，"禁止以责任保险形式变相为融资行为提供信用风险保障，禁止与不符合互联网保险相关规定的网贷平台开展信保业务"。在承保能力方面，意见稿要求保险公司承保的信保业务责任余额不得超过上一季度末净资产的 10 倍；对单个履约义务人承保的责任余额不得超过上一季度末净资产的 5%，且不得超过 5 亿元；对单个履约义务人及其关联方承保的责任余额不得超过上一季度末净资产的 8%，且不得超过 10 亿元。超过以上责任余额要求的部分，应当办理再保险；未办理再保险的，不得承保。

> **案例分析**

浙商财险"侨兴私募债"违约案例

2016年底,"侨兴私募债"违约在金融市场上掀起轩然大波,侨兴电信和侨兴电讯于2014年分别发行的"侨信第一期至第七期"和"侨讯第一期至第七期"私募债,由于资金周转困难无法按时还款。由于浙商财产保险股份有限公司(以下简称浙商财险)对债券本息到期兑付提供保证保险,因此不得不为巨额理赔买单。浙商财险的保证保险是公司保费收入排名第五的险种,2016年保证保险保费收入3 398.88万元,但当年带来赔付3.8亿元,预计2017年保证保险业务仍会给公司带来较大承保亏损。

1. "侨兴私募债"违约事件回顾

2014年12月,侨兴集团旗下两家公司侨兴电讯、侨兴电信在广东金融高新区股权交易中心有限公司(简称"粤股交")备案发行10亿元私募债,各分七期,希望通过蚂蚁金服旗下的招财宝作为筹资渠道进行发行。招财宝规定,"招财宝平台上的借款产品必须要由金融机构或担保公司等作为增信机构提供本息兑付增信措施,增信机构将为借出人提供双重风险保障:第一重是由金融机构或担保公司等增信机构督促借入人到期归还本金和约定利息。第二重是当借入人还款逾期时,由提供还款保障增信措施的金融机构或担保公司等作为增信机构依法履行还款保障增信措施、完成代为偿付的义务。"为满足招财宝发行条件,侨兴集团向浙商财险投保了货币履约保证保险,浙商财险收取保费,在合同中承诺如果侨兴无法正常还款,浙商财险就启动理赔,赔偿金额是本金加利息,共计11.46亿元。由于保额巨大,浙商财险做了两个反担保措施,一是侨兴集团董事长吴瑞林以其名下合法个人资产做无限连带责任担保,二是广发银行惠州分行为侨兴私募债本息合计11.46亿元出具银行履约保函,提供担保。

2016年12月15日,侨兴电信和侨兴电讯第一、二期私募债到期,本息共计3.12亿元,侨兴集团无法按时还款,出现违约。

除浙商财险外,众安保险也牵涉其中。有些侨兴债的投资者出于资金周转等原因将手中的债权又在招财宝平台上以个人贷形式出售变现,而众安保险则为招财宝个人贷提供信用保证保险。按照合约,一旦个人贷违约,保险人收到被保险人的赔偿保险金的请求后,众安保险应当及时对是否属于保险责任作出核定;对属于保险责任的,在与被保险人达成赔偿保险金的协议后十日内,履行赔偿保险金义务。

2016年12月22日,浙商财险要求广发银行按保函要求共同承担责任,广发银行认定"相关担保文件、公章、私章均系伪造",因此不承担赔付责任。

2016年12月27日晚,浙商财险公告公司将展开对投资者的损失赔付。28日招财宝公告称侨兴电信、侨兴电讯2014私募债第一、二期预付赔款陆续到账,全部发放至投资人账户。

2017年1月24日,11.46亿元侨兴债全部到期,浙商财险再次公告称,在此前已预赔付3.66亿元基础上,将对剩余已到期本息合计7.8亿元侨兴债进行分期预赔。

2. 案例分析

"侨兴私募债"违约案例凸显了保险公司在信用保证保险上的风险控制能力尚有欠缺。

首先,保险公司保证保险经营过于激进,忽视了风险管理。通常来说,保险公司会对单笔投保金额大、风险集中的业务风险进行控制,或安排再保险进行风险转移。保监会也就保证保险的风险进行多次提示,并于2016年1月发布《保监会关于加强互联网平台保证保险业务管理的通知》要求,财险公司为互联网借贷平台上的借款人(即投保人)和出借人(即被保险人)双方提供保证保险服务业务时,应严格选择互联网平台;严格审核投保人资质;坚持小额分散发展模式,对同一投保人单笔借款和累计借款应当分别设定承保限额。但浙商财险并没有重视保证保险的风险,浙商财险2016年初的净资产只有13亿元,而承保的"侨兴私募债"本息保证总额就达到11.46亿元,风险过大且过于集中,但浙商财险并没有安排再保险进行风险转移,而是把全部风险自留。

其次,浙商财险对于保险期间风险管理力度也比较弱。2016年12月25日,浙商财险公告了侨兴私募债的资金实际用途,该笔私募债共募集资金10亿元,其中,用于置换或补充各商业银行2014年前后的强制退出贷款约7亿元;用于集团下属制造企业升级设备等项目约2亿元;剩余1亿元用于补充下属制造企业流动资金。而根据侨兴债券说明书宣称,募集资金将用于4G项目。显然,在影响到最终损失赔付的资金用途方面,浙商财险风险控制有明显疏漏。

最后,浙商财险虽然安排了两个反担保措施,但是2016年12月22日浙商财险发布关于侨兴私募债保证保险有关情况的说明,指出浙商财险已向相关政府主管部门递交办理侨兴不动产抵押登记申请,但未取得相应的他项权证,后期能否取得,存在较大的不确定性。而广发银行惠州分行开具的银行履约保函,被广发银行认定为伪造。从这一点说明浙商财险有可能在内部风险控制方面也有疏漏。

本 章 小 结

1. 信用与保证保险是由保险人为被保证人向权利人提供担保的保险,其保险标的为信用风险,在信用经济下,信用风险具有可保性,可以通过保险进行风险转移。根据投保对象不同,信用与保证保险可分为保证保险和信用保险两种。与一般商业保险相比,信用与保证保险有如下共同特点:信用与保证保险法律关系的主体有三方,保证人承诺的责任通常属"第二性"付款责任,被保证人对保险人有偿还的义务,从理论上讲,保险人经营这类业务只是收取担保费而无承保利润可言。信用保险本身和保证保险也有区别:二者承保模式不同、合同主体不同、承担风险不同。
2. 我国的信用保险的发展始于20世纪80年代初期,为推动和鼓励我国商品的出口,保障本国出口商在国际贸易市场上的竞争地位,出口信用保险首先开办,进入到21世纪后,成立政策性出口信用保险公司,出口信用保险快速增长。"一带一路"倡议为出口信用保险和海外投资保险提供了新的发展机会与挑战。国内商业信用保险发展时间相对更短,但我国不断在建设信用体系,完善信用环境,鼓励信用保险发展,经营信用保险的企业逐步增加,业务种类不断增加。

3. 我国保证保险的发展经历了两个阶段,第一阶段以汽车消费贷款保证保险为主,但由于政策和经济环境不完善,出现很大问题。第二阶段是建立在"互联网+"和P2P发展的经济背景下,在国家鼓励小微企业贷款的政策环境上发展起来,由于保证保险需求增加以及国家政策的推动,保证保险得到了快速的发展,在传统的"银保模式"基础上,新的保证保险模式不断推出,例如"政银保"模式,保证保险产品不断创新。

重 要 概 念

信用风险　信用保险　保证保险　"互联网+"　履约保证保险　"银保模式"　"政银保"模式

习题与思考题

1. 什么是信用与保证保险？与其他财产保险相比有何特性？
2. 信用保险和保证保险有何不同之处？
3. "一带一路"建设中面临的风险主要有哪些？与出口信用保险和海外投资保险互动关系如何？
4. 2009年之后我国保证保险发展的动因有哪些,代表性产品是什么？主要发展模式是什么？
5. 阅读"侨兴私募债"违约,导致浙商财险总共赔付11.46亿元的案例及相关背景资料,分析我国目前保险公司为何会大力发展信用保证保险,发展网贷履约保险会面临哪些风险,保险公司如何控制这些风险？

第十章

侵权责任与责任保险

> **学习目标**
> 1. 了解法律责任的类别
> 2. 掌握侵权责任的归责原则
> 3. 了解侵权损害赔偿的种类
> 4. 掌握侵权责任体系与责任保险的相互影响
> 5. 了解责任保险的两次发展危机
> 6. 通过案例进一步加深对侵权责任体系演变与责任保险之间的互动关系的理解

第一节 责任保险法律基础

一、法律责任

责任保险的存在基础是责任风险。现代社会中,责任风险是个人和企业所面临的一种普遍风险。责任风险是指因行为人造成他人的财产损失或人身伤亡,按照法律、契约应负的法律责任或契约责任的风险。法律责任是责任风险的一个最重要的来源。

(一) 法系

世界上大部分国家的法律主要可以分为两大法系:大陆法系和英美法系。

大陆法系又称罗马法系、民法法系或成文法系,是承袭古罗马法的传统,仿照《法国民法典》和《德国民法典》的样式而建立起来的各国法律制度的总称。欧洲大陆上的法、德、意、荷兰、西班牙、葡萄牙等国和拉丁美洲、亚洲的许多国家的法律都属于大陆法系。大陆法系的法律以成文法即制定法的方式存在,法律由立法机关通过,并制定成法律条文。它的法律渊源包括立法机构制定的各种规范性法律文件、行政机关颁布的各种行政法规以及本国参加的国际条约。

英美法系又称普通法系或判例法系,是承袭英国中世纪的法律传统而发展起来的各国法律制度的总称。英、美、澳大利亚、新西兰等国家及中国香港地区的法律制度均属于英美法系。英美法系的法律渊源既包括各种成文法,也包括判例法,并且判例法在整个法律体系中占有非常重要的地位,判例法是通过法官的判决逐渐形成的,以遵循先例为基本原则,作为判例的先例对其后的案件具有法律约束力。

大陆法系与英美法系并不是对立的,判例法在一些大陆法系的国家中也具有参考价值,而有些英美法系国家也开始积极编写法典,并非单依靠案例来发展法律。这种融合的趋势在世界各国越来越普遍。

(二) 法律责任分类

按照违法的行为所违反的法律的性质,我国法律责任主要分为刑事责任、行政责任、违宪责任、民事责任等。

刑事责任是指行为人因其犯罪行为所必须承受的,由司法机关代表国家所确定的否定性法律后果。刑事处罚的种类包括管制、拘役、有期徒刑、无期徒刑、死刑五种主刑以及剥夺政治权利、罚金和没收财产三种附加刑。

行政责任是指因违反行政法规定或因行政法规定而应承担的法律责任。行政责任的承担方式主要有行政处分和行政处罚,受行政处分包括警告、记过、记大过、降级、降职、撤职、开除留用察看、开除等;行政处罚包括警告、罚款、行政拘留、没收违法所得、没收非法财物、责令停产停业、暂扣或者吊销许可证、暂扣或者吊销执照等。

违宪责任是指由于有关国家机关制定的法律和法规、规章,或者有关国家机关、社会组织或公民从事的与宪法规定相抵触的权利行为而必须承担相应的不利后果。包括弹劾、罢免、撤销、宣告无效、取缔政治组织等。

民事责任是指违反民事法律义务、违约所应当承担的不利后果。承担民事责任的方式主要有停止侵害、排除妨碍、消除危险、返还财产、恢复原状、赔偿损失、赔礼道歉、消除影响、恢复名誉等。

刑事责任、行政责任和违宪责任主要目的是通过对相应的责任人的惩罚起到威慑和预防作用,责任保险不能为这些责任风险提供保障。而民事责任虽然也有威慑作用,但同时也具有为事故中的受害者提供数目适当的损害赔偿的救济作用,因此责任保险所转移的责任风险主要来源于民事责任。

民事责任包括违约责任和侵权责任。违约责任是当事人不履行合同义务的法律后果。一般来说责任保险不提供违约责任的保障,除非在保险合同中特别约定。这一方面由于当企业判断违约所带来的损害远小于因违约而带来的潜在利益时,企业会采取违约的方式来保护自己的权益,违约风险因此不属于纯粹风险;另一方面签订合同的双方可以在合法的前提下自行协商自己的义务和权利,这导致了违约风险很难以度量和控制。侵权责任是指行为人侵害他人的财产、人身权利,依法应承担的民事责任。责任保险保障的风险主要来源于侵权责任。

二、侵权责任原则

当侵权损害发生时,侵权责任划分实际上是一种对责任风险的分配,谁承担责任,就意味着谁承担风险。例如行人被机动车辆撞伤,这样就产生了损失(例如医药费、误工费等),法律可以不管事故发生的具体情况,让驾驶员完全承担行人的损失,或者让行人完全承担自己的损失,或者可以考察事故具体情形,按照各自责任来分摊损失,这种责任分摊是根据一定的原则,被称为民事侵权责任的归责原则,即确定侵权行为人承担侵权民事责任的一般准则,在损害事实发生的情况下,确定侵权行为人对其行为所造成的损害是否需要承担民事责任的原则。

(一)过错责任原则

过错责任原则,即在损害发生的情况下,与此相关的行为人谁有过错谁就应承担侵权责任,没有过错的行为人不应承担侵权责任。在过错原则下,举证责任由原告承担,也就是说,受害人如果要获得损害赔偿,必须证明加害人主观上有过错。我国一般侵权行为都适用过错责任。我国《民法通则》第106条第2款规定:"公民、法人由于过错侵害国家的、集体的财产,侵害他人财产、人身的,应当承担民事责任。"《侵权责任法》第6条规定:"行为人因过错侵害他人民事权益,应当承担侵权责任。"

在适用过错责任原则时,为加强对受害人的救济而有过错推定的应用。在受害人请求加害人承担民事责任时,推定加害人有过错实行举证责任倒置。只有加害人能够证明自己没有过错,才不承担责任。我国《侵权责任法》第6条第2款规定:"根据法律规定推定行为人有过错,行为人不能证明自己没有过错的,应当承担侵权责任。"

专栏 10-1

过错推定责任的适用范围

过错推定责任的适用范围在我国法律中有特殊规定:

《侵权责任法》第38条规定:无民事行为能力人在幼儿园、学校或者其他教育机构学习、生活期间受到人身损害的,幼儿园、学校或者其他教育机构应当承担责任,但能够证明尽到教育、管理职责的,不承担责任。

第58条规定:患者有损害,因下列情形之一的,推定医疗机构有过错:

(一)违反法律、行政法规、规章以及其他有关诊疗规范的规定;

(二)隐匿或者拒绝提供与纠纷有关的病历资料;

(三)伪造、篡改或者销毁病历资料。

第81条规定:动物园的动物造成他人损害的,动物园应当承担侵权责任,但能够证明尽到管理职责的,不承担责任。

第85条规定:建筑物、构筑物或者其他设施及其搁置物、悬挂物发生脱落、坠落造成他人损害,所有人、管理人或者使用人不能证明自己没有过错的,应当承担侵权责任。所有人、管理人或者使用人赔偿后,有其他责任人的,有权向其他责任人追偿。

(二)无过错责任原则

无过错责任原则是不以行为人的过错为条件而成立的侵权责任,即只要加害人的行为或所有物给他人造成了损害,就承担损害赔偿责任。我国《民法通则》第106条第3款规定:"没有过错,但法律规定应当承担民事责任的,应当承担民事责任。"《侵权责任法》第7条规定:"行为人损害他人民事权益,不论行为人有无过错,法律规定应当承担侵权责任的,依照其规定。"

专栏 10-2

无过错责任的适用范围

无过错责任的适用范围在我国法律中有特殊规定：

《侵权责任法》第 41 条规定：因产品存在缺陷造成他人损害的，生产者应当承担侵权责任。

《侵权责任法》第 65 条规定：因污染环境造成损害的，污染者应当承担侵权责任。

《侵权责任法》第 69 条规定：从事高度危险作业造成他人损害的，应当承担侵权责任。

《侵权责任法》第 78 条规定：饲养的动物造成他人损害的，动物饲养人或者管理人应当承担侵权责任，但能够证明损害是因被侵权人故意或者重大过失造成的，可以不承担或者减轻责任。

（三）公平责任原则

我国尚有公平责任原则规定，当事人对损害的发生均无过错，法律也没有规定适用无过错责任原则时，根据实际情况由当事人公平合理分担损失。我国《侵权责任法》第 24 条规定："受害人和行为人对损害的发生都没有过错的，可以根据实际情况，由双方分担损失。"

专栏 10-3

我国法律规定中公平责任的适用范围

《侵权责任法》第 23 条规定：因防止、制止他人民事权益被侵害而使自己受到损害的，由侵权人承担责任。侵权人逃逸或者无力承担责任，被侵权人请求补偿的，受益人应当给予适当补偿。

《侵权责任法》第 31 条规定：因紧急避险造成损害的，由引起险情发生的人承担责任。如果危险是由自然原因引起的，紧急避险人不承担责任或者给予适当补偿。紧急避险采取措施不当或者超过必要的限度，造成不应有的损害的，紧急避险人应当承担适当的责任。

《侵权责任法》第 33 条规定：完全民事行为能力人对自己的行为暂时没有意识或者失去控制造成他人损害有过错的，应当承担侵权责任；没有过错的，根据行为人的经济状况对受害人适当补偿。

《侵权责任法》第 87 条规定：从建筑物中抛掷物品或者从建筑物上坠落的物品造成他人损害，难以确定具体侵权人的，除能够证明自己不是侵权人的外，由可能加害的建筑物使用人给予补偿。

《最高人民法院关于审理人身损害赔偿案件适用法律若干问题的解释》第 14 条规定：帮工人因帮工活动遭受人身损害的，被帮工人应当承担赔偿责任。被帮工人明确拒绝帮工的，不承担赔偿责任；但可以在受益范围内予以适当补偿。帮工人因第三人侵权遭受人身损害的，由第三人承担赔偿责任。第三人不能确定或者没有赔偿能力的，可以由被帮工人予以适当补偿。

三、过失责任

（一）过失责任的构成要件

过失是指行为人有预见和注意的义务，但是由于疏忽或轻信自己可以避免，在某些场合未能实施并达到法律要求的谨慎程度，因而导致不良后果。过失是一般侵权行为的法律责任来源，也是责任保险项下最常见的索赔基础。构成过失侵权必须具备四个必要条件：负有法律义务；违背法律义务；造成损害，行为和损害之间有近因关系。

法律义务是指通过法律规定，对法律主体的行为进行约束的一种手段，是法律规定人们应当做出和不得做出某种行为的界限。例如司机必须在看到红灯后停车，在其他时候合理地安全行车。

违背义务是指如果行为人对他人负有法律义务，他就必须实施合理注意履行自己的义务，否则就要因为未履行义务而承担责任。法律所要求实施合理注意通常是指一个理性审慎的人在类似情况下会采取的措施。

损害可以有多种形式，包括身体伤害、财产损坏、收入损失、疼痛或者精神折磨等，损害必须能用金钱来衡量。

仅仅证明行为人有过错和发生了伤害事件，还无法要求行为人承担法律责任，还必须证明该行为是伤害的近因。

（二）对过失的抗辩

如果过失的四个必要条件全部满足，则被告是有过失的。即使如此，被告认可使用一些抗辩方法，避免或减少对原告的损失承担责任，例如证明原告是自担伤害风险；证明原告也有过失。

风险自担抗辩是被告通过证明原告自愿承担已知的风险来避免承担伤害的赔偿责任。如果原告在已知一项行为所包含的风险后，依然选择采取这一行为，那么他就是自愿承担风险，而不能因为其他人过失而索赔。风险自担抗辩是有严格限制的。例如，观看足球比赛的观众可能要自担自己被足球击中的风险，不能指控运动员或体育馆经营者未能保护观众安全，但若因看台坍塌而受伤，则可以因体育馆经营者过失而向其索赔。

第二种主要的抗辩类型是证明原告同样存在过失。如果原告的行为达不到对自己安全所要求的注意标准，并对自己造成伤害，那就必须要承担一定比例的损失。

专栏10-4

男孩被自动扶梯夹伤下颌 上海八佰伴商场担责40%[①]

2010年8月6日上午，小祺母亲带着小祺前往八佰伴10楼的新世界影城看电影。乘自动扶梯至四楼时，二楼的展销活动吸引了小祺的注意，探出头来张望时，右脸下方被扶梯与楼板的夹角处弄破一个大口子，经诊断为右下颌挫伤。伤口好了后，小祺的颌部又出现了瘢痕，于是又去了专门的整形医院进行诊治。

经调查，事发时八佰伴商场的自动扶梯入口处左右两侧都张贴了"必须紧拉住小孩"

---

① 黄丹.男孩被自动扶梯夹伤下颌 上海八佰伴商场担责40%[EB/OL].浦东新区政法综治网.

"头不要伸出电梯,危险"等提示。在距离自动扶梯与楼板夹角近一米处用2根金属链条悬挂了一块提示牌,透明塑料板上用黑色字体标注中英文"小心碰头"。

同年12月底,小祺父母将八佰伴告到浦东新区法院,索赔医疗费、护理费、精神抚慰金等共计7万余元。经鉴定,小祺因伤致右下颌软组织损伤并形成瘢痕,损伤后的休息日为30日,护理期、营养期为30日,据此法院认定了7 900多元费用。

法院经审理后认为,被告张贴安全标志、悬挂提示牌表明其已尽到一定注意义务,但提示牌不是免责牌,对于在使用中可能存在的安全隐患,被告没有进一步采取措施保证消费者的人身安全,未尽到合理限度内的安全保障义务;"小心碰头"的提示牌,除具有与上述图示和文字标注相同的提醒警示作用外,没有任何防止碰撞的功能。

法院同时认为,事发时原告对乘坐扶梯的注意事项应当有一定程度的认知;原告母亲作为法定监护人,未尽到充分的监护职责,故原告及母亲疏忽大意的过错程度应当重于被告在安全保障措施方面的瑕疵;在法院认定的7 900多元费用中,原告应自行承担60%的责任,被告承担40%的责任。

四、侵权损害赔偿

损害是侵害他人财产权益和人身权益造成的财产损失、人身伤害、精神损害等结果。侵权责任法允许受害的一方从侵权方那里得到损害赔偿。

(一) 财产损失赔偿

财产损害是受害人因其财产受到侵害而造成的经济损失。因侵权行为导致财产损失的,要按照财产损失发生时的市场价格计算。完全毁损、灭失的,要按照该物在市场上所对应的标准全价计算,如果该物已经使用多年的,其全价应当是市场相应的折旧价格。

(二) 人身侵权赔偿

侵害他人造成人身损害的,应当赔偿医疗费、护理费、交通费等为治疗和康复支出的合理费用,以及因误工减少的收入。造成残疾的,还应当赔偿残疾生活辅助具费和残疾赔偿金。造成死亡的,还应当赔偿丧葬费和死亡赔偿金。

侵害他人名誉权、荣誉权、姓名权、肖像权和隐私权等人身权益造成财产损失的,按照被侵权人因此受到的损失赔偿;被侵权人的损失难以确定,侵权人因此获得利益的,按照其获得的利益赔偿;侵权人因此获得的利益难以确定,被侵权人和侵权人就赔偿数额协商不一致,向人民法院提起诉讼的,由人民法院根据实际情况确定赔偿数额。

侵害他人人身权益,造成他人严重精神损害的,被侵权人可以请求精神损害赔偿。

(三) 惩罚性赔偿

惩罚性赔偿是加害人给付受害人超过其实际损害数额的一种金钱赔偿,主要目的不在于弥补被侵权人的损害,而在于惩罚有主观故意的侵权行为,并遏制这种侵权行为的发生。英美法系国家承认惩罚性赔偿制度,惩罚性赔偿广泛用于产品责任。在美国,适用惩罚性赔偿责任一般要具备以下要件:第一,主观要件,主要包括故意、恶意、毫不关心他人的权利、重大过失。第二,要有造成损害的后果。第三,要有因果关系的存在。第四,惩罚性赔偿必须依附于一般损害赔偿。

我国侵权责任法也加入了惩罚性赔偿的规定，明确明知产品存在缺陷仍然生产、销售，造成他人死亡或者造成健康严重损害的，被侵权人有权请求相应的惩罚性赔偿。

第二节　侵权责任体系与责任保险的互动关系

一、现代社会侵权责任体系的发展

（一）归责原则的多元化

在侵权法体系中，处于最核心地位的内容是"如何归责"，即通过什么标准，以何种基础来分配损害，转移损失。现代侵权法归责原则经历了过错责任单一归责原则到过错责任、无过错责任并存的多元归责原则。

过错规则原则通过惩罚道德上的可非难性实现了损失从受害者到侵权者的转移，如果个体对损害的发生可以预见并且可以通过控制自身的行为预防或阻碍损害的发生，那么，最终损害发生的事实就是个体"自由意志滥用"的结果，个人就必须承担责任。

但随着科技和现代工业的发展，过错归责原则的缺陷也越发明显。现代社会损害事故与之前比有明显不同：造成事故的活动基本都是合法活动；新科技、新技术、新材料的应用使得事故的发生更为频繁，且一旦发生，造成的受害者规模更为巨大；事故之发生多为现代科学技术发展过程中无法通过个人意志加以避免的危险性造成的，加害人是否具有过失，被害人难以证明。无过错责任原则的应用在一定程度上迫使责任人尽最大努力注意他们的义务，降低侵权事故的发生频率和后果，还解决了受害人对加害人是否有过错难以举证的问题，使受害人获得损害补偿的可能性大大增加。

（二）赔偿功能逐渐加强

侵权责任体系规定了损害赔偿责任，目的在于补偿受害人所受的损失，尽可能地使其恢复到侵权行为人实施侵权行为前的状态。这种损失赔偿通常包括经济损失赔偿、非经济损失赔偿以及惩罚性赔偿。

经济损失赔偿是对经济损失的赔付，经济损失一般是指客观的可以衡量的金钱上的损失，包括医疗费用、收入损失、丧葬费、财产损失、修理或者重置的成本、生意机会或工作机会的损失等等。非经济损失则是指主观的，非金钱的损失。一般包括身体的疼痛、精神的痛苦、导致的各种不便、情绪悲痛、社会地位以及同伴关系的丧失、名誉的损害以及个人的耻辱感。惩罚性赔偿是包含了对故意加害人的惩罚的赔偿。

现代社会随着工业化的发展，民事主体在地位、优势上出现了两极分化，为保证社会正义，侵权法越来越重视对弱势群体的保护，在法院判决中保险"深口袋"理论盛行，保险成为司法判决中的重要影响因素，法官或陪审团往往在经济损害赔偿上更为慷慨，在非经济损失赔偿以及惩罚性赔偿做出更高赔偿金额的裁决。

（三）保障的权益范围不断拓宽

随着现代工业与高科技的发展，侵权行为类型更加多样化，侵权体系保障的权益范围也随之在不断扩张。随着现代市场经济的发展，许多产品因缺陷而致人损害，消费者常常处于难以举证的境地,这促进了产品责任法的发展。信息网络技术的发展导致各种利用网络从事的侵权行为越来越频繁,对个人的隐私、名誉都构成了越来越大的挑战与威胁,网络侵权也在侵权责任中占据着越来越重要的位置。现代社会中专业化的分工越来越细密,在产生一大批多个领域的专家,如会计师、律师、医师等的同时,这些专家因其提供专业服务的缺陷也会致人损害,而这些新型侵权现象也都具有自身的特点,侵权法也逐渐做出相应的规定。另外,随着现代经济的发展,不仅保障了各种人身、财产权益侵权,还更加注重对人格权益的保护。

二、侵权责任体系对责任保险的影响

(一)侵权责任是责任保险的存在前提

首先,责任保险只能在民事侵权责任体系的基础上得以存在。

责任保险保障的责任风险来源于法律责任,只有侵权责任法明确了赔偿原则、赔偿范围、赔偿方法,并以法律的形式确认应负经济上的赔偿责任时,责任风险才可以进行确定的货币计量,才可以通过保险的形式转移风险。因此,法律责任对于侵权损害赔偿的具体明确规定是责任保险发展的前提。另外,法律制度的健全与完善也是责任保险发展的基础,一方面,越来越多、越完善的法律制订与实施使民事侵权责任风险种类多元化,另一方面,侵权责任归责原则的变化加大了民事责任风险发生的概率,进而也促进了责任保险的发展。

其次,侵权责任体系是影响责任保险市场的重要因素。

被保险人需支付的保险费、保险人应向第三人支付的保险金在根本上取决于被保险人实际侵权责任的大小。因此,凡是与侵权责任认定相关的侵权法制度均会影响到责任保险市场的运行状况。侵权法制度是对责任保险市场最具决定性影响的因素,侵权责任制度发生变化将会影响责任保险市场的变化。侵权责任的构成是责任保险范围的最大边界。

(二)侵权责任扩张对责任保险的影响

现代社会侵权责任是不断扩张的,扩张主要表现为无过错责任的采纳并日益泛化、因果关系认定标准的放松、惩罚性赔偿和非经济损失赔偿额度的提高等等。由于侵权责任是责任保险的标的,侵权责任的扩张意味着责任保险商机的增加,从长期看必然会带来责任保险的长期繁荣。

但侵权责任的扩张也会给责任保险发展带来一定困扰。因为责任保险市场具有一定的周期性,在某一周期的开始,保险人会根据当时的侵权责任状况对预期风险进行评估并决定保险费的高低。一旦侵权责任扩张,就会造成保险人对预期风险评估过低、保险费收入不足的局面。随后,为了弥补此前的亏空并调高对预期风险的评估,保险人会在下一个周期的开始大幅地提高保险费标准。如果某类侵权事项的预期风险过高,保险人甚至可能拒绝为其提供保险。由于责任保险根植于侵权责任,在责任保险市场上,侵权责任的发展变化就成为保险人面对的最大的不确定性,会带来责任保险经营的危机。

三、责任保险对侵权责任体系的影响

(一)责任保险对侵权损害赔偿功能的影响

侵权法补偿功能是有一定局限的。一方面侵权事故从损害发生到补偿实现往往要经历漫长的诉讼过程,再加上诉讼成本的高昂,极大地削弱了侵权法的补偿功能。另一方面侵权赔偿的实现还受到加害人的实际偿付能力的限制,在侵权案件当中,受害人即使赢得了诉讼,若加害人没有支付能力,受害人也得不到实际补偿。在农业经济及简单商品经济背景下,侵权案件的发生一般是单一、分散的,传统的侵权赔偿制度基本上可以实现其补偿功能;而在社会化生产及复杂的市场经济背景下,侵权案件的发生却呈规模性、系统性的趋势,唯有社会化的救济模式才能应对侵权形势的转变。责任保险能够成为传统侵权责任的补充,与这种社会生产模式的转变有重大关系。

责任保险通过保险产品的本身设计特点实现了损害赔偿的社会化。保险产品设计的赔偿模式是"个人—保险公司—社会",受害人获得的赔偿并不直接来自加害人,而是通过保险公司的中介作用来自于参保的潜在加害人的集合。责任保险通过保险公司将集中于一个人或一个企业的致人损害的责任分散于社会大众,解决了单个行为人的风险抗御能力和赔偿能力不足问题。

(二)责任保险对侵权损害预防功能的影响

侵权法的预防功能主要体现在通过剥夺侵权行为人的非法利益以及对其施加财产责任之外的不利后果,从而既可以遏制该侵权行为人将来再从事不法行为,也可以有效地威慑其他人,使其不从事不法行为。

责任保险的存在一方面威胁着侵权法侵权损害的预防功能,责任保险转移了侵权行为人本应自己承担的侵权赔偿后果,使得侵权行为人可以不为自己的行为负责,这在一定程度上使侵权法的预防功能受到削弱。

但事实证明,如果对受害人的保障是一种全方位有效的制度设计的话,责任保险对侵权责任所具有的预防功能并不构成实质的削弱。除了责任保险外,在现实生活中,基本的生活准则以及其他约束人们行为的各种机制(包括法律机制)共同发生作用。保险人只承担致害人民事项下的经济赔偿部分,若致害人的行为同时构成了刑事项下的犯罪,照样应负刑事责任,不可能因有了保险赔偿而获得减免。如果有有效的信息披露机制,侵权行为人则会考虑自身的业务经营活动和社会信誉问题,例如医生误诊造成病员伤亡,尽管有保险人赔偿受害人的损失,但该医生的信誉将大打折扣,将给其继续行医治病带来困难,甚至会被注销医生资格。

责任保险可以通过本身的有效设计,与侵权法共同致力于对行为人的危险行为控制。例如责任保险合同规定,在侵权行为人故意造成第三人损害时,保险人享有抗辩权,可以拒绝承担赔付保险金的责任。保险人提供责任保险的前提是其能够准确预测行为人可能产生的风险,并据此确定相应的保费,否则保险人就会无利可图并可能因此而承受过重的赔偿负担甚至破产。在实践中,保险人为了尽可能地控制被保险人引起的道德风险,往往会采用如下一些比较可行的办法:与被保险人共同承担风险而不是独自承担所有的风险;根据被保险人以往的赔偿情况相应地调整保费;要求被保险人采取相应的风险预防措施以减少风险。

由此可见,如果可以将责任保险和侵权责任体系及其他预防机制,如刑罚、行政管理、道德伦理、科学技术等相结合,就可以形成一个有效协调的综合事故预防机制,责任保险的副作用将会大为降低,其增强对受害人保护的功能大为增强。

第三节 责任保险的发展危机

一、责任保险初创时期的发展危机

责任保险将侵权损害赔偿责任从实际的侵权行为人转由保险公司承担,并通过保险公司这一媒介将损害赔偿责任转嫁给社会。这从根本上动摇了自罗马法以来"谁侵权谁承担责任"的原则,与侵权法对侵权行为人的惩罚功能不相符。这导致责任保险在其最初发展时期遭到广泛质疑。人们认为责任保险代替致害人承担赔偿责任,会削弱民事责任制度的惩戒作用,且不符合社会公共道德准则,甚至会鼓励人们犯罪。

如果侵权行为人只通过一点点保费就可以转移其应该承担的损害赔偿责任的话,行为人就可以漠视法律的存在,使他们不再害怕法律,也会助长侵权损害的增长。例如,如果为医师提供责任保险,医师会在诊疗过程中更加不负责任和草率、鲁莽行事,助长医疗过失的增长。

对责任保险的质疑主要来源于其可能带来的道德风险,道德风险在所有的保险产品中都会产生,来源于投保人和保险人的信息不对称,以及保险人观测被保险人投保后行为的成本过高。当投保责任保险后,被保险人对于保险合同之外的第三人的侵权损害赔偿责任就获得了保险公司的保障。被保险人有可能会降低自己对他人的注意义务,从而疏于防范事故的发生。

专栏 10-5

对责任保险的质疑

在法国,通过责任保险来分散风险长期被认为是一种不道德、企图逃避法律责任的行为,一商事法院于 1844 年以责任保险违背公序良俗、助长行为人不注意为由将其判决为无效。但 1855 年巴黎上诉法院却判决有效,从而才确认了责任保险的合法性。美国也出现同样状况,在责任保险产生之初,责任保险合法性一直受到质疑,一直到 1909 年密苏里州最高法院在布里登案(Breeden v. Frankford Marine Plate Accident & Glass Insurance Company)中做出"过失责任保险合同在法律上并无不当"的裁决才算告一段落。

应对这一质疑,保险公司通过条款设计及防灾防损不仅不会削弱人们的安全责任心,反而可以增加一道安全防线。责任保险通过除外责任的设计对由被保险人的故意行为发生伤害他人而引起的赔偿责任概不负责,通过免赔额、责任限额、共同保险等要求被保险人共同承担最终损失的方式降低被保险人的道德风险;保险人承保责任险后,还可以通过核保、费率优惠等措施激励或实际促进被保险人的风险控制和防灾防损,提高整个社会的安全程度。

关于责任保险的争议自其产生之日起一直持续到 20 世纪早期,在此过程中还出现了责任保险被迫退出市场的情况。但随着现代工业的迅猛发展,各种民事赔偿责任事故层出不穷,人们逐步认识到责任保险作为保证民事损害赔偿责任得以兑现的经济措施,既有利于补偿受害人的损失,提高被保险人承担民事赔偿责任的能力,也有利于生产和生活的稳定和社会生活的安定,有关责任保险的争议才逐渐销声匿迹,责任保险得到了迅速的发展,保费规模迅速扩大,产品种类日益繁多。

二、责任保险发展的第二次危机

(一) 责任保险危机情况

20世纪70年代后期到21世纪初期,责任保险发展遇到了新的问题,保险市场上出现了投保人支付不起保费和保险人不愿承保危险的局面:一方面,几乎在所有形式的责任保险中,保费扶摇直上,其中某些行业的责任保险保费竟然上升了百分之五千,以至于投保人纷纷抱怨支付不起;另一方面,面对如此高昂的保费,保险人似乎并不为利益所动,竟然出现了保险人不愿意承保的现象,纷纷撤销或者收缩责任保险业务,大幅缩小承保范围。这种情况在职业责任保险和与石棉相关的产品责任保险和雇主责任保险中最为明显。

1. 医疗责任保险。20世纪70年代中期,美国医疗事故激增,医疗责任保险产生了巨额赔付,保险公司承保亏损严重,各州保险公司被迫提高医疗责任保险费率,一些从事高风险医疗活动的医疗机构和执业医师,如创伤外科、产科等,因付不起高额保险费而停业或改行,医疗服务市场遭到巨大冲击。到了80年代,几乎出于同样的原因,保险公司再度陷入入不敷出的困境,纷纷提高保险费率以减少营业损失,但美国保险监督委员会明令禁止保险公司提高保险费,迫于财务压力,医疗责任保险公司不得不陆续退出市场,结果导致保险服务严重不足,直接影响到医疗服务行业。保费过高和保险服务不足的问题同时存在,医疗机构和执业医师不仅面临着付不起保险费的问题,而且想要获得医疗保险服务也越来越困难。

美国医疗责任保险领域大幅上升的是赔偿判决金的规模,而不是诉讼的数目,例如在内华达州,该州实际登记的医疗责任赔案数目从1990年的348个减少到了2001年的249个。而在1995年,美国全国平均的医疗赔偿判决金的规模仅为50万美元,平均的和解赔案的金额大约是35万美元。到2000年的时候,平均的判决金数目已经上升到了100万美元,而平均的判前和解数目则是50万美元[①]。

2. 董事和高级职员责任保险危机。20世纪80年代初期,美国董事和高级职员遭受索赔诉讼的数量不断增加,直接引发了董事责任保险索赔金额的不断攀升,保险公司通过不断降低自己的赔付责任、提高保费来控制风险。从1984年到1987年,董事责任保险合同的免赔额以每年44%的速度增长。与此同时,董事责任保险合同的赔偿限额也在不断降低。仅在1986年的第一个季度,董事责任保险合同的赔偿限额就下降了50%。同时董事责任保险费却在节节攀升。从1985年至1986年间,大约80%公司的续保单的保费开始上涨,大约一半保险公司的保费上涨超过200%,有些保险公司甚至将保费提高到以前的15倍到20倍之间。这导致投保人购买力降低,其又进一步恶化了销售董事责任保

---

① 张瑞纲,许谨良.美国医疗责任保险危机成因剖析及启示[J].区域金融研究,2013(7).

险的保险公司的经营状况,由此引发了美国董事责任保险市场的危机①。

3. 石棉引发的责任保险危机。石棉因具有防热、防腐蚀、不导电的优异性能,曾被誉为"工业的食盐",并被广泛应用于工业领域。但是在20世纪后半叶,石棉被发现会引起肺部沉着病并导致肺癌等一些严重疾病,且由于石棉所致疾病潜伏期长,石棉引发的疾病和死亡人数不断增长,导致了赔偿费、理赔费用及诉讼费用越来越高,污染地的清理费用巨大,许多石棉制造企业倒闭。根据美国Tillinghast-Towers Perrin公司的一项统计,2003年,美国因石棉有关的赔偿金额上升了125亿美元。1999—2003年,美国保险业为石棉索赔而支付的赔款达200亿美元,承保石棉相关的产品责任险和雇主责任险的保险公司和再保险公司赔付金额居高不下,经营受到很大冲击,引发了责任保险危机。

三、责任保险承保模式的变迁

(一)事故发生式保单及长尾责任

1986年前责任保险产生以来,责任保险的承保模式都是事故发生式(on an occurrence basis),指以损失发生的时间为基础,对责任事故发生在保单有效期内的索赔,保险人予以赔偿,保单不考虑责任事故发现或提出索赔的时间。在保险合同中对这一承保模式的描述通常为"保险人同意为被保险人支付由于事故发生引起的损害赔偿金"。

1966年以前,责任保险保单承保的人身伤害和财产损失要求是因意外事故造成的,即在特定的时间和特定的地点突然发生的事件。1966年保单改为事故发生式,对事故发生的定义增加了暴露于有害环境所导致的人身伤害和财产损失,并于1973年进行了重新定义,指一种意外事故,包括持续性或重复性地完全暴露于同样的一般性的有害环境。而事故发生式保单判断保险人是否应承担赔偿责任,应由哪些保险人承担赔偿责任的标准是基于对"事故发生"的解释。

专栏 10-6

何为"事故发生"

美国各州至少曾采用三种原理对事故发生进行解释,来确定保险公司是否要承担损害赔偿责任。

风险暴露原理:将暴露于有害环境作为人身伤害事故发生的时间,认为伤害事件随着暴露于风险而开始。

显现原理:如果人身伤害或财产损失在保险期间被发现或被证实,该保险单的保险责任被触发,而不考虑发生在该保险期间之前的人身伤害或财产损失。

持续伤害原理:暴露于有害环境(特别是石棉)可以看做为一接触有害物质就造成某种程度的伤害,并在接触该物质的所有时间内继续造成伤害,而且经诊断发现疾病时还在受到伤害。这样,在以下时间内的所有有效保险单责任被触发:暴露于有害环境;实际受到人身伤害或财产损失;人身伤害或财产损失得以显现。

---

① 孙宏涛.美国董事责任保险市场研究[J].江西财经大学学报,2009(4).

在事故发生式保单下，事故发生、造成伤害和提出损害索赔可能发生在不同的保险期间，这导致事故发生式保单具有长尾责任，保险承保的损失可能在最初事故发生原因发生后经过几年或者更长的时间才能显露出来。尤其是在从"投保"到"保单到期"再到"提起索赔"以至最终"确定赔偿数额"，几个时间点之间可能会经过几年甚至几十年的时间，从而对保险公司保险储备金、资本安排以及理赔进程产生诸多不确定性。

（二）期内索赔式保单

20世纪70年代后期出现了许多石棉和环境污染索赔案件，在事故发生式保单下保险公司承受了巨额的损失赔付。保险业设法设计一种新的承保模式，使其可以更容易预见保单是否会承担长尾风险所引起的索赔责任，期内索赔式承保模式顺应这一需求而出现。

1986年，标准期内索赔式保单出现。期内索赔式保单（on a claim-made basis）是指导致被保险人承担的民事损害赔偿责任事件必须发生在保单规定的追溯日期以后，并且针对该责任事件提出的索赔请求必须发生在保单规定的有效期内，保险公司才承担责任事件的赔偿责任。

在期内索赔式保单中有三个重要的时间概念：追溯日期、有效期及扩展报告期。

追溯日期是期内索赔制保单的一个重要的确定保险责任起始的时间标准，一般会在保险单明细表中载明。发生在追溯日期之前的人身伤害或财产损失，即使索赔在保险期间提出，保险单也不予赔付。

有效期，或称保险期间，是确定保险责任的另一个时间标准。被保险人面临的保单项下的责任损失索赔必须在保单有效期内提出，保险人承担赔偿责任。

专栏 10-7

期内索赔制保单下追溯日期的应用

假设第一次签发的期内索赔制保险单的保险期间是2005年1月1日至2006年1月1日，后来它又以期内索赔制的方式续保了两年。在第一份期内索赔制保险单之前采用事故发生制保障。在这段期间发生三个赔案。第一个事故发生在2004年12月1日，索赔日期是2006年1月5日；第二个事故发生在2005年5月1日，索赔日期是2005年12月1日；第三个事故发生在2005年2月1日，索赔日期是2006年6月1日。

假设1：如果追溯期与每份保险单的起始日期保持一致：

第一个索赔被拒绝，因为事故发生在追溯日期之前。由于第一份期内索赔制保险单之前采用事故发生制保障，该索赔由事故发生制保险单负责。

第二个索赔保险人要负责，因为事故发生和索赔时间都在保险期间内。

第三个索赔被拒绝，因为事故发生在第一份保险单的保险期间，但索赔在第二份保险单的保险期间提出。

假设2：如果追溯日期是第一份期内索赔制保险单的起始日期：

第一个索赔被拒绝，因为事故发生在追溯日期之前。

第二个索赔保险人要负责，因为事故发生和索赔时间都在保险期间。

第三个索赔保险人要负责，因为事故发生在第一份保险单的追溯日期之后，索赔在第二份保险单的保险期间提出。

假设3：如果明细表上载明追溯的日期为"无"：

第一个索赔保险人要负责，因为索赔时间在第一份保险单的保险期间，但是，保险人仅负责在事故发生时的有效事故发生制保险单的超额赔偿责任。

第二个索赔保险人要负责，因为保险单未设置追溯日期，而且索赔在第一份保险单的保险期间内提出。

第三个索赔保险人要负责，因为保险单未设置追溯期间，而且索赔在第二份保险单的保险期间内提出。

在期内索赔式保单中一般会有一个扩展报告期条款，在保单规定的有效期届满后，如果被保险人不再续保，则保险责任终止，扩展报告期条款自动生效。即对于发生在保单追溯日期之后的责任损失事件，只要在扩展报告期内提出索赔要求，保险人仍然承担赔偿责任。

发生以下任意情况之一，期内索赔制被保险人都可获得扩展报告期：保险人解除保险单或不续保；被保险人解除保险单或不续保；保险人用较迟的追溯期保险单续保或替换原保险单；保险人用事故发生制或其他非期内索赔制保险单续保或替换原保险单。上述情况会导致期内索赔制保险的保障空缺。若存在上述情况，被保险人有权获得基本扩展报告期保障，该保障自动适用而无需缴纳额外保险费。基本或自动扩展报告期的长短取决于导致索赔的事故发生是否提前通知保险人，如果保险事故在保险单结束后60天内报告保险人，保险单结束后5年内由此产生的索赔被认为在保险期间内提出，未曾报告的扩展报告期为60天。

被保险人也可以购买附加扩展报告期，该报告期从自动扩展报告期结束之后开始，而且是无限期的。该附加扩展报告期的购买需要支付额外保险费，并以批单的方式加贴在已经终止保险责任的保险单上。

专栏 10-8

期内索赔制保单案例

假定某人2006年受到伤害（发生事故之年），被保险人在2006年1月1日投保了期内索赔制保单，其知道保险事故发生并报告给了保险人。2007年1月1日续保时，被保险人并没有向保险人提出索赔，保险人续了保，追溯日期仍然是2006年1月1日。2008年被保险人更换了保险人，该保险人将追溯日期定为2008年1月1日。2008年保单在2009年续保，追溯日期仍为2008年1月1日。2009年伤者意识到自己伤害的程度和受到伤害的原因，并向被保险人提出了索赔。

在这些保单中：

2008年和2009年的期内索赔制保单不负责赔偿，因为伤害发生在追溯日期之前。

2006年的期内索赔制保单不负责赔偿，因为它已经终止。

该索赔触发了2007年的期内索赔制保单的保险责任，因为：事故发生在追溯日期之后以及保险单终止日期之前；被保险人在保险单终止日期之后60天期限内向保险人报告了事故的发生；索赔在保险单终止日期之后的5年内提出。

> **案例分析**
>
> ## 从"酒后驾车险"的发展看我国责任保险与法律建设的互动关系
>
> ### 1. "酒后驾车险"的首次尝试
>
> 我国机动车辆第三者责任险保单将通常都将饮酒后驾车作为除外责任。2003年天安保险公司推出了被业界称为"酒后驾车保险"的责任保险。在天安公司的保险条款中该险被称为"非常事故损失特约险",是该公司"乘用汽车保险""商用汽车保险""私家汽车保险"和"贷款汽车保险"四个产品的附加险。具体内容如下:
>
> "投保人只有投保汽车损失险和第三者人身伤害责任险、第三者财产损失责任险、乘客和驾驶人伤害责任险才可投保非常事故损失特约险。在交通事故责任认定书载明的驾驶人饮酒驾车肇事,致使第三者人身伤亡或财产直接损失以及本车乘客遭受伤亡,依法应由被保险人负责赔偿的,保险人依据本条款的约定承担保险责任。每次事故损失的责任限额为人民币25万元。损害赔偿范围和标准按照基本险条款规定执行,驾驶人的违法犯罪或故意行为所致的损失不赔。本附加险每次赔偿均实行30%的绝对免赔率,费率为保险金额的0.8%。"
>
> 此保险产品推出后,在社会上引发了广泛的讨论,监管部门、普通市民、业界、学界、交通管理部门等纷纷发表了不同看法,社会反应强烈。
>
> **各方反应**[①]
>
> **支持方:**
>
> 中国保监会:"非常事故特约损失险"与我国现行法律之间不存在任何冲突,应该扶持。按照中国法律规定,酒后驾车肇事导致的法律责任有三种,民事赔偿责任、行政责任和刑事责任。"非常事故特约损失险"这类险种的根本目的,也是保护交通事故中的受害人能够有效得到经济补偿。它承担了一部分驾驶人违法驾车造成交通事故后的民事赔偿责任,有利于受害第三方的权益保护,并不因此影响驾驶人依法应承担的行政处罚或刑事责任。
>
> 西南财经大学某教授:"酒后驾车责任险"的推出,并不"违法"。酒后驾车责任险作为一种责任险,必须依托于民事侵权责任法律体系,不得违背有关的原则和规定。当前,人们酒后驾车也是一非常普遍的不争的事实,此时车祸发生的概率大大增加,这种对第三方伤害的风险普遍存在,"有风险就有保险",为了保障第三方无辜的受害者的合法利益,推出该险种是合情合理的。酒后驾车事故的无辜受害者应拥有获得赔偿的资金来源,该保单承诺的是代表被保险人支付。"代表支付"保障了第三方的利益,尽管被保险人并没有遭受经济损失。
>
> 清华大学某教授:对"酒后驾车险"持怀疑或否定态度的人普遍担心是该险种会纵容甚至是鼓励驾驶员酒后驾车。"酒后驾车险"在设法降低投保人的道德风险方面采取了多种做法:第一,在基本险中采取的是经验费率,即投保人未来购买责任险的费率依赖于他以往的驾驶经历;第二,在基本险和附加险中都限制了保险的范围。退一步说,即使真存在一定程度的道德风险,也是保险这种产品在给大多数人和整个社会带来更多风险保障的同时,所必须付出的必要代价。

---

① 以下各方观点均摘自当时的新闻报道及发表文章。

反对方：

某交管部门：表示将对购买此险的驾驶人进行"重点帮扶"，并认为"酒后驾车险"是支持和纵容酒后驾车的商业交易。

某些社会公众：指责这是在鼓励交通犯罪，纵容马路杀手，称这是一种渗透着嗜利本性的杀人险，更有甚者将有投保意向的驾驶人视为潜在的杀人犯。

某开车人士：这种变相鼓励酒后驾车的险种，不仅与我国现行的交通法规、治安管理条例严重相悖，而且也不符合道德标准。我有自己的私家车，也基本上天天开车，但我酒后从不驾车，因为我很清醒，酒后驾车是一种害人害己的行为。因此，我认为保险公司推出此险种，有助长此恶习之嫌。尽管保险公司可以从商业的角度考虑该问题，但有一个前提，这就是必须符合我国的现行法规，符合我国的社会文化和道德标准。

中国公安大学某教授：即使法律没有明令禁止为酒后驾车投保，但依照《民法通则》，民事活动应当遵守社会公德，不得损害社会公共利益。为酒后驾车投保对不特定的人的生命、健康、财产构成了威胁，从目前看，大多数人都反对这种纵容酒后驾车的保险合同，只有个别喜欢喝酒的司机对此持支持态度，应该说这是一种违反社会公德、损害社会公共利益的行为。

中央财经大学某教授认为：在我国尚未实行强制汽车责任保险制度的环境下，这种通过商业经营方式为违法行为所提供的责任保险保障的作法值得商榷。"酒后驾车险"保险业务缺乏严格和缜密的论证，这种没有真正给违法者沉重的经济制裁和全面保障第三方权益的业务，很难最终受到社会认可和承认。那些潜在保险消费者，将会以不信任的心态看待我国正在成长的保险市场，甚至形成对整个保险行业的偏见与误解，需要有关方面付出很多努力才能修复。

天安观点：

推出这一险种的初衷是稳定社会。酒后驾车是一种客观事实。"这一险种是责任险，保险标的是赔偿责任，属于民事责任范畴。保险公司帮助肇事者赔付部分民事赔偿，并不意味着他不再接受刑事处罚。""同样属于违章驾驶的范畴，闯红灯、强行变道、逆向行驶等行为造成的损失都在保险赔偿之列，没有人质疑这些险种会纵容违章，那么酒后驾车肇事造成的损失也应该可以作为保险保障之列。"

市场反应：

天安保险公司在全国20多家分公司的营业网点，当年共有400多辆车投保了这一附加险，保费收入20多万元，总保额3 100万元左右。市场反应十分冷清，据天安保险公司工作人员称，之后两年各分公司的投保人几乎可以个位数计算。在社会斥责和市场冷遇之下，"酒后驾车险"逐渐销声匿迹了。

相关法律规定：

2003年，我国与酒后驾车相关的法律规定主要是《中华人民共和国道路交通管理条例》，第七十四条规定：机动车驾驶员有下列行为之一的，除依照《中华人民共和国治安管理处罚法》的规定处罚外，可以并处吊扣6个月以下驾驶证；情节严重的，可以并处吊扣6个月以上12个月以下驾驶证：醉酒后驾驶机动车的。

第七十七条规定：机动车驾驶员有下列行为之一的，处50元以下罚款或者警告，可以并处吊扣3个月以下驾驶证：（五）饮酒后驾驶机动车的。

2. 酒后驾车损害赔付的发展

2007年，我国颁布《机动车交通事故责任强制保险条款》，在该条款中规定了当驾驶人醉酒导致受害人受伤需要抢救的，保险人在医疗费用限额内垫付抢救费用，具体规定如下：

被保险机动车在本条（一）至（四）之一的情形下发生交通事故，造成受害人受伤需要抢救的，保险人在接到公安机关交通管理部门的书面通知和医疗机构出具的抢救费用清单后，按照国务院卫生主管部门组织制定的交通事故人员创伤临床诊疗指南和国家基本医疗保险标准进行核实。对于符合规定的抢救费用，保险人在医疗费用赔偿限额内垫付。被保险人在交通事故中无责任的，保险人在无责任医疗费用赔偿限额内垫付。对于其他损失和费用，保险人不负责垫付和赔偿。（二）驾驶人醉酒的。

对于垫付的抢救费用，保险人有权向致害人追偿。

2012年12月21日起施行《最高人民法院关于审理道路交通事故损害赔偿案件适用法律若干问题的解释》，其中第十八条规定，驾驶人醉酒驾驶机动车发生交通事故的，当事人请求保险公司在交强险责任限额范围内予以赔偿，法院应予支持。保险公司在赔偿范围内向侵权人主张追偿权的，人民法院应予支持。也即是说《解释》明确了驾驶人醉酒驾驶导致的受害人损害，保险公司应在交强险责任限额范围内予以赔偿，而并非仅仅支付人身抢救费用。

相关法律规定：

2012年针对酒后驾车相关的法律规定为《道路交通安全法》，第九十一条规定，饮酒后驾驶机动车的，处暂扣六个月机动车驾驶证，并处1000元以上2000元以下罚款。因饮酒后驾驶机动车被处罚，再次饮酒后驾驶机动车的，处10日以下拘留，并处1000元以上2000元以下罚款，吊销机动车驾驶证。醉酒驾驶机动车的，由公安机关交通管理部门约束至酒醒，吊销机动车驾驶证，依法追究刑事责任；5年内不得重新取得机动车驾驶证。饮酒后驾驶营运机动车的，处15日拘留，并处5000元罚款，吊销机动车驾驶证，5年内不得重新取得机动车驾驶证。饮酒后或者醉酒驾驶机动车发生重大交通事故，构成犯罪的，依法追究刑事责任，并由公安机关交通管理部门吊销机动车驾驶证，终生不得重新取得机动车驾驶证。

关于驾驶员饮酒后导致受害人损害，保险公司能不能纳入保障范围经历了波折的过程，人们的观念和制度也发生了不断的变化。最初商业保险尝试期间，公众态度大多是强烈反对与抵制，致使该保险很快退出市场。但随着我国汽车拥有量的急剧增加，酒后驾驶事故频繁发生，第三方受害者的补偿需求不断扩大，人们逐渐认识到保险对补偿受害者方面的功能，制度上的反应是交强险将比饮酒行为更为严重的醉酒导致的抢救费用纳入赔付范围。当立法加大了对酒后驾车行为的处罚力度，酒后驾车者不仅要承担更为严格的行政处罚，甚至还要面临刑事处罚时，责任保险可能会带来的纵容酒驾、醉驾行为的道德风险大大降低，保险机制保护受害者的功能大为强化，在2012年，醉驾风险首先可由保险公司赔付在制度层面获得了认可。

我国酒后驾车责任保险与相关法律规定的发展变化和历史上责任保险与侵权体系的发展变化极为相似,分析这一案例有助于我们了解责任保险与侵权责任体系的关系以及互相影响,了解责任保险发展过程中出现的一系列危机和问题。

本 章 小 结

1. 责任保险的存在基础是责任风险。现代社会中,责任风险是和人身风险、财产风险并存的三大主要风险之一。责任风险主要来源于民事侵权责任,侵权责任对归责原则、赔偿范围和赔偿方法等规定决定了责任保险的保障范围。侵权责任的归责原则有过错责任原则、无过错责任原则和公平责任原则。过失责任是获得一般侵权赔偿的责任来源,过失责任要符合四个构成要件,且可以通过一些抗辩方式减轻或免除损失赔偿责任。侵权损害赔偿主要包括财产损害赔偿、人身损害赔偿和惩罚性损害赔偿。

2. 侵权责任体系是不断发展变化的,归责原则从过错责任单一归责原则到过错责任、无过错责任并存的多元归责原则发展,赔偿功能逐渐加强,保障的权益范围不断拓宽。责任保险是建立在侵权责任体系基础之上的,侵权责任体系的发展变化必然对责任保险发展带来影响。侵权责任的扩张意味着责任保险商机的增加,从长期看必然会带来责任保险的长期繁荣,但侵权责任的扩张同时也带来了侵权责任的不确定性,给责任保险发展带来一定的困扰。责任保险的发展反过来也会影响侵权责任体系,增强了侵权损害的赔偿功能,并且通过将责任保险本身设计与侵权责任体系及其他预防机制,如刑罚、行政管理、道德伦理、科学技术等相结合,就可以在不削弱侵权责任体系的预防功能基础上,对其实现有益的补充。

3. 责任保险产生于19世纪后半叶,其发展经历了两次比较大的危机。第一次是最初产生时期的危机,主要表现为对责任保险合法性的质疑,责任保险发展缓慢甚至有被迫退出市场的情况发生,但是随着完善的侵权损害保障体系的建立以及责任保险本身的产品设计,责任保险功能逐渐得到认可,进而得到迅猛发展。第二危机发生于20世纪70年代后期到21世纪初期,责任保险市场上出现了投保人支付不起保费和保险人不愿承保危险的局面,主要表现在职业责任保险、产品责任保险及与石棉相关的雇主责任保险。保险公司为了降低自身的赔付责任,发展出新的承保模式:期内索赔式,以降低事故发生式保单带来的长尾风险导致的赔偿不确定性。

重 要 概 念

侵权责任　归责原则　责任保险　侵权损害赔偿　侵权责任体系　事故发生式保单　期内索赔式保单

习题与思考题

1. 请分析在法律责任中,为何只有侵权责任是可保的,其他责任无法通过责任保险进行转移。
2. 请分析侵权责任体系与责任保险的互动关系。
3. 请分析责任保险在产生之初曾受到什么质疑,这种质疑产生的原因是什么,保险公司如何通过产品设计来应对这种质疑。
4. 请分析责任保险的第二次危机的发生原因与状况。
5. 责任保险的承保模式发生了何种变化,为什么会发生这种变化?
6. 假设某企业2009年第一次投保事故发生制的产品责任保险,保险期间是2009年1月1日到2009年12月31日,之后两年改为在同一保险公司投保期内索赔制保险单,保险期间分别是2010年1月1日到2010年12月31日和2011年1月1日到2011年12月31日,追溯日期定为2010年1月1日,2012年不再续保,并且没有购买附加扩展报告期。这段期间发生三个事故赔案。第一个事故发生在2009年7月8日,该企业通知保险公司的日期是2009年8月8日,受害人索赔日期是2010年2月4日;第二个事故发生在2010年5月1日,通知保险公司日期是2010年5月12日,索赔日期是2011年12月1日;第三个事故发生在2011年12月30日,没有通知保险公司,受害者2012年2月4日提起索赔;第四个事故发生在2012年1月3日,通知保险公司的时间是2012年1月20日,索赔日期是2015年6月1日。请分析这些事故能否获得赔偿,若能,由哪些保单承担赔偿责任,为什么?

第十一章

责任保险市场

> **学习目标**
> 1. 了解全球责任保险市场发展的基本情况
> 2. 了解未来影响责任保险市场发展的因素
> 3. 掌握影响我国责任保险市场需求的因素
> 4. 掌握影响我国责任保险市场供给的因素

第一节 全球责任保险市场发展概况

一、全球责任保险市场概况

在全球成熟的保险市场中,责任保险是财产险业务的重要组成部分,也是财险市场发达程度的标志之一。20世纪五六十年代以来,随着侵权法律制度的建立与完善以及经济的发展,责任保险市场得到了迅速发展。2013年,全球商业险保费约1 600亿元,占全球商业险保费的23%,其中发达市场占全球责任险保费的93%,而其非寿险保费占全球份额的79%。

表 11-1　2013年责任保险保费、非寿险保费与 GDP

(保费与GDP单位:10亿美元,份额:%)

排　名	责任险	非寿险总额	GDP	责任险/非寿险总额	责任险/GDP
1 美国	84.0	531.2	16 802	15.8%	0.50%
2 英国	9.9	99.2	2 521	9.2%	0.36%
3 德国	7.8	90.4	3 713	8.7%	0.21%
4 法国	6.8	83.1	2 750	8.2%	0.25%
5 日本	6.0	81.0	4 964	7.3%	0.12%
6 加拿大	5.2	50.5	1 823	10.3%	0.29%

续 表

排　名	责任险	非寿险总额	GDP	责任险/非寿险总额	责任险/GDP
7 意大利	5.0	47.6	2 073	10.6%	0.24%
8 澳大利亚	4.8	32.7	1 506	14.8%	0.32%
9 中国	3.5	105.5	9 345	3.3%	0.04%
10 西班牙	2.2	31.0	1 361	7.0%	0.16%
前十大市场	135	1 152	46 857	11.7%	0.29%
全球	160	1 550	61 709	10.3%	0.26%

数据来源：Sigma，2014年第4期，不包含汽车责任险、工伤责任险、与水险和航空险等特殊险种相关的责任保险。

（一）美国责任保险市场

美国责任保险市场是目前全球最大的责任保险市场，2013年美国责任险保费收入占全球的52.5%。美国责任险险种保费收入比例如图11.1所示，普通责任险、职业责任险（包括董事高管责任与医疗责任）以及商业多重风险（责任）占比重较高。在赔付支出方面，商业责任险总赔付达840亿美元，其中500亿美元用于一般责任险，错误与疏忽责任险（E&O）120亿美元，董事高管责任险（D&O）54亿美元，商业多重风险责任险130亿美元，医疗事故责任险95亿美元，产品责任险30亿美元。

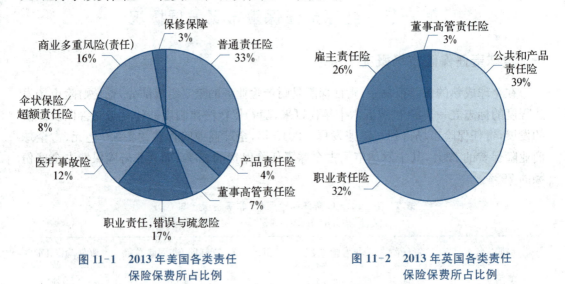

图11-1　2013年美国各类责任保险保费所占比例

图11-2　2013年英国各类责任保险保费所占比例

（二）英国责任保险市场

英国是世界上第二大责任险市场，2013年责任险保费收入达99亿美元。其中最大的险种是公共和产品责任险，其次是职业责任险和雇主责任险（与工作相关的意外和疾病保障）。英国责任险险种发展在过去十年中出现了巨大变动，职业责任险的比例从14%左右提高到32%，显示出英国产业的发展变化，专业服务经济比重上升。与此同时，制造业占责任险理赔的比例降低，原因是伤害和财产损失等相关意外事件有所下降。

(三) 欧洲大陆市场

欧洲大陆最大的责任险市场是德国、法国、意大利和西班牙。2013年,责任险保费其合计近220亿美元。这些市场通常是大陆法系,保险深度在0.16%和0.25%之间,与美国、英国和澳大利亚等英美法系的国家相比较低。

2013年德国商业责任险市场保费总额为78亿美元,一般责任险和产品责任险是主导险种。这在一定程度上是由于德国的制造业相对于其他欧洲国家来说仍占据着重要地位。然而,职业责任险的比例正在提高,因为医疗事故险的损失率(理赔额/保费)自2004年以来迅速恶化。损失率上升导致准备金增加和主要保险公司退出市场。医院和医生由于医疗事故风险而面临保险费率上浮。很多人无法负担这些费率,特别是助产士和产科医生等高风险职业。

2013年法国第三方责任险保费总额为68亿美元。大多来自职业责任险,因为法国有100多种职业要求强制投保。仅十年建筑责任险(10年建筑保修保障)就占到保费的三分之一。医疗事故险约占8亿美元。

2013年意大利责任保险保费收入为50亿美元,2012年医疗事故险成为强制险种,虽然社会保障体系为工作相关伤害提供保障,但是雇主通常会投保雇主责任险,缩小了社会保障体系补偿与意大利法院判定赔款之间的缺口。

2013年西班牙责任险市场保费收入为22亿美元,主要险种是职业责任险,其次是建筑责任险。

(四) 亚太地区责任保险市场

日本和澳大利亚是亚太地区最大的两个责任险市场,2013年商业责任险保费分别达到60亿美元和48亿美元。日本责任险保费仅占GDP的0.12%,保险深度远低于其他发达经济体,这可能与日本比较偏好通过协商而非诉讼解决纠纷的社会习惯有关。由于赔付率较低,加上市场竞争比较激烈,自2012年以来,日本公众责任保险及职业责任保险的费率在持续降低。澳大利亚的保险深度相对要高很多,达到GDP的0.32%。这是因为澳大利亚实行的是英美法系,雇主责任险需求不断增加。澳大利亚已要求强制投保航空责任险、海上石油污染责任险和住宅建筑责任险,某些州还要求医护人员、房地产经纪人和股票经纪人必须购买责任保险,自2000年以来责任险保费以年均11%的速度增长。

韩国是亚洲第三大责任保险市场,2014年保费收入6.99亿美元。经济现代化、全球一体化、出口拉动型增长模式和强劲的消费文化推动了对责任保险的需求。韩国责任保险保费收入中比重最大的是公众责任保险,占比43%,其次是职业责任保险,占比26%,然后是产品责任保险,占比14%。

(五) 我国责任保险市场

我国是亚洲第二大责任保险市场,2015年,责任保险原保险保费收入301.85亿元,同比增长19.17%,占财产险业务的比例为3.78%,占财产险业务的比例为3.78%。自2007年以来,我国责任保险发展速度较快,保费收入年均增速为24%左右,但责任保险保费占产险保费的比重比较低,不到4%,整个市场保险深度也比较低,只有0.03%。开办责任保险业务的公司越来越多,2001年为16家,2015年为61家。公众责任保险是我国责任保险市场第一大险种。

图 11-3 2001—2015 年中国责任保险市场保费收入

二、未来影响责任保险市场发展的可能因素

(一) 责任风险累积可能加大

现代社会,大规模侵权的可能性越来越大,导致责任巨灾时有发生,给保险公司赔付带来了压力。例如 2014 年"深水地平线号"原油泄漏事故,这使得英国石油公司和其他被告面临多达 300 起诉讼,涉案赔偿金额总计 78 亿美元。

另外,由于企业整体性风险管理的需要,保险公司往往会提供包含财产保险和责任保险的综合性保单,则保险事故的发生往往会引发更为广泛的损失,例如,城市街道上建筑起重机倒塌等事件可能会导致公众责任险、产品责任险、雇主责任险和汽车险等等理赔,赔付责任加大。

灾难性的损失赔付还可能来源于长尾责任理赔,尤其是承保同一业务多年之后发现存在产生新损失的原因,如建筑或产品缺陷理赔。例如,石棉风险已经困扰了保险公司几十年时间。"下一个石棉"可能会产生于多种风险:纳米技术、水力压裂技术、或范围广泛的环境风险。

专栏 11-1

"下一个石棉"?

"下一个石棉"的猜测是来源于水力压裂技术,它是一种用于石油和天然气开采和生产的技术,通过将水、沙子和化学物质混合物高压注入深井中,使得页岩层断裂,以增加石油和天然气释放效率。从事水力压裂业务的能源公司面临着一系列的风险,如环境责任诉讼和监管不确定性等。潜在的环境风险包括地下水被压裂液或甲烷气体污染、钻井现场甲烷排放和钻探设备废气造成的空气污染,以及废水意外泄漏。能源公司正在改善作业方式,提高钻井产生的数百万加仑"回流"水的回收利用率。如果不回收,压裂废水必须依照各种相关法律法规妥善处理和处置。深井注入是一种常见的处理方法,但是存在环境风险,这种做法也可能会引发地震。

水力压裂技术是一个全球性的问题,各国政府在相关政策方面存在分歧。一些国家禁止使用水力压裂技术,另一些则偏重监管而非全面禁止。在美国,压裂技术已经引起公众争议,并引发多起诉讼案件。很多人声称这将导致地下水污染、空气质量问题、地震活动损失等等。

"下一个石棉"的另一个猜测是环境风险,根据美国《1980年全面环境应对、补偿和责任法案》,又称为"超级基金法",规定了环境污染可追溯责任:污染的责任方对其在"超级基金法"法案实施前的释放污染物的行为仍然负有法律责任。谁制造了污染,谁就有清除它的责任,而不管这种行为发生的时间。另外"超级基金法"有连带责任的规定,许多情况下,污染是由多方造成的,有时责任难以划分清楚。根据连带责任的规定,每一个责任人应对整个清理费用负责,所有的潜在责任方有义务分摊责任。谁造成了哪些损害应由所有潜在责任方而不是由无辜的公众去搞清楚。

(二) 科技的创新使得未来责任风险更为复杂

目前随着网络技术的发展和广泛应用,网络责任风险复杂,且发展迅速,全球每年网络犯罪成本估计在1 000亿到5 000亿美元之间。保险公司提供网络第三方责任险,为投保人对于第三方(包括客户、供应商和政府机构)源于数据泄露或网络攻击的责任损失提供保障。市场上提供的第三方保障包括诉讼和监管成本、通知成本、危机管理和信贷监控成本、媒体责任和隐私责任。但网络的发展使得这一风险更加难以控制。

专栏 11-2

网络病毒比特币勒索事件

2017年5月中旬,全球近100个国家的数万台电脑受到一个叫作"WannaCry"(及其变种病毒)勒索软件的侵扰。目前这款病毒攻击范围非常大,近百个国家的电脑遭殃,其中包括英国、美国、中国、俄罗斯、西班牙和意大利等等国家。

受到攻击的电脑上都会出现一个比特币的"赎金"对话框,提示被感染的机主"需要在指定时间内,支付价值300美元的比特币才能纾困,超时翻倍,拒绝的话,电脑中的文件可能会被彻底清空。"据软件安全专家表示,病毒加密的文件,是不可恢复的,除了病毒作者,其他人没办法解密。总的来说,勒索病毒,能防不可治。

另外,无人驾驶汽车的面世也可能对机动车辆第三者责任保险产生冲击,如果无人驾驶汽车广泛使用,那么出现交通事故时,就不是机动车辆三者险赔付,而是生产无人驾驶汽车的厂家的产品责任险进行赔付,这必将改变现在的责任保险市场格局,现在的交强险与机动车辆第三者责任险必然会大受冲击。

第二节 我国责任保险市场的需求影响因素分析

一、责任风险的损失程度

责任保险的保险标的是企业和个人承担的民事责任风险,民事责任风险的大小是影响责任保险需求的重要因素。民事法律制度的完善、归责原则的确定、损害赔偿内容的规定等都会影响企业和个人承担民事责任的结果,因此会对责任保险的需求带来直接影响。

(一)我国侵权法律体系越来越完善

20世纪80年代以来,我国一直在努力进行侵权责任法律制度的建立和完善。目前,我国侵权责任法律有两个层次:

第一个层次是侵权责任法,从基本法的角度对侵权责任作出规定,主要规定了普遍适用的共同规则,典型的侵权种类的基本规则,以及其他单行法不可能涉及的一些特殊规则。

第二个层次是相关法律。许多单行法都从自身调整范围的角度对侵权责任作出一条或者几条规定。目前我国已有40多部单行法对相关侵权问题作出规定,主要包括:

侵害物权责任,物权法、农村土地承包法等作了规定。

侵害知识产权责任,商标法、专利法、著作权法等作了规定。

侵害婚姻自主权和继承权等责任,婚姻法、继承法等作了规定。

商事侵权责任,公司法、海商法、票据法、保险法、证券法、信托法等作了规定。

交通事故责任,道路交通安全法、铁路法、民用航空法等作了规定。

产品责任,产品质量法、药品管理法、消费者权益保护法等作了规定。

环境污染责任,环境保护法、水污染防治法、大气污染防治法、固体废物污染环境防治法等作了规定。

生产事故责任,安全生产法、建筑法、电力法、煤炭法等作了规定。

食品安全和传染病传播责任,食品安全法、传染病防治法、献血法等作了规定。

法律体系的完善,使得侵权责任种类越来越多,责任越来越明确,企业和个人承担的责任风险越来越大,相对应对于转移责任风险的责任保险产品的需求就越来越大。

(二)举证责任的逐渐减弱使得侵权责任风险发生概率大为增加

纵观国外及我国侵权法律制度的变迁,与过错责任和无过错责任并存时期相适应,受害人的举证责任都在逐渐减弱。主要表现在:一是对过错的认定逐渐客观化,不从单个行为人的主观状态认定其过错,而以多数人的注意义务标准认定有无过错。二是在特定条件下即使是适用过错责任原则,法律规定不由受害人承担举证责任,而由行为人承担举证责任,也即是"举证责任倒置"。三是在实行无过错责任时,当事人双方不必证明行为人过错,只需争议法定免责事由是否存在,如不存在法定免责事由,行为人就要承担民事责任。这些变化使得受害人获取损害赔偿更为容易,同样也使得侵权人承担侵权赔偿责任的概率大为增加,这必然也会增加对责任保险产品的需求。

(三)我国法律支持的损害赔偿金种类越来越多

我国侵权责任法规定了八种侵权责任承担方式,其中最为重要和最为广泛采用的就是损失赔偿,我国损失赔偿金的种类越来越多。

我国《民法通则》对损害赔偿范围做了规定,侵害公民身体造成伤害的,应当赔偿医疗费、因误工减少的收入、残废者生活补助费等费用;造成死亡的,并应当支付丧葬费、死者生前扶养的人必要的生活费等费用;侵占或损坏他人财产的,应当返还财产、恢复原状或者折价赔偿。在实际中,对财产损失赔偿只支持直接损失赔偿,而不支持间接损失补偿,对人身伤害,主要支持一些特定损害补偿,而不支持精神损害补偿,并且并没有惩罚性损害补偿的规定。

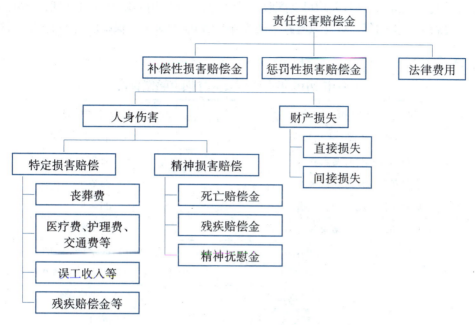

图 11-4　我国侵权损害赔偿种类

但随着我国侵权法律体系的完善,损害赔偿的种类逐渐增加。

对于人身伤害赔偿,进一步完善了损害赔偿的项目及计算方式,并明确允许受害人请求精神损害赔偿。2001 年《最高人民法院关于确定民事侵权精神损害赔偿责任若干问题的解释》对于人身侵害规定了三种不同精神损害抚慰金赔偿:造成死亡的,应当赔偿死亡赔偿金;造成残疾的,应当赔偿残疾赔偿金;没有造成死亡残疾后果的,应当赔偿精神抚慰金。《侵权责任法》第 22 条也规定,侵害他人人身权益,造成他人严重精神损害的,被侵权人可以请求精神损害赔偿。

对于人格权损害赔偿,根据《最高人民法院关于确定民事侵权精神损害赔偿责任若干问题的解释》,自然人人格权利遭受非法侵害,可以请求赔偿精神损害,在《侵权责任法》里则做了更为严厉和明确的规定,侵害他人人身权益造成财产损失的,按照被侵权人因此受到的损失赔偿;被侵权人的损失难以确定,侵权人因此获得利益的,按照其获得的利益赔偿;侵权人因此获得的利益难以确定,被侵权人和侵权人就赔偿数额协商不一致,向人民法院提起诉讼的,由人民法院根据实际情况确定赔偿数额。

另外,我国也逐渐开始建立惩罚性赔偿制度,2009 年的《食品安全法》第 96 条第 2 款,2012 年的《侵权责任法》第 47 条,2013 年新《消费者权益保护法》第 55 条,2013 年《旅游法》第 70 条等法律中规定了惩罚性赔偿制度。例如《侵权责任法》第 47 条规定,明知产品存在缺陷仍然生产、销售,造成他人死亡或者健康严重损害的,被侵权人有权请求相应的惩罚性赔偿。

损失赔偿种类增加也会加大侵权者的侵权责任风险,进而增加对责任保险的需求。

(四) 法律规定的损害赔偿金金额不断变化

我国法律明确规定了侵权损害赔偿的计算方式,一般侵权金额会与人均可支配收入成正比,随着我国经济的发展,人均可支配收入的增加,医疗费用的增长,侵权赔偿金额也在不断加大,侵权人承担的侵权责任风险越来越大,因此相应的对责任保险的需求也相应增加。

专栏 11-3

上海市 2016 年交通事故人身损害赔偿标准

赔偿项目		赔偿金额(元)
上一年度本市职工平均工资		71 269(年)、5 939(月)
城镇居民人均可支配收入		52 962
农村居民人均可支配收入		23 205
城镇居民人均消费性支出		36 946
农村居民人均年生活消费支出		16 125
死亡赔偿金 (城镇居民)	60 周岁及以下	1 059 240(52 962×20)
	61—75 周岁	52 962×年限(80 年—受害者实际年龄)
	75 周岁以上	264 810(52 962×5)
死亡赔偿金 (农村居民)	60 周岁及以下	464 100
	61—75 周岁	23 205×年限
	75 周岁以上	116 025
被抚养人 生活费	城镇居民	36 946×年限
	农村居民	16 125×年限
丧葬费		35 634(5 939×6)
残疾赔偿金	城镇居民(60 周岁及以下)	52 962×年限×伤残等级系数
	农村居民(60 周岁及以下)	23 205×年限×伤残等级系数
住院伙食补助费		20×天
营养费		20—40×天
精神损失费(死亡)		50 000

另外随着我国物质财富的集中以及经济的高速发展,环境生态灾难、大型交通工具事故、缺陷产品责任、大规模职业伤害等大规模侵权事故频发,侵权者承担的损失赔偿责任非常巨大,如果不能进行有效的风险管理,甚至会导致企业破产,从这个意义上来说,对责任保险的需求也越来越大。

专栏 11-4

我国近年发生的大规模侵权赔偿事件

2008 年 3 月,三鹿"三聚氰胺"毒奶粉事件浮出水面,很多食用三鹿集团生产的奶粉的婴儿被发现患有肾结石,随后在其奶粉中被发现化工原料三聚氰胺。之后事件迅速恶化,包括伊利、蒙牛等在内的22个厂家69批次产品中都检出三聚氰胺。根据卫生部公布的数据涉及因食用问题奶粉患泌尿系统结石的婴幼儿近30万人。三鹿集团于2009年2月破产。

在政府相关部门主导下,中国乳制品协会牵头由22家涉案企业集体出资,一是成立了总额2亿元的医疗赔偿基金,作为对毒奶粉事件近30万名被确诊患儿的善后措施。用于报销患儿急性治疗终结后、年满18岁之前可能出现相关疾病发生的医疗费用。二是筹集9.1亿元用于发放患儿一次性赔偿金以及支付患儿急性治疗期的医疗费、随诊费。根据卫生部的规定,赔偿标准分别为死亡赔偿20万元,重症赔偿3万元,普通症状赔偿2 000元。

2011年7月23日,两列动车在温州发生追尾,致车厢脱轨坠桥,造成40人死亡,192人受伤。甬温线特别重大铁路交通事故善后工作组根据《中华人民共和国侵权责任法》《最高人民法院关于审理人身损害赔偿案件适用法律若干问题的解释》和公安部《道路交通事故受伤人员伤残评定》等法律法规,按照依法、据实、就高的原则,确定"7·23"事故受伤旅客理赔方案遇难人员赔偿救助金主要包括死亡赔偿金、丧葬费及精神抚慰费和一次性救助金(含被抚养人生活费等),合计每人赔偿救助金额91.5万元。

但是,从国际比较来看,平均而言,我国法律所支持的损害赔偿金的金额还比较小。就算规定有惩罚性赔偿,但是性质与欧美国家有所不同,金额更是差距巨大,实际的惩罚性功能并不十分有效。我国对惩罚性赔偿金额的规定主要有:《食品安全法》第96条:"生产不符合食品安全标准的食品或者销售明知是不符合食品安全标准的食品,消费者除要求赔偿损失外,还可以向生产者或者销售者要求支付价款十倍的赔偿金。"《消费者权益保护法》第55条:"经营者提供商品或者服务有欺诈行为的,应当按照消费者的要求增加赔偿其受到的损失,增加赔偿的金额为消费者购买商品的价款或者接受服务的费用的三倍;增加赔偿的金额不足五百元的,为五百元。法律另有规定的,依照其规定。经营者明知商品或者服务存在缺陷,仍然向消费者提供,造成消费者或者其他受害人死亡或者健康严重损害的,受害人有权要求经营者依照本法第四十九条、第五十一条等法律规定赔偿损失,并有权要求所受损失二倍以下的惩罚性赔偿。"《旅游法》第70条:"旅行社不履行包价旅游合同义务或者履行合同义务不符合约定的,应当依法承担继续履行、采取补救措施或者赔偿损失等违约责任;造成旅游者人身损害、财产损失的,应当依法承担赔偿责任。旅行社具备履行条件,经旅游者要求仍拒绝履行合同,造成旅游者人身损害、滞留等严重后果的,旅游者还可以要求旅行社支付旅游费用一倍以上三倍以下的赔偿金。"

专栏 11-5

惩罚性赔偿案例

全球有史以来最高的一起侵权赔偿金额是2014年4月美国路易斯安那州陪审团判决的,就一种治疗糖尿病的药物有引致癌症的风险,裁定一家日本制药公司及其美国合作伙伴向原告支付总计90亿美元的惩罚性赔偿。美国法律体系判定了世界上大部分金额达10亿美元或以上的责任赔偿。

总而言之,我国法律体系越来越完善,受害人举证责任逐渐减弱,损害赔偿金的种类越来越多,赔偿金额也越来越高,这使得侵权人承担责任风险的概率大为增加,责任损害赔偿也越来越严重,这些都增加了对责任保险的需求。但是总体上而言,我国侵权损害赔偿金额较小,企业承担起来压力并不大。

二、居民法律意识

现实中民事主体间发生纠纷有四种解决途径:协商解决、调解解决、仲裁解决和诉讼解决。采用何种途径去解决一个具体的民事纠纷完全取决于当事人的意愿,受社会文化、解决成本及实施效果影响。

我国传统上欠缺诉讼文化的土壤,在价值观念方面表现出"抑诉"的倾向,人们更倾向于通过私下协商解决纠纷,导致我国公民的法律意识整体比较淡漠,当消费者自己的权益被侵犯时,往往自认倒霉而很少向相关企业进行索赔,消费者的这种默忍行为会降低企业的违法成本,导致企业漠视责任风险。但随着我国法律制度的健全以及国家提高诉讼效率和降低诉讼费用的努力,人们法律意识不断在提高。

诉讼解决纠纷虽具有法律强制力,但相应需要支付一定的诉讼成本和时间成本,若成本过高,则民事主体往往倾向于采用其他手段解决民事矛盾。以医疗纠纷民事诉讼为例,通过民事诉讼解决的医疗纠纷主要是集中在由医疗损害造成的案件上,相关研究数据表明该类诉讼平均结案时间是331天。从时间上看,从立案开始普通诉讼周期为6个月,简易程序审理需3个月。很多医疗纠纷诉讼需要司法鉴定,又需30个工作日。所以,民事诉讼解决医疗纠纷的最快也在120天以上。另外由于医疗纠纷诉讼涉及法律和医学的专业知识,普通患者及家属很难兼顾,更无法独立完成诉讼,所以必须聘请专业的律师代为完成。而且,除律师费外,当事人还要承担鉴定费、诉讼费预缴等,这就使得当事人的经济诉讼成本更加沉重①。在这种情况下,人们往往选择替代性的解决纠纷方法,而责任保险仅能转移法律责任风险,这在一定程度上降低了对责任保险的需求。

三、违法成本

责任损害赔偿金的金额较少,公民的法律意识相对淡薄,最终导致在我国的侵权案件的赔偿金额整体上偏低。如果侵权人还有其他手段逃避侵权赔偿责任的话,使得侵权人违法成本更低。

首先,如果侵权人无财务能力或财务能力不足,即便法院判决赔偿,但受害者在实际中仍然得不到赔付。假定致害人拥有的资产小于其可能带来的损害规模,那么判决无法赔偿问题会降低致害人购买责任保险的动机。

其次,侵权人可能有其他方式逃避侵权赔偿责任。例如侵权人虽然有损失赔偿能力,但如果现实中如果存在法院执法不力的问题时,侵权人会采取转移资产手段或公开蔑视法律判决而拒不承担责任的情形;致害人逃跑或消失,尤其是在大型公共责任事件如私营煤矿安全事故中,会出现"业主发财、政府发丧"问题;在环境污染问题中经常存在损害已经发生,但

---

① 吕智宇.论医疗纠纷民事诉讼的若干问题[J].经济研究导刊,2017(13).

责任方却难以确定,因此无法确定赔付主体的问题;受害人缺乏法律知识或因对诉诸法律解决问题的信心不足或负担不起诉讼成本而未起诉的情形。当存在逃避的可能性时,致害人预期的逃避责任的可能性越大,即预期受到制裁或赔偿受害人的概率就越低,尽管损害规模或赔偿规模可能不变,但致害人预期赔偿概率的降低仍然会降低致害人购买保险的动力。

在风险管理理论中有四种风险管理方法:风险自留、风险规避、风险控制和风险转移。风险自留适合于期望损失比较低的风险;风险规避适合于损失概率大而且损失程度大,且无法通过其他经济性手段降低损失的风险;风险控制和风险转移都比较适合于那些损失概率低而损失程度比较大的风险。风险控制是可以通过一定安全成本的投入,实现风险概率或损失程度的降低,而风险转移则是通过一定固定成本的投入,把风险转移出去,因此降低自己承担的期望损失,风险转移最常用的手段就是保险,企业可以通过支付固定保险费的方式,将自己承担的部分或者全部责任风险转移给保险公司。这几种手段互为企业风险管理的替代品,因此,当企业不论是由于赔偿金额较低,还是由于可以由其他手段逃避承担责任,最终的表现就是企业的期望损失比较低,在这种情况下,相对于保险需要付出的额外附加保费成本,自留以其更低的成本成为企业理性的选择。

总而言之,如果企业违法成本比较低的话,会对责任保险的需求产生了非常重要的负面影响,导致了责任保险的需求严重不足。

四、责任保险费率

保险理论中有一个重要的结论是,如果保费等于期望损失或纯保费,则风险厌恶者通常愿意足额投保。即使保费包含附加保费,风险厌恶者在保险价格合适的情况下也愿意通过购买保险(尽管不一定是足额保险)转移自己的风险,也就是说,绝大多数面临较大风险的潜在侵权人(一般是风险厌恶的)都愿意购买责任保险,通过保险手段转移责任风险,降低自己因为责任事故而破产或遭遇困境的可能性,而保险人(风险中性或风险偏好)也愿意销售责任保险以提高自己的效用水平。

但是侵权人对责任保险的需求与保险的价格也就是保险费成反比。保险费由纯保费与附加保费构成,纯保费是侵权人的期望损失,而附加保费则是侵权人为了转移自己的风险所支付的交易成本,附加成本反映了保险公司的管理和资本成本。假若附加保费较高的话,侵权人则会减少对责任保险的购买,甚至拒绝购买保险。由于我国保险业经营成本较高,保费中附加保费比例过高,这必然会减少侵权人对责任保险的需求。

五、保险服务水平

在现代保险业中,投保人购买保险不仅要获得保障,而且同时可以通过保险公司获得防灾防损、理赔等相关服务,从而从总体上降低投保人的风险处理成本。例如美国的责任保险保单中一般会规定对于针对被保险人的、属于保险责任范围的人身伤害和财产损失的诉讼索赔,保险人有义务为被保险人进行辩护,因此保险公司往往会在早期介入,引导受害方尽可能通过非诉讼方式解决纠纷,提高侵权案件处理的效率,降低成本,同时也大大降低了投保人陷入纠纷及大量人力物力成本支出的可能。而我国责任保险公司的服务水平比较低,责任保险单中往往规定,必要时保险人有权以被保险人的名义对诉讼进行抗辩或处理有关索赔事宜,而由于抗辩成本及专业要求较高,保险公司实际中往往无法提供抗辩服务,这也大大降低了对责任保险的需求。

第三节 我国责任保险市场的供给影响因素分析

一、责任风险的不确定性加大了责任保险产品准确定价的难度

在责任保险市场上,保险人面对的最大的不确定性就是内生于侵权责任体系中的各种不确定性因素,侵权法原则与侵权法的赔偿内容不断发生变化,导致保险人在责任保险的产品设计、承保以及理赔过程中都面临着诸多不确定性,责任保险很难以准确定价。

保险经营的基本原则是大数法则。假定有某风险汇聚安排中有 N 个参加者,X_i 为随机变量,是该风险汇聚安排中某一参加者的损失,$i=1,2\cdots,N$,则风险汇聚安排就是 N 个参加者愿意平摊风险汇聚安排到期后的损失,也就是,在风险安排期末,每个人承担的损失为 $\frac{\sum_{i=1}^{N} X_i}{N}$。假定所有的参与者都是独立同分布的,即参与者的损失是完全不相关的,且对所有的 i,X_i 的期望值都等于 μ,标准差都等于 σ,那么对于任意小的数 $\varepsilon>0$,当 $N \to \infty$ 时,有

$$P\left[\left|\frac{\sum_{i=1}^{N} X_i}{N}-\mu\right|>\varepsilon\right] \to 0$$

也即是说,当风险汇聚的参加者数量很大,趋向于无穷时,风险汇聚安排中每个参加者必须支付的平均损失与期望损失之差大于一个很小的数 ε 的概率趋近于零,即当参加人数众多时,每个人支付的平均损失非常接近于期望损失。根据大数法则,在风险汇聚的安排中,加入在一个单位时间内,面临相同风险的参与者约定平摊损失,则参与者越多,每个人负担的数额就越固定,不确定性就越小,而这个数就是风险损失的期望值。因此可知,在这个风险汇聚安排中,如果实现向每个参加者收取 μ 的费用的话,期末恰好满足此风险汇聚里所有人的损失支付。μ 就是保险公司收取的纯保费。

具体到责任保险来说,保险公司通过对之前构建的风险池的出险历史和赔付经验进行分析,统计出某一类保险标的总金额中所发生的赔付金额和赔付率,并依据概率论和大数法则原理对未来同类风险池的出险和赔付进行分类统计和预估测算,得出风险损失的概率,以此为基础设定保险费率和保费水平。此外,影响风险的因素随时都在发生变化,所以保险公司还需对风险进行预测,在将成本估算与风险预测结合之后才能确定责任保险的价格。

因此基于统计概率的成本预测和对未来风险的预测评估是保险定价的核心要素。责任保险的定价也需要保险公司对被保险人就第三人的人身或财产损失承担的法律责任的成本进行估算。但在预测预期责任成本时,保险公司从过去的侵权损害理赔中获得的经验却并没有太多的用处。只有当过去盛行的状况在保险合同有效期间仍然保持不变时,

基于过去经验拟定的费率才是有根据的。但由于责任风险中的经济和社会变化，侵权责任范围的扩大以及权利请求频率增加的不确定性，侵权损害赔偿的数额的不确定性，以及受害人举证责任的弱化，导致保险公司根据以前数据进行的成本预测以及对未来风险的评估难以反应实际损失赔付情况，尤其是责任保险的长尾责任特点更是加大了定价难度，使得责任保险的准确定价非常困难，保险公司为保证将来偿付，通常会在定价时对这种不确定性收取一定的风险溢价，导致责任保险费率较高，责任保险供给能力下降。

二、责任保险固有的长尾责任导致定价更为困难

长尾是指风险事故的发生、保险事故造成被保险人损失数额的确定、被保险人索赔的提出以及保险人进行理赔各个时间点之间有较长的时间滞后，导致保险人对保险风险可能导致的损失无法进行准确预测，其核心内涵在于责任保险中导致损失的事故发生、索赔行为和理赔行为三者在时间上分离的长度。责任保险的长尾效应，更加大了保险公司在保险成本估算和资本需求的安排中出现预测错误，使得责任保险发展总是出现周期性危机。

一般而言，财产损失保险合同可以事先确定或者约定保险价值，但责任保险的保险价值却无法事先确定，只有在保险事故发生之后对损害后果进行评估才能确定；而且，在责任保险理赔实务中，诸如环境污染、产品缺陷等对人体的损害具有很强的隐蔽性，往往需要经年累月的时间受害人才能发现其权利受到侵害；此外，从被侵权人提出索赔到侵权责任最终得到确认也往往需要较长的时间，尤其是以诉讼方式寻求权利救济的情况。这样一来，责任风险的长尾使保险公司面临大量的"已发生但未报告案件"（incurred but not reported claims，简称 IBNR），而 IBNR 是保险人厘定责任保险保险费率时必须考虑的因素。保险公司必须在提取保险准备金和案件的赔付额时进行额外的预测和估计，而这种额外预估对责任保险的定价是非常危险的。

对于每一个保险产品而言，此项保险产品的保险储备金先被置于 IBNR 准备金的栏目下，随着保险理赔请求的一一出现，保险公司理赔人员会逐渐将保险储备金从 IBNR 准备金转变为个案赔款准备金。所以，在某一特定时间，某一特定保险产品中 IBNR 准备金与个案赔款准备金的总和就是这一保险产品将要支付的未来赔付成本的总额。如果个案赔款准备金的上升导致 IBNR 准备金下降的速度快于之前预期的速度，那么，保险公司就必须用其他的额外资产来增加 IBNR 准备金。这种用于增强准备金的资本要么来自其他保险产品中空闲出来的储备金（这有可能导致这些保险产品的储备金不足），要么来自保险公司尚未分配的收益。

不过，保险公司在给责任保险定价时对索赔成本的预测往往不准确，作出预测错误的可能性相当大：受害人遭受伤害的频率的不确定性、受害人遭受伤害严重性的不确定性、侵权法规则的不确定性、陪审团判决赔偿金额的不确定性都阻碍了保险人进行精确的预测，尤其当许多还在承保范围内的保险责任已经从十年或者更长时间之前（保险的长尾）就没有缴纳保费的情况下，保险人的预测失误会对保险人的资本安排产生巨大的压力。如果保险公司低估了风险并且将保险金设置得过低，当保险人在理赔实务中发现这个错误时，往往已经过了几年的时间。虽然保险公司可以在新出售的保险单中改变风险预估，提高保险费，但这种改变也意味着保险公司必须为过去已经销售的保费较低的保险单动

用另外的储备金来填补保险金的不足。经过多年的损失积累,之前的预测误差将大大提高保险公司的资本成本,之前销售保险单的损失将减少保险公司的盈利,这种损失也会提高嵌入于资本成本中的"模糊性保险费",进而导致保险费的提高。

总而言之,长尾责任加大了责任保险公司定价的不确定性,降低了责任保险的供给。

三、道德风险和逆选择的存在降低了责任保险保障水平

由于信息不对称以及信息观测成本,保险交易会带来投保人的道德风险和逆选择问题。

道德风险是指交易双方在交易协议签订后,其中一方利用多于另一方的信息,有目的的损害另一方的利益而增加自己利益的行为。就保险来看,表现为投保人购买保险后,会出现的降低关心程度或减少安全和防损投资的倾向。

道德风险问题其实是一个典型的委托代理问题:由投保人会就其关心程度或安全水平做出决策,选择安全水平 s,为此,必须进行 $C(s)$ 的安全投资成本支出,且 $C'(s)>0$,随着安全水平的提高,投保人为此进行的安全成本支出也随之提高。安全水平 s 确定了期望损失值 $P(s)L$,其中 L 为损失结果,$P(s)$ 为规模为 L 的损失发生概率,且 $P'(s)<0$,随着安全水平的提高,损失发生的概率降低。投保人选择了安全水平和安全投资后,最终由保险人来承担剩余的损失。

假定投保人是风险中性的,其期望财富为:$W=W_0-C(s)-\sum P_i(s)L$,我们要选择 s 使期望财富值最大化。则只需对 s 求导,令一阶导数等于零。

$$\frac{\partial W}{\partial s}=-\frac{\partial c}{\partial s}-\sum \frac{\partial p_i}{\partial s}L=0$$

即 $\frac{\partial c}{\partial s}=-\sum \frac{\partial p_i}{\partial s}L$,公式左边为边际成本,右边为边际收益。

如图 11.5 所示,当没有保险时,$s=A$
     当有 50% 部分保险时,$s=B$
     当全额保险时,$s=0$

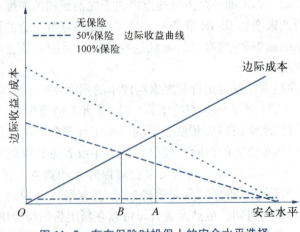

图 11-5 存在保险时投保人的安全水平选择

从保险人角度来看,保险人在设计和销售保单时,已经知道投保人会在投保后选择降低其安全水平,减少对于安全的投资,也就是投保人会产生道德风险。此时,保险人就无法像没有道德风险时那样提供足额的保障,而是要减少保障程度,让投保人至少承担未来损失的一部分,以使其有动力去防止或降低损失。

假定投保人选择对损失的一部分 a 进行投保,不考虑附加费用,那么保费就是纯保费,将与 a 成比例,如图 11.6 所示,无道德风险的价格线反映了这种保费特点,随着投保比例的增加,保费等比例提高。I(1)、I(2) 表示投保人的无差异曲线,且 I(1) 的效用比 I(2) 要高,则无道德风险时投保人提供的保障水平就为 A。

当存在道德风险时,随着投保人购买的保险保障增加,其选择的安全水平也会下降。因此随着购买的保险保障的增加,损失的期望值 $P(s)L$ 也会增大,这意味着保险人收取的正好使盈亏平衡的保费不会与 a 成比例,而是应该以比 a 更大的比例增加。且保险保障越高,意味着损失的期望值增加,而保险人相应承担了增加损失中相当大的一部分。这双重打击将使得保费急剧上升,以弥补道德风险带来的影响。有道德风险的价格线变得更为陡峭,此时投保人所能达到的最大效用是无差异曲线 I(2),保险公司将降低保障水平到 B。

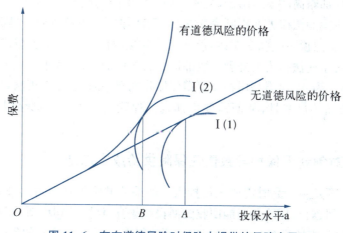

图 11-6　存在道德风险时保险人提供的保障水平

因此,存在道德风险的时候,为了控制被保险人的道德风险,保险人通常会在保单中设置免赔条款和赔偿限额,规定赔付实际损失的一定比例等,使致害人自担部分风险,无论如何,这都限制了保险人的保障水平。同样,主要风险来源于人为风险的责任保险所面临的道德风险更为严重,这也限制了责任保险提供的保障水平,降低了责任保险的供给。

逆选择也是保险公司难以解决的另一个问题。逆选择指在同等保费下,具有高期望损失的投保人与低期望损失的投保人相比,表现出更多购买保险的趋势。从理论上分析,既然中国市场上存在违法成本比较低的现象,那么理性的企业就应该选择风险自留的方式而不是风险转移。如果仍然有企业愿意通过风险转移即保险的形式来进行风险管理,这一不正常的现象就说明了这家企业的风险是大于社会平均风险的。因此那些自愿购买责任保险的企业就存在着严重的逆选择现象。

一般而言,保险公司为了防范逆选择,通常可以采用提高费率、严格核保、条款限制等多种方法。由于信息不对称,严格核保的效果不是非常明显。而条款限制的能力比较有限。因此保险公司在厘定责任保险的费率时,就只能用提高保险费率来应对责任保险中可能存在的严重的逆选择现象,从而增加责任保险的成本,降低了责任保险的供给。

四、外部法制环境不健全导致责任保险供给成本增加

责任保险的赔付是依据当时的法律来确定的。在我国任何责任保险中,保险公司都承诺对被保险人"依法"应当承担的赔偿责任进行赔偿。因此,"依法"在责任保险中特别关键。也就是说,法制的健全、稳定、严格对于预测责任保险的期望损失非常重要。我国的法制环境正处在不断完善的过程之中,其某些方面的特征使得责任保险的供给成本增加。

一方面,我国有关某些领域的法律还是空白,法院在判决时"无法可依",而我国的法律体系又不属于判例法,最高人民法院的司法解释总归是晚于丰富多彩、瞬息万变的实际生活。因此某些侵权案件在各地的判决结果差别比较大。保险公司比较难以预测责任保险的期望损失。因此,保险公司在计算责任保险的期望损失时,由于赔偿金额的不确定性增加,保险公司附加略高的安全附加,从而增加责任保险的成本。

另一方面,我国的法律处在不断完善之中,新法律层出不穷,旧法律随时面临着修改的可能性。法律虽然说不是朝令夕改,但是变化和更改的频率还是比较高的。而且总的而言,新法律中对于违法行为的处理一般都比旧法律更加严格,要求侵权方承担的赔偿金额一般而言更高。因此,保险公司在厘定责任保险的费率时,也要考虑法律变化导致责任保险赔付金额增加的可能性,从而需要增加责任保险的成本。这都会限制责任保险的供给。

五、保险市场对创新无保护导致责任保险供给成本增加

保险公司在开发新产品时需要大量投入。如果从鼓励创新的角度来分析,如果新产品垄断市场的时间越长,保险公司能回收的回报就越高,保险公司创新的动力就越长。

但是,我国保险市场没有知识产权保护方面的制度,一家保险公司的条款费率极易被其他公司所剽窃。同时,由于保险产品本身无需生产过程的特征,也极易被模仿。因此我国保险市场新产品独断市场的时间非常短。此时保险公司只有两种选择,其一减少保险公司创新的热情。其二是在供给新产品时,将保险产品的费率提高,要求一个超额的回报来弥补创新的成本。再加上我国责任保险的保费收入占财险公司保费收入的整体比例本就不高,导致保险公司创新责任保险产品的积极性不高,无法提供弥合责任保险需求的有效的责任保险产品,使得我国保险市场上责任保险险种种类非常多,但有效产品供给仍然较少。

六、保险公司内部管理能力较弱导致责任保险供给成本增加

中资保险公司缺乏相关的人才、技术和经验。保险公司要进行责任保险必然会发生大量的费用。而这些费用都是需要从产品利润中得到回报的,因此保险公司在厘定责任保险的费率时需要增加成本。

> **案例分析**

自动驾驶汽车技术与责任保险市场发展①

汽车技术的发展经历了四个过程,传统人工驾驶技术,车联网(Internet of Vehicles)技术,高级辅助驾驶系统(Advanced Driver Assistance Systems,ADAS)技术,以及无人驾驶技术。汽车技术的发展,不仅提高了交通便利,同时也对保险市场产生了巨大的影响。

在人工驾驶时代,交通事故的主要责任人是汽车驾驶者,需要购买机动车辆第三者责任险来转移风险,随着汽车的普及,汽车保有量的增加,各国相继出台法律规定机动车辆必须强制购买三者险,与汽车相关的车损险和三者险成为财险公司保险业务的重要来源,在保费中占据相当比重。如果交通事故是由车辆本身缺陷造成,则可能存在针对汽车制造商和汽车修理厂的追索权,这部分风险则一般通过产品责任保险进行保障。

车联网是由车辆位置、速度和路线等信息构成的巨大交互网络。车联网的建立使得驾驶行为保险(Usage Based Insurance,UBI 车险)创新定价模式成为可能。UBI 车险是一种结合了车联网的创新定价和运营模式,通过追踪记录和分析驾驶员,车辆本身,以及所行驶的路况的三方数据,给出综合评分,分数越高,驾驶越安全。根据评分的高低,保险公司会给予不同的保险折扣,从而实现差异化定价,将产品进一步细分,满足更多消费者的需求并保证自身的偿付成本在一个相对较低的水平。最终将促进驾驶的安全性的提升和事故率的降低。

高级辅助驾驶系统包括自动紧急刹车系统、车道偏离警示系统、自适应巡航控制系统、前部碰撞警示系统和自动停车系统等。高级辅助驾驶系统的发展将大大减少驾驶风险。该技术的初期发展阶段将会使汽车保险占据重要比重的保险公司随着驾驶风险大规模下降而获利。但最终,汽车保险行业市场将随着风险的减弱而萎缩,利润率也将下降。

无人驾驶技术汽车是一种智能汽车,主要依靠车内的以计算机系统为主的智能驾驶仪来实现无人驾驶。其所依靠的技术支持主要包括自动控制、GPS、人工智能、视觉计算机等。车上装载的智能驾驶仪依据车载地图及周边传感器数据来实现无人驾驶。无人驾驶会给汽车保险行业带来翻天覆地的变化。其中最明显的变化在于汽车第三者责任保险将彻底转变成产品责任保险,无论是风险还是保费都将大规模减少。

本 章 小 结

1. 责任保险是财险市场发达程度的标志之一。2013 年,全球商业险保费约 1 600 亿元,占全球商业险保费的 23%,其中发达市场占全球责任险保费的 93%,而其非寿险保费占

---

① 顾雪琳."无人驾驶"将如何颠覆汽车保险市场?[EB/OL].https://wallstreetcn.com/articles/246539.

全球份额的 79%。我国责任保险保费增速虽然较大,但是保险深度比较低,只有 0.03%,占财险保费的比重也比较低,不到 4%。未来责任保险市场的发展可能会面临责任风险累积的情况,保险公司一直担心"下一个石棉"案再次发生;另外未来科技的创新也使得责任风险的发展更具有不确定性。

2. 我国责任保险的有效需求是不足的,尽管从责任风险的损失程度上来看,由于我国侵权法律体系越来越完善,举证责任的逐渐减弱使得侵权责任风险发生概率大为增加,法律支持的损害赔偿金种类越来越多,规定的损害赔偿金金额不断增加,这都客观上增加了企业的责任风险期望损失,使得对责任保险的需求随之增大。但是,我国居民法律意识还比较低,在选择解决民事纠纷的时候,受社会文化、解决成本及实施效果影响往往会选择协商、调解,而非冲裁和诉讼。企业的违法成本也较低,由于责任损害赔偿金的金额较少,公民的法律意识相对淡薄,最终导致在我国的侵权案件的赔偿金额整体上偏低,如果侵权人还有其他手段逃避侵权赔偿责任的话,使得侵权人违法成本更低,这会对责任保险的需求产生非常重要的负面影响,再加上我国保险业经营成本较高,保费中附加保费比例过高,保险服务水平又较低,这必然会减少侵权人对责任保险的需求。导致了责任保险的需求严重不足。

3. 我国目前责任保险的有效供给也不足,责任风险的不确定性加大了责任保险产品准确定价的难度,由于侵权责任范围的扩大以及权利请求频率增加的不确定性,侵权损害赔偿的数额的不确定性,以及受害人举证责任的弱化,导致保险公司根据以前数据进行的成本预测以及对未来风险的评估难以反应实际损失赔付情况,导致准确定价的困难,责任保险固有的长尾责任会将这一困难进一步加大。由于定价不确定性的提高,保险公司往往会降低提供的保障水平,减少责任保险供给。另外道德风险和逆选择的存在也降低了责任保险保障水平。外部法制环境不健全、保险市场对创新没有保护以及保险公司内部管理能力较弱都会导致责任保险供给成本增加,进而减少责任保险供给。

重 要 概 念

责任保险市场　责任保险需求　责任保险供给　长尾责任

习题与思考题

1. 请分析未来责任保险市场发展可能会面临的主要风险。
2. 请分析侵权法律制度的变化是如何影响责任保险的供求的。
3. 在我国,责任保险往往会出现"叫好不叫座"的现象,因为责任保险的良好社会功能,政府部门大力推广,甚至出台政策强制实施。但相关责任方并不愿意参加,投保率比较低,保险公司也不愿意主动开展责任保险业务,责任保险产品种类虽多,但保障偏低,产品相似度较高,请分析这一现象出现的原因。
4. 案例分析:

2006年1月9日,一男泳客在游泳时突然出现异常,郡王府游泳馆的救护人员和医务人员立即进行现场抢救,并呼叫120急救车,男泳客被送往医院后死亡。医院随后出具的死亡医学证明书中载明,该人为猝死。事后,游泳馆向死者家属支付了39 800元。

2005年6月,郡王府游泳馆从华泰北京分公司处购买了"公众责任保险"及附加险"游泳池责任险",保单约定"在保险期限内,因经营业务发生意外事故,造成第三人的人身伤亡和财产损失的,由保险公司负责赔偿"。游泳馆申请理赔时,遭到拒绝,告上法庭。

游泳馆的代理律师认为,泳客猝死本身就是意外,按照保险条款的约定,本案应该属于保险责任。保险公司认为游泳馆无法律责任,当然无责任保险意义上的保险责任可言。保险公司北京分公司在答复游泳馆的处理意见中称,"游泳馆已充分履行了责任和义务,泳客猝死与游泳馆的经营管理之间没有因果关系。事故并非由游泳馆工作上的过错和失误引起,游泳馆不应承担任何经济赔偿责任,从而不在公司承保的公众责任险保单的责任范围。"

请分析为什么在本案例中会出现分歧,并以此案例为借鉴,指出目前我国责任保险业发展中出现的问题,并指出有何措施可以促进我国责任保险市场发展。

第十二章

责任保险险种与内容

学习目标

1. 了解公众责任和公众责任保险的责任范围及种类
2. 了解产品责任的界定及产品责任保险的责任范围
3. 了解雇主责任及其归责原则的发展变化
4. 了解雇主责任保险和工伤保险的区别
5. 了解职业责任及职业责任保险的责任范围
6. 了解环境责任及环境责任保险的责任范围及模式
7. 通过案例加深对责任保险的责任风险来源、主体、责任范围等的理解

第一节 公众责任保险

一、公众责任

(一) 公众责任的概念

公众责任是指致害人在公众活动场所由于自身侵权行为，致使第三者的人身或财产受到损害，依法由致害人承担的对受害人的经济赔偿责任，又称为公共责任或综合责任。

公众责任具有普遍性，在各种公众场所，如工厂、商店、饭店、办公楼、体育场馆、学校、医院、车站、歌舞厅、电影院等场所，或者旅游公司、航空公司、车队、运输公司、广告公司、建筑公司等企业，或者举行展览、比赛、表演、庆祝、游览、促销等有社会公众参加的活动，都可能会在其生产或经营过程中，因其疏忽、过失或意外事故的发生造成第三者的人身伤亡或财产损失，致害人不得不依法承担相应的民事赔偿责任。

专栏12-1

近年大型公众责任事件举例

2010年11月15日，上海市静安区胶州路728号公寓大楼发生一起因企业违规造成的特别重大火灾事故，造成58人死亡、71人受伤，建筑物过火面积12 000平方米，直接经

济损失1.58亿元。赔偿主体为静安建设总公司,将承担巨额的人身、房屋、财产损失赔偿责任。

2013年11月22日,位于山东省青岛经济技术开发区的中石化股份有限公司管道储运分公司东黄输油管道原油泄漏发生爆炸,造成62人死亡、136人受伤,直接经济损失7.5亿元,中石化将承担相应赔偿责任。

2014年12月31日晚,上海市黄浦区外滩陈毅广场发生群众拥挤踩踏事故,造成36人死亡,49人受伤。外滩拥挤踩踏事件遇难者家属将获80万抚慰金。其中,50万为政府救助抚慰金,30万元为社会帮扶金。

(二)公共责任法律来源

公众责任源于法律、法规责任,包括民法和各种单行法规规定的民事责任。包括《民法通则》《消费者权益保护法》《消防法》《公共场所卫生管理条例》《娱乐场所管理条例》《公共娱乐场所消防安全管理规定》《物业管理条例》《道路旅客运输及客运站管理规定》《最高人民法院关于审理人身损害赔偿案件适用法律若干规定的解释》《中华人民共和国侵权责任法》等。

二、公众责任保险

(一)公众责任保险的概念

公众责任保险又称普通责任保险或综合责任保险。它是责任保险中独立的、适用范围极为广泛的保险类别。主要承保被保险人在各个固定场所或地点、运输途中,进行生产、经营或其他活动时因发生意外事故造成他人人身伤亡或财产损失,依法应由被保险人承担的经济赔偿责任。

(二)公众责任保险的类别

公众责任险适用范围广泛,我国的公众责任保险险种多样,形成了各种各样的承保特定领域内风险的特殊保险合同,主要有以下种类:

1. 综合公众责任保险。该险种是一种综合性的责任保险,它承保被保险人在任何地点、因非故意行为或活动所造成的他人人身伤害或财产损失依法应负的经济赔偿责任。

2. 火灾责任保险。指承保被保险公共营业场所发生火灾、爆炸,造成第三者的人身伤亡或财产损失,依法应由被保险人承担的经济赔偿责任。

3. 场所责任保险。是公众责任保险的主要业务来源。指承保固定场所(包括房屋、建筑物及设备、装置等)因存在结构上的缺陷或管理不善,或被保险人在被保险场所内进行生产经营活动时疏忽发生意外事故,造成他人人身伤亡和财产损失的经济赔偿责任。

场所责任保险是公众责任保险中业务量最大的一个险别,是公众责任保险中的主要业务来源。广泛适用于商店、办公楼、学校、旅馆、展览馆、影剧院、公园、动物园、游乐场等各种公共娱乐场所或者生产经营场所。场所责任保险本身是一类综合性业务,根据场所不同,可进一步分为若干具体险种,例如旅馆责任保险、电梯责任保险、车库责任保险、展览会责任保险、机场责任保险、娱乐场所责任保险、商店责任保险、办公楼责任保险、学校责任保险、工厂责任保险等。

4. 承包人责任保险。指承保各种建筑工程、安装工程、装卸作业和各类加工的承包人在进行承包合同项下的工程或其他作业时造成的损害赔偿责任。按照民法确定的损害赔偿原则和承包合同的一般规定，承包人在施工、作业或工作中造成他人人身伤害和（或）财产损失的损害事故，应当由承包人而不是发包人或委托人承担经济赔偿责任。此外，当承包工程完工后的一段时间内，如果由于工程质量或疏忽等原因导致他人人身或财产损失，承包人同样需要承担相应的赔偿责任，这种责任就是承包人责任。无疑，承包人责任风险是巨大的，而且可能有相当长的潜伏期，因此，承包人有转嫁损害赔偿责任风险的必要。

5. 承运人责任保险。指承运人根据运输合同、规章或提货单等与发货人或乘客建立承运、客运关系，在承担客、货运输任务过程中，对旅客、乘客或托运人所发生的责任事故，依法负有损害赔偿责任。这种责任就是承运人责任保险的承保对象。根据不同的运输工具、运输对象和运输方式可有不同的险种，常见的有旅客责任保险、承运货物责任保险等。

旅客责任保险承保被保险人（承运人）在运送旅客过程中，因发生意外而致使旅客人身伤亡或行李损失，依法应当由被保险人承担的经济赔偿责任。按照保险区域划分，旅客责任保险分为境内的旅客责任保险和国际运输线上的旅客责任保险。承运货物责任保险承保的是承运人对其所运载的货物的损害赔偿责任。这些损害赔偿责任包括货物本身的价值、包装费、运杂费、保险费等，由保险人在赔偿限额内赔偿，承运货物责任保险一般分为航空货物责任保险和水陆货物责任保险两大类。

6. 个人责任保险。习惯上划入公众责任保险，但实际上是以承保个人或家庭各种责任风险的独成体系的责任保险。个人损害赔偿的法律责任主要分为三项。一是个人侵权行为造成对他人身体或财物的损害赔偿责任，如骑自行车撞伤了行人，骑车者应当承担被撞者的医药费、误工工资等损失赔偿责任；二是个人或家庭所有的静物责任，主要指归个人或家庭所有的物质财产在个人不作为时发生意外而造成对他人身体或财物的损害赔偿责任，如阳台上的花盆由于自然力或其他意外导致落下砸伤他人或损坏了他人的财物，花盆的主人依法应对受害者负赔偿责任；三是个人或家庭饲养的动物责任，主要指个人或家庭饲养的动物在个人不作为时造成对他人身体或财物的损害赔偿责任，如个人饲养的狗咬伤行人，狗的主人就要对伤者的损失承担赔偿责任。任何个人或家庭都可将自己或自己的所有物可能造成损害他人利益的责任风险通过投保个人责任险转移给保险人。

7. 附加条款。除上述主要的公众责任险类别外，为满足不同保险客户的需要，保险人通常还设置很多公众责任险附加条款，供被保险人选择。比如合同责任条款，是责任保险中的一般除外责任，但根据被保险人的要求并经保险人同意，也可以作为特别约定责任加保。该条款明确取消公众责任保险中有关"合同责任除外"的条款，保险人同意负责赔偿被保险人因合同而必须承担的经济赔偿责任，但同时也要求被保险人在投保时必须将所有合同责任均向保险人申报并提供副本，以使保险人了解该合同责任风险的大小并据此增收保险费，对未申报的部分保险人不负责赔偿。

第二节 产品责任保险

一、产品责任

(一) 产品的界定

产品的界定是确定产品责任的前提,也是确定产品责任赔偿的基础,世界各国都会对产品的范围做出明确的界定。

根据我国《产品质量法》,产品是指经过加工、制作,用于销售的产品。因此产品具有两个前提,一是经过加工制作,也就是将原材料、半成品经过加工、制作,改变形状、性质、状态,成为产成品,未经加工的天然形成的产品,如原矿、原煤、石油、天然气等;以及初级农产品,如农、林、牧、渔等产品,不在其列;二是用于出售,也就是进入市场用于交换的商品,不用于销售仅是自己为自己加工制作所用的物品不在其列。建设工程不动产不属于产品,但是,建设工程使用的建筑材料、建筑构配件和设备,属于产品范围。

(二) 产品责任

产品责任是指产品生产者、销售者因产品具有缺陷造成他人人身伤害或财产损失而依法应承担的民事责任。

产品责任构成要件有三个:

1. 产品有缺陷。我国《产品质量法》第46条规定:"本法所称缺陷,是指产品存在危及人身、他人财产安全的不合理的危险;产品有保障人体健康,人身、财产安全的国家标准、行业标准的,是指不符合该标准。"
2. 损害后果。
3. 产品缺陷与损害后果之间有因果关系。

专栏 12-2

产品缺陷认定的比较

美国《统一产品责任示范法》认为缺陷的含义是:(1) 产品制造上存在不合理的不安全性;(2) 产品设计上存在不合理的不安全性;(3) 未给予适当警告或指示,致使产品存在不合理的不安全性。

《欧共体产品责任指令》第6条认为:"在考虑了所有情况后,若产品未给人们提供有权期待的安全程度,那么该产品就是有缺陷的。所应考虑的情况包括:(1) 产品的说明;(2) 符合产品本来用途的合理使用;(3) 产品投入流通的时间。"

(三) 产品责任归责原则

对于产品生产者,产品责任归责原则采用无过错责任原则。我国《侵权责任法》第41条规定,因产品存在缺陷造成他人损害的,生产者应当承担侵权责任。

对于产品销售者,产品责任归责原则采用过错责任原则。我国《侵权责任法》第42条第1款规定,由于销售者的过错使产品存在缺陷,造成人身、他人财产损害的,应当承担赔偿责任。销售者不能指明缺陷产品的生产者也不能指明缺陷产品的供货者的,销售者应当承担侵权责任。

(四) 损害赔偿内容

因产品存在缺陷造成受害人人身伤害的,侵害人应当赔偿医疗费、治疗期间的护理费、因误工减少的收入等费用;造成残疾的,还应当支付残疾者生活辅助具费、生活补助费、残疾赔偿金以及由其扶养的人所必需的生活费等费用;造成受害人死亡的,并应当支付丧葬费、死亡赔偿金以及由死者生前扶养的人所必需的生活费等费用。

因产品存在缺陷造成受害人财产损失的,侵害人应当恢复原状或者折价赔偿。受害人因此遭受其他重大损失的,侵害人应当赔偿损失。

惩罚性赔偿适用于产品责任赔付,我国《侵权责任法》第47条规定,明知产品存在缺陷仍然生产、销售,造成他人死亡或者健康严重损害的,被侵权人有权请求相应的惩罚性赔偿。

二、产品责任保险

(一) 产品责任保险的概念

产品责任保险是指以产品制造商或销售商因产品责任事故引起的依法应承担的经济损害赔偿责任为标的的保险。

产品责任保险的投保人是一切能对产品事故造成损害负有赔偿责任的人。制造商、出口商、进口商、批发商、零售商、修理商等都可以是投保人。根据具体情况,可由他们中的任何一人投保,也可以是几个人或全体联合投保。除投保人是当然的被保险人外,如投保人提出,并经保险人同意,其他有关各方也可作为被保险人载入保单,并规定各被保险人之间的责任互不追偿。

(二) 产品责任保险的保险责任

产品责任保险的保险责任由两部分组成。一是在保险有效期限内,由于被保险人所生产、出售、保养或修理的产品在承保范围内发生意外或者偶然事故,造成使用、消费或操作该产品或商品的人或其他任何人的人身伤害、疾病、死亡或财产损失的赔偿责任;二是被保险人为产品事故所支付的诉讼、抗辩费用以及其他保险人事先同意支付的费用。

但产品责任保险仅承担产品在使用过程中因其内在缺陷而发生意外致使消费者或使用人伤亡和财产损失的赔偿责任,产品本身缺陷引起的产品本身损失不在保险范围之内,可由产品质量保证保险来承保。

专栏 12-3

产品责任保险和产品质量保证保险的区别

1. 风险性质不同

产品责任保险承保的是被保险人的侵权行为,且不以被保险人是否与受害人之间订有合同为条件。而产品质量保证保险承保的是被保险人的违约行为,并以产品的供给方和产品的消费方签订合同为必要条件。

2. 承担者与受损方的情况不一样

从责任承担方的角度看,在产品责任保险中,责任承担者可能是产品的制造者、销售者、修理者、承运者。在产品保证保险中,责任承担者仅限于提供不合格产品的一方。从受损方的角度看,产品责任保险的受损方可以是任何因产品造成了财产或人身损害的人。而在产品质量保险中,受损方只能是产品的消费者。

3. 承担责任的方式与标准不同

产品责任事故的责任承担方式,通常只能采取赔偿损失的方式,即在产品责任险中,保险人承担的是经济赔偿责任,这种经济赔偿的标准不受产品本身的实际价值的制约。而在产品质量保险中,保险公司承担的责任一般不会超过产品本身的实际价值。

产品责任保险的承保方式一般以统保为条件,即要求被保险人将其生产的全部产品或某种类产品或某一批产品全部向保险人投保,以防止被保险人的逆选择。产品责任保险的责任期限通常为一年,到期可以续保。

第三节 雇主责任保险

一、雇主责任

(一) 雇主责任的概念

雇主责任是在雇佣活动中产生的民事责任。主要包含两类:一类是雇主对雇员在从事雇佣活动时致第三人损害应承担的民事责任。另一类是雇主对雇员在从事雇佣活动时所受损害应承担的民事责任。包括雇主自身的故意行为、过失行为乃至无过失行为所致的雇员人身伤害赔偿责任。其中过失行为主要包括:雇主个人过失、未能选择适任的雇员、未能提供安全的工作场地、未能提供安全和合适的机器设备、未能制定安全的工作制度。本节所讲的雇主责任主要是指后一类责任。

(二) 雇主责任赔付原则的发展

1. 侵权法范畴内雇主责任归责原则的发展。最初的雇主责任由侵权法规定,并经历了过错责任原则到无过错责任原则的发展过程。

在过错责任归责原则下,雇员获取损失赔偿以雇主有过失为前提。但是雇主可以通过"过错相抵原则""风险自负原则""共同雇佣原则"进行抗辩。"过错相抵原则"是指如果受伤的雇员在工业事故的发生上在任何方面存在任何过错,雇主即可免责;"风险自负原则"是指雇员在接受工作时就已经了解了该工作存在的风险,并且接受工作就表明对这些风险的接受;"共同雇佣原则"是指如果雇员所遭受的伤害是由同事所造成的,则无法要求雇主承担损害赔偿责任,除非他能够证明雇主在选任该同事时明知其不能胜任这一份工作。

当时的这种制度安排特别是"共同雇佣原则",使得雇员很难在法律上获得赔偿,因为他很难证明雇主的过错,并且雇主也可以通过证明上述抗辩事由的存在而规避责任,造成了严重的社会不公。为了改变雇员赔偿困难的局面,无过错归责原则开始实施,德国于1871年颁行了《雇主责任法》,"对其所雇用之监督及领班人员之过失,致劳工遭受损害者,在一定金额内,应负损害赔偿责任,至雇主本身有无过失,在所不问。"法国于1898年颁布《劳工赔偿法》,确立了工业事故致劳工死亡、伤害,以无过错责任原则确定雇主的赔偿责任。

2. 从侵权法到工伤保险法的变迁。在侵权法体系下,受害人与雇主之间因人身伤害赔偿而产生纠纷,常常需要通过诉讼方式解决,诉讼成本较高,且赔偿流程较长,且受到雇主实际赔付能力的制约。如果因伤害赔偿负担过重使部分雇主难以承受而倒闭或破产,受害人不仅不能得到充分赔偿,而其他受雇人也因雇主的破产而失业。当雇员伤害被看做是社会问题时,侵权法难以保障受害人的生活,也难以保障社会的安定。雇员伤害赔偿从雇主赔偿发展到社会补偿,各国纷纷建立工伤事故保险制度,由雇主缴纳工伤保险费,成立工伤保险基金,由该基金对已履行出资义务的雇主的雇员所发生的工伤统一承担赔偿责任。

1884年德国最早建立了工伤事故保险制度,之后欧洲主要国家均在借鉴德国模式的基础上,于19世纪末20世纪初建立了自己的工伤保险体系。美国所有州在1948年全部通过了工伤保险立法。中国在1951年制定了《劳动保险条例》,其中规定了工伤保险待遇,2003年4月,国务院颁布了《工伤保险条例》,我国工伤保险制度不断发展完善。

二、工伤保险模式

(一) 公共工伤保险模式

是指由政府部门或者根据法律成立的公共机构具体经办工伤保险事务的模式,在这一模式下,雇主只能向前述经办机构按照法律规定的比例缴纳保险费,成立工伤保险基金,在劳动者遭受工伤的情况下,由该经办机构向劳动者按照法定标准支付工伤待遇。

这种模式下的工伤保险在承保范围方面存在两类主要差异:在大多数国家,工伤保险制度只适用于工伤事故伤害和职业病,即我们统称的工伤社会保险;在某些国家,工伤事故的赔偿是与其他事故的赔偿放在一起的,共同受到一个综合性的事故保险体系的调整,在这种体系下,并不存在名义上独立的工伤保险制度,新西兰即为历史上第一个实行这种综合性事故保险体系的国家。

(二) 私人工伤保险模式

是指国家并不建立由相关政府机构或者公共机构经办的工伤保险,而是要求雇主向私人的保险机构购买保险,或者通过其他方式,以解决雇员在工作过程中所遭受的伤害风险。例如新加坡和我国香港地区,雇主必须为雇员购买(责任)保险,在保险的责任额度上,法律只是规定了一个最低额度,雇主可以在这一额度之上自由选择。政府部门在工伤事故的报告、工伤认定、待遇核定等方面仍然发挥重要作用,并对保险业进行监督和管理。

在这一模式下,在侵权民事赔偿与工伤赔偿之间,雇员通常有一定的选择余地。在新加坡,发生工伤后,工伤雇员可以在申请工伤保险理赔(向劳动行政主管部门提出赔偿申请、由保险公司最终赔付)与根据普通法主张雇主承担侵权民事责任之间进行选择,但只能二选一,而无权同时提出这两种救济途径。

(三) 公私混合型的工伤保险模式

在这种工伤保险模式下,既有政府主管部门或者依法设立的公共机构所经办的、非盈利性的工伤保险基金,也有作为市场主体的保险公司所提供的工伤方面的保险业务,是公共工伤保险与私人工伤保险的混合体。这种模式主要存在于美国,大约有20个左右的州采用这种工伤赔偿模式。

在这一模式下,法律通常都规定了雇主所负有的"确保工伤赔偿待遇支付的义务";雇主享有在公私间充分的选择权,私营的保险公司也享有充分的合同自由,因此公共工伤保险经办机构还往往负有一个"兜底"义务,即为无法从私营保险公司获得工伤保险的雇主提供工伤保险;对于参加工伤保险的情况,以及具体的工伤保险经办机构的情况,雇主负有进行公示的义务;政府主管部门仍然要发挥重要的监督、管理职能,比如,受理工伤雇员提出的工伤认定申请、核定工伤保险金数额等,并且在雇主或者雇员与工伤保险经办机构之间围绕工伤保险问题发生争议时解决争议。

三、工伤保险与雇主责任保险

(一) 概念

工伤保险是国家和社会为保障劳动者在因公或职业病或与从事与工作有关的活动及行为时,因人身受到伤害导致暂时或永久丧失劳动能力或因公死亡,导致本人和家庭收入中断时的基本生活需要和治疗需要以及相应赔偿而设立的社会保障制度,它是国家社会保障体系中一个最基本的组成部分。

我国《工伤保险条例》(以下称《条例》)规定,中华人民共和国境内的企业、事业单位、社会团体、民办非企业单位、基金会、律师事务所、会计师事务所等组织和有雇工的个体工商户(以下称用人单位)应当依照本条例规定参加工伤保险,为本单位全部职工或者雇工缴纳工伤保险费。上述组织的职工和个体工商户的雇工,均有依照本条例的规定享受工伤保险待遇的权利。

雇主责任保险承保被保险人(雇主)的雇员在受雇期间因工作意外导致伤、残、死亡或患有与职业有关的职业疾病依法或根据雇佣合同应由被保险人承担的经济赔偿责任。

雇主责任保险是由各行业的雇主投保并作为保单上的被保险人,我国境内的各类机关、企事业单位、个体经济组织以及其他组织都可作为被保险人。雇主一般须将法律规定属于"雇员"范围内的全体人员一起投保,而不能挑选其中部分人员投保。雇员是指与被保险人签订有劳动合同或存在事实劳动合同关系,接受被保险人给付薪金、工资,年满十六周岁的人员及其他按国家规定审批的未满十六周岁的特殊人员,包括正式在册职工、短期工、临时工、季节工和徒工等。

(二) 保险责任范围

工伤保险的保险责任为《条例》中列明的十种情形:

七种认定工伤:在工作时间和工作场所内,因工作原因受到事故伤害的;工作时间前后在工作场所内,从事与工作有关的预备性或者收尾性工作受到事故伤害的;在工作时间和工作场所内,因履行工作职责受到暴力等意外伤害的;患职业病的;因工外出期间,由于工作原因受到伤害或者发生事故下落不明的;在上下班途中,受到非本人主要责任的交通事故或者城市轨道交通、客运轮渡、火车事故伤害的;法律、行政法规规定应当认定为工伤的其他情形。三种视同工伤:在工作时间和工作岗位,突发疾病死亡或者在48小时之内经抢救无效死亡的;在抢险救灾等维护国家利益、公共利益活动中受到伤害的;职工原在军队服役,因战、因公负伤致残,已取得革命伤残军人证,到用人单位后旧伤复发的(此种情况享受除一次性伤残补助金以外的工伤保险待遇)。

雇主责任险的保险责任采取统括式规定,被保险人雇员在受雇过程中,从事被保险人的业务有关工作时,遭受意外而致受伤、死亡或患与业务有关的职业性疾病所致伤残或死亡,被保险人根据雇用合同,依法应付的经济赔偿责任。

(三) 赔付内容

工伤保险待遇包括工伤医疗待遇,伤残待遇和死亡待遇三类。工伤医疗待遇主要包括工伤医疗费用、康复性治疗费用、辅助器具安装配置费用三类。伤残待遇主要包括一次性伤残补助金,伤残津贴和生活护理费三类。死亡待遇包括:一次性工亡补助金,丧葬补助金和供养亲属抚恤金三类。

雇主责任保险赔付包括死亡赔偿金,按保险单约定的每人死亡赔偿限额计算死亡赔偿金额;伤残赔偿金,依据伤残鉴定机构出具的伤残程度鉴定书,按每人死亡赔偿限额及"伤残等级赔偿限额比例表"规定的比例计算伤残赔偿金额;医疗费用,赔偿必要的、合理的在医院治疗的医疗费用,具体包括挂号费、治疗费、手术费、检查费、医药费、急救车费以及住院期间的床位费;误工费用,被保险人雇员暂时丧失工作能力持续约定天数以上的,经医院证明,对于超过约定期间的误工损失按当地最低工资标准赔偿误工费用。

第四节　职业责任保险

一、职业民事责任

(一) 职业责任的概念

职业责任是指具有特别知识和技能的专业人员在履行专业职能的过程(执业)中给他人造成损害所应承担的民事责任。

专业人员是指具有专业知识或技能,得到执业许可或资格证书,并向顾客或者当事人提供专门服务的人。包括并不限于会计师、律师、医务人员、公证人员、董事和高级职员、建设工程设计、勘察和监理人员、保险代理人和保险经纪人、资产评估师、房地产评估师、美容师等。

专栏 12-4

雷曼破产事件中的安永会计师事务所职业责任

美国纽约州检方 2010 年 12 月 21 日起诉安永会计师事务所,指控对方在雷曼兄弟公司垮掉前的 7 年多时间内,协助雷曼从事"重大的会计欺诈",让雷曼兄弟减少账面债务,对雷曼误导投资者起了"重要的"协助作用。纽约州最高法院发出的这份诉讼称,在雷曼兄弟公司 2008 年 9 月申请破产保护前的 7 年多时间里,安永使用了一种名为"回购 105"的会计花招。借助"回购 105"手法,使企业杠杆率在短期内貌似降低。纽约州检方将寻求安永退还 2001 年至 2008 年间为雷曼兄弟公司工作的全部收入(超过 1.5 亿美元)。此外,安永还应对投资者的损失支付相应的赔偿。

2013年10月,安永与雷曼兄弟公司的前股东达成总值9 900万美元的和解协议,了结这些投资者所提出的、安永在担任雷曼兄弟公司审计师期间协助公司虚报财务记录的指控。2015年4月,安永同意支付1 000万美元,以和解有关其在2008年之前的数年里协助雷曼兄弟控股公司隐瞒财务问题的指控。

(二) 职业责任主体

职业责任的主体有行为主体和责任主体两类。行为主体是指具体从事专业活动的专业人员。责任主体是指因专业活动而引发赔偿责任时的承担主体。

当专业人员自己单独或与他人共同开业,而不依附于某一执业机构时,行为主体与责任主体统一。当专业人员受雇于专门的执业机构并以该执业机构的名义对外从事执业活动时,行为主体与责任主体相分离,专业人员在执业活动中给委托人或第三人造成损失的,由执业机构承担民事责任。

(三) 职业责任的类型

1. 违约责任。由于委托人与专业人员或执业机构之间存在服务合同关系,专业人员或其执业机构违反合同的约定,应对委托人承担违约责任。

2. 侵权责任。专业人员或执业机构因违反法律规定或专业服务规范,违法侵害委托人或其他第三人的人身、财产利益的,权利人可依侵权行为法,要求专业人员或其执业机构承担侵权责任。

3. 违约责任和侵权责任的竞合。我国《合同法》第122条规定:"因当事人一方的违约行为,侵害对方人身、财产权益的,受损害方有权选择依照本法要求其承担违约责任或者依照其他法律要求其承担侵权责任。"

(四) 职业责任构成要件

职业责任需要具备过失责任的四个构成要件。

1. 专业人员义务。是指存在法律承认的义务或责任,要求专业人员达到某种行为标准,以保护他人不受不合理危险的伤害。专业人员在执业过程中必须尽到以下三种义务:

第一,注意义务。包括两个方面,一是注意,指专家在执业过程中要以谨慎、注意的态度处理事务,并采取合理措施避免给委托人带来损失;二是技能,指专家要拥有一定的专业技能。

第二,忠实义务。包括为委托人的最大利益(而不是为自己的利益或第三人的利益)进行独立的专业判断的义务;不得使自己处于自己或他人利益可能与委托人的利益相冲突的地位;对可能影响委托人利益的实质性的信息或事实予以充分说明、告知的义务。

第三,保密义务。专业人员应保守在执业活动中所知悉的委托人的商业秘密和个人隐私。

2. 专业人员执业过错。是指专业人员在执业过程中,存在违反职业义务的不当行为,主要表现为对其应尽义务的违反。

3. 损害事实。是指对各种权利和利益侵害所造成的后果,包括服务对象的财产损失、人身损害和精神损害等,以及第三人遭受的纯经济损失。

财产损害即由专业人员行为所致服务对象的财产损失。

人身损害是服务对象的物质性人格权(生命权、身体权、健康权等)中的一项或数项权利受侵害所致损害。

精神损害则源于对服务对象的心理损害。

第三人遭受的纯经济损失指与委托人有特殊关系的第三人因信赖专业人员提供信息的权威性与正确性而实施一定行为,从而导致有形财产损失之外的纯经济利益损失。

4. 因果关系。是指执业过错与损害事实之间必须有因果关系。

二、职业责任保险

(一) 职业责任保险的概念

职业责任保险是以专业人员或其执业机构因疏忽或过失对第三人的民事赔偿责任为标的的责任保险。

我国职业责任保险发展起步较晚,1998年平安保险上海分公司率先推出律师职业责任保险,开创国内专业人员责任保险的先河,1999年平安公司在国内首创医疗责任保险,2000年中国人民保险公司推出了医疗责任险、律师责任险、建筑工程责任险等10个新的责任险种。

我国以被保险人从事的职业为依据,职业责任保险细分为医疗责任保险、律师责任保险、会计师责任保险、建筑师责任保险、设计师责任保险、美容师责任保险、兽医责任保险、教师责任保险、保险经纪人和保险代理人责任保险等许多具体险种。

专栏 12-5

国际上职业责任保险的分类

英国的职业责任保险主要分成三类:

医疗责任保险,包括内科、外科、牙科医生、兽医和药剂师等专业人员责任保险,其典型风险是人身伤害和间接损失;

技术职业责任保险,主要指建筑师和工程师专业人员责任保险,该类职业面临的风险包括计划项目损失和间接损失等财产损失;

法律和商业专业人员责任保险,包括律师、公证人、会计师等所有这一领域工作的职业人员责任保险,这类职业具有很大的潜在风险。

美国的职业责任保险主要为两类:

适用于工作与人体有接触的专业人员(医生、护士、美容师等),保单一般使用失职(Malpractice)来表述;

适用于工作与人体没有接触的专业人员(律师、会计师、建筑师等),保单一般使用"错误和疏忽"(Errors and Omission)来表述。

(二) 职业责任保险的责任范围

职业责任保险一般承保被保险人因工作过失或疏忽行为而应对他人承担的损害赔偿

责任。承保对象包括执业机构和专业人员个人。保险承保的损害赔偿责任须由保单明列的职业行为所致，且不论时间或地点，与职业行为无关的损失不在承保范围。保险人承担的赔偿责任包括被保险人对合同相对方应负的赔偿责任，和对第三人的财产或人身伤害应负的赔偿责任。事先经保险人同意的诉讼、仲裁费用和保险事故发生后被保险人为缩小或减少被害人损失所付必要合理费用，保险人也应负责赔偿。

职业责任保险还可约定扩展承保范围：

因雇员不诚实行为而使他人受到损害而应由被保险人承担的法律责任，经双方特别约定，保险人可以扩展承保。

代表委托人的代理人行为超出授权范围时，不管此授权是明示还是暗示的，因善意超越授权范围而承担的责任可由保险人分担。

文件灭失或损失引起的索赔，经特别约定也可扩张承保，但须加收保险费。

被保险人被指控对他人诽谤或恶意中伤行为而引起的索赔，也可作为特别职业责任予以扩展承保，但因故意所致的仍须除外。

专栏 12-6

保险经纪人责任保险案例

被保险人 DH 是一家商业财产评估公司。为了保障其进行评估时可能需要承担的对第三方的责任(比如错误评估对第三方造成的损失)能够得到保险公司赔偿，这家公司投保了职业责任险。这份保单会在 2005 年 7 月份过期。DH 在 2004 年 10 月份的时候被合并，成为一家集团公司的一部分。2005 年 1 月，集团公司的 CFO 聘请了 HPC 保险经纪人公司(Producing Broker，投保经纪人)处理公司的保单更新事务。其中明确指示 HPC 要为集团公司投保一千万英镑的责任保险，并额外为 DH 投保一千万英镑的责任保险，且内容要和 DH 原来所有的保险合同内容一样。HPC 随后聘任了 Forbes 这家保险经纪公司作为 Placing Broker(订约经纪人)参与保险合同谈判。但是 HPC 给 Forbes 做出了错误的指示，而 Forbes 最终协商的保险合同，仅仅承保了 DH 的"商业财产管理责任"而没有承保"商业财产评估责任"，这份保险合同相比较于 DH 原来所有的保险合同，承保范围就有了很大的限制。

2006 年 3 月开始，DH 接受了一系列的错误评估产生的客户索赔，于是 DH 转向其责任保险人寻求补偿，责任保险人拒绝赔偿，认为责任保险合同没有承保被保险人由于商业财产评估活动产生的责任。于是被保险人转而起诉 HPC 要求赔偿，理由是 HPC 没有根据其指示得到符合其要求的保险合同。

高等法院 Hamblen 法官非常详细地分析了 HPC 的责任问题，认为在这个案件中，在以下几个方面 HPC 没有尽到一个合理谨慎的 Producing Broker 应该尽到的责任：

1. 没有小心谨慎地检查保单内容，导致没有发现保单中承保范围限制条款；

2. 没有提请被保险人注意承保范围限制条款的存在并提示被保险人注意新保单和原保单的不同之处；

3. 没有合理运用自己的职业技能，没有小心谨慎地确认被保险人的投保要求，导致最终没有按照被保险人指示得到其想要的保险合同。

HPC 提出了抗辩,在 2005 年 4 月底,Forbes 向 HPC 提交了一份保单更新评估报告(HPC 没有仔细看这么报告),而 HPC 向 DH 所属集团公司的 CFO 转交了这份报告。如果 CFO 仔细看这份评估报告,那么那个承保范围限制条款是可以被发现的。但是,Hamblen 法官认为,被保险人聘请 HPC 就是为了让 HPC 运用自己的专业技能为它得到其要求的条款,这个技能的运用包括仔细阅读保单更新评估报告。被保险人完全可以依赖性地认为 HPC 已经合适地履行了自己的义务,而没有必要再去详细阅读这份报告。Hamblen 法官进一步认为,即使被保险人存在过错,从可归责的程度而言,被保险人的过错相比较 HPC 的过错而言也是微不足道的。HPC 应当承担赔付责任。

第五节 环境责任保险

一、环境责任保险的概念

环境责任保险又被称为"绿色保险",是以被保险人因污染环境而应承担的对第三人的损害赔偿责任为保险标的的责任保险。

环境责任保险可以分为环境损害责任保险和自有场地治理责任保险。

环境损害责任保险,是指保险公司对被保险人因其污染环境造成的任何第三人的人身损害和财产损失而发生的赔偿责任,承担给付保险金责任的责任保险。

自有场地治理责任保险,是指保险公司对被保险人因其污染自用的场地,依法负有治理污染的责任并因此而支出治理费用的,依保险合同约定的赔偿限额为基础,承担保险给付责任的责任保险。

二、国外环境责任保险发展

(一)国外环境责任保险概况

世界范围内的环境责任保险盛行出现在 20 世纪 60 年代以后,伴随环保浪潮席卷西方发达国家,一些环保法案纷纷出台,在环境民事诉讼领域出现了一系列有利于受害人求偿的变化,如无过失责任原则的确立,使受害人获得救济的可能性大大提高。另一方面,为了遏制日益严重的环境污染,各国对环境污染行为进行严厉处罚,罚金之高有时让非故意造成污染的企业面临破产倒闭的危险。由于环境责任保险的公益性和商业性的结合,使它在短期内得到了迅速发展。

美国的环境责任保险发展走在了世界的前列。1966 年以前,意外环境责任损害赔偿直接由公众责任保险单承保。1966—1973 年期间,持续或渐进的污染所引起的环境责任,被纳入公众责任保险单的承保范围。1973 年后,由于巨额的赔偿费用以及环境污染诉讼的迅猛增加,保险公司倾向于让企图分散环境风险的投保人购买专门的环境责任保险。1988 年,美国成立了专门的环境保护保险公司,并于同年 7 月开出了第一张污染责任保险单,承保范围包括被保险人渐发、突发、意外的污染事故和第三者责任及其清理费用等,其责任限额最高为 100 万美元。

英国在 1965 年发布核装置法,其中规定安装者必须负责最低限额为 500 万英镑的核责任保险。同时,英国政府在 1970 年开办了声震保险,承保因声震等噪声污染而造成的损害赔偿责任。

意大利在 1990 年以后面对严重的环境污染问题,由 76 家保险公司组成联合承保集团,承保因环境污染而引起的损害责任保险,其业务量在短期内就达到了整个责任保险业务总量的 90% 以上。

此外,世界各国对于新出现的责任风险源也予以关注。如欧盟针对电磁辐射污染,通过颁布"计算机监视器指令"来明确辐射污染责任,在实务中通过保险设计,以风险社会化的形式来保障受害人的人身权益。

(二) 环境责任保险的模式

1. 强制责任保险模式。该模式以美国为代表。

从 20 世纪 60 年代起,美国就针对有毒物质和废弃物的处理可能引起的损害责任推行强制责任保险。1976 年的《资源保全与恢复法》要求业者就日后对第三人的损害赔偿责任和关闭估算费用等进行投保。投保额度因突发性事故和非突发性事故而有区别:设施所有人或营运人必须就每次突发性事故投保 100 万美元,每年至少投保 200 万美元;同时必须就每一非突发性事故投保 300 万美元,每年至少投保 600 万美元。上述规定,自 1980 年起对年营业额在 100 万美元以上者适用。

美国《清洁水法》规定,为了使受害人得到应有的经济补偿,船舶所有人或营运人必须具有财务偿付能力,其证据包括保险单、担保债券、自我担保能力的证明以及其他财务偿付能力的证据四种。此外,环境责任保险也是工程保险的一部分,无论是承保商、分包商还是咨询设计商,如果涉及该险种的情况下而没有投保的,都不能取得工程合同。

2. 强制责任保险与财务担保结合的模式。该模式以德国为代表。

德国《环境责任法》主要出于确保环境侵权受害人能够得到赔偿、加害人能够履行其赔偿义务的考虑,于第 19 条特别规定了特定设施的所有人必须采取一定的预先保障义务履行的预防措施,包括:责任保险,即与在该法适用范围内有权从事营业活动的保险企业签订损害赔偿责任保险合同;由联邦或某个州证明免除或保障赔偿义务的履行;由在该法适用范围内有权从事营业活动的金融机构提供免除或保障义务履行的担保。

3. 自愿保险模式。该模式以英国、法国为代表。

英、法两国的环境责任保险以自愿保险为主,除了法律规定必须投保的以外,政府不能强制污染企业购买环境责任保险,也不能强制保险公司必须承保此险。英国的环境责任保险对市场的依赖比较大,自由化的程度比较高。

但若法律规定必须投保的,则应依法投保。如英、法两国是 1969 年《国际油污损害赔偿民事责任公约》成员国,按照公约规定,在油污损害赔偿方面采用强制责任保险制度。

三、我国的环境责任保险

(一) 我国环境责任保险发展情况

我国的环境责任保险制度最初建立是在 1991—1995 年,在大连展开试点,采取的是自愿投保模式,大部分企业并无动力也无意识通过投保来分散风险,以至投保企业较少,在1995年基本上就处于停顿状态。

2007年12月4日,国家环保总局和中国保监会联合出台《关于环境污染责任保险工作的指导意见》。以《意见》的发布为转折,全国各地环保和保险部门开始积极进行环境污染保险的推进。

湖南省2008年将化工、有色、钢铁等18家重点企业作为投保试点。江苏省2008年7月推出了内河船舶污染责任保险,由人保、平安、太平洋和永安四家保险公司组成共保体共同承保。沈阳市率先在地方立法中明确规定:自2009年1月起,支持和鼓励保险企业设立危险废物污染损害责任险种,并鼓励相关单位投保。自2013年至2015年,安徽省试点环境污染责任保险,对国控、省控重点污染企业等六类试点企业实施环境污染强制责任保险,并鼓励其他企业自愿投保。

2013年,国家环保总局同保监会在总结前期6年试点经验基础上,又联合发布《关于开展环境污染强制责任保险试点工作的指导意见》,要求涉重金属企业投保环境责任保险,鼓励石化、危险化学品生产经营、危险废物处理处置及其他高环境风险企业投保。

2014年5月新修订的《环境保护法》明文规定"国家鼓励投保环境污染责任保险"。

专栏 12-7

环境侵权责任的法律来源

《民法通则》第124条规定:"违反国家保护环境防止污染的规定,污染环境造成他人损害的,应当依法承担民事责任。"

《环境噪声污染防治法》第61条规定:"受到环境噪声污染危害的单位和个人,有权要求加害人排除危害;造成损失的,依法赔偿损失。"

《大气污染防治法》第62条规定:"造成大气污染危害的单位,有责任排除危害,并对直接遭受损失的单位或者个人赔偿损失。"

《水污染防治法》第85条:"因水污染受到损害的当事人,有权要求排污方排除危害和赔偿损失。由于不可抗力造成水污染损害的,排污方不承担赔偿责任;法律另有规定的除外。"

《环境保护法》第64条:"因污染环境和破坏生态造成损害的,应当依照《中华人民共和国侵权责任法》的有关规定承担侵权责任。"

《侵权责任法》第八章:环境污染责任

第65条:"因污染环境造成损害的,污染者应当承担侵权责任。"

第66条:"因污染环境发生纠纷,污染者应当就法律规定的不承担责任或者减轻责任的情形及其行为与损害之间不存在因果关系承担举证责任。"

第67条:"两个以上污染者污染环境,污染者承担责任的大小,根据污染物的种类、排放量等因素确定。"

第68条:"因第三人的过错污染环境造成损害的,被侵权人可以向污染者请求赔偿,也可以向第三人请求赔偿。污染者赔偿后,有权向第三人追偿。"

(二) 我国环境责任保险内容

1. 主险保险责任。在保险期间或保险合同载明的追溯期内,被保险人在被保险场所的区域范围内从事保险单载明的业务时,因突发意外事故,导致污染损害,并由此造成第三者的下列损失,由第三者在保险期间内首次向被保险人提出损害赔偿请求,依照中华人民共和国法律(不包括港澳台地区法律)应由被保险人承担的经济赔偿责任,保险人负责赔偿:

第三者因污染损害遭受的人身伤亡或直接财产损失;第三者根据环境保护相关法律、法规或行政性命令对污染物进行清理发生的合理必要的清理费用。

发生意外事故后,被保险人为了控制污染物的扩散,尽量减少对第三者的损害,或为了抢救第三者的生命、财产所发生的合理必要的施救费用,保险人负责赔偿。

保险事故发生后,被保险人因保险事故而被提起仲裁或者诉讼的,对应由被保险人支付的仲裁或诉讼费用以及事先经保险人书面同意支付的其他必要的、合理的费用,保险人也负责赔偿。

2. 附加险保险责任。自有场地清污费用责任:承保因约定的污染事故发生,导致保险地址被污染而需要清理的,对被保险人为清理保险地址而支出的合理的、必要的清污费用,保险人负责赔偿。

盗窃、抢劫责任:约定由于外来盗窃、抢劫引起的突发意外事故导致突发意外环境污染事故,造成第三者人身伤亡或直接财产损失,保险人负责赔偿。

自然灾害责任:承保由自然灾害引起的环境污染赔偿责任,类型包括雷电、暴雨、洪水等其他人力不可抗拒的破坏力强大的自然现象,但不包括地震及其次生灾害、海啸。

精神损害赔偿责任:承保因约定的污染事故发生,企业依法负担的第三者精神损害赔偿责任。

超额赔偿特别约定:约定在保险期间内,保险人仅负责承担其他相同保障保险合同的超额责任。当本保险作为其他相同保障保险合同的超额保险时,保险人仅对超过以下金额之和的损失,在本保险合同列明的责任限额内承担赔偿责任:(1)如在无本保险合同的情况下,所有其他相同保障保险合同所应付的赔偿总金额;(2)所有其他保障保险合同中所扣除的免赔额。

环境污染责任事故特别约定:约定当突发环境污染责任事故发生时,不再需要国家县级及以上环境保护管理部门或具有相关资质的鉴定机构进行认定。

案例分析

阿图·夏普产品责任保险案例[①]

阿图·夏普(Arthur Sharp)的商店从伊莱克特罗(Electro)公司买了一批质量不合格的电动吹风机,共500个。这些吹风机因为没有通过伊莱克特罗公司质量检验系统的检验,属于被该公司抛弃的产品。正因为此,夏普购买这批产品只付了500英镑。他告诉伊莱克特罗公司,他准备把这些吹风机拆开,只用其中有用的部分零件。他们

---

① 张洪涛.责任保险理论实务与案例[M].北京:中国人民大学出版社,2005.

之间的销售合同中包含这样一项条款：伊莱克特罗公司对由这些吹风机造成的夏普或其他任何人的人身伤害或损失都不负责任，而且，如果因这些吹风机引起任何人或公司向伊莱克特罗公司进行索赔，夏普必须赔偿伊莱克特罗公司因此蒙受的损失。

夏普把这批吹风机以每个5英镑的价格卖给那些到他的电器商品店买东西的顾客。在陈列的吹风机旁边，夏普贴出了一个显眼的告示，上面写着：这些吹风机由于价格极低，夏普商店对吹风机的任何质量缺陷不负责任，并对无论何种原因引起的因使用这些吹风机而造成的对任何人的伤害或损失，夏普公司概不负责。特蕾西（Tracy）买了两个吹风机，并把其中一个吹风机给了她的女儿贾宁（Janine）。当特蕾西和贾宁打开吹风机的开关时，吹风机起了火，两个人都被严重烧伤。

伊莱克特罗公司和夏普商店都购买了标准的产品责任保险。两个保险人都没有被告知伊莱克特罗公司卖给夏普商店这批吹风机的事情和他们之间这笔交易的合同条件。

这是一个英国的典型产品责任险案例，这个案例可以作为解读责任保险案例的模板，为了解决最终的损失赔偿由谁来承担，我们需要分析在这个案例中各个相关主体之间存在的法律关系以及责任承担原则，要分析夏普商店和伊莱克特罗公司的免责声明和条款是否有效，他们的责任保险公司是否需要承担最终的损害赔偿责任。

案例分析：

各国侵权法律都会明确行为主体之间的法律责任。这起案例中虽然涉及的个体不多，但涉及的各种关系却十分复杂。

1. 阿图·夏普公司的合同责任

在此案例中，特蕾西是阿图·夏普商店销售的质量不合格的吹风机的购买者，对吹风机造成的伤害，她可以以合同责任起诉阿图·夏普商店。

在此案例中，阿图·夏普公司在自己的商店中贴出一个告示，以期免除自己的责任。

免除责任的条款或告示有效与否，一方面，要看它是否能够满足合理性的要求。在这里，买卖双方的力量对比至关重要。如果是企业与企业间进行的购买行为，双方在讨价还价的基础上商定的合同，一方希望免除自己对另一方的某些责任，在一般情况下是可以成立的。如果与卖方进行交易的是个人消费者，情况则有所不同。因为个人消费者与卖方相比处于弱势地位，如果个人消费者想要购买商品，他别无选择只有接受商家的条件。另一方面，要看告示上的条件是否合理。根据英国1979年《商品销售法》的规定，销售商品的合同中的隐含条款是：所提供的商品质量是符合商销品质的，并且适合所销售的用途。法律规定：此法案所指任何商品具有商销品质的质量，是指商品适合其用途或同类商品的购买用途，可以合理地预期商品描述的性能、价格和其他相关情况。

根据英国1977年的《不公平合同法》第六款的规定，当商家与个人消费者进行交易时，第13款和14款所规定的隐含条件（即关于商品描述、商销品质和适用指定用途的隐含条件）是在任何情形下都不可以免除的，尤其是商家不可以免除其因销售商品所引起的人身伤害和死亡的责任。对其他的损失和伤害的责任，只有当法院认为该合同条款或告示具有合理性时,此责任才可以免除。根据英国1976年的《消费者交易法》,如果行为人企图施行被1977年《不公平合同法》第六款禁止的责任免除行为,就要追究行为人的刑事责任。

在此案例中,阿图·夏普商店虽然进行了免责声明,然而,吹风机的质量缺陷问题属于吹风机的内在缺陷,从表面上是无法看出的,而且,出售的价格低并不意味产品一定是有质量缺陷的。除非商家在它的告示中说这些吹风机是有质量缺陷的,否则它不能仅仅根据吹风机出售的价格低就可以免除自己对吹风机的质量缺陷的责任。因此,尽管阿图·夏普公司是低价出售吹风机,但仍然违反了销售商品合同的隐含条款。而且,因吹风机有缺陷造成对特蕾西的人身伤害,根据1977年《不公平合同法》,阿图·夏普公司的责任是无论如何都不能免除的。因此,阿图·夏普公司对特蕾西造成的人身伤害负有合同责任。

2. 阿图·夏普公司的侵权责任

阿图·夏普公司知道其从伊莱克特罗公司那里买来的吹风机质量上是有缺陷的,而且张贴告示的这一行为,说明知道其出售的吹风机质量是有缺陷的,并且这些吹风机很可能会造成他人的伤害。阿图·夏普公司对特蕾西和贾宁的人身伤害负有侵权责任。

3. 伊莱克特罗公司的侵权责任

根据英国1987年《消费者权益保护法》第七款对新的严格责任的规定,质量有缺陷商品的生产者对其生产的商品造成的损害负有责任,并且规定生产者不允许免除此项责任。因此,特蕾西和贾宁不需要证明伊莱克特罗公司具有疏忽责任,就可以起诉伊莱克特罗公司作为生产者的严格责任,要求其承担因生产的吹风机质量有缺陷而造成产品的消费者特蕾西和贾宁的人身伤害的责任。

4. 伊莱克特罗公司的合同责任

伊莱克特罗公司跟阿图·夏普商店之间有一个销售合同,其中有一项条款规定伊莱克特罗公司不承担因吹风机造成对阿图·夏普公司或其他任何人的人身伤害或其他损失的责任,而且对由吹风机引起的任何向伊莱克特罗公司的索赔,阿图·夏普公司必须补偿伊莱克特罗公司因此遭受的损失。英国法律实行的原则是,如果合同条款是在双方协商的基础上达成的,它们可以自由免除法律强制规定的隐含条件的责任,并且可以在《不公平合同法》规定的合理范围内限制或免除责任。

由于伊莱克特罗公司和阿图·夏普商店之间的合同是商业性合同,这样一个由双方在平等的基础上协商而成的合同是可以得到法律支持的。虽然吹风机质量是有缺陷的,但它却适用于阿图·夏普公司所说的将其分拆然后利用其有用部分的用途。而且由于这个原因,这些有缺陷的吹风机卖的价格很低,即对整批500个吹风机只卖500英镑。因此,它们之间的合同条款是合理的,并且阿图·夏普公司接受了伊莱克特罗公司转嫁给它的有关吹风机的责任。

因此,对于特蕾西和贾宁向伊莱克特罗公司提起的索赔,阿图·夏普公司应该为此补偿伊莱克特罗公司的损失。由于阿图·夏普公司和伊莱克特罗公司之间的合同条款,赔偿特蕾西和贾宁所受人身伤害的最终责任落在了阿图·夏普公司的身上。

5. 伊莱克特罗公司的产品责任险保险人的责任

在大多数产品责任保险单下,对被保险人都有一个在保险期间继续披露重要事实的义务,其中包括要求被保险人披露该保险单项下风险增加的情况。因为,标准产品责任保单通常承保的是正常交易下具有商销品质的正常商品,如果在保险期间风险意外地增加,就会使保险人处于比原来承保风险时更高的风险之中。

伊莱克特罗公司卖给阿图·夏普公司质量有缺陷的吹风机的交易,并不是一项能够被标准产品责任保险保单自动承保的正常交易。这笔交易使伊莱克特罗公司面临的风险显著增加。风险增加的重要事实是必须向保险人披露的,这笔交易除非经保险人同意承保,否则不能被原来的保单承保。尽管伊莱克特罗公司在法律上有责任赔偿特蕾西和贾宁,但是由于伊莱克特罗公司没有告知保险人这笔风险显著增加了的特殊交易,由此导致的任何法律责任也不能得到标准产品责任保单的承保,所以,伊莱克特罗公司的产品责任保险人不需要负责赔偿伊莱克特罗公司的这起赔偿责任。

6. 阿图·夏普公司的产品责任险保险人的责任

在产品责任保险下,阿图·夏普公司除了和伊莱克特罗公司同样未披露风险增加的事实之外,阿图·夏普公司还同时承担了一项合同责任,即它与伊莱克特罗公司之间的合同责任。

如上分析,阿图·夏普公司对特蕾西和贾宁的人身伤害负有赔偿责任,但是它的产品责任保单是标准产品责任保单。在标准责任保单下,被保险人自行承担的合同责任是除外不保的,除非被保险人的这类合同责任原本已包括在标准产品责任保险的责任范围之内。

在这一案例中,阿图·夏普公司对特蕾西和贾宁的赔偿责任是因为它与伊莱克特罗公司签订了合同才产生的,否则其作为销售商可以将责任追溯至吹风机的生产者即伊莱克特罗公司,因为生产者对其生产的产品负有最终的严格责任。所以阿图·夏普公司在这里承担的是一种额外的责任,这就导致其保险人丧失了对伊莱克特罗公司的代位追偿权。

所以,阿图·夏普公司对特蕾西和贾宁的赔偿责任是标准产品责任保单除外的责任,阿图·夏普公司的保险人不承担阿图·夏普公司因吹风机的缺陷引起的对特蕾西和贾宁的赔偿责任。

本 章 小 结

1. 责任保险指以被保险人的民事损害赔偿责任或经过特别约定的合同责任作为保险对象的保险,其承保标的是责任风险。责任保险一般包含两部分的赔偿内容,一是被保险人造成他人人身伤害或财产损失依法应承担的经济赔偿责任;二被保险人支付的仲裁或诉讼费用以及事先经保险人书面同意支付的其他必要的、合理的法律费用。责任保险与其他保险相比较,有鲜明的自身特点,责任保险比其他任何保险更依赖于完备的法律制度,责任保险对第三人利益提供保障。
2. 公众责任保险是责任保险中独立的、适用范围极为广泛的保险类别。主要承保被保险人在各个固定场所或地点、运输途中,进行生产、经营或其他活动时因发生意外事故造成他人人身伤亡或财产损失,依法应由被保险人承担的经济赔偿责任。
3. 产品责任保险是以产品制造商或销售商因产品责任事故引起的依法应承担的经济损害赔偿责任为标的的保险。产品本身缺陷引起的产品本身损失则由产品质量保证保险来承保。
4. 雇主责任经历了在侵权法范畴内从过错责任原则到无过错责任原则的发展过程,再发展到由工伤保险法管辖的变迁,相应的对雇主损害赔偿责任也同时可以由雇主责任保险和工伤保险来进行转移。
5. 职业责任保险是以专业人员或其执业机构因疏忽或过失对第三人的民事赔偿责任为标的的责任保险。
6. 环境责任保险又被称为"绿色保险",是以被保险人因污染环境而应承担的对第三人的损害赔偿责任为保险标的的责任保险。环境责任保险的模式有强制责任保险模式、强制责任保险与财务担保结合的模式以及自愿保险模式三种。

重 要 概 念

公众责任保险　产品责任保险　雇主责任保险　职业责任保险　环境责任保险

习题与思考题

1. 请简述责任保险的种类及其各自的承保范围。
2. 某企业是一烤箱生产企业,该企业在今年内碰到了以下几种事故情况:
   (1) 企业员工 A 在进行烤箱性能检测时烤箱爆炸,受伤;
   (2) 消费者 A 购买该企业生产的烤箱一台,在家中使用时,烤箱发生爆炸,自己受伤,冰箱同时被损坏;
   (3) 消费者 B 购买该企业生产的烤箱一台,在家中使用时烤箱无法正常工作,无法加热烤制食物;
   请分析在以上情况下,这些损失的责任承担者是谁,分别承担什么责任,有保险产品能转移这些风险吗?若有,请指明保险产品名称,并分析原因。
3. 请分析工伤保险与雇主责任保险的异同。
4. 某 A 货运公司的保险安排如下:
   向 B 保险公司投保了雇主责任险,承保雇员在受雇期间从事业务时因遭受意外导致伤、残、死亡或患有与职业有关的职业性疾病而依法或根据雇佣合同应由被保险人承担的经济赔偿责任;

对其拥有的车辆向C公司投保了交强险和50万保额的机动车辆第三者责任险。该商业三者险规定，负主要责任免赔20%，负次要责任免赔10%。

向D保险公司购买了货物承运人责任险，承保被保险人在运输或装卸保险单中载明的货物，因火灾、爆炸、运输车辆发生碰撞、倾覆造成毁损、灭失，依照法律应由被保险人负责赔偿的责任。

在上述合同的保险期间，该公司一货运车辆与其他车辆相撞，发生了严重车祸，司机于某受重伤，医药费合计人民币10万元，车辆损毁，车身损失达到3万元，运送货物损失20万元。对方司机受伤医疗费用5 000元，车辆损失2万元。经交管部门认定对方司机负80%责任。

请分析该货运公司及其保险公司承担的损失赔偿情况。

第十三章

责任保险发展模式

> **学习目标**
> 1. 掌握责任保险的发展路径
> 2. 掌握商业性保险的优势、成本及适用范围
> 3. 掌握政策性保险的优势、成本及适用范围
> 4. 掌握强制性保险的优势、成本及适用范围
> 5. 掌握进行强制责任保险的原因
> 6. 了解我国强制责任保险情况
> 7. 通过案例加深对责任保险各种发展模式、优缺点及效果的理解

第一节 责任保险发展路径

一、商业责任保险模式

（一）商业保险概念

所谓商业保险是指通过订立保险合同建立保险关系，以营利为目的而经营的保险，是一种完全的商业行为。商业保险关系是由当事人自愿缔结的合同关系，投保人根据合同约定，向保险公司支付保险费，保险公司根据合同约定保险事故的发生承担赔偿保险金责任。商业保险中条款的制订、费率的厘定都完全是市场行为，按照市场规律运作。

（二）商业保险的优势与成本

1. 商业保险的优势。商业保险的优势体现在以下三个方面：

首先，商业保险经营主体是商业保险公司，以营利为目的，而且要获取最大限度的利润，以保障被保险人享受最大程度的经济保障。在完全市场条件下，商业保险能主动调节资源的配置并达到帕累托最优状态，而无须政府进行干预。因此，商业保险是一种快速有效的保险资源配置方式。

其次，商业保险公司已经形成了一套成熟的业务运作模式和广阔的营销网络，因此在业务流程效率方面商业性保险要远远高于政策性保险。

最后,商业保险公司具有专业的保险人才,能够对市场的变化做出迅速反应,实现资源的最优配置,这是政策性保险所不具备的。

2. 商业责任保险的成本。

商业保险公司毕竟是以营利为目的的,因此投保人与保险公司之间的利益是针锋相对的,他们之间的矛盾可能会难以调和。保险公司为保证盈利,在赔付时不会优先考虑投保人的利益,有时候可能会导致外部不经济。因此,商业性保险难以对外部性很强的业务进行承保。

其次,商业保险易产生逆选择的问题,高风险的人相比于低风险的人更趋向于参加保险。

(三) 商业保险的主要适用范围

商业保险通过市场供求关系来调节保险公司不同险种发展方向,利用市场机制配置保险资源。商业保险数量和价格的平衡受制于需求和供给两个方面。因此,商业保险适用无需政府加以干涉而由市场调节就能到达平衡的一般性保险业务,如普通的企业财产保险、家庭财产保险和人身保险业务等。

二、政策责任保险模式

(一) 政策性保险

政策性保险是指为体现和实施政府的各项产业政策,或为了维护社会的稳定,通过立法或行政命令手段加以推行的保险制度。政策性保险一般具有非盈利性、政府提供补贴与免税以及立法保护等特征。

(二) 政策性保险的优势与成本

1. 政策性保险的优势。政策性保险的优势体现在以下四个方面:

首先,政策性保险并非以营利为目的,它的经营目标是保障社会整体利益的最大化。这就决定了它有可能提供比商业保险公司更低的保费和更多适合需求的保障,从而实现整个社会资源的最优配置。

其次,政策性保险公司没有盈利压力,它出现欺骗政府资金、骗取优惠政策的可能性比较小,避免了政府与商业保险公司之间的博弈。

再次,政府直接充当带头人的角色,更有助于推广业务在社会范围内广泛开展,这比商业保险公司模式下的间接鼓励、引导更能起到立竿见影的效果。

最后,政策性保险一般为强制性保险,它可以有效地降低由于信息不对称所导致的逆向选择问题。

2. 政策性保险的成本。

首先,政策性保险受国家宏观经济的影响。政策性保险主要是靠国家的支持和补贴,如果没有一个好的宏观经济环境,那么国家以及财政将没有力量对政策性保险进行直接补贴支持,因此政策性保险的实施在很大程度上依赖于国家的宏观经济情况。

其次,由于政策性保险是由政府部门主导,而不是靠市场进行调节,这就有可能造成实施效率的低下。

再次,政策性保险的实施容易引发道德风险。被保险人进行投保后,一般不会主动进行风险自救,使灾害损失更为严重。

最后,政策性保险需要较好的政策环境和法律环境。

(三) 政策性保险的主要适用范围

经营政策性保险的目的不是以营利为目的,而是出于为适应社会和谐发展的需要,由政府资助经营或组织安排,以保证经济的协调发展和安定社会秩序为目标而实施。在正外部性突出、关系到社会普遍利益的情形下,特别适合采取政策性保险形式。最典型的便是社会保险、农业保险、出口信用保险、地震巨灾保险以及特定影响的责任保险等。

专栏 13-1

上海社区综合保险模式

社区综合保险兼有商业性保险和政策性保险的特点。从保险产生的角度讲是一种政府主导实施的保险组合计划;从推广过程来看,社区综合保险的普遍实施与上海市保监局、金融服务办和民政局等有关部门的大力扶植密切相关。2009 年,上海市政府更是将社区综合保险纳入当年十大实事工程,社区综合保险具有明显的政策属性;从险种组合来看,包括社区公众责任保险在内的险种都具有明显的社会性和正外部性。

社区综合保险的保险产品组合灵活多变,符合保险产品设计的基本原理。从保障范围分析,综合保险保障范围广泛,提供社区面临的财产损失、民事损害赔偿责任和意外伤害等各种风险的全面保障;从风险分散的角度分析,随着综合保险推广覆盖范围的扩大,不仅实现了保险产品本身时间和空间范围的风险分散;同时,在保险产品之间,也建立了风险的分散机制,即综合保险产品内部不同保险产品之间盈亏的相互弥补,实现了综合保险产品经营风险的进一步分散;从产品组合的角度分析,综合保险可以根据市场风险状况的不同,制定相应的保险产品组合方案,设计灵活,具有极强的市场需求满足能力。

三、强制保险模式

(一) 强制保险的概念

强制保险是一个常用的概念,但对于"强制"力大小存在两种不同的解释:广义的解释认为非自愿就是强制,倾向于认为无论强制力多少都属于强制保险,毕竟非自愿的结果是投保人不得不投保,或者保险人不能不承保。保险参与方从自愿参与保险交易到非自愿参与保险交易,必然存在一定的强制力,可能来源于法律、行政命令,也可能是必须遵守的标准、行业制度或者相关协会/组织的规定等,但最终结果必然是强制相关方参与保险交易,所以将非自愿保险统称为强制保险。

狭义的解释则认为强制力必须要达到一定的强度才属于强制保险,投保人必须购买该产品,或保险人必须销售该产品。狭义的强制保险被称为法律强制保险,也叫法定保险,是根据国家法律或法规的规定,强制建立保险关系的业务,保险关系建立的基础是法律法规要求,投保人与保险人只有遵守的义务,没有选择的权利。

(二) 强制责任保险的优势与成本

1. 强制责任保险的优势。

首先,强制保险可以解决保险市场失灵的问题,提高市场的资源配置效率,使得保险市场可以顺利发展。

其次，强制保险强制满足条件的所有人必须要参加保险，可以解决保险市场上高风险人更有投保意愿的逆向选择问题，可以降低保险的交易成本。

再次，强制保险有助于维护社会公平，保护社会公共利益。

2. 强制责任保险的成本。

首先，强制保险会面临着严重的道德风险问题，由于购买了强制保险，投保人会降低自己的关心程度和安全投资水平，导致损失出现的概率增加或者严重程度增加。

其次，过度依赖强制保险会逐步丧失采用其他政策手段与工具来实现管理目标的能力，会抑制市场机制和其他社会调控机制的形成，使其无法分担公共治理的责任。

（三）强制保险的主要适用范围

由于契约的不完备、商业主体诚信不足以及信息不对称造成单纯或严重依赖市场竞争机制来解决各纠纷问题无法有效、及时，这时引入适当的监管以及交易费用较低的强制保险制度，不啻是一个较好的解决或缓解容易引发社会问题的商业纠纷的社会治理措施。特别地，我国目前鉴于许多投保人投保意愿不强及其可能的败德行为以及保险公司方面专业能力不高导致无法有效定价等原因，强调一定程度的监管以及在某些特殊领域如机动车市场、劳动力市场、医疗市场等领域引入强制保险，对于解决商业纠纷和缓解社会矛盾将具有明显的效果。

四、商业保险、政策保险与强制保险的差异

（一）目的不同

商业保险的目的在于投保人商业将本身的风险通过购买商业保险的形式转嫁给保险人，保险人根据自身的风险管理能力自愿承担风险，并通过大数法则集合风险、分散风险，体现的是保险的本质，一般不附带其他目的。投保人、保险人双方都获得其本身的最大效用，保险人以营利为目的。

政策性保险的目的是为国家的产业政策服务，是为国家顺利实施相关产业政策进行配套服务的工具。

强制保险的目的是解决保险市场失灵，增加社会总福利。只有在保险市场失灵，并且损害了社会整体利益的情况下，政府干预才是有必要的。

（二）政府干预程度不同

商业保险由市场力量驱动，由需求与供给关系决定发展方向。投保人的投保和保险人的承保，都取决于合同双方的自由意愿表达。合同的各个要素由双方协商一致确定，遵守商业保险一般准则，是政府干预程度最小的纯商业行为。

政策性保险更多地体现国家在一段时期内的产业政策，通过国家补助、政府财政支持等方法消化产业发展过程中的伴生风险，期望解决自愿投保和自愿承保不能成立的市场困境。由于政府补贴的存在使得投保人从经济的角度出发，自愿参与保险并获得国家的资助，从而推动产业发展。政策性保险体现政府引导、市场运作、自主自愿和协同推进的原则。从政府干预的强度来看，往往对供给端进行强制。

强制保险根据法律、行政法规开办，具有法定强制性。一般对投保人、承保人都有强制性要求，保险合同采用相对统一的形式，但大多仍由商业保险公司按商业保险模式运

作。在第三者责任强制保险中突出对第三者利益的保护。

（三）经营主体不同

商业性责任保险则完全由商业性保险机构自主经营。

政策性保险的经营主体是多元化的,从国内外的实践看,可以由政府直接组织经营,或由政府成立的专门机构经营,或在政府财税政策支持下,由其他保险供给主体(股份公司、相互公司等)经营。

强制保险一般交由商业保险公司经营,但往往设独立账户,独立核算。

（四）保险责任不同

政策性保险和强制保险,一般说来保险责任较宽泛;而商业性责任保险出售的保险产品品种少,保险责任窄且保险标的的损失概率较小,赔付率较低。

（五）保险资金来源及管理方式不同

商业保险和法律强制保险的资金来源只有投保人的保费。政策性保险的资金一般有两个来源,投保人个人缴纳的保费和国家财政根据相关产业政策或法规、规范性文件支出的保费。

商业保险的资金由保险人自行管理,监管部门通过保险保障基金、准备金、偿付能力等监管措施进行规范。政策性保险的资金管理基本参照自愿保险的管理方式,但要符合相关产业政策的规定,并独立核算。强制保险的资金管理与自愿保险相似,但要符合法律、行政法规的规定,并独立核算。

（六）赔偿或支付的责任承担者不同

商业保险的投保人将风险转嫁给保险人后,在赔偿限额内的风险由保险人承担,超出部分由投保人自行承担。政策性保险与此相同。强制保险的支付责任一般由单行法律予以规定,政府是否充当最后的保险人也由法律规定。

（七）保险关系建立的依据不同

商业保险依据自愿原则,由投保人与保险人协商一致订立保险合同,建立保险关系,受各国的《民法通则》《合同法》《保险法》等相关法律调整。

政策性保险根据国家产业政策及规范性文件,由参保人自愿投保、保险人不得拒保的方式建立保险关系。

强制保险根据国家法律、行政法规等,如我国的《机动车交通事故责任强制保险条例》,强制建立保险关系。

（八）实施的方式不同

商业保险采用一般保险合同形式,投保人与保险人经协商,通过保险合同对保障范围、限额等予以明确。没有法律、行政法规和政策强制任何一方必须接受非自愿的合同条款或费率。

政策性保险采用一般保险合同形式,合同条款、费率、保障范围以及承保理赔等都按照政策要求制定。一般情况下,政策对投保人没有强制投保要求,符合条件的自然人或法人可以自愿投保,但政策大多要求符合条件的保险人按政策要求承保,对符合条件的投保人不得拒保。

强制保险也采用一般保险合同形式,合同条款、费率、保障范围以及承保理赔等都由法律、行政法规统一。符合法律、行政法规要求的投保人必须投保,保险人必须承保。

(九) 经营方式不同

商业保险、政策性保险都采用自主经营、自负盈亏的方式。强制保险也需要自主经营，但一般都遵守总体不盈不亏或保本微利的原则。

第二节　强制责任保险的理论分析

一、契约的不完备性与强制保险

根据哈特的不完全契约理论，契约的不完备将导致经济行为中对权力配置的要求。

由于交易者的有限理性、不确定性、机会主义、信息不完全、语言的模糊性等原因，契约总是不完备的，这就给交易各方提供了采取机会主义行为的可能性，也使得契约的履约机制显得十分重要。从人类社会发展史来看，人们为应对交易中的机会主义行为，先后形成了多种多样的契约履行机制。第一类是契约的私人自我实施机制，例如直接终止交易关系，造成违约者的未来损失；或者是违约者因自己的市场声誉贬值而会遭到损失，除了声誉外，文化价值观、道德规范等非正式规则也起着至关重要的作用。第二类是私人作为第三方的契约实施机制。第三类是国家(法庭)作为第三方的契约实施机制。引入第三方的契约实施机制，是随着契约实施的形成与交易范围的扩大开始出现的，第三方的角色有一个由私人承担到组织承担、再到主要由国家承担的过程。国家取代私人和行业组织而介入契约履行机制的优点是可以实现规模效益，降低交易成本；可以约束契约当事人的机会主义行为，填补不完备契约的空缺。因此，违约难以受到惩罚，声誉机制无法发挥作用，以及机会主义盛行的领域，国家强制力是一个最优的选择。

以我国煤矿企业为例，在进入21世纪初期的时候，我国煤矿安全事故层出不穷，矿难导致的煤矿工人死亡人数居高不下，如图13-1所示。在煤矿雇主雇佣工人的时候，契约中应当含有为他们配备必要的安全保障设备、相应的安全保障体系以及在出矿难时予以

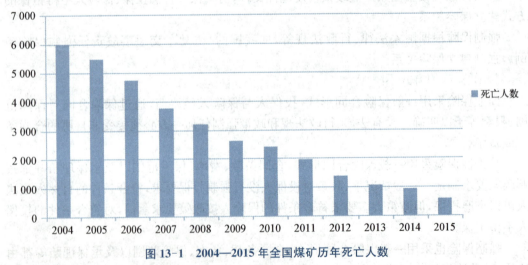

图 13-1　2004—2015 年全国煤矿历年死亡人数

数据来源：中国安全生产年鉴(2004—2015 年)。

赔偿的规定,但是由于声誉机制的失效,法律和诉讼机制的落后,完全依靠市场力量和依赖雇主来解决矿山的安全问题是不切实际的。

专栏 13-2

山西省煤矿雇主责任险市场 2004 年情况[①]

山西省是我国著名的煤铁之乡、能源重化工基地,2004 年山西省煤炭企业约有 4 000 余家,从业人员约有 83 万人。其中国有统配煤矿 87 家,井下职工约 11 万人;地方国有煤矿 319 家,井下职工约 9 万人;乡镇煤矿 3 688 家,井下职工约 21 万人。

2004 年,山西省煤矿雇主责任险只有人保股份山西省分公司一家公司承保。全省共有 361 家煤矿参加了人保公司开办的雇主责任险,投保面为 9.02%,其中国营煤矿投保面为 51.72%、地方煤矿投保面为 7.83%、乡镇煤矿投保面为 7.89%。

由于煤矿雇主责任险经营风险较大,保险公司从自身经营效益考虑,对煤矿工人保险赔偿金额设置较低。以阳泉市为例,雇主责任险死亡、伤残最高赔偿限额 2 万元,而阳泉市死亡事故人员赔偿金额一般在 8—12 万元才能得到有效解决,保险补偿一般只能达到其 20% 左右。

2004 年人保股份山西省分公司煤矿雇主责任险经营情况　　　　单位:百万

企业类别	国营煤矿	地方煤矿	乡镇村办煤矿	合　计
承保数量	45	25	291	361
保费收入	456.732	323.514 3	673.854	1 454.072
赔款支出	195.058 9	129.338 7	513.286 4	837.684
赔付率	42.71	40.11	76.23	57.61

2004 年,山西省煤矿企业共发生 10 人以上伤亡事故 8 起,均未参加雇主责任险;3—9 人伤亡事故 20 起,仅有 2 家企业参加了雇主责任险。在这 28 起重大人员伤亡事故理赔中,煤矿雇主责任险的保障作用没有得到充分发挥。

尤其是当资本或权力控制方(即可能的投保人)拥有相对强势的地位时,责任人无论有无赔偿能力,出于利润最大化的考虑都可能出现不予赔偿或赔偿不足、不及时的现象,故而这些群体投保意愿不强甚至故意不投保。作为受害者一方的矿工的基本生存和保障权利受到严重侵害,一些私营的矿山企业甚至连起码的安全保障措施都没有,更别提会为矿工缴纳保险或给予损害补偿了。而工人迫于谋生的需求可能不得不接受苛刻的合同条款和恶劣的工作条件。这就埋下了事故的隐患以及酝酿社会不安定的因素。加之相关立法并不完善,这就降低了他们违约的成本,企业主就更没有意愿投保责任保险。鉴于当前法律维权的薄弱以及政府相关部门直接监管成本的巨大,一些省份和地区逐渐开始要求高危行业强制投保雇主责任保险。由保险公司出面,根据矿山企业规模的不同和安全条

[①] 资料来源:中国保监会网站,http://www.circ.gov.cn/web/site0/tab5267/info261703.htm。

件的具体情况,设置不同的费率,从而可能在一定程度上能够给予受害者及时和合理的补偿,使得矿山企业的安全成本外部化转为内部化,因此对员工和社会都是一件有益的事情。因此在一定历史时期在某些特定的领域有必要采取强制保险制度。

二、信息不对称与强制保险

在完全的市场理论下,保险市场当中的保险人和被保险人都具有完全的信息,两者之间有充分的了解,而且双方都是理性的。在现实当中,上述的假设条件都难以成立,投保人往往比承保人掌握着更多更充分的信息,保险人处于信息劣势的地位。这种信息不对称将会导致"次品"驱逐"良品",保险市场将被具有高危险的人群所占据,从而使低危险的人群退出保险市场。

如图13-2所示,坐标轴表示的是投保人的财富,横轴表示没有发生风险事故时的财富,纵轴表示的是当风险事故发生投保人的剩余财富。45°线上的点的横坐标和纵坐标的值相等,说明在这条线上个人财富不受损失状态的影响,即投保人进行了全额保险,45°线因此被称为全额保险线。A点表示投保人的初始财富,两种状态下的财富差额就是损失的大小。AP_L为保险公司按照低风险人群的风险水平提供的收支平衡的价格线,AP_H为保险公司按照高风险人群的风险水平提供的收支平衡的价格线,这条线更平坦些,说明要接近45°线,也就是越接近全额保险,投保人需要支付更多的保费。如果保险人分别对低风险者和高风险者提供不同费率的保单,那么低风险者与高风险者都将购买足额保险,此时市场的效率最高。

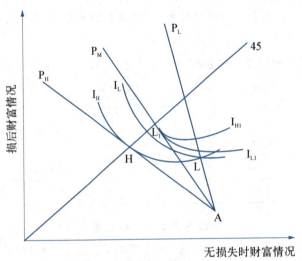

图13-2 逆选择与强制保险

但在现实生活中,由于存在信息不对称,保险人无法分辨两类不同风险的人群,所以无法提供两种全额保险合同。如果保险人可以提供图13-2中两种合同H和L,H是高风险价格的全额保险,L是低风险价格的部分保险,由于两个合同都在高风险人的无差异曲线I_H上,如果让L定在比这条无差异曲线稍低的位置,那么高风险群体会选择H,低风险群体会选择L。

假定存在一个强制保险体系,且能在规范的监督管理下运行,我们可以在高风险和低风险共同分担的基础上计算保单费率,保险人可以用收支平衡的价格即"集合价格"提供统一的保险合同。显然,集合价格应该位于高风险和低风险价格线之间,具体位置取决于高风险群体和低风险群体的相对人数。假定强制保险价格为P_M,强制保险段为AL_1,那么对于高风险者而言,由于L_1处于效用更高的无差异曲线I_{H1}上,强制保险可以引起高风险者的改善,同样低风险者也可从强制保险系统中获利。由此可以看出,强制保险将会减轻逆向选择问题，并使高风险者和低风险者都得到改进。

因此，在一些保险领域，如果没有政府强制要求所有企业都参与保险，就很难完全依赖自由竞争的保险市场来解决相关涉及公共安全的经济纠纷以及社会隐患问题。例如以煤矿雇主责任保险为例，如果保险公司有能力区别定价，矿山企业完善自身安全制度和配备必要的安全措施与缴纳责任保费的费率是相关的，则不会发生逆向选择现象，但是，现实中，保险公司往往无法准确衡量投保人的风险大小，尤其是都是乡镇煤矿的时候，提高保费只会使风险管理较好的企业不再投保，而留下风险较高的煤矿，在专栏 13-2 中，风险比较大的乡镇煤矿投保比例只有 7.89%，而赔付率则是最高，达到 76.23%，这说明乡镇煤矿企业中逆向选择比较严重，风险越高的煤矿企业越愿意投保，这也导致保险公司为保证自身利润，愿意提供的保障水平就比较低。强制保险可以解决逆向选择问题，也可以使保险公司提高保障，切实提高矿山工人的保障水平。

三、正外部性与强制保险

责任保险具有正外部性，使其在市场上的需求量低于社会所必要的需求量。根据经济学原理，所谓外部性是指生产者或消费者在自己的活动中产生了一种有利影响或不利影响，这种有利影响带来的利益或有害影响带来的损失（或者说成本）都不是消费者和生产者本人所获得或承担的。也就是说，一个经济主体活动给他人带来的利益大于自己所获得的利益，即社会收益大于私人收益，就可谓为正外部性，反之则谓之为负外部性。

责任保险是保证侵权行为人对侵权行为具有赔偿能力，具有明显的正外部性，其具体表现在以下几个方面：

责任保险可以避免因侵权行为者缺乏经济实力，而导致被侵权者应得的经济补偿无法兑现，或将侵权的不利后果转嫁给社会承担的情况的发生，切实维护被侵权者的合法权益。

责任保险可以避免私人风险成本社会化，避免政府成为损失的最后承担者。如果没有责任保险，发生重大意外事故后，在当事人或商家赔不起的情况下，政府为了维护社会的稳定，损失最后将不得不由政府出面"埋单"。

责任保险还可以降低整个社会处理侵权行为的机会成本。一方面责任保险分散了被保险人的责任风险，增强被保险人的责任赔偿能力，使被保险人从烦琐的法律程序中解脱出来，从而降低侵权纠纷双方的法律成本。另一方面责任保险依靠市场机制进行社会管理，使政府可以从侵权事故后繁杂的事务性工作中得以解脱，减少政府处理侵权事故的行政成本。

正外部性产品往往表现为需求不足，责任保险也不例外。要解决责任保险的需求不足问题，强制保险是一种有效的方法。

四、法律不完备与强制保险

法律自身往往是不完备的，而且法律的救济往往是在损失已经发生之后，由于受害者法律维权意识的薄弱、诉讼机制的不健全以及社会对弱势群体的法律救济制度的缺失都可能造成在现实社会中,很多涉及第三者利益的公共事故或灾害发生以后,受害者都往往难以得到及时和合理的赔偿,从而可能酿成不必要的社会纠纷或商业纠纷,并危害社会的正常秩序。责任保险是实现民事责任补偿功能的一种机制,责任保险与法律制度和法制环境息息相关。我国法律制度还不完善,侵权行为人投保动力不足,另外在实际判决中,法律法规对于责任人的赔偿规定多以其实际状况来判断,民事案件容易受到利益集团、舆论等影响,就算排除司法干扰因素,各地方法院根据本地经济状况不同,同类案件也往往会有不同的赔偿结果出现。这些都阻碍了责任保险的发展。

我国的责任保险从 20 世纪 80 年代恢复国内保险业务后逐步发展起来,但发展速度一直非常缓慢,其中一个重要原因就是中国的法律制度不够完善,公众和企业的责任保险意识和法律意识薄弱。随着日益增长的保险需求和保险产品的细分化,新的责任保险险种也会层出不穷,这给中国责任保险的发展带来了新的契机。但是,要取得责任保险的快速发展,必然依赖于一套完整的法律制度建设。我国目前责任风险事故发生的频率高、损失大,而承担民事赔偿责任的经营主体普遍不具有经济赔偿能力,在运用正常的商业保险手段难以开展责任保险的情况下,政府有必要将部分责任保险强制推行。

五、政府干预与强制保险

在一定阶段和领域,因为市场不完善以及法制不健全导致的市场失败,是政府进行干预的重要前提。政府的相关执行部门可以采取多方面的监管措施和处罚措施,来实现既定的监管目的,而强制保险则是其中一个重要的手段,并且体现了政府有形之手和市场无形之手的和谐配合,既能弥补政府干预的一些弊端如成本高和腐败问题,也能解决市场自身的一些弊端,如信息不对称等问题。

政府干预可以分为事前、事中和事后干预,事前事后干预都有一定的不足,例如预交保证金的事前干预、违规惩戒的事后干预等方式由于执行成本高甚至不具备较强的可操作性。违规惩戒无论是对企业的行政、经济处罚,都是事后处分,都可能由于责任人无力赔偿而失去意义,因而不是不要对责任人进行处分,但从保护公共利益的角度,事后处分意义不大,第三方依然没有得到保障,只是起到惩前毖后的作用。而预交保证金,尽管是一种事前的预防动作,但也会带来其他新问题,由于政府人员在专业能力上的不足,难以细分不同的监管对象,只能依照统一标准缴纳保证金,那么出险后如何赔偿?如果统一由保证金池赔偿,显然对于低风险者不公平,且鼓励了行为人的冒险精神,这与监管目的相违背;而部分赔偿由保证金池,部分赔偿由责任人负担,这一方面涉及保证金池的赔偿比例(依然是对于低风险者的公平问题),另一方面又涉及责任人事后赔偿能力问题(如果责任人无力赔偿,又是与事后惩戒相似的局面),加之保证金方式必然加大政府监管的行政成本(诸如相关机构、人员),而这也要转嫁到责任人进而最终转嫁到消费者。

强制保险是一种事中监管,一旦事故发生,由保险公司负责定损理赔,相对而言监管成本低,且效率较高。保险公司在政府强制所有行为人投保的前提下,能够科学和有效地保证保险市场发挥功能,受害者也能够得到及时而合理的赔偿,从而避免受害方向事故责任方索赔的漫长历程,也避免了事故责任方无力赔偿对于受害方的进一步伤害。而政府也摆脱了事故发生后"救火员"的角色,不再苦恼落实第三方赔偿的问题,而更关注政府自身的职能——制定完善的法规约束行为人的风险行为,同时对于违规者予以更强的行政乃至刑事惩戒。也就是把行政监管与事故赔偿分离,分别由相关专业人士负责。同时,政府在制度设计时,在选择强制责任保险以后,必须采用立法或行政法令的形式加以明确,这也使监管部门的具体执行有了法律依托。

第三节 我国强制责任保险发展现状

一、机动车交通事故责任强制保险

(一)法律依据

《中华人民共和国道路交通安全法》(2004年5月1日起施行)和《机动车交通事故责任强制保险条例》(2006年7月1日实施)是我国机动车交通事故责任强制保险(以下简称交强险)的法律依据和制定具体实务的依据。

(二)运行机制

我国交强险采取强制性保险方式,在我国境内道路上行驶的机动车的所有人或者管理人必须投保交强险。监管机构有权要求保险公司从事交强险业务。

除被保险机动车被依法注销登记的、被保险机动车办理停驶的、被保险机动车经公安机关证实丢失的之外,投保人不得解除交强险险合同。除非投保人对重要事项未履行如实告知义务,保险公司也不得解除保险合同。投保人对重要事项未履行如实告知义务,保险公司解除合同前,应当书面通知投保人,投保人应当自收到通知之日起5日内履行如实告知义务;投保人在上述期限内履行如实告知义务的,保险公司不得解除合同。

投保人在投保时应当选择具备交强险业务资格的保险公司,被选择的保险公司不得拒绝或者拖延承保。具有从事交强险业务资格的保险公司违法拒绝承保、拖延承保或者违法解除交强险合同,投保义务人在向第三人承担赔偿责任后,请求该保险公司在交强险责任限额范围内承担相应赔偿责任的,人民法院应予支持。

(三)经营情况

1. 投保率。我国机动车辆交强险的投保率在逐年增加。根据中国保险行业协会公布的数据,2015年我国汽车保有量为1.72亿辆,交强险投保率达到92%,摩托车保有量为1.03亿辆,投保率为24%,拖拉机保有量为1 457万辆,投保率为14%。

2. 财务状况。交强险的保费收入和赔付支出都不断增长。2008年我国交强险改变了赔付限额,导致当年赔付支出大规模增长。2009年以后,随着驾驶人对交强险的了解和认可以及强制投保的执行力度逐步加强,虽然随着投保基数的增加,增长率出现了下降,但增长的绝对金额保持了基本稳定。

交强险的经营费用/收入比近些年相对比较稳定,但投资收益是很不规律,投资回报率波动很大。在2014年以前,交强险一直处于亏损状态,2015年由于受保险资金投资渠道拓宽等政策的影响,保险行业投资收益率明显增加,弥补了当年的承保亏损。

表 13-1 交强险运行的财务状况

	2007	2008	2009	2010	2011	2012	2013	2014	2015
保费收入(亿元)	538	553	668	841	983	1 114	1 259	1 418	1 571
保费收入增长率		2.8%	20.8%	25.9%	16.9%	13.3%	13.0%	12.6%	10.8%
赔付(亿元)	270	371	472	621	749	821	880	983	1 081
赔付增长率		37.4%	27.2%	31.6%	20.6%	9.6%	7.2%	11.7%	9.9%
赔付/收入	50.2%	67.1%	70.7%	73.8%	76.2%	73.7%	69.9%	69.3%	68.8%
经营费用(亿元)	211	180	206	257	299	338	385	430	489
费用/收入	39.2%	32.6%	30.8%	30.6%	30.4%	30.3%	30.6%	30.3%	31.1%
投资收益(亿元)	34.6	7.3	24	25	20	29	45	63	93
总盈亏			−53	−97	−112	−83	−43	−47	44

数据来源：原保监会历年关于"交强险"业务情况的公告(2007—2015 年).

二、旅行社责任保险

(一) 法律依据

我国《旅行社条例》(2009 年实施)和《中华人民共和国旅游法》(2013 年实施)规定，旅行社应当投保旅行社责任保险，并在保险合同期满前及时续保。旅行社未按时投保旅行社责任险的，由旅游行政管理部门责令改正，拒不改正的，吊销业务经营许可证。这是旅行社强制责任保险的法律依据。

(二) 运行机制

2009 年 7 月，旅行社责任保险统保示范项目启动，由国家旅游局、原中国保监会直接领导，通过引入第三方保险经纪管理，采取市场化运作模式，把极度分散的行业保险整合起来，建立了市场化涉旅安全事故处理机制，把经济赔偿纠纷处理与责任保险制度相结合，突破了责任保险对安全违约保障的限制。

1. 保障范围。保障包括旅行社工作人员的疏忽、过失导致的责任；交通意外、食物中毒等意外事件导致的旅行社责任；在旅游线路合作者的经营场所内发生的人伤案件、财产损失案件导致的责任；旅行社工作人员的人伤以及航程延误等责任等。对旅行的吃、住、行、游、购、娱六大环节都进行了保障。另外还承担被保险人的无责救助费用，以及被保险人的工作人员的赔偿责任。

旅行社责任保险规定有责任限额，针对是否具有出境游经营资格对不同的旅行社提供不同的责任限额选择。表 13-2 提供了针对有出境游经营资格的旅行社的责任限额选择。

表 13-2　旅行社责任保险责任限额选择（有出境游经营资格）

责任限额组合一		责任限额组合二
每次事故责任限额	全年累计责任限额	每次事故及全年累计责任限额
人民币 400 万元	人民币 600 万元	人民币 600 万元
人民币 500 万元	人民币 800 万元	人民币 800 万元
人民币 800 万元	人民币 1 200 万元	人民币 1 200 万元
人民币 1 000 万元	人民币 1 500 万元	人民币 1 500 万元

2. 基础费率。旅行社责任保险针对每一责任限额组合提供相应的基础费率，同时针对不同的风险，提供了 9 个费率调整因子。根据全年旅游组织、接待人天数、旅行社业发展水平、每次事故每人人身伤亡责任限额、赔付率、以往赔偿记录、附加险投保、风险管控、客户忠诚以及统保率情况对费率进行调整，除赔付率、以往赔偿记录以及统保率之外，对基本险保险费率进行调整的上下浮动比例不能超过 30%。

3. 理赔。旅行社责任保险对事故进行分级管理，国家旅游局、保险公司、经纪公司以及法律、旅游行业、医学专家共同组成全国调解处理中心，处理定损金额在人民币 5 万元（含）以内的基本险人身伤害、财产损失案件。并建立了事故鉴定委员会，处理 5 万元以上的案件。保险责任明确且定损金额在人民币 2 000 元以内（含）的人身伤害、财产损失案件，可以启动快付机制程序。

在被保险人组织、接待旅游活动期间发生一次事件造成旅游者至少 5 人重伤或 1 人死亡，或一次造成至少 20 人严重食物中毒或 1 人死亡的事故，不论是否属于保险责任范围内的事故，根据案件情况，当地旅游行政管理部门认为被保险人无力支付且旅行社责任保险调解处理中心认为符合支付条件的，被保险人提交垫付申请，经国家旅游行政管理机构书面同意后，旅行社责任保险调解处理中心收到申请（扫描或传真件）后在 1 个工作日内划付垫付资金。

4. 专项资金和公共保额。确保重特大案件赔付。从总保费中抽取一定比例建立统保专项资金，主要用于旅行社无力垫付的情况下进行垫付、预付和公共紧急救援，确保了重特大案件的及时处理。同时，还建立了省级、国家级两级公共保额，解决重特大事件发生后旅行社赔不起的问题。专项资金和公共保额制度解除了旅行社的后顾之忧，也减轻了政府的"兜底"负担。

（三）经营情况

截至 2016 年 9 月底，旅行社责任保险的全国参保旅行社达到 19 264 家，保费收入 1.69 亿元，统保率 72.29%。15 个省市区达到 80% 以上，8 个省区达 100%。项目覆盖率广，为旅行社和旅游人群提供了保障。

截至 2015 年底，示范项目共接到报案 5.24 万起，已决赔款约 2 亿元，平均年结案率 90.50%。共处理重大案件 2 078 起，启动示范项目专项保证金，垫付、预付 2 070 万元，协调共保体保险公司预付 1 200 万元。向责任方追偿 420 万元。

三、船舶油污强制责任保险

国际上强制保险推广面最广泛的除了机动车三者险外,就数船舶油污强制责任保险。国际海事组织于1969年通过了《国际油污损害民事责任公约》(CLC),其1984年和1992年议定书(CLC1984,CLC1992),明确了油污责任的范围并要求所有油轮船东必须有足够的保险以应付可能发生的船舶油污及其赔偿,并在国际公约中第一次引进强制保险并加以实施。我国已于2000年加入CLC1992,根据该公约规定,2 000吨以上散装油类货物的船舶必须进行强制保险。

从国内法来看,1999年,我国制定《海洋环境保护法》,规定国家完善并实施船舶油污损害民事赔偿责任制度;按照船舶油污损害赔偿责任由船东和货主共同承担风险的原则,建立船舶油污保险、油污损害赔偿基金制度。

2013年3月颁布《防治船舶污染海洋环境管理条例》,规定在中华人民共和国管辖海域内航行的船舶,其所有人应当按照国务院交通运输主管部门的规定,投保船舶油污损害民事责任保险或者取得相应的财务担保。1 000总吨以下载运非油类物质的船舶除外。

2010年10月发布《船舶油污损害民事责任保险实施办法》,明确规定了在我国管辖海域内航行的船舶应当按照不同载货类别及不同的吨位投保相应责任范围和赔偿额度的油污损害民事责任保险或者取得相应的财务担保。这样我国在船舶油污损害赔偿领域建立了具备充分可操作性的立法制度和强制执行机制。

四、安全生产责任保险

安全生产责任保险是我国在综合分析研究工伤社会保险、各种商业保险利弊的基础上,借鉴国际上一些国家通行的做法和经验,提出来的一种带有一定公益性质、采取政府推动、立法强制实施、由商业保险机构专业化运营的新的保险险种和制度。它的特点是强调各方主动参与事故预防,积极发挥保险机构的社会责任和社会管理功能,运用行业的差别费率和企业的浮动费率以及预防费用机制,实现安全与保险的良性互动。

2006年6月,国务院颁布《关于保险业改革发展的若干意见》,规定在煤炭开采等行业推行强制责任保险试点,取得经验后逐步在高危行业、公众聚集场所、境内外旅游等方面推广。2006年9月,国家安监局以及中国保监会共同发布《关于大力推进安全生产领域责任保险健全安全生产保障体系的意见》,明确首先在采掘业、建筑业等高危行业推行雇主责任险、商业补充工伤责任保险试点。2006下半年到2009年,各地陆续出台地方性政策,推进安全生产责任保险。2010年7月,国务院发布《关于进一步加强企业安全生产工作的通知》,规定高危行业企业要积极稳妥推行安全生产责任保险制度。2014年初,国家鼓励生产经营单位投保安全生产责任保险正式列入我国《安全生产法》。

由于没有上位法明确作出的强制保险规定,这期间我国安全生产责任保险处于局部地区试点阶段,除烟花爆竹、煤矿开采等已基本覆盖全国外,其他领域如危险化学品行业、非煤矿山行业、建筑施工行业等主要在湖北、山西、辽宁、山东、内蒙古、江苏、安徽、福建、河南、新疆、湖南、上海、北京、天津等局部地区展开,各地在参保范围、保障程度、赔偿要求、组织落实等方面均有一定差异。

2016年12月,国务院颁布《关于推进安全生产领域改革发展的意见》,明确提出建立健全安全生产责任保险制度,在矿山、危险化学品、烟花爆竹、交通运输、建筑施工、民用爆炸物品、金属冶炼、渔业生产等高危行业领域强制实施,切实发挥保险机构参与风险评估管控和事故预防功能。据此要求,国家安全监管总局、保监会、财政部于2017年12月正式颁布了《安全生产责任保险实施办法》。该办法第六条规定:"煤矿、非煤矿山、危险化学品、烟花爆竹、交通运输、建筑施工、民用爆炸物品、金属冶炼、渔业生产等高危行业领域的生产经营单位应当投保安全生产责任保险。鼓励其他行业领域生产经营单位投保安全生产责任保险。各地区可针对本地区安全生产特点,明确应当投保的生产经营单位。对存在高危粉尘作业、高毒作业或其他严重职业病危害的生产经营单位,可以投保职业病相关保险。对生产经营单位已投保的与安全生产相关的其他险种,应当增加或将其调整为安全生产责任保险,增强事故预防功能。"我国安全责任保险开始强制实施。

五、隐性强制保险

所谓隐性强制保险,是指虽然没有法律法规的硬性规定,但是由于存在环境压力,比如行政命令、必须遵守的行业制度或相关协会/组织的规定等,保险参与方不论是否自愿,最终都仍然参与保险交易,起到了强制的实际作用。目前由于我国的隐性强制险多以行业统保模式进行,政府出台鼓励或优惠政策,因此有些险种比较近似政策性保险。我国安全生产责任保险、医疗责任保险、承运人责任保险、食品安全责任保险以及环境责任保险等都出现了隐性强制保险的情况。

(一)承运人责任保险

2004年,国务院颁布《中华人民共和国道路运输条例》,规定客运经营者、危险货物运输经营者应当分别为旅客或者危险货物投保承运人责任险。2013年交通部和保监会联合发布《关于做好道路运输承运人责任保险工作的通知》,就保险责任、赔偿限额、费率厘定、投保行为和理赔服务等事项作了比较明确的阐述。例如对于赔偿限额,投保道路运输承运人责任保险应不低于以下限额标准:道路旅客运输承运人责任保险每座责任限额不低于40万元;每车每次事故责任限额等于每座责任限额与该客车核定座位数(不含司乘人员)的乘积。道路危险货物运输承运人责任保险货物损失部分的限额,由运输经营者根据运输货物实际价值与保险公司协商确定。第三者责任保险部分的限额,根据《危险货物品名表(GB12268)》的分类标准,运输第1—8类危险货物的车辆,每车每次事故责任限额不低于100万元;运输第9类危险货物的车辆,每车每次事故责任限额不低于50万元;以上各类运输危险货物的车辆,每次事故每人人身伤亡责任限额不低于40万元。

虽然两部委的文件只是行政部门颁布的规范性文件,但其规定道路运输经营者投保承运人责任险的责任限额或责任范围未达到本通知要求的,或不符合退保条件擅自退保的,或在不具备承保资质的保险公司办理投保的,以及其他不按要求办理投保的,由县级以上道路运输管理机构按照《道路旅客运输及客运站管理规定》《道路危险货物运输管理规定》,依法严肃处理,具有很强的指导作用。从目前业务实践看,大多数省份采取了由地方道路运输行业组织出面统一招标的模式完成投保,这一做法比较有效地保证了本地客运车辆达到较高的投保率。

(二)食品安全责任保险

从2009年《中华人民共和国食品安全法》颁布以来,国家正逐步从立法角度研究开展食品安全责任保险工作。2015年新《食品安全法》颁布,最终否定了建立食品安全强制责任保险制度提案,而是以鼓励食品生产企业积极参加责任保险。2015年初,基于食品安全事故多发,事故受害者得不到及时赔偿、社会矛盾加剧等问题,国务院食品安全委员会办公室、国家食品药品监督管理总局、中国保监会联合印发《关于开展食品安全责任保险试点工作的指导意见》,各省市积极响应,先后出台地方试点指导意见,以政府牵头推出食品安全责任保险。

从目前我国实践来看,食品安全责任保险主要在集体用餐或食品安全事故多发的领域开展,主要针对学校食堂、保健食品企业、农村集体用餐等。2015年5月,浙江省宁波市率先在鄞州区开展覆盖全区的食品安全责任保险试点,成为我国首个通过政府推动、财政出资的方式落地实施的食责险试点。云南省也在全省开展了校园食品安全责任保险工作,覆盖了30%的学校。

(三)医疗责任保险

2007年,卫生部、国家中医药管理局、中国保监会联合印发《关于推动医疗责任保险有关问题的通知》,在全国范围内推行医疗责任保险。2010年,司法部、卫生部和保监会又共同发布《关于加强医疗纠纷人民调解工作的意见》,要求各级卫生行政部门组织公立医疗机构积极参加医疗责任保险,并鼓励和支持各级各类医疗机构参加医疗责任保险。

各省市政府相继出台关于实施医疗责任保险统保的规范性文件,以政策手段引导医疗责任保险的推行实施。云南省、北京市、上海市、深圳市作为我国医疗责任保险的试点地区,在投保主体、保险费用、保险范围、理赔方式和赔偿标准等方面形成各具特色的模式。

为了进一步在全国范围内推行医疗责任保险,国家卫计委、司法部等相关部门在《关于加强医疗责任保险工作的意见》中要求全国三级公立医院参保率到2015年底前达到100%。2017年中国保险行业协会首次发布《中国保险行业协会医疗责任保险示范产品(主险)—A款期内索赔制》《中国保险行业协会医疗责任保险示范产品(主险)—B款事故发生制》及《中国保险行业协会医疗责任保险纯风险损失率表》。

(四)环境责任保险

2006年,国务院颁布《关于保险业改革发展的若干意见》,首次提出了发展环境污染责任保险。2007年12月,国家环保总局和中国保监会联合出台《关于环境污染责任保险工作的指导意见》,旨在启动环境污染责任保险试点工作。2013年1月,环保部与保监会联合发布《关于开展环境污染强制责任保险试点工作的指导意见》,但是2014年4月全国人大通过的《环境保护法修正案》只提出国家鼓励投保环境污染责任保险,并没有确定下强制保险模式。

从2008年开始,随着《关于环境污染责任保险工作的指导意见》的发布,全国各地环保和保险部门开始积极进行环境污染保险的推进。例如湖南省2008年将化工、有色、钢铁等18家重点企业作为投保试点,江苏省2008年7月推出了内河船舶污染责任保险,由人保、平安、太平洋和永安四家保险公司组成共保体共同承保。湖北省2008年9月率先在武汉进行试点,武汉市专门安排200万资金为参保企业按保费50%进行补贴;沈阳市率先在地方立法中明确规定：自2009年1月起,支持和鼓励保险企业设立危险废物污染损害责任险种,并鼓励相关单位投保。自2013年至2015年,安徽省将试点环境污染责任保险,对国控、省控重点污染企业等六类试点企业实施环境污染强制责任保险,并鼓励其他企业自愿投保。据统计,截至2015年国内已有十多个省开展了相关试点工作,投保企业达2 000多家,承保金额近200亿元。

案例分析

上海几个典型的责任保险险种发展路径及效果

1. 公园公众责任保险

上海自2005年4月122座公园免费开放后,公园的事故发生率呈增长趋势。为了保障市民安全,上海市绿化管理局和相关政府部门打算在公园推行公众责任保险,并提出了保障要求。公园公众责任保险以政府作为投保人,社会公众作为受益人,由基本险和附加险组成。基本险以公园面积为承保依据,附加险包含园内水域面积、深度,以及特殊游乐项目和设施等。投保人要求公园公众责任险不设免赔额,市民在公园投保的范围内受到任何伤害,都将得到保险公司的理赔,最高限额为1 000万元。

公园公众责任保险按计划会在2006年4月份正式推出。但招标失败,由于没有保险公司愿意承保而流标。据保险业内人士分析,费率太低、道德风险难以控制和未设免赔额是保险公司不愿意承保的主要原因。

2. 火灾公众责任保险

自2008年年起,上海市政府、上海市消防局与上海保监局共同推进上海市火灾公众责任保险试点工作,在试点阶段,保障范围主要是市、区两级消防安全重点单位的商场、市场、宾馆、饭店、旅店、浴场、网吧、影剧院、歌舞娱乐场所、证券交易场所、敬老院等。

火灾公众责任保险试点坚持"政府推动、市场运作"的原则,按照"广覆盖、低负担、高保障"的总体思路推进,基准费率比商业险费率明显更低,比如,网吧等重点场所由于火灾隐患较高,拟定的基准费率大约是0.9‰,同类商业保险的费率大约在2‰左右。在基准费率的基础上,实行以单位企业类型、消防守法状况、保险理赔情况为基础的浮动费率制度。费率最多可以上浮超过100%,而最低可下调70%。承保模式采用以主承保负责制为主,自由竞争模式为辅的方式。全部8家保险公司(人保、太保、平安、大地、华泰、中华联合、太平,安信)只能在浦东、徐汇两区开展自由竞争,其余各区由首席承保公司负责统一出单和理赔,并向另外7家保险公司各按照保费收入10%的比例进行分保。

2008年,据上海市消防局统计应纳入责任保险的企业约有两万多家。2009年,参保企业达4 500多家,但2010年、2011年,这一数字逐年下降。2011年,降到1 500户参保。据上海保监局统计,2008—2013年这5年间,上海火灾公众责任保险累积承保保单13 621件,提供保额522.96亿元,赔付607.17万元。

3. 注册会计师职业责任保险

2010年,在上海的280家会计师事务所中,仅有80多家内资会计师事务所参加了职业责任保险,投保率比较低,自2010年起,上海注册会计师协会在上海财政局的支持下,采用集中投保的方式投保会计师职业责任保险。为支持、鼓励和推动会计师事务所参加职业责任保险,协会对事务所的保费支出进行适当补贴。截至2013年12月,在上海320家会计师事务所中,共有217家会计师事务所参加了上海注协组织实施的会计师事务所职业责任保险集中投保,集中投保率达70%,大中型会计师事务所全部参加集中投保。

注册会计师协会代表会计师事务所与保险公司进行竞争性谈判,在困扰投保会计师事务所多年的追溯期条款、免责条款、人员流动条款、费率条款等方面取得了重大突破,明确了会计师事务所职业责任保险系期内发生制的保险理念,显著降低了保费支出(按照谈判结果对原投保事务所的新老保费进行测算,人均保费下降约45%)。

4. 上海社区综合保险

在广受关注的2010年上海"11·15"特大火灾中,社区综合保险表现令人印象深刻。截至2010年11月23日,上海"11·15"特大火灾共有9家产险公司涉及赔案58件,累计赔付831.52万元,其中社区综合保险涉案保险公司赔付保险金500万元。特大火灾发生后,保险业积极参与事故发生后的损失救助,社区综合保险在救助过程中更是发挥了重大的作用。

上海社区综合保险是政府通过与保险公司协商签订保险协议的方式购买保险服务,订立的一揽子保险产品组合的保障计划。一方面,保险公司坚持市场化运作原则,协助政府创新社区风险管理模式,具有商业保险的属性;另一方面,社区综合保险由政府出资,以提升政府社区管理水平为目的,带有明显的公益性,体现了政策保险的属性。

社区综合保险一般有四个险种的内容:

社区居民住宅及公共设施火灾责任综合保险。它主要包括社区公共设施财产火灾责任保险、社区居民住宅火灾责任保险、因火灾引起的人身意外伤害责任保险等3个险种。另外,对低保人员因火灾引起的财产和人身保险,还附加一定金额的经济补偿。

社区公共责任保险。它主要是指在社区公共场所范围内的意外事故,造成第三者的人身伤害和财产损失,由保险公司按保险责任条款规定在限额内赔偿。

镇、街道固定财产保险。对镇、街道所属固定资产、办公设备用品等,因自然灾害、意外事故或人为因素所造成的直接物品损坏或灭失(包括盗抢)等进行的保障。

社区工作人员意外伤害综合保险。对镇、街道所属的居(村)委会干部以及聘用的各类工作人员,由于意外事故(交通事故除外)导致被保险人身故、伤残、意外伤害等进行的保障。

同时,根据社区街道具体情况、具体需求,因地制宜的设置险种,结合不同街道的个性化要求与设计,太平洋保险在意外健康险和责任险方面有多种责任的扩展。例如:见义勇为奖励、社区无主动物袭击意外伤害保险、社区公共活动人身意外保险、孤老孤儿人身意外、孤老低保人员重疾险、居民特定意外死亡、燃气意外伤害、家电人身意外保险等。

上海社区综合保险自2005开始推行,到2014年,该险种基本覆盖了上海全部社区。

保险公司作为专业的风险管理机构,与政府合作,建立了社区风险管理体系以及公共安全事件应急处理机制。保险公司在事故发生前积极开展防灾防损工作,普及减灾防损知识,降低事故风险,在事故发生时,保险公司专业的损害赔偿处理程序具有较高的效率,不仅可以分担政府公共救助的财政压力,还可以分担政府面对公共安全事件时的政治压力。由于通过社区综合保险,上海保险业提高了政府公共风险管理效率与水平,2017年开始,上海试图扩大社区综合保险内容,开始开展社区公共管理综合保险试点。

社区公共管理综合保险保障范围增加了四个突出特点:一是聚焦特殊人群,提供多重保障,为引进人才、海归人才等提供个人及家庭一体化保障,增强对紧缺人才的吸引力,同时将执法人员、公出人员、志愿者、见义勇为意外事故纳入保障范围;二是扩大保障范围,突出社会治理,在原社区综合保险基础上扩展了30余项保险责任,将道路窨井盖损毁或丢失、交通肇事逃逸、居家养老服务、学校和企业食堂及老年人助餐点的食品安全责任、企业安全生产责任等与公共安全相关的保障全部纳入保障范围;三是为突发事件提供风险保障,将大型活动突发事件、会展及商务活动安全、公众文体场所活动意外等政府面临突发事件纳入保障范围,通过保险机制提供快速、充分的资金保障,解除财政支出后顾之忧。

分析以上材料,我们可以发现,在责任保险的发展中政府一直在努力推动,我们需要了解,责任保险为什么不能像其他险种一样,通过市场的方式发展,而需要政府的推动,政府有为何会主动努力推动责任保险的发展,同样是政府推动,有些险种为什么发展顺利,有些仍然失败。责任保险有不同的发展路径,且发展道路也不是一帆风顺,需要遵循保险发展的一般原理。

本 章 小 结

1. 责任保险的发展路径主要有三种:商业性保险、政策性保险和强制性保险,它们各有优势和成本,有其适用的险种范围。目前鉴于我国许多投保人投保意愿不强、可能的败德行为以及保险公司方面专业能力不高导致无法有效定价等原因,在某些特殊领域如机动车市场、劳动力市场、医疗市场等领域引入强制保险,对于解决商业纠纷和缓解社会矛盾将具有明显的效果。
2. 由于契约的不完备、商业主体诚信不足、信息不对称、责任保险的正外部性、法律不完备等造成单纯或严重依赖市场竞争机制来解决各纠纷问题无法有效、及时,引入政府干预成为必须,强制保险是一个非常有效的政府干预手段,通过强制保险,保险公司在政府强制所有行为人投保的前提下,能够科学和有效地保证保险市场发挥功能,受害者也能够得到及时而合理的赔偿,从而避免受害方向事故责任方索赔的漫长历程,也避免了事故责任方无力赔偿对于受害方的进一步伤害。而政府也摆脱了事故发生后"救火员"的角色,更关注政府自身的职能的实现,因此强制保险是一种相对效率较高的损失补偿机制。

3. 我国目前发展比较好的责任保险通常是强制责任保险,例如机动车交通事故责任强制保险、旅行社责任险、船舶油污强制责任保险以及安全生产责任保险。但基于侵权事故多发,事故受害者得不到及时赔偿、社会矛盾加剧等问题,政府不断鼓励和推动其他责任保险发展,形成了事实上的隐性强制责任保险,包括承运人责任保险、食品安全责任保险、医疗责任保险和环境责任保险等。

重 要 概 念

商业性责任保险　政策性责任保险　强制性责任保险

习题与思考题

1. 请比较责任保险发展的几种模式,分析它们各自的优势及适用范围。
2. 为什么责任保险比较适合采用强制保险方式,强制保险又会带来什么问题?
3. 阅读本章最后的案例材料内容,回答下列问题:
   (1) 责任保险为什么不能像其他险种一样,通过市场的方式发展,而需要政府的推动?
   (2) 政府又为何愿意主动推动责任保险的发展?
   (3) 同样是政府推动,有些险种为什么发展顺利,有些仍然失败?这说明了什么?
4. 材料分析

广东医疗责任保险于2011年正式启动,目前已成为我国统保规模最大的医疗责任保险项目,2010年初,受广东省医院协会委托,江泰保险经纪公司对广东医患纠纷情况进行调查,并在此基础上设计广东医疗责任保险统保方案。

2011年6月,广东医疗责任保险统保方案正式实施,确定华泰财险等9家保险公司组成共保体,共同承担广东医疗责任保险统保的赔偿责任。在第一个五年统保项目期间,广东医疗责任保险获得了较快发展:保费收入从2011年的1 161.77万元增长至2015年的1.2亿元,参保医疗机构数量以每年30%—50%的速度递增,续保率达99.2%。2016年3月,广东医疗责任保险第二个五年统保项目签约。

在广东医疗责任保险的首个五年统保项目中,华泰财险、永诚财险、平安财险、太平洋财险、信达财险、中华联合财险、永安财险、紫金财险、阳光财险等9家保险公司组成共保体,华泰财险作为首席承保人,全权负责承保、出具保单、开具发票、保单批改、理赔、期内服务等工作,并将实收保费、赔付金额及相关费用根据共保协议分摊给各共保方。在第二个五年统保项目中,华泰财产保险公司退出,其余8家公司组成共保体,并以阳光财险为首席承保人。

医疗责任保险遵循"保本微利"原则,在第一个五年统保项目期间,广东医疗责任保险的基本费率是全国平均费率的1/3到1/2,且每次事故的免赔额为零,由保险公司100%赔付;单一患者年度最高赔付限额为500万元,2016年后调整为100万元(仍为全国最高)。第一个五年统保项目9家保险公司共收入保费3.4亿元,累计亏损8 000万元。

广东医疗责任保险第二个五年统保项目共涉及广东19个地市、960家医院、4 400多家基层医疗卫生机构。根据国家卫生计生委官方网站公布的数据,截至2016年3月末,广东共有医院1 347家、基层医疗卫生机构45 106家。据此计算,广东医院和基层医疗卫生机构参加医疗责任保险的比例分别为71.3%和9.8%。根据2014年《关于加强医疗责任保险工作的意见》,到2020年,医疗责任保险应覆盖所有公立医院和80%的基层医疗机构。

阅读以上材料,回答下列问题:
(1) 为何医疗责任保险多采取统保模式,有何好处?
(2) 医疗责任保险投保率不足的原因有哪些?
(3) 针对医疗责任发展还有何建议?

第十四章

巨灾保险

> **学习目标**
> 1. 了解巨灾风险的界定与特点
> 2. 掌握巨灾风险的可保性
> 3. 掌握世界上主要的巨灾保险制度类别：市场主导模式、政府主导模式、政府与市场结合模式以及跨国多主体合作模式
> 4. 掌握巨灾保险连接证券的主要种类：巨灾债券、巨灾期货、巨灾期权、巨灾互换、巨灾权益卖权、行业损失担保、"侧挂车"
> 5. 掌握我国传统巨灾风险管理体系的构成与评价
> 6. 了解我国巨灾保险制度的实践内容
> 7. 通过案例加深对巨灾保险制度及巨灾风险证券化的理解

第一节 巨灾风险

一、巨灾风险的界定与现状

（一）巨灾风险的界定

风险是指某种随机事件发生造成损失的不确定性。风险的大小要从两个角度来分析，一个是风险发生的频率，另一个是风险损失的严重性。如图14-1所示，横轴 S 表示损失的严重性，纵轴 F 表示损失频率，通过两个严重性边界，风险可以分成损失较小、损失适中和损失巨大三类，巨灾风险处于高严重性边界的右方；通过两个频率边界，风险被分为风险发生的可能性较低、适中和很高三类。当风险发生的可能性不低且损失后果巨大时，例如经常爆发的活火山周边，这种损失无法通过其他方式转移，人们只能通过风险规避，即避免在此类风险周边活动的方式进行管理。而通常人们可以选择进行主动风险管理的巨灾风险则是处于低频率高损失的风险区域。

尽管当前国际上通常认为具有小概率、巨大损失特点的严重灾害或灾难为巨灾，但对于损失应到多"巨大"的程度并无统一的规定。由于风险主体不同和风险管理目

标的差异,对损失的描述就分成了三个角度,一个是针对巨灾造成的直接经济损失,第二个是针对巨灾给保险业造成的保险损失,第三个是灾害本身达到的级别。由于各个国家的自然环境和经济承受能力不同,以及不同保险公司资金规模、市场覆盖率、可承受最大风险量皆存在差异,所以并没有一个统一的标准,而且随着自然环境、经济条件和保险市场的变化而不断变化。

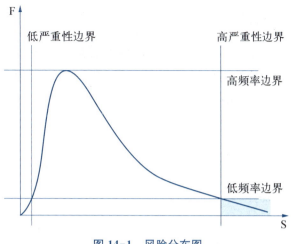

图 14-1 风险分布图

专栏 14-1

巨灾风险的界定[①]

美国保险服务局(Insurance Service Office)在 1983 年前,将巨灾定义为超过 100 万美元保险损失的灾害,1983 年增加为 500 万美元,1997 年 1 月 1 日后财产理赔部将巨灾定义为导致财产直接保险损失超过 2 500 万美元并影响到大范围保险人和被保险人的事件。

瑞士再保险公司(Swiss Re)将导致保险理赔或者总体经济损失或者人员伤亡达到一定标准以上的一次自然灾害或人为事故称为巨灾,并自 1970 年开始收集和统计全球巨灾数据,2015 年瑞士再保险公司对巨灾的界定标准如下:

保险理赔	航运损失	1 970 万美元以上
	航空损失	3 930 万美元以上
	其他损失	4 880 万美元以上
或者总体经济损失		9 770 万美元以上
或者伤亡人数	死亡或失踪	20 人以上
	受伤	50 人以上
	无家可归	2 000 人以上

(一) 巨灾风险的现状

巨灾来源于自然灾害和人为灾害。自然灾害是指由自然力量而引发的灾害,主要包括地球物理灾害(例如地震、火山喷发等),气象/大气灾害(例如热带风暴、飓风、温带气旋、暴雪、寒流、霜冻、冰雹、雷暴、龙卷风等),以及火灾、洪水等其他自然灾害。人为灾害产生于人类活动或人类影响的灾难性事件,主要包括恐怖主义、工业污染、技术失败等灾害。巨灾事件通常会造成大量个体损失,涉及大量保单。灾害造成的损失不仅取决于有关自然力量的严重程度,同时也取决于人为因素,如建筑设计或灾区抗灾系统的有效性。

---

① 瑞士再保险.Sigma,2016 年第 1 期.

近年来,随着全球人口增长,经济发展,物质财富急剧,人类活动对自然的破坏,巨灾风险发生的次数以及带来的经济损失和保险损失都明显上升。2015 年全球共发生 353 起巨灾事件,因自然灾害与人为灾难导致的经济损失估算总额约为 920 亿美元,远低于 10 年平均损失水平 1 920 亿美元,其中保险业承担了近 370 亿美元的损失[①]。

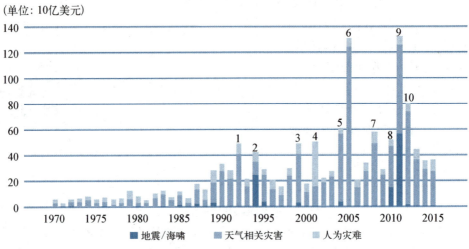

图 14-2　巨灾带来的保险损失(1970—2015)

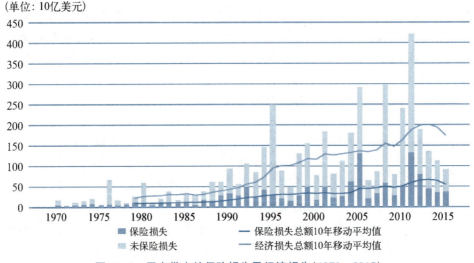

图 14-3　巨灾带来的保险损失及经济损失(1970—2015)

数据来源:Sigma,2016(1).

二、巨灾风险的特点与可保性

(一)巨灾风险的特点

巨灾风险与一般风险具有一些共同特征。例如巨灾风险具有客观性,它是一种不依

---

① 巨灾标准按照 Sigma 标准,数据来源于 Sigma,2016 年第 1 期.

主观意志为转移的客观存在,尽管人们防范,但完全消除巨灾风险是不可能的。巨灾风险具有不确定性,巨灾一定会发生,但它何时发生,何处发生,在一定时期内和一定区域内是否会发生,发生后造成哪些保险标的损失,损失是多少,都是不确定的,不能精确预知的。

但巨灾风险具有与一般风险不同的特点:

1. 巨灾风险属于极值事件风险。相对于普通风险,巨灾风险发生的概率更小,一旦发生后造成的损失更大。巨灾损失发生频率很低,普通风险在一年中发生的频率可能为几十次,而破坏性地震、火山爆发、大洪水、飓风等巨灾风险则很少发生,几年、几十年甚至更长时间才发生一次。普通风险造成的损失相对较小,但巨灾一旦发生,损失非常巨大,甚至一国都无法承担。巨灾风险区发生的概率极小,但损失非常巨大,由于历史数据有限等原因,保险公司难以对巨灾风险损失分布进行准确预测,也即这些风险存在着很大的不确定性,所以保险公司往往不愿意承保巨灾风险,即使承保,也会收取较高的附加保费,而这是导致巨灾保险市场供给减少、价格偏高的重要原因。

2. 巨灾风险是一种系统性风险。巨灾风险导致的损失巨大并非来自某一个财产的巨大价值,而是由于巨灾的发生影响范围非常广,可以使一定地域内的大量保险标的同时受损,因此造成总体损失巨大。巨灾影响范围广,致使各个保险标的具有非常高的相关性,所以巨灾风险不能像其他保险风险一样,通过扩大承保覆盖面来使年度损失现金流趋于稳定。由此可见,巨灾风险具有系统性风险的特征,扩大展业的结果有可能使损失更为集中,而导致保险经营更加不稳定。

3. 巨灾风险的预测比较困难。巨灾不管是起因于自然原因或是人为原因,对其预测都极为困难。尤其是自然现象比如地震,其孕育过程长,成因复杂,世界各国的科学家虽然进行了大量的研究和探索,但至今为止仍然没有找到准确预报地震的方法。有些自然灾害的发生具有很强的地域性,可以进行一定的预测,如洪水一般在江河的中下游发生,台风和暴雨常发生在沿海地区,而有些则无法预测,强烈地震在短时间内极少在同一地点重复发生,即使重演,其复发周期也相当长,这种很低的原地重演性使人们对地震灾害的认识、预报、防御经验难以积累。

(二) 巨灾风险的可保性

传统的可保条件来源于对保险理论的分析、精算技术的运用和保险实践的经验,并形成了目前比较认可的理想可保风险必备的五个条件:一是风险是随机发生的,对单个保险标的而言,风险发生是偶然的,而非故意的;二是风险必须具有现实可测性,也就是说损失必须在一定可信程度上是确定的或可以测定的;三是必须有大量的独立同质风险单位存在;四是保险标的的大多数不能在同时遭受损失;五是保险费应当是经济上可行的。

巨灾风险由于数据的不完备及发生机制的复杂性使得其可测性较低,巨灾风险标的之间的相关性过高,一旦发生会造成大面积巨额损失,这种大额的赔付不可能仅仅通过保险公司调整定价得到满足,这意味着资本损耗和财务困境可能随之出现,因此造成传统上巨灾风险可保性受到限制。

现实中扩展风险可保性的途径主要有两种:一种是遵循风险组合的原理,把大量的风险标的组合起来,从而根据大数法则获取风险组合的稳定性,降低保险企业准备金要求,从而使不可保风险变为可保风险;另一种则是通过寻求新的资金来源,提高保险企业的损失赔偿能力来实现风险的可保扩展,巨灾保险通过公共部门参与以及巨灾证券化设计,从政府部门及资本市场获得补偿资金来源,从而提高了巨灾风险的可保性。

第二节　巨灾保险制度

由于各国巨灾风险状况不同,经济和金融发展水平不同,政府政策重心不同,因此采取的巨灾保险制度也有所差异,主要形成了市场主导模式,政府主导模式,政府与市场结合模式以及跨国多主体合作模式等巨灾保险制度形式。

一、市场主导模式

市场主导模式是一种巨灾风险分散商业化运作的模式。在保险市场机制、保险和再保险体系十分发达,承保力量雄厚的国家,巨灾风险主要通过商业保险为主,通过市场行为解决巨灾风险分散问题,政府不直接参与巨灾风险分散过程,而是通过提供防灾防损的基础建设等方式,提高国家抗击巨灾风险能力,降低巨灾风险发生后的损失,进而降低保险体系的赔付,从而使得巨灾风险具有了可保性。英国洪水保险就是典型的市场主导模式。

(一) 市场化运作

由于英国有世界上最古老的保险市场,积累了丰富的承保经验,各种保险专业技术和管理手段十分发达,承保力量雄厚,这为洪水市场保险机制能够在英国有效运行提供了必要保证。英国的洪水保险模式是以市场化为基础,政府不参与承担风险,私营保险业自愿地将洪水风险纳入标准家庭及小企业财产保单的责任范围之内,业主可以自愿在市场上选择保险公司投保,保险公司通过再保险进一步分散风险。

(二) 政府与保险公司在多方面形成战略合作关系

虽然英国的洪水保险市场化程度很高,政府不参与洪水保险的日常运营和管理,不承担有关风险,但英国保险业与政府之间有紧密的合作关系,政府的责任随着洪水灾害情况和洪水保险经营状况而不断进行动态调整变化。

最初的时候,英国政府的责任主要是通过加大防洪投入力度,兴建洪水防御设施来降低洪水风险,使洪水风险具有一定的可保性,这是商业保险公司愿意承担洪水风险的最主要原因。1953年初,英格兰东部遭暴风雨袭击,损失惨重,英国政府随后建立了泰晤士河口防波堤等众多海岸防御工程,并承诺今后将继续投入巨资,在全国范围内建立有效的洪水防御设施,从而为吸引保险业加入抗洪救灾创造条件。

之后,英国政府积极从事洪灾风险评估、灾害预警、气象研究资料等相关公共产品的提供,协助保险业进行风险分级和风险控制。英国环境署携手保险业对英国每个流域、每段海岸的洪水模式展开认真调研,把洪水风险分为轻度、中度、严重三等,轻度风险指发生洪灾概率在0.5%以下的地区,严重风险指发生洪灾概率在1.3%以上的地区,中度风险介于两者之间。保险业在面临轻度及中度洪水风险的地区推出含洪水保险的标准商业财产保险,但在面临严重洪水风险的地区则视情况有选择地推出含洪水保险的财产保险,具体取决于政府和个人的防洪措施,如有永久或临时防洪堤坝、有移动家庭防洪产品、建材具备防洪特质等。

2000年秋英国遭遇了有记录以来最严重的秋季洪灾,1万多栋房屋被淹,保险理赔支出高达13亿英镑,沉重打击了英国保险业。2003年1月1日,英国保险协会与政府签订了为期5年的《洪水保险供给准则》,保险业承诺将继续向面临严重洪水威胁的51.7万户投保人提供住宅洪水保险,但政府必须保证防洪投资持续增长,年增幅要高于通胀增幅。2007年夏,英国遭遇了有记录以来最严重的夏季洪灾,保险索赔高达18.5万起,其中民宅财险索赔13万起,小企业财险索赔3.5万起,汽车索赔2万起,保险理赔支出高达30亿英镑。此次洪灾后,英国保险协会呼吁政府把防洪经费提高10%,并于2008年7月与政府签订了新的5年期《洪水保险供给准则》,明确双方责任。政府的承诺是:提高全社会对洪水风险的认识;制定长期防洪战略目标,定期评估未来防洪政策及投资需求;建设用地规划部门严格控制在洪泛区推出新的开发项目;在洪泛区加强防洪宣传,鼓励业主采取防洪措施,让民众更易获取如何购买洪水保险的信息;通过政府补贴,让低收入家庭获得洪水保险。保险业界的承诺是:在2013年7月1日重新审定《洪水保险供给准则》前,继续向面临轻度及中度洪水威胁的地区提供洪水保险;对于面临严重洪水风险威胁的地区,除继续向原来的51.7万户投保人提供洪水保险外,如果政府计划在5年内把风险降低到可接受范围之内,则保险业将酌情在一对一基础上决定是否向新投保人承保洪水风险。

政府的防御设施建设一方面降低了洪水带来的损失,另一方面也使得英国海岸地区和洪水平原的发展加速,导致人口和财产更为集中;洪水平原上的发展减少了蓄洪和行洪的空间,并增加了洪水的流速和水位可能达到的最高线,而排水系统、硬件设施(例如公路和停车场)的建设也大大增加了雨水进入河道的速度。为此,英国政府严格控制新增建设用地,环境署制订了25年规划,要求以下四种情况下,开发商在递交规划申请时必须一并递交"洪水风险评估":在面临轻度及中度洪水风险的地区建任何房屋,在面临轻度洪水风险地区进行的重大建设,在距离中度及严重洪水风险区1公顷以内的任何建筑,以及在主要河流20米距离之内的任何建筑,必须经过当地环境部门审批,从2007年1月1日开始,未通过审批者不能施工。

二、政府主导模式

在政府主导模式下,政府是巨灾保险的主导者,政府直接提供或委托保险公司提供巨灾保险,条款和品种都由政府来决定,损失发生时,政府进行赔付或提供担保,或承担兜底责任,作为最后的再保险人。美国的国家洪水保险制度属于典型的国家主导模式。

在美国的国家洪水保险计划(the National Flood Insurance Program,NFIP)中,联邦政府以保险责任承担主体的身份参与洪水保险。洪水保险所有业务和品种都由政府提供,保险公司并不开展保险业务,也不参与保险业务的经营和管理,它在洪水保险中的职责主要是协助政府销售洪水保险报单,通过销售保单获得佣金收入,政府承担洪水保险的保险风险和承保责任。

(一)政府控制,商业保险公司销售

美国于1969年制定出《国家洪水保险计划》,并建立了国家洪水保险基金,由住宅与城市建设部(the Department of Housing and Urban Development，HUD)组建的联邦保险局(the Federal Insurance Administration，FIA)负责管理。1982年，FIA提出了一个"以你自己的名义"的计划(the Write Your Own Program，WYO)，其核心内容是：商业保险公司仅以自己的名义为NFIP出售洪水保险，并将售出的保单全部转给FIA，所收取的保险费由FIA统一管理和使用；商业保险公司按保单数量获取佣金，而并不承担保险赔偿责任。国家洪水保险计划实行法定的承保限额制，限额以内的赔偿责任全部由政府承担。对于列入国家洪水保险保障范围但其价值超过国家洪水保险赔偿限额的，投保人可将超过限额的部分向私营保险公司投保。政府机构FIA负责理赔、洪水保险基金的管理和资金运作。一般而言，NFIP的经费和赔付资金来源只是所收取的保费，但在损失超过历史平均水平时，NFIP有权向财政部借用不超过15亿美元的有息贷款，国会也可能会提供特别拨款。

(二) 政府专门机构统一管理

1979年起，FIA归联邦紧急事务管理局统一领导，联邦紧急事务管理局负责洪水灾害救援的组织、灾害损失的评估和保险赔款的审批与发放，根据联邦应急反应计划对相关联邦部委的抗灾救灾活动的协调、灾情的及时通报以及未来灾害减轻途径的探讨等等。建立专门机构进行统一管理，能够使各相关机构密切配合，为国家洪水保险计划的实施和高效率运行提供了组织上的保证。

(三) 参与者以社区为单位

参加美国国家洪水保险计划是以社区而不是以个人为单位的，在国家洪水保险计划中对"社区"的定义是：任何州、地区或行政分区；任何印第安部落、经过批准的部落组织、或阿拉斯加当地村落或者是经过批准的有权在其管辖的区域内采纳和执行洪泛区管理条例的当地组织。在大多数情况下，一个社区是指整个城市、乡镇、自治的城镇或乡村，或者是在一个县或教区内的部分地区。以社区而不是以个人为单位，是因为1968年的《国家洪水保险法》规定只有充分实施洪泛区管理条例的地区才能参加国家洪水保险计划。因为单个的公民不可能规范建筑业，并决定社区建设中需要考虑的诸多优先需要解决的问题，所以在洪泛区的建设中，如果没有社区的监督，个人为了减轻洪灾损失而进行的最大的努力都可能由于其他建筑项目的疏忽而被破坏或完全无效。除非社区作为一个整体充分采取减灾措施，否则，就不可能充分降低未来的洪灾损失从而减少联邦救灾款，保险费也因要反映可能导致的较高的损失而增高。

(四) 洪水保险计划的法定要求

国家洪水保险计划还有"法定洪水保险购买要求"，如果某一社区在被确认为洪泛区之后一定时期内仍未加入NFIP，联邦机构将不会向在该社区收购或修建建筑物的活动提供任何财政支持，也不会提供某些灾难援助。

(五) 政府进行差别性费率补贴

国家洪水保险计划还实行有差别的补贴性保险费率，对居民家庭财产的洪水保险和企业财产的洪水保险实行不同的费率制度。企业财产洪水保险实行的是公平费率，而居民家庭财产的洪水保险则实行补贴费率，低于公平费率的保费部分，由政府财政补贴。但无论是实际费率还是补贴费率，对处于风险程度不同的地区的财产都是有差别的。

三、政府与市场结合模式

政府与市场结合模式是由政府和保险公司合作经营的巨灾风险分散模式。在这种模式中,政府为巨灾保险提供必要的支撑,如承担一定的损失、负责建立巨灾基金、提供政策支持和实施必要的监管等,而商业保险公司则负责巨灾保险的具体经营。这一模式在世界上得到了最为广泛的应用,美国加州地震保险制度、日本地震保险制度、台湾地震保险制度、新西兰地震保险制度都采用此种模式。

以日本地震保险制度为例,日本于1966年通过了地震保险法,规定私人保险公司和政府共同建立了一个保险体系。

(一) 家庭财产与企业财产分开投保

日本地震保险将保险标的严格区分为家庭财产和企业财产,且以火险的附加险形式承保。前者费率由费率算定会统一规定,不含利润因素,因地震而发生的损失,在规定限额内由民间商业保险公司和政府共同承担赔偿责任;后者在设定保险费率时,保险公司可以照自己的模式进行设定,由于不同地区、不同结构、不同建筑时期和不同地基、建筑物的地震风险程度不同,企业财产地震保险的保险费率也有差别。因地震而发生的损失,在承保限额内由商业保险公司单独承担。因此家庭财产地震保险具有更加明显的政府与市场结合特点。

(二) 政府保险公司共同分担巨灾风险

在家庭财产地震保险制度下,保险公司先直接承保家庭财产的地震保险业务,然后再全部分保给各保险公司参股成立的地震再保险公司。地震再保险公司自留一部分后,原保险公司再根据各自的地震风险准备金、地震险保费市场份额和资本金额三个因素按一定比例进行分配,对于超出地震再保险公司和直接承保限额的部分则由国家承担。发生地震损失后各方赔付比例如图14-4所示。各保险公司的再保险费和运营成果,均被列入每个保险公司的资金之内,但都寄存在地震再保险公司。

图14-4　日本地震保险各方承担损失补偿情况

(三) 费率设计的原则是不盈不亏

鉴于家庭财产地震保险的公益性,保险公司不能从地震保险中获取利润,只能按照"不盈不亏"的原则运营。地震保险的保费不是由各保险公司自由厘定的,而是由财产保险费率厘定机构来厘定基础费率,基础利率厘定不考虑赢利,其费率不含利润部分。各家保险公司必须使用该费率,在规定的优惠制度以外,禁止提供折扣。

(四) 保险公司提供专业风险控制服务

为了防患于未然,减轻受灾程度,保险公司还提供各种各样的服务。例如提供有关灾害的基础知识、防止灾害发生及灾害扩大的各类信息及资料,帮助企业制定和改良防灾防损计划,支援中央政府、地方政府制定事业可持续计划,在发生事故时提供灾后重建的援助服务等。

四、跨国多主体合作模式

跨国多主体合作模式是发展中国家进行巨灾保险制度的尝试,当国内保险业不发达,且巨灾专业管理经验匮乏时,可以引入国际力量加入,共同构建巨灾风险管理体系。这一模式的代表是土耳其巨灾保险制度。

土耳其巨灾保险制度由保险公司、政府和世界银行共同合作组建而成。土耳其政府在世界银行的协助下建立了土耳其巨灾保险基金。政府通过立法,要求所有城市住宅必须投保强制性的地震保险,法律规定强制性地震保险的保额为 2.5 万美元,对超过的部分可以通过商业性自愿保险解决。基础费率的厘定根据特定区域、土地和建筑物结构的风险类别进行划分。

第三节　巨灾风险证券化

巨灾风险证券化是指通过证券化将保险现金流转化成流动性较强的可交易证券,从资本市场筹集资金以应对巨灾风险,同时将保险风险转移到资本市场的过程。巨灾风险证券化实质是将巨灾风险分散到资本市场上,让更多的投资者来承担巨灾风险,为巨灾风险的赔付提供了更为广阔的资金来源。它对提高保险人的承保能力、改善投保人的福利、增加投资者的收益、淡化政府巨灾"最后再保险人"的角色、改善保险市场和资本市场的资本结构、实现保险资源的优化配置、促进资本的有效流动等各个方面都发挥了作用。

一、巨灾风险分散机制从保险市场向资本市场转移的动因分析

(一) 保险公司内部动因

保险市场自有资本的不足。巨灾保险市场困境的主要原因之一是保险市场的资本相对于巨灾风险经营的需求不足,由于巨灾损失的巨大,世界各地区的财产保险公司都面临着自有资本不足的难题,一旦巨灾发生,将会使很多中小财产保险公司丧失偿付能力。因此,寻找新的资本来源就直接关系到保险公司的经营的稳定。

巨灾风险下,保险公司面临的信用风险增加。巨灾可能使资本能力有限的再保险公司缺乏足够的资金进行赔付,从而使原保险公司面临信用风险。自 20 世纪 90 年代巨灾发生频率及损失结果不断增加以来,(再)保险公司破产的数量也出现了急剧增长。通过巨灾风险证券化,以流动性强的证券化产品形式将风险转嫁给投资者,这样很好地解决了再保险信用风险问题。

(二) 资本市场投资者的动因

资本市场投资者愿意投资巨灾连接证券,是因为其可以分散投资组合风险。由于巨灾证券化产品的收益仅取决于巨灾风险发生的状况,而与金融市场所面临的风险的相关系数接近于零。因此根据风险组合理论,它能有效地分散和降低资本市场投资者投资组合的风险。

另外,巨灾保险连接证券具有较高收益率。就同等级的债券来说,巨灾债券比一般的公司债券的收益要高得多,以 20 世纪 90 年代以来的巨灾债券收益看,平均要比同等级的公司债券的收益高近 200 个基点。

(三) 外部动因与巨灾风险的新特征

进入 20 世纪 90 年代后,巨灾的发生的频率进一步提高,这主要是由于风险的环境条件的变化,如气候条件和地理条件的变化,厄尔尼诺现象和温室效应就是两个突出的气候变化,这造成了龙卷风、洪水等灾害的频繁发生。巨灾损失程度也进一步加大。损失程度的加剧是由于三方面的因素:一是人口集中化的趋势加强,农村城市化,中小城市大型化;二是风险地区的保险标的更趋向集中;三是工业化国家财富的集中化,这样巨灾的发生导致比过去更大的损失金额。企业有迫切的需求来转移巨灾风险。

二、巨灾保险连接证券

巨灾保险连接证券是巨灾风险证券化的产物,包含巨灾债券、巨灾期货、巨灾期权、巨灾互换等一系列保险衍生工具。

(一) 巨灾债券

巨灾债券是巨灾风险证券化中最为成功,使用最多的一种工具,巨灾债券的付息或者还本与巨灾事件发生与否相连,即当巨灾发生且造成损失满足触发条件时,债券投资者会损失利息或本金。

巨灾债券的发行结构如图 14-5 所示,保险公司与一家特殊目的机构(special purpose vehicle, SPV)签订一项再保险协议,通过再保险将自身需要转移的巨灾风险转移给 SPV, SPV 一般是一个独立的、在离岸金融市场上获得了再保险业务执照的再保险公司。SPV 同时设计巨灾债券,并向资本市场的投资者发行,并将获取的资金转给受托人进行再投资。再保险费和再投资及其投资收益构成向资本市场投资者到期支付本金和利息的来源。

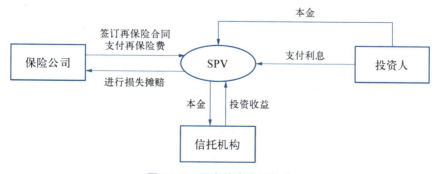

图 14-5 巨灾债券发行结构

巨灾债券可以被视为一种内嵌期权的标准债券,发行人有权在触发条件触发后推迟支付甚至扣留利息或本金。触发条件可以是保险公司的巨灾损失状况,例如1997年USAA公司发行的触发条件为3级以上飓风使公司遭受损失超过10亿美元的损失巨灾债券,可以是整个行业的巨灾损失参数,例如1997年瑞士再保险公司发行的触发条件为单一的加利福尼亚地区地震给整个行业造成的损失超出185亿美元的巨灾债券,也可以是特定巨灾事件参数,例如1997年东京海上火灾公司发行的触发条件为10年内东京地区发生7.1级以上地震的巨灾债券。

巨灾债券的发行常常设有两层或更多的分层,可使投资者选择他们认为最合适的风险和回报水平。例如对冲基金经理常偏爱低评级/高风险层,而共同基金和银行/保险公司投资账户则倾向于评级较高的分层。分层设计可做综合性考虑,表14-1表达了典型的巨灾债券的样本层。

表14-1 巨灾债券的样本层

证券层级	触发事件的经济影响	信用评级
A	无利息或本金损失	最高
B	损失利息	高
C	本金延迟支付	中等
D	本金部分损失	中低
E	全部本金损失	低
剩余层	全部本金和利息损失	最低

专栏 14-2

USAA飓风债券

1997年USAA发行的飓风债券是巨灾债券市场的首次交易。USAA是一家相互保险公司,其主要业务对象是美国海湾和大西洋沿岸的汽车保险、屋主保险、住宅保险和覆盖美国军人及其家属的个人责任保险。由于其承保的风险集中于佛罗里达州,安德鲁飓风发生后,USAA遭受了6.2亿美元的重大损失,USAA开始研究非传统风险转移机制,以降低其在有风险暴露的各州所承担的超额层财产和意外风险。1997年交易细节基本制定好,一家开曼群岛注册的特殊目的再保险公司住宅再保险公司(Residential Re)得以设立,并与USAA签订再保险合同,给予保险公司超过10亿美元以上的超额赔款保险,最大限额为5亿美元的80%(即有20%的共保),为此收取2 400万美元的再保险费。Residential Re向投资者发行一年期飓风债券,债券的利息和本金与因飓风导致的损失联系在一起,为其再保险合约提供资金担保,并将所筹集的资金存入信托机构。信托基金将其信托账户中的资金投资于高信用等级的美国国库券,商业票据等短期投资工具,以便获得无风险固定收益。这部分收益加上USAA支付给Residential Re的再保险费主要用于支付巨灾债券的利息。合约期内,如果飓风发生且造成的损失超过10亿美元,则Residential Re会将投资以及信托基金账户中的资金兑现,支付给USAA保险公司,直到达到合约规定的 4 亿美元金额上限。

巨灾债券分为两层,本金保障层和本金不确定层。第一层为本金保障层,发行金额为 1.638 亿美元,其中 0.87 亿美元为本金无保障型,0.77 亿美元为本金保障型,这一部分得到了 AAA(最高)的信用评级。第二层本金和利息都有风险,发行金额 3.13 亿美元,这一部分的信用等级为 BB 级。触发条件被设定为飓风灾害导致 USAA 最终净损失超过 10 亿美元。10 亿美元以上的那部分超额损失的 80% 为本金扣除金额,在第一层中最高扣除额度为 0.87 亿美元,在第二层中最高扣除额度为 3.13 亿美元。为此,第一层的利率是 LIBOR+273 个基点,第二层利率是 LIBOR+575 个基点。

(二) 巨灾期货

巨灾期货是一种以巨灾损失相关指数为标的物的期货合约。巨灾期货的参与者分为两类,一类是合约购买者,主要是需要管理自身承保的巨灾风险的保险公司和再保险公司,一类是合约出售者,主要有对冲基金,私募股权投资基金,保险公司和再保险公司等。

美国芝加哥期货交易所(Chicago Board of Trade, CBOT)于 1992 年推出了首个巨灾保险连接证券——ISO 指数巨灾期货,ISO 指数为美国保险服务办公室(ISO)提供的巨灾投保损失的赔付率指数,ISO 从美国具有代表性的产险公司投保损失资料中选取 22 家(后增加至 25 家)作为巨灾损失的报告公司,ISO 指数为巨灾发生后该季度报告公司的保险赔付损失率,即保险赔付额度除以该季度的满期保费。

ISO 指数巨灾设计中存在着缺陷,对于合约购买者方面:由于 ISO 指数选取部分保险公司的数据进行计算,不能有效反映购买者保险公司的实际损失,基差风险较高,导致不能有效地规避风险;ISO 指数巨灾期货存在着人为操纵和信息不对称问题,这些将会对巨灾期货的购买者产生严重不利影响。对于合约出售者方面:ISO 指数巨灾期货合约潜在风险过高,单个合约的最高限额为 50 000 美元,而一般平均的期货价格为 1 000 美元;巨灾期货合约出售者对 ISO 指数究竟如何计算不了解,导致本身面临的风险过高。1995 年由于交易量太少,ISO 指数巨灾期货退出交易市场。

目前,还在市场交易的巨灾期货是芝加哥商品交易所(CME)于 2007 年最新推出的 CHI 指数飓风期货。CHI 的飓风指数为一个纯物理性参数指标,由第三方独立机构进行计算,所有数据可以从美国国家飓风中心的网站上获得,很好地避免人为操纵、虚报巨灾损失的可能性。CHI 指数主要以飓风登陆时的最大风力和飓风半径测度投保损失,经研究表明,CHI 指数所能解释的保险行业损失高达 72%,可以较好地减少基差风险。且指数不受市场利率等因素的影响,比较吸引资本市场投资者。

(三) 巨灾期权

巨灾期权是以巨灾损失指数为基础而设计的标准化期权合同,分为买权和卖权。巨灾期权是以巨灾损失指数为标的物的期权合同。保险公司通过在期权市场上缴纳巨灾期权费购买巨灾期权合同,购买在未来一段时间内的一种价格选择权,即保险公司可以选择按市场价格进行交易,或按期权合同约定的执行价格进行交易。当巨灾发生且巨灾损失指数满足触发条件时,巨灾期权购买者可以选择行使该期权获得收益,以弥补所遭受的巨灾损失。

巨灾期权的形式主要有三种。第一种为巨灾期权买权(call)。合约以一定的巨灾指数为基础，如果巨灾损失指数超过期权的执行指数水平，则该期权合同有价值，持有者在巨灾发生后行使期权，获得现金支付。第二种为巨灾期权卖权(put)。如果巨灾指数低于巨灾指数执行值，持有者有权在巨灾发生时按事先商定的价格将合约出售，获得现金支付；如果巨灾指数高于执行指数值，卖权的持有者将选择不执行期权。第三种为巨灾买权价差(call spread)。它是购买者买进一个较低执行价格的巨灾期货买权，同时卖出一个较高执行价格的巨灾期货买权，是巨灾期权最常见，也是最成功的交易形式。自从1993年芝加哥期货交易所(CBOT)推出ISO巨灾期货买权价差以来，巨灾期权历经了多次尝试与失利，目前只剩下CHI巨灾期权还在交易。

(四) 巨灾互换

巨灾互换是指交易双方基于特定的巨灾触发条件交换彼此的巨灾风险责任，当巨灾触发机制条件满足时，可以从互换对手中获得现金赔付。由于不同地域的巨灾风险类型，发生风险的时间和程度有很大差异，承保不同地区的保险公司可以根据巨灾风险对等原则签订巨灾互换合约，实现承保巨灾风险的多样化、分散化。巨灾互换虽然没有直接从资本市场调集资金进入保险市场，但通过风险的多元化来降低和分散风险，从而使(再)保险公司用较少的股权资本运营，节省的资金可用于开展更多的承保业务。由于每一笔交易都有公开记录和标准程序，巨灾互换合约又比传统再保险更具有标准化的形式，从而使巨灾互换得以稳步发展。

巨灾风险交换的具体运作机制如下：巨灾风险规避者定期向巨灾风险交换方支付约定的费用，而巨灾风险交换方则承诺向巨灾风险规避者提供巨灾事件连接赔付。当巨灾发生并满足触发条件时，巨灾风险交换方在巨灾规避者提供损失证明时，需向其支付巨灾赔付。

专栏 14-3

再保险型巨灾互换合约案例

1998年4月，日本三井住友海上火灾保险公司(Mitsui Marine)与瑞士再保险签订了赔偿总金额为3千万美元的再保险型巨灾互换合约，有效期3年，触发条件为日本地震局公布的地震等级大小。Mitsui Marine定期向瑞士再保险支付大小为Libor+375基点的保费。如果日本地震等级低于7.1级，则Mitsui Marine得不到任何赔付；如果地震等级达到或者超过7.1级，那么Mitsui Marine将从瑞士再保险获得3千万美元中的部分补偿，且随着地震等级的上升，瑞士再保险的赔偿责任也呈比例上升。

(五) 巨灾权益卖权

巨灾权益卖权是一种以保险公司股票为交易标的的期权，用以规避保险公司因支付大量的巨灾赔偿而引起公司股票价值下降的风险。保险公司向金融中介机构支付期权费，购买当巨灾保险损失超过一定数额时向投资者行使卖权的权利。此时保险公司按照预定价格将公司股份出售给投资者，并将所筹集的资金用于支付巨灾赔款。

巨灾权益卖权相当于一份看跌期权合同,其原理在于保险公司的股价可能会因为巨灾带来的巨大损失而下跌,从而影响公司经营和盈利水平。为了减少这种不利影响,保险公司购买巨灾权益卖权,并在其股价下跌至执行价格以下时执行。该期权,以约定价格将公司股份卖给投资者,达到套期保值的目的。通常情况下,保险公司通过金融中介机构安排交易,要求投资者缴纳保证金并储存在中介机构中。若巨灾发生而投资人不履行卖权,则由保险公司没收其保证金以确保投资人履行义务。但若投资者信用情况良好,则可直接由期权买卖双方商定合同而不需要中介机构介入。

专栏 14-4

巨灾权益卖权案例

1996年10月,Replacement Lens(RL)公司向Center再保险支付权利金以获得在巨灾发生时,按照合同约定的价格购买RL的3年期、面值为5 000万美元可转换优先股的权利。触发条件为RL的损失超过2亿美元。而RL公司在北岭地震中的损失正好为2亿美元,其中有1.5亿属于巨灾承保范围,这就成为国际市场上第一个通过巨灾权益卖权来化解巨灾风险的成功实例。

(六) 行业损失担保

行业损失担保是一种特殊的再保险协议,与传统的巨灾超额损失再保险合约相似,它也要事先确定合约涵盖地域、灾害种类、赔付金额和有效时间等;与传统再保险最大不同的是,其偿付取决于两个触发条件:购买者的实际损失和整个保险行业的损失。只有两个条件都被同时触发,购买此项协议的保险公司才能成功索赔。

与第二个针对整个行业损失的触发条件相比,第一个针对购买者本身损失的门槛要求通常被设定得很低,远远低于行业损失。这样,一旦整个行业损失达到一定水平,购买者的损失水平一定能满足触发条件。因此,行业损失担保的定价取决于巨灾事件发生的概率以及给整个行业所造成的损失,而不是像传统再保险那样取决于购买者本身的经营状况。第一个触发条件意味着行业损失担保实质上是一种再保险产品,但通常情况下,只有第二个触发条件才是合约谈判的重心之所在。

(七) "侧挂车"

"侧挂车"指的是一种允许资本市场投资者注资成立,通过比例再保险合同为发起公司提供额外承保能力的特殊目的的再保险公司。其目的是给发起人提供更高一层的承保能力。"侧挂车"实际上是比例再保险协议,只是以一个独立的公司形式出现。在比例再保险协议中,保险公司同意将部分保费等比例转移给再保险公司,而再保险公司将承担等比例的风险。"侧挂车"通常只为某一特定的(再)保险公司提供专一的服务,且寿命较短,通常只持续1—2年时间。

"侧挂车"的发起人为需要转移自身承保风险的保险公司,而投资者为对冲基金、投资银行和私募基金等。投资者注资成立"侧挂车"控股公司和"侧挂车"公司,按比例直接承担发起人所承保的风险。"侧挂车"不设置固定的职能部门,其日常管理由服务供应商负责。"侧挂车"所筹集的资金将用于投资信托基金所持的国债,以确保公司有稳定的利息收入作为利润来源。若巨灾不发生,(再)保险公司只需要承担其对应比例的保费。若巨灾发生,"侧挂车"将运用其利润和部分初始资本来补偿(再)保险公司的损失。

第四节 我国巨灾保险制度

我国的自然灾害种类繁多,发生频繁,而且灾害多发地区的人口密度和总量以及经济价值还保持快速增长的趋势,因此,灾害损失暴露非常巨大。尤其是进入 21 世纪以来,极端灾害性天气不断发生,重大自然灾害连续发生,台风、洪水、旱灾、冰雪灾害、泥石流灾害、地震等,给我国国民经济带来了巨大的损失,对宏观经济造成了严重影响。其中 2008 年初南方冰灾造成了约 1 516.5 亿元的损失,汶川地震导致直接经济损失 8 451 亿,死亡人数近 7 万人,之后的玉树、雅安地震和台风,每一个都给我国带来了巨大的人身伤亡和财产损失。因此如何进行巨灾风险管理是我国面临的一个十分重要而迫切的问题。

一、我国传统的巨灾风险管理体系

(一) 我国传统巨灾风险管理体系的构成

我国传统巨灾风险管理体系建立的是以受灾民众之间的自救为主体,国家财政为背景的政府救助,民间慈善机构和国民自发的慈善捐助,以及商业保险公司的灾后保险赔付为补充的灾后救济体系。

政府救助是指政府通过财政预算拨出一笔后备资金,以应付各种巨大的自然灾害,对受灾地区给予财力和物力上的援助。社会慈善捐助是我国灾害救济体系的另一个重要渠道,中华民族历来有着"一方有难,八方相助"的优良美德,在每次的巨灾大灾之后,社会各方都群策群力,通过社会慈善捐助支持灾区重建。商业保险通过保险赔付补偿人们因为各类灾害事故带来的财产损失,维护经济社会稳定,同时通过保险企业行为促进投保人积极做好灾前防御行为。商业保险赔付一直是发达国家重要的灾后救济渠道和主要资金来源。灾民间的自救与互助是灾后救济的主要形式。自古以来我国受灾地区的民众都依靠原有的经济积累和现存的经济能力,辅以借贷、接受捐助等必要辅助进行自救。由于我国目前的政府财政救济、社会慈善捐助和商业保险赔付占自然灾害损失的比率相当小(大部分年份的比率小于 10%),因此灾害发生后灾区的经济秩序和生活都受到了很大程度的影响,灾民承受了自然灾害所造成的大部分经济损失。受灾地区的个人和集体,在灾后还需要一定的时间和经营,才能恢复到灾前的财富状况。

(二) 我国传统巨灾风险管理体系的脆弱性分析

1. 政府救助的预算低效性、补偿低效性、消极应灾性和风险性。尽管政府救助是发展中国家灾害救济体系的最重要渠道,但是仅仅依靠政府来管理灾害具有很大的局限性。具体体现为政府救助的预算低效性、补偿低效性、消极应灾性和风险性。

首先,政府救助预算体系未能发挥效益的最优化。我国正处在经济增长的上升期,教育和基础设施建设等宏观经济建设资金需求量大,由于灾害发生的不确定性导致政府对救灾支出预算容易出现误差,救灾款盈余的年份造成国家财政投资收益非最优化,而救助预算偏低的时候可能造成救灾成本过高等不利现象。

其次,政府救助体系降低了救助补偿效率。由于我国缺少灾害救济的相关配套规范,对于灾害发生后是否通过政府救助渠道对受灾地区予以补助,具体补助程度的确定等问题往往没有明晰的界定,造成实践中真正需要救助的主体无法获得及时的补偿,或者补偿程度无法真正帮助受灾主体克服困难重建家园。

再次,政府救助关注的是灾害发生以后的事后补救,使得灾害救济体系具有滞后性。为了有效地减少灾害损失,灾害预警、风险管理和灾前防范的意义十分重大。由于政府救助的使用用途主要在于灾害过程的应急处理、紧急救援和灾后的家园重建,使得我国目前的灾害救济体系成为消极的财政政策。长期以来政府救助进行灾害救济,容易形成灾民对政府的依赖心理,容易受灾地区民众缺少使用类似购买保险产品,消除危险隐患或加强风险预警等相关的积极抗灾措施,不仅容易造成受灾损失扩大,而且救灾体系的滞后性也延缓了灾后重建的速度和效率。

2. 社会慈善捐助具有不确定性。社会慈善捐助是国际上灾后救济体系通行的一种救济方式。然而由于慈善救济具有单向性、不确定性、短期性和信息不确定性等特点,决定了社会慈善捐助并非最好的救济渠道。

社会慈善捐助具有单向性,一方为无偿的捐助单位,另一方为无义务的接受单位,彼此双方都不对对方造成约束,捐助方不会因为慈善捐助而获得被救济方的利益回报或者义务履行。这种单向性造成了社会慈善捐助的不确定性,社会慈善捐助取决于捐赠人的意愿、能力、社会责任和其他认知因素,使得社会慈善捐助的时间、地区、额度和次数等都受到限制。汶川地震、舟曲泥石流之后社会慈善捐助所募得的资金十分可观,但是与政府救助相比这种救济方式具有短期性,受到各种条件的限制,慈善捐助资金的使用也缺乏合理的规划和统筹的安排,使用效率有限。因此社会慈善捐助不能成为灾害救济体系的主要形式,它只能充当巨灾救济体系的必要补充。

同时,社会慈善捐助与灾害救济之间的信息不对称性影响了救灾的效率。社会慈善捐助的规模和救济水平并不取决于被救济方的实际损失,而是由捐赠方决定的。一方面由于捐赠方只能通过媒体或者其他渠道获得灾区的相关信息,破坏程度比较小的灾害往往不被捐赠方所获知,社会慈善捐助可能造成捐赠资金与灾害损失程度的比例不对称;另一方面接受捐赠方所获得的救济程度并不取决于自身的实际损失,而是完全由捐赠方决定的,由此造成的结果是被救济方无法获得充分的保障,无法实现受灾程度与救济规模的配比,可能出现无法恢复灾前的生产规模和无法达到消费者灾前的效用函数水平,从而造成社会福利水平的退化。

3. 商业保险赔付不能发挥应有功能。商业保险赔付是一种风险管理的制度安排,它通过集中和转移风险,减低人们面临的不确定风险,增强社会整体抵御风险的能力。商业保险赔付因为其经济补偿性和社会管理性而日益成为国际社会中最为重要的灾害救济渠道。

我国巨灾保险市场发展落后,在应对巨灾损失分担体系中作用有限。改革开放 40 年来,中国保险业经历了飞速发展时期,但是,中国缺乏完善的巨灾保险体系。这使得在灾害事故发生后,保险损失占直接经济损失的比例极小。例如 2008 年汶川地震直接的经济损失达到8 451亿元,而保险公司仅赔付7.13亿元,救灾比率仅为0.08%①。除巨灾原保险市场问题外,中国再保险市场和再保险公司的整体规模和实力与国际再保险市场和国际再保险公司相差甚远。传统的巨灾风险管理体系已经无法满足我国目前巨灾风险频发,损失增大的状况,需要建立新的巨灾保险体系。

4. 灾民自救与互助受规模制约。灾民自救与互助是一种必然的灾害救济方式,但是伴随着灾害的发生个人和集体的财富必然会受到摧毁性的打击,导致这一种灾害救济方式受积累速度和规模的制约,应急救济资金十分有限。从风险管理的角度看,灾民自救与互助是一种非常消极的应灾方式,因为这种方式并不能实现风险的避免、风险的转移或风险减少,属于消极性的风险自留。由于风险无法转嫁,客观上要求灾民自救与互助需要依赖充足的应急资金,用于弥补不确定的损失,而这和我国目前受灾地区民众的资本实力和风险意识显然是不相符的。

此外,用于灾民自救与互助的资金需要经过一定时间的积累,从技术层面上资金的积累需要一定时间的累积,如果在积累的时间里发生巨额灾害损失,这一救济渠道将被堵塞,补偿无从进行。如果灾民通过长时间的积累而形成了一定量的自救基金,那么如何管理和运用这部分资金也是一个难题,闲置这部分资金将会影响资金本身的增值,而因为这种基金一般规模较小,对资金流动性的要求又比较高,可进行投资组合的选择十分有限。

二、我国巨灾保险的发展历程和现状

1979年后,我国逐步恢复保险业务,在当时中国人民保险公司的财产保险条款中均包含对洪水、地震等巨灾风险的保障。1993年中国人民银行在《关于下发全国性保险条款及费率(国内保险部门)的通知》中明确地震属于财产保险的承保风险。1996年后我国开始进入巨灾多发期,在再保险市场不发达,一些保险公司盲目扩大地震承保责任情况下,为稳定财产保险市场,1996年中国人民银行将地震、洪水、台风、雪灾、泥石流等自然灾害风险从企业财产保险基本险中删除;财产保险综合险将地震列为除外责任。

2000年,保监会发布《关于企业财产险业务不得扩展承保地震风险的通知》,规定保险公司未经批准不得承保地震风险,再保险公司不得擅自接受地震保险的分保业务。财产保险业务确需扩展承保地震风险的,须报保监会个案审批。2001年保监会改为规定地震风险可作为企业财产保险的附加险承保。2002年保监会正式取消地震保险报批制度,商业巨灾保险产品又开始出现,部分保险公司的财产保险中附加承保地震保险。

2008年汶川地震后,巨灾保险的需求增加,顶层制度设计开始推动我国巨灾保险制度建设。2013年中共中央十八届三中全会的决定、2014年《国务院关于加快发展现代保险服务业的若干意见》(即"新国十条")均主张建立巨灾保险制度,成立巨灾保险基金、制定巨灾保险法规,建立核保险巨灾责任准备金制度,建立巨灾风险管理数据库,建立巨灾再保险制度等。这都推动了我国巨灾保险制度的实践,从2013年起国家在深圳、云南、宁波等地陆续开展巨灾保险首批试点工作。2016年全国两会政府工作报告、

---

① 资料来源:《中国保险年鉴2009》,根据各个保险公司在年鉴中披露信息的计算汇总.

"十三五"规划纲要进一步强调,国家要"尽快建立巨灾保险制度"。2016年保监会出台《建立城乡居民住宅地震巨灾保险制度实施方案》。中国城乡居民住宅地震巨灾保险共同体开始为全国城乡居民住宅及室内附属设施承保住宅地震险。住宅地震险保单于2016年7月1日上市销售,人保财险、平安财险等地震共保体成员陆续在北京、上海、深圳等地正式出单。

三、我国巨灾保险制度的实践

(一) 深圳综合巨灾保险体系

2014年7月9日国内首个巨灾保险试点在深圳正式启动,深圳市民政局与人保财险深圳分公司签订《深圳市巨灾保险协议书》,保障灾种主要包括暴风(扩展到狂风、烈风、大风)、暴雨、崖崩、雷击、洪水、龙卷风、飑线、台风、海啸、泥石流、滑坡、地陷、冰雹、内涝、主震震级4.5级及以上的地震及地震次生灾害,以及由上述15种灾害引发的核事故风险。保障对象包括户籍人口、常住人口,以及临时来深出差、旅游、务工等人员,即15种灾种发生时处于深圳市行政区域范围内的所有自然人。

该巨灾保险体系由三部分组成:政府巨灾救助保险、巨灾基金和个人巨灾保险。政府巨灾救助保险由深圳市政府出资3 600万向商业保险公司购买,用于巨灾发生时对所有在深人员的人身伤亡救助和核应急救助,其每次灾害总限额为25亿元。巨灾基金由深圳市政府拨付3 000万启动资金牵头建立,主要用于承担在政府巨灾救助保险赔付限额之上的赔付。且巨灾基金具有开放性,可广泛吸收企业、个人等社会捐助。个人巨灾保险由商业保险公司提供相关巨灾保险产品,居民自愿购买,主要满足居民更高层次、个性化的巨灾保险需求。政府巨灾险和巨灾基金带有政府保障性质,主要针对人身伤害损失。而个人巨灾险主要针对财产损失。

(二) 宁波综合巨灾保险体系

2014年11月,宁波市推出巨灾保险体系试点,巨灾保险体系是也是由公共巨灾保险、巨灾基金和商业巨灾保险三部分组成。

公共巨灾保险首年由政府出资3 800万向商业保险公司购买6亿元的巨灾风险保障。保障范围涵盖台风、强热带风暴、龙卷风、暴雨、洪水和雷击(雷击仅针对人身伤亡)自然灾害及其引起的突发性滑坡、泥石流、水库溃坝、漏电和化工装置爆炸、泄漏等次生灾害造成的居民人身伤亡抚恤及家庭财产损失救助两个领域。保障对象为灾害发生时处于宁波市行政区域范围内的所有人口,以及宁波市行政区域内常住居民的家庭财产。赔付标准为居民人身伤亡抚恤最高赔偿限额为每人10万元,家庭财产损失救助最高赔偿限额为每户2 000元。对居民在灾害期间的见义勇为行为导致死亡、残疾的,由保险机构额外再赔付最高每人10万元的见义勇为增补抚恤。

巨灾基金初期由政府拨付500万元设立,主要用于补偿超过保险公司赔偿限额范围以外的居民人员伤亡抚恤和家庭财产损失救助。巨灾基金具有开放性,可广泛吸收企事业单位、个人等社会捐赠。

商业巨灾保险由商业保险公司开发提供相关巨灾保险产品,居民自愿购买,以满足居民更高层次、个性化的巨灾保险需求。

(三) 云南专项巨灾保险

2015年8月,我国首个地震保险专项试点在云南省大理州启动,云南政策性农房地震保险以政府灾害救助为体系基础,以政策性保险为基本保障,以商业保险为有益补充,构建了三位一体的巨灾风险管理体系。

云南约50%以上的农房为土木结构,往往小震大灾、大震巨灾,农村、农民是最需要地震保险保障的地区和群体。试点方案从风险最高,损失最大的农房地震灾害着手,既保障财产损失又保障人员伤害,在三年的试点期限内,为大理白族自治州所辖12县(市)82.43万户农村房屋及356.92万大理州居民提供风险保障。试点期间由省、州、县三级政府财政全额承担保费。方案对试点地区发生5级(含)以上地震造成的农村房屋的直接损失、恢复重建费用以及居民死亡救助提供了有效保险保障。农村房屋保险赔偿限额(指数保险)从2 800万元到42 000万元,使保险赔款在不同震级分档下起到灾害救助补充作用。居民保险赔偿限额(地震灾害救助保险)每人死亡赔偿限额为10万元,累计保险死亡赔偿限额为8 000万元/年。试点方案同时重视风险分散机制,保险公司组建地震保险共同体提供保险服务,强化抗风险能力和保险服务能力;引入再保险机制,进一步分散巨灾风险;按照当年保费收入和超额承保利润的一定比例计提地震风险准备金,逐步积累应对地震灾害风险的能力。

(四) 广东指数型巨灾保险

广东的指数型巨灾保险依靠广东财政支持,粤西北灾害较多的城市推行了以台风和暴雨为主的指数型巨灾保险。广东巨灾指数保险由政府作为投保人和被保险人,灾害发生后,保险公司直接赔付地方政府,再由政府统一安排救灾,使保险赔付资金全面覆盖受灾地区。指数保险赔付,不是基于被保险人的实际损失,而是以风险是否达到预定的外在参数为触发条件。该项目的触发参数是台风和降雨量等气象指数。在客观参数达到阈值时,保险公司无需查勘定损即可把合同约定的保险赔付资金支付给地方政府。

(五) 地震共保体和城乡居民住宅地震保险试点

2015年国内45家财产保险公司成立了中国城乡居民住宅地震巨灾保险共同体。地震共保体由财产保险公司根据自愿参与、风险共担的原则申请加入。中国境内的财产保险公司,只要成立3年以上、最近一个季度偿付能力充足率150%以上,且具有较完善的分支机构和较强的服务能力、具有经营相关险种的承保理赔经验,即可申请加入地震共保体。住宅地震共同体可以整合保险行业承保能力,开发标准化地震巨灾保险产品,建立统一的承保理赔服务标准,共同应对地震灾害。

2016年5月保监会出台《建立城乡居民住宅地震巨灾保险制度实施方案》。方案中明确将以城乡居民住宅为保障对象,结合各地区房屋实际情况,原则上以达到国家建筑质量要求(包括抗震设防标准)的建筑物本身及室内附属设施为主,以破坏性地震振动及其引起的海啸、火灾、爆炸、地陷、泥石流及滑坡等次生灾害为主要保险责任。在保险金额方面,将结合我国居民住宅的总体结构、平均再建成本、灾后补偿救助水平等情况,按城乡有别确定不同保险金额,城镇居民住宅基本保额每户5万元,农村居民住宅基本保额每户2万元。每户可与保险公司协商确定保险金额,运行初期最高不超过100万元,超出部分由商业保险补充。在赔偿处理方面,初期产品设计为定值保险,理赔时以保险金额为准,参照国家地震局、民政部等制定的国家标准,结合各地已开展的农房保险实际做法进行定损,并根据破坏等级分档理赔:当破坏等级在Ⅰ—Ⅱ级时,标的基本完好,不予赔偿;当破坏等级为Ⅲ级(中等破坏)时,按照保险金额的50%确定损失;当破坏等级为Ⅳ级(严重破坏)及Ⅴ级(毁坏)时,按照保险金额的100%确定损失。

(六)巨灾风险证券化试点

2015年7月1日,中再集团在境外成功发行以我国地震风险为保障对象的巨灾债券Panda Re,面值为5 000万美元,到期日为2018年7月9日。该债券由中再集团旗下全资子公司中再产险作为发起人,发行主体为设在百慕大的特殊目的机构(SPV)Panda Re。中再集团及中再产险以再保险转分的方式,将其所承保的部分国内地震风险分保给特殊目的机构Panda Re,再由Panda Re在境外资本市场发行巨灾债券进行融资,以融资本金为这部分风险提供全额抵押保险保障。

另外,北京市也在拟建巨灾风险证券化交易所,试点开发巨灾债券、巨灾期货等金融工具。

案例分析

2011年东日本大地震巨灾风险解决方案

2011年3月11日,北京时间13时46分,在日本东北部宫城县海岸以东约130千米太平洋海域发生9.0级特大地震,震中位于北纬38.32度,东经142.37度,震源深度约24.4千米。这次地震强度大,所释放能量相当于汶川地震的30倍,为有记录以来的世界第五高。虽然震中距离日本本岛100多千米,但还是导致宫城县达到7级震度,从岩手县到茨城县的太平洋沿岸的许多地区震度也达到6级。

这次地震不仅造成了极其严重的直接损失,还造成了剧烈的次生灾害损失。其中最为严重的次生灾害是海啸、核电站爆炸引起的放射性污染,其次是爆炸和火灾。东日本大地震使福岛第一、第二核电站、女川核电站、东海第二核电站均受到不同程度影响,大量放射性物质外泄,造成了严重的社会恐慌和生态环境污染。

截止到2011年4月25日,地震确认已造成14 358人死亡,11 889人失踪。根据日本内阁府2011年6月24日公布的数据,东日本大地震造成的建筑物、基建设施等损失约为16.9万亿日元(约合人民币1.36万亿元)。这个数字还不包括福岛第一核电站事故中放射性物质泄漏造成的损失,如果一并计入损失总额,预计损失总额将超过300亿美元。

这次地震不仅给日本的国民经济和日本人民带来了巨大的损失,也给保险公司带来了巨额赔付。据日本国内25家损害保险公司组成的日本损害保险协会统计,截止到震后的2012年3月1日,由本次地震而造成的地震保险金支付金额共计达到1兆2 167亿日元。需要支付保险金的地震保险合约共有76万1 973件,其支付额也超过了阪神地震带来的赔付额,达到史上最高纪录,而主要波及的险种包括住宅险、商业财产、人身伤亡保险等。

东日本大地震中主要险种损失估计

险　种	最低损失金额（亿美元）	最高损失金额（亿美元）
住　宅	95	219
商　业	47	110
人　身	30	49
海　运	11	15
车　辆	2	7
总　计	185	400

由上表可以看出，地震对住宅险和商业财险和人身险的影响最为强烈。可以预见，日本国内经营相关险种的保险公司必然会受其影响。

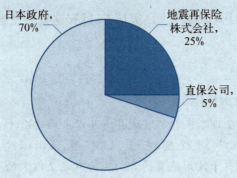

东日本大地震保险损失三方分担比例情况

因为日本有着特殊的地震保险分担机制，由直保保险公司、地震再保险株式会社和日本政府三大主体共同分担地震的赔付。日本商业保险公司将收到的地震险保费全部注入JERC（日本地震再保险株式会社），后者再将其中的超额部分分给日本政府，由政府来承担超额风险。

在本次地震赔付中，赔付额最高的为日本政府（70%）和再保险（25%），而直保公司只占了5%。

日本地震还使面值共15亿美元的10只巨灾债券面临触发点挑战。

东日本大地震涉及的巨灾债券

发　行　者	面　值	发行日期
Montana Re Ltd.	2.1亿美元	2010年12月
Vega Capital Ltd.	1.065亿美元	2010年12月
Atlas Capital VI Ltd.	0.75亿欧元	2010年12月
Successor X Ltd.	1.20亿美元	2010年3月
Atlas Capital VI Ltd.	0.75亿欧元	2009年12月
Topiary Capital Ltd.	2亿美元	2008年8月
Vega Capital Ltd.	1.50亿美元	2008年6月
Valais Re	1.04亿美元	2008年5月
Muteki Ltd.	3亿美元	2008年5月
Midori Ltd.	2.60亿美元	2007年5月

分析东日本地震巨灾风险解决案例，我们可以了解巨灾风险的特点，传统上为何巨灾风险不可保，有哪些风险管理管理方法可以管理巨灾风险。

本章小结

1. 国际上通常认为具有小概率、巨大损失特点的严重灾害或灾难为巨灾。巨灾风险具有极值性、系统性、预测难的特点,一旦发生会产生巨额赔付,且不可能仅仅通过保险公司调整定价得到满足,造成传统上巨灾风险可保性受到限制。巨灾保险通过公共部门参与以及巨灾证券化设计,从政府部门及资本市场获得补偿资金来源,从而提高了巨灾风险的可保性。
2. 由于各国巨灾风险状况不同,经济和金融发展水平不同,政府政策重心不同,形成的巨灾保险制度也就有所差异,目前国际上主要形成了市场主导模式,政府主导模式,政府与市场结合模式以及跨国多主体合作模式等巨灾保险制度形式。
3. 由于巨灾风险的增大,传统的巨灾保险和再保险市场无法满足保险公司风险转移的需求,巨灾风险证券化得到发展,使得保险公司可以实现从资本市场筹集资金应对巨灾风险,为巨灾风险的赔付提供了更为广阔的资金来源。为满足各种巨灾风险转移需求,巨灾风险证券化形成多样化的产品,主要有巨灾债券、巨灾期货、巨灾期权、巨灾互换、巨灾权益卖权、行业损失担保、"侧挂车"等。
4. 我国传统巨灾风险管理体系已经不能适应新风险状态下的巨灾风险管理需求,需要建立新的巨灾保险制度。我国巨灾保险制度经历了曲折的发展过程,并在近年形成了有益的巨灾保险实践。

重要概念

巨灾风险　巨灾保险　巨灾保险制度　巨灾风险证券化　巨灾债券　巨灾期货
巨灾期权　巨灾互换　巨灾权益卖权　行业损失担保　"侧挂车"

习题与思考题

1. 巨灾风险有何特点?巨灾风险可以完全通过保险和再保险应对吗?
2. 分析目前国际上主要巨灾保险制度的异同。
3. 为什么会出现巨灾风险证券化,各种巨灾保险连接证券是如何帮助保险公司转移巨灾风险的。
4. 我国传统巨灾风险管理体系的构成及其评价。
5. 比较我国各种巨灾保险制度实践的特点。

参 考 文 献

[1] 艾瑞克·班克斯.巨灾保险[M].北京:中国金融出版社,2011.
[2] 崔欣,华锰.责任保险的发展及责任保险危机[J].北方经贸,2003(7).
[3] 杜逸冬.英美责任保险发展对我国的启示[J].北方经济,2014(9).
[4] 付菊,李玉菲.财产保险核保核赔[M].北京:中国金融出版社,2013.
[5] 郭丽军.海上保险学[M].北京:北京对外经济贸易大学出版社,2010.
[6] 郭振华.责任保险:市场失灵、立法强制与道德风险管理[J].金融理论与实践,2007(2).
[7] 哈林顿.风险管理与保险[M].北京:清华大学出版社,2005.
[8] 江朝国.强制汽车责任保险法[M].北京:中国政法大学出版社,2006.
[9] 江生忠,邵全权.完善我国责任保险制度的几点理论思考[J].南开经济研究,2004(4).
[10] 寇业富.保险蓝皮书:中国保险市场发展分析.2016[M].北京:中国经济出版社,2016.
[11] 李红坤,李子晗.我国保险业与互联网融合动因、困难与策略[J].保险研究,2014(8).
[12] 李红坤,刘富强,翟大恒.国内外互联网保险发展比较及其对我国的启示[J].金融发展研究,2014(10).
[13] 李加明.财产与责任保险[M].北京:北京大学出版社,2012.
[14] 李留宇.安永:外资保险公司在中国将迎来更多发展机遇[J].国际融资,2016(1).
[15] 陆定国.我国互联网保险发展研究[D].西南财经大学,2014.
[16] 李心愉,李杰.中国非寿险市场承保周期研究[J].保险研究,2010(2).
[17] 齐瑞宗.财产保险实务[M].北京:知识产权出版社,2015.
[18] 乔治·E·瑞达.风险管理与保险原理[M].北京:中国人民大学出版社,2010.
[19] 曲扬.资金运用的国际比较与启示[J].保险研究,2008(6).
[20] 任自力.论中国航天保险法律制度的完善[J].北京航空航天大学学报,2009(3).
[21] 瑞士再保险.责任理赔趋势:新兴风险与经济因素反弹[J].Sigma,2014(3).
[22] 瑞士再保险.极具挑战全球环境下的保险投资[J].Sigma,2010(5).
[23] 粟芳.责任保险需求不足的经济学根源[J].中央财经大学学报,2009(3).
[24] 孙祁祥.制度变迁中的中国保险业[M].北京:北京大学出版社,2007.
[25] 所罗门·许布纳等.财产与责任保险[M].北京:中国人民大学出版社,2002.
[26] 汪立志.强制保险的国际比较研究[M].北京:中国金融出版社,2016.

[27] 王吉山.传统保险企业开展互联网保险业务的思考[J].保险研究,2015(1).
[28] 魏巧琴.保险公司经营管理[M].上海:上海财经大学出版社,2016.
[29] 厦门理工学院等.美国商业普通责任保险[M].北京:中国金融出版社,2010.
[30] 谢世清.巨灾保险连接证券[M].北京:经济科学出版社,2011.
[31] 邢莉.析机动车交通事故责任强制保险[J].保险研究,2006(12).
[32] 许飞琼,郑功成.财产保险[M].北京:中国金融出版社,2015.
[33] 许瑾良.财产保险原理和实务[M].上海:上海财经大学出版社,2015.
[34] 徐文虎,陈冬梅.保险学(第二版)[M].北京:北京大学出版社,2014.
[35] 杨帆.风险社会视域中侵权损害赔偿与责任保险的互动机制[M].北京:中国社会科学出版社,2016.
[36] 应世昌.新编财产保险学[M].上海:同济大学出版社,2005.
[37] 应世昌.新编国际货物运输与保险(第三版)[M].北京:首都经济贸易大学出版社,2014.
[38] 应世昌.新编海上保险学[M].上海:同济大学出版社,2016.
[39] 张洪涛.责任保险理论实务与案例[M].北京:中国人民大学出版社,2005.
[40] 中国保监会财产保险监管部.中国农业保险发展报告(2015)[M].天津:南开大学出版社,2016.
[41] 中国保险行业协会.互联网保险行业发展报告[M].北京:中国财政经济出版社,2014.
[42] 朱南军.保险资金运用风险管控研究[M].北京:北京大学出版社,2014.

教学案例

众安在线财产保险公司的商业模式选择与监管创新[①]

0 引言

以互联网和大数据为核心的信息技术,是创新驱动发展的先导力量,是经济新常态下促进我国经济转型升级的重要环节。党中央国务院高度重视互联网在现代经济体系中的作用,十八大报告中明确把"信息化水平大幅提升"纳入 2020 年全面建成小康社会的目标之一。2015 年《政府工作报告》旗帜鲜明地提出从国家宏观层面制定"互联网+"行动计划,并对促进互联网金融健康发展作出重大部署,从战略高度上肯定了互联网在金融市场体系中的重要作用。2014 年 8 月,国务院印发《关于加快发展现代保险服务业的若干意见》,明确提出保险业要积极运用新技术促进销售渠道和服务模式创新,为互联网助力现代保险服务业进行了精准的顶层设计。互联网的快速发展将成为未来行业发展的重要驱动力。

2013 年批准众安在线财产保险公司设立,确立了其"服务互联网、专注互联网"的定位。作为国内首家互联网保险公司,众安保险秉承"互联网做渠道、互联网生态创新、跨界共创"的发展口号,探索互联网保险在中国的商业发展模式。自运行以来,保险学术界和实务界,甚至自媒体时代的广大民众对众安保险尚存在着"褒贬不一"的各种认知。众安在线有哪些经验、教训,存在哪些问题,以及未来的发展方向,可供我国互联网保险市场商业模式选择提供哪些借鉴,在积累经验的基础上如何促进监管创新?

与此同时,为进一步发挥保险业在互联网金融专业化方面的先发优势,有序增加专业互联网保险公司试点机构,原中国保监会又批准建立易安财产保险股份有限公司、安心财产保险有限责任公司、泰康在线财产保险股份有限公司等三家互联网保险公司。目前,中国保监会正针对专业互联网保险公司的经营管理特点,抓紧完善配套监管规则,未雨绸缪有效防范相关风险。

1 国内首家互联网保险公司:众安在线

与传统保险相比,互联网保险依托于互联网,聚焦于社交化营销、场景化险种设计、便捷化投保、全景化风险评估、差别化定价的新型保险运作方式,具有迎合消费习惯碎片化需

[①] 本案例入选 2016 年全国保险专业学位优秀教学案例.

求,客户黏性较高,重复购买率高、定价精确、大幅降低渠道成本等显著优势。表1从公司组织结构、产品特征和精算技术变革三方面,给出了互联网保险模式与传统保险模式的异同。

表1 互联网保险模式与传统保险模式的对比

比 较	传 统 保 险	互 联 网 保 险
公司组织结构	垂直式:保险需求需层层上报,跨部门合作较困难	扁平式:灵活度高,产品设计周期短、操作简单
产品特征	追求"大而全"	具备小额、高频、海量特点,以碎片化、保费低为特征,产品开发周期短
精算技术变革	经验数据:固化、有沉淀周期,基于经验数据,建立一套精算模型进行产品定价	关联数据:具有动态、实时性 基于数据驱动的产品设计,注重互联网的"迭代思维"
	IT系统大多采用对外采购	IT系统主要依靠自主研发,优势表现在适应小额、高频保单的交易特点

美国是发展互联网保险最早的国家,出现于20世纪90年代中期。美国国民第一证券银行首创了通过互联网来销售保险单。在美国,多数保险公司都已开展网上经营,比较有影响力的主要有InsWeb、Insure.com、Quicken、Quickquote、SelectQuote等网站。目前多数发达国家的互联网保险已经有相对成熟的发展,美国部分险种网上交易额已经占到30%—50%,英国2010年车险和家财险的网络销售保费分别占到47%和32%,韩国网上车险销售已经占到总体市场20%以上,日本车险业务电子商务渠道的占比41%,网上销售渠道已经成为个人保险快速销售的一种重要渠道。

从国内来看,近年来互联网保险虽然呈现规模增长快、参与主体日益增多的趋势,但市场渗透率依然较低,2015年上半年互联网保险保费占行业总保费的比例为4.7%。

众安在线成立于2013年11月6日,由阿里巴巴、中国平安和腾讯等联手设立,是中国首家网络保险公司。其股权结构如表2所示。众安在线的定位是不但要通过互联网销售既有保险产品,而且要力图通过产品创新,为互联网的经营者和参与者提供整体解决方案,化解和管理互联网经济的各种风险,为互联网行业的高效运行提供保障和服务。

表2 众安在线财产保险公司股权结构

股 东 公 司	控股比例	重点人物
浙江蚂蚁小微金融服务集团有限公司	16.040 3%	马 云
深圳市腾讯计算机系统有限公司	12.090 7%	马化腾
中国平安保险(集团)股份有限公司	12.090 7%	马明哲
优孚控股有限公司	12.090 7%	张幼才
深圳市加德信投资有限公司	11.284 6%	欧亚平
深圳日讯网络科技股份有限公司	6.529 0%	欧亚平

作为国内首家互联网保险公司,众安在线根据互联网电商领域、社交领域及互联网金融等各种场景下产生的保险需求,定制化地设计开发保险产品。产品全程在线,全国均不设任何分支机构,完全通过互联网进行销售和理赔服务。众安在线是一家数据驱动的创新型互联网保险公司。通过大数据的手段挖掘新的社会需求、创造新的产品。目标客户包括所有互联网经济的参与方,如互联网平台、互联网服务提供商、电子商务商家、网络购物消费者、社交网络参与者等公司和个人客户。其经营范围包括:与互联网交易直接相关的企业/家庭财产保险、货运保险、责任保险、信用保证保险、短期健康/意外伤害保险;上述业务的再保险分出业务;国家法律、法规允许的保险资金运用业务;经原中国保险监督管理委员会批准的其他业务。

目前,众安在线的业务大致可以分为互联网生态的保险、直达用户的保险和空白领域的保险三大类。其设计思路是基于碎片化的应用场景,向海量互联网用户,提供高频次、小额支付的保险产品。图1绘制了众安保险公司的商业运作模式。

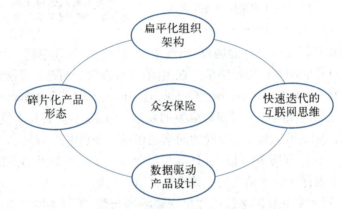

图1 众安保险公司的商业运作模式

从中可以看出,第一,扁平化的组织架构。有别于传统金融公司的金字塔结构,众安保险采取的是去中心化的网络型结构。公司除了中后台的支持部门,总经理下面直接就是产品经理,完全垂直化管理。内部以产品经理为主导,所有部门都是围绕产品而运转。第二,碎片化的产品形态。与传统保险产品追求"大而全"不同的是,公司产品实行"碎片化"的设计,即把过去一张保单承保的风险项目——拆开变成若干个小单。如此,开发周期缩减,运营流程简化,产品定价也变得较为容易。第三,数据驱动的产品设计。充分运用阿里和腾讯公司的数据优势,运用大数据分析技术,精准对接客户需求进行产品设计。用阿里找业务,用腾讯做营销,用两家数据精算出最好的产品是众安保险的绝对优势。第四,快速迭代的互联网思维。作为国内首家互联网保险金融机构,众安保险业务流程全程在线,全国均不设任何分支机构,完全通过互联网进行承保和理赔服务。其所有产品均实现了从研发到理赔全链条互联网化,提高效率的同时大幅降低了代理销售成本。

图2绘制了众安保险公司发展历程中的三大层次(即保险的电商化、场景共生和跨界共创)以及相应的代表性产品。

层　次	特　　点	代表产品举例
1.0 层次	保险的电商化（更适于网络销售的保险的产品）	意外保险、旅行保险
2.0 层次	场景共生（"嵌入互联网经济新场景"的保险产品）	退货运费险、保证金保险
3.0 层次	跨界共创（从"互联网＋"到"众安＋"的保险产品）	基金保险"知因保"、e 代驾司机意外险

图 2　众安保险公司发展历程中的三大层次及代表性产品

受益于扁平化的组织架构、碎片化的产品形态、数据驱动的产品设计、快速迭代的互联网思维，众安保险公司目前已步入快速发展通道。截至 2015 年 6 月 30 日，众安保险累计投保单数近 20 亿，客户数超过 2.86 亿。表 3 和表 4 给出了 2015 年和 2016 年众安保险公司的各类险种的保费收入情况。

表 3　众安保险 2015 年保费收入情况　　　　　　　　　　　　　　　单位：百万元

险　　种	保险金额	保费收入	赔款支出	承保利润	准备金负债余额
其他险种（注）	34 815.13	1 351.06	998.54	−152.33	88.18
保证保险	191 467.84	453.29	96.47	−88.49	329.54
意外伤害保险	12 345 576.28	283.37	18.03	−46.90	31.91
责任保险	65 455.00	81.21	61.10	−111.29	138.99
信用保险	40 983.58	51.73	1.13	13.78	21.56

资料来源：众安保险 2015 年年报.

表 4　众安保险 2016 年保费收入情况　　　　　　　　　　　　　　　单位：百万元

险　　种	保险金额	保费收入	赔款支出	承保利润	准备金负债余额
其他险种（注）	86 483.67	1 337.00	968.31	−257.69	65.80
保证保险	447 873.12	517.61	85.47	231.44	223.41
意外伤害保险	57 402 216.52	982.23	79.03	45.83	24.50
责任保险	131 739.79	185.10	124.37	−93.14	223.01
健康险	384 948.02	205.01	34.30	−51.97	151.58

资料来源：众安保险 2016 年年报.

总结来看，互联网保险一定要跟着互联网走，互联网在重构这个世界的过程中，会产生一些新的保险需求。关键还是靠数据、新技术等这些坚实基础，去真正服务到客户。就行业整体而言，无论是从产品设计、销售渠道还是核心经营能力的变革来说，互联网保险仍处于初级阶段。

2 关于众安在线的各种认知

借助"互联网+"的风潮,众安在线圈画了一个人人向往的资本故事。从正式挂牌到估值 500 亿,众安保险只用了 17 个月的时间。这本身就是个了不起的成就,更为难得的是趋之若鹜的投资者。这家带着"国内首家互联网保险公司"的憧憬,携阿里、腾讯、中国平安等巨头护卫,打着"保障和促进整个互联网生态发展的初衷发起设立"的高尚企业使命的保险公司着实在"互联网+"的风潮中,给了中国保险许多的想象,躁动了行业,也沸腾了资本。然而热闹过后,反而模糊了那个冉冉升空的众安,或许是升得太高显得越发得模糊,众安真的是我们认识的那个众安吗?

2.1 关于股权:三马做嫁衣,大股东另有其人

世人皆知,众安保险之所以名噪天下主要原因在其背后的"三马":阿里巴巴的马云、腾讯的马化腾和中国平安的马明哲,人们期待着他们之间化学反应。

"三马"这样的大树甚至遮蔽了它"国内第一家互联网险企"的光芒。然而,众安真的是"三马"的保险公司吗?根据原保监会的批文显示,众安的发起股东共计 9 位:阿里巴巴、腾讯、中国平安、优孚控股、深圳市加德信投资、深圳日讯网络、携程、上海远强投资和深圳市日讯互联网,持股比例分别为:19.9%、15.0%、15.0%、15.0%、14.0%、8.1%、5.0%、5.0%、3%。也就是说,三马仅是参股股东,单一大股东是"三马"中的阿里巴巴(设立之初阿里巴巴持股 19.9%,2015 年增资扩股后稀释为 16%),其余"二马"均为 15%,后稀释为 12%。据调查,剩余六家股东中,有 3 位股东的实际控制人都是同一个人。即深圳日讯网络科技、深圳市日讯互联网和深圳市加德信投资均是由欧亚平、欧亚非兄弟直接或间接控制的公司。

欧亚平担任众安保险董事长。上述三家公司合计占有众安 25.1%,稀释后也在 20% 左右。对比众安在线超过 500 亿元的估值,欧董事长两年前那笔 2 亿多元的投资对应的可是百亿元级别的估值,火箭一样的资产增速!更令人羡慕的还有那 55 亿元趴在账上的资本公积金。既然无法掌控,"三马"所图为何?一单稳赚不赔的生意,没有放弃的理由。一两个亿元的投资撬动几十亿、上百亿元的估值,而未来那 2 000 亿元的估值将对应更为庞大的资产规模。

2.2 关于股东:博弈出工不出力

股东资源是众安在线另一个卖点。作为一家互联网保险公司,什么最重要?是以流量为基础的互联网渠道资源整合,以及因此而生的各类互联网应用场景。有电商第一的阿里巴巴、网络用户第一的腾讯,还有在线旅游第一的携程。有了前端的流量基础,后端的理赔服务、风险管控等保险专业技术还可仰仗中国平安这家保险巨擘。

事实真的如此吗?众险企眼红的数据层面,上述两位大佬直接祭出了"开放、分享的互联网式价值观",也就是说"众安不能直接拿到阿里、腾讯的用户数据,阿里、腾讯的数据合作也不会独家只提供给众安",只能得到其产品上线后产生的投保、交易、理赔数据。至于中国平安,最大的贡献应该是给了众安定位财险的建议。

股东都因这样、那样的原因无法全力为之,一度令新生的众安好生难受。难为众安首任 CEO 尹海不得不以"众安胜在聚焦,从公司主营到人员配备都只做互联网保险"自我安

慰,并承认"股东们开放和分享的价值观其实消减了众安在线的某些优势"。

2.3 关于业务结构:前任遗产退货险依旧独大

退运险、众乐宝、37℃高温险、百度百付安、小米意外险、航空延误险、碎屏险、招财宝变现借款保证保险……"场景化"的发展方式固然给众安保险带来了极大的创新名头,但其过度倚重淘宝、携程等股东渠道,"小而散"的险种缺乏可带来量能的拳头式明星产品是众安保险饱受诟病之处。

不论是令众安保险一天保费破亿的退货险,还是创新的众乐宝、参聚险等险种,均是依附于淘宝平台而实现的。其中,退运险更是众安保险的明星产品、支撑性产品。2014年众安保险的保费收入约7.94亿元,与淘宝合作的退运险业务收入高达6.13亿元,占到了全部保费收入的77%。说起来,退运险算得上是众安保险首任CEO尹海的"遗产"。都知道退运险起家于华泰财险,而尹海曾任华泰财险营销总监,退运险推出即由他牵头负责。

综上所述,各方股东在各方面的利益博弈不可避免,如何保障未来的可持续性及稳定性?

2.4 关于产品:上线产品200余款

作为国内首家互联网保险公司,众安保险从筹建之初就备受市场关注,估值逾500亿元,首轮增资额度近60亿元。从众安保险披露的年报数据来看,2014年度保费7.94亿元,2015年前六个月的保费7.51亿元,月度保费收入已过亿元,保费增速加快。截至2015年6月,众安保险累计服务客户数已超过2.86亿,累计服务保单件数近20亿。众安在线2014年实现净利润2 728万元,如果加上其他综合收益中可供出售金融资产的公允价值变动,其综合收益约为3 341万元。2014年的利润主要来自投资收益。各种互联网及场景化保险产品达200余种。

2.5 关于车险:蛋糕虽大并不好吃

车险业务的获批直接拉升了众安在线的估值,按照众安的路演预测:2015年车险保费收入将达到1亿元,2016年约为13亿元,2017年、2018年、2019年将可能突破30亿元、60亿元与110亿元,到2020年达到180亿元,五年车险保费合计约400亿元,以之对应的车险业务估值约为600亿元。2014年,财险网销保费506亿元,同比增长114%,其中车险占比达96%。多家机构预测,2020年中国网销车险规模约在两三千亿元左右。显然,众安保险车险保费计划的实现并不困难,难在车险保费获取的质量。

众所周知,中国车险已经进入费率改革阶段。按照发达国家车险费率改革经验,保费费率下调、赔付率上升的费改阶段,车险利润的摊薄是必然的趋势,综合成本率将长期保持在100%左右,这一点已得到近两年国内车险市场的证明。更不要说还要面临因缺少地面服务机构,在获取定价理赔数据等保险运营能力方面的挑战。众安再度将信心押注自身的互联网基因上,表示根据某些特定用车场景研发销售差异化产品,且这类产品的赔付率与费用率均有望低于行业平均水平。

越过当前市场需求,直奔创造需求的领域听起来无限牛,可能性很多,但还有更多的不确定性。车险费率改革的背景下,依靠车险实现高额盈利的保险公司真的不多。

2.6 众安＋平安要干掉90％的保险公司？

《燕梳新青年》积极拥抱新模式和新资本的出现，认为"互联网＋资本"将会改变保险业的绝大部分，大胆提出"众安＋平安会干掉90％的保险公司"，因为"两安合璧"，便有了独门的"升维攻击"。

众安由于有着纯正的互联网基因和概念，并且在最初成立的17个月里表现出了高速增长的态势，试水很成功，而且是独一份，让资本急不可耐。但互联网时代颠覆才是最为根本的价值观，对于有三马大佬支持的众安，资本必然会捧场。众安争取打造成第一家综合互联网保险集团，自然会有更多的溢价，众安借助互联网的基因和资本的贪婪，实现了升维攻击。

必须说，2014年以来的大牛市波澜壮阔，成就了不少投资者和创业者，但是《燕梳新青年》认为，传统保险公司的认识不够刻骨，仍然无视资本的力量。例如华泰财险成立17年时，估值不到100亿，众安保险创业17个月，估值高达500亿。"年"和"月"的比较，不在一个维度，不在一个频道，这一条就足以让90％的保险公司绝望，这就是互联网＋资本的力量。

2.7 关于估值：目前500亿，预期2 000亿

近年互联网公司的巨额融资和估值频频刷新普通人的认知。成立仅17个月的众安在线获来自摩根士坦利、中金、鼎辉等顶级财团的青睐，以9.34亿美元的首轮融资，估值高达500亿元的身价，成为一匹名副其实的互联网界融资黑马。

如果说滴滴快的高估值源于和Uber的对标，那么这家成立一年多的众安保险的高估值不禁让人惊叹。一般而言，在国内寿险公司3—5年能够实现盈利，而财险公司则需要5—7年；这匹出生17个月的黑马，它凭什么杀出重围？凭什么跻身今年互联网圈巨额融资榜单前三？成立时，众安保险的规划是前两年确立互联网保险的模式，再用三年的时间实现承保盈利，五到八年后发展成为一家中型的、专业化的互联网保险公司。

根据《Z互联网＋保险公司融资项目》预测，众安保险2019年一季度股权价值区间2 000亿元至3 350亿元之间。此般估值又惊呆了一众保险小伙伴，如此爆棚的信心还是源于互联网保险的预期。

期间众安保险不断传递出"用互联网思维重塑传统保险从产品设计、产品定价，到销售渠道、理赔服务，以及技术平台的全价值链"的野心，并表示将"有计划有步骤地进入车险、寿险、健康险、返还型保险等传统领域，并还将布局信息技术服务、保险中介服务等配套市场。"众安在线投资者之一鼎晖公司的投资分析报告认为："对传统保险产品的数据化、互联网化创新将为其带来超过1 000亿的保费收入"。

综合上述信息可看出，众安的"大饼"指向了"综合性互联网保险集团"的做大做强之路。那么它该如何操作空间更大的互联网寿险？又当如何跨越跨区域经营障碍、产品形态多样化不足、费率自主化尚未实现等互联网寿险痛点？即便互联网渠道可以有效地降低经营成本创造更高的费差，众安又该如何从死差与利差获得更高的利润？

值得关注的还有，互联网保险牌照的放行，必然会出现更多的互联网保险企业，也必然会有更多的互联网巨头、保险巨头设立的互联网保险公司出现，众安之优势将进一步削减。

2.8 关于经营模式：开保险领域云计算先河

2015年7月11日，原中国保监会发布《关于加强保险公司筹建期治理机制有关问题的通知》，明确表示"允许新设保险公司使用依托于云计算模式的电子商务系统等应用系统"。

与此同时，中国第一个搭建在云上的金融公司众安保险首轮增资不久前获批。从正式挂牌到估值500亿，众安保险只用了17个月时间。在这17个月里，众安保险上线了100多款互联网保险产品，业务增速远超传统金融机构。

据了解，众安保险在业务初期即根据互联网保险小额、海量、高频、碎片化的特点，经过半年多时间的努力将自有核心系统架构在阿里金融云上，并通过保监会合规审查，开创了行业先河。

如今，众安保险的员工人数已经超过300多人，其中研发人员有100多人，占了将近一半。借助强大的研发能力和灵活的技术模式，众安的产品上线周期可以缩短到两周，创新成本极大降低。新产品能够低成本快速上线，不断迭代更新。

得益于云计算弹性可拓展的特点，众安保险能够以轻资产的IT模式应对业务的爆发性增长。2014年，众安保险护航双11当天保单数超过1.5亿，当天保费规模过1亿元。这意味着，平均每分钟需要处理9.7万个保单。这是对众安数据处理及服务能力的一次综合检验。

在通常情况下，中小型保险公司核心系统的日均支持保单量在10万件以内，较普遍是1—3万件左右；大中型公司大约在几十万量级，不超过百万件。而"双十一"当日处理上亿件保单规模，相当于一般中小型公司的千倍以上。在传统模式下，这是难以想象的速度与量级。而众安保险则可以像用电一样灵活增减计算资源。据介绍，众安保险核心业务系统采用的是分布式设计架构，并借鉴阿里巴巴的中间件技术，其应用、中间件、数据库均可水平扩展。理论上可以无限扩展性能，一旦实时监控到业务处理瓶颈，可以做到分钟级扩展一台新的服务器，快速投入到业务处理中。

低廉的IT成本使得众安保险可以承接平均金额仅为0.5至0.6元的退运险保单。从而保证了在保险场景碎片化，保单金额低价化，购买频率高频化的互联网保险场景下，能够自如的设计产品商业模式。

截至2015年6月30日，众安保险累计投保单数近20亿，客户数超过2.86亿。而根据业内人士估算，去年全年其他保险公司的保单总和也就在20亿至30亿笔之间，对应的IT投资则高达百亿。退运险这种依托于海量数据设计的险种，对大数据分析能力要求极高。通过将系统搭建在阿里云上，众安保险相当于是和淘宝天猫在一个内网里，可以更快获取交易数据。同时，借助阿里云的大数据处理能力，完成对海量数据的实时分析，实现保单动态定价。

2.9 小结

回顾一下近年来我国互联网保险走过的历程，我们发现互联网与保险两个行业从误解与冲突逐步走向理解与融合。发展初期曾出现过三个误区：第一，渠道论，主要发端于保险企业，把互联网简单作为一个销售渠道进行管理，这样的观点随着险企对互联网认识的深入正在被自我纠正和完善。第二，眼球论，主要发端于互联网企业，希望通过有噱头的产品吸引流量，按互联网的简单逻辑，有了流量与用户就有后续经营的机会。一批吸引眼球但是缺乏切实可保利益的产品跟风上线,这样的道路也被证明不太可行。第三,颠覆论,随着"互联网+"的热潮,不少创新者提出随着智能硬件、车联网、基因技术、大数据等科技能力的发展会颠覆整个保险模式,但是缺乏对保险生态与价值链的深入理解,颠覆论尚止于概念阶段。初期产生误解的主要原因是两个行业互不了解而又用自己的逻辑急于运作。随着跨行业交流逐步深入,业务创新逐步融合,我们开始看到一些兼具规模效益与社会效应的互联网创新产品,比如退货运费险、个人账户资金损失险。但是整体而言,目前互联网保险创新,无论传统保险企业,还是新兴互联网保险公司,都还处于初级阶段。

3 互联网保险的商业模式

我们不妨从保险产品设计、分销模式、核心经营能力和保险价值链等四个方面的本质变化,来分析当前互联网保险创新中的问题与方向。

3.1 产品设计变革:真正从互联网需求出发

当前互联网保险创新机会主要集中于两类:一是服务于互联网生态的保险需求;二是服务于互联网用户的保险需求。

从服务互联网生态的保险需求看,险企必须对各类互联网商业模式和风险情况有深入辨析,提出系统化解决方案,化解其中的业务风险与矛盾。然而,今天绝大多数险企与互联网相关的业务,依然通过传统的费用模式拓展业务,方案缺乏对互联网生态的实际价值,比如与在线旅游、在线电商、在线出行等领域的合作。以专车问题为例,不少险企看到其背后保障需求,但几乎全部通过传统的意外险或承责险加上高额的费用去获取业务,而没有深刻理解专车的业务模式并提供创新方案思路。专车的合规化运营,除了运营资质和匹配规则,更重要的是如何解决营运中出现的各类风险问题。这主要来自三个变化:(1)专车车辆从一般车辆变成营运车辆;(2)专车司机与乘客形成承运关系;(3)专车司机与专车软件或所挂靠租赁公司形成雇佣关系。同时,由于移动互联网的即时性,如何重新设计车险、承责险、意外险中的细分条款,满足特定场景,协助专车运营走向更加合规化,才是真正需要深入考虑的问题。

从服务互联网用户的保险需求看,也存在类似问题。大部分保险产品设计从自身而非用户需求出发,无论是费率条款还是流程体验,都无法满足用户需要。目前传统保险公司依然缺乏促进这种转变的动力、思路和方法,而互联网保险公司虽然更有冲劲,但是缺乏对业务的深刻理解,产品创新很难找准客户需求,形不成有效的业务体量。更加贴近互联网用户需求、优化迭代速度更快的保险产品将会打开更广泛的互联网用户需求,而包括C2B定制、互联网互助模式也将成为可能。表5给出了众安在线开发的众乐宝产品特征及相应的运营模式。

表5 众安在线开发的众乐宝产品运营模式

产品条款	特征及运营模式
保单合同	采取完全的互联网保险模式,没有线下的代理销售渠道,所有产品均在线上销售,没有实体的保险合同,以电商为投保人,进行全线上形式的保险服务

续 表

产品条款	特征及运营模式
核保、承保	将利用淘宝所拥有的买卖双方的数据,对于卖家的投保信息进行核实,并根据数据对信用记录不佳的卖家客户,实行拒绝承保,降低赔付交易的风险,维护卖家利益
保险费率	一种是半年期,额度为卖家缴纳消费者保证金的1.8% 另一种是一年期,为卖家缴纳消费者保证金的3% 众安保险会利用淘宝已有的客户数据,预先对不同卖家设置不同费率,对不诚信的卖家收取比较高的费率,而对诚信记录良好的卖家收取较低的费率
保险金额	卖家需要为这项保险产品支付每半年最低18元的保费,可以享受最长一年、最高20万元的保额 每个卖家根据其信用和评分的不同,享受的最高保额均有差异
购买流程	淘宝将在淘宝的卖家中心设置一键转换功能,进行全网上操作 卖家可以在后台看到两个账户,一个是现金账户额度,一个是信用账户额度。卖家可以通过"一键转换"将现金账户额度转换成信用账户额度,保证金扣除一年保费之后的剩余资金,将立即解冻到卖家支付宝账户
理赔、追赔	采取"先行垫付、事后追赔"方式,即一旦买卖双方发生维权纠纷,需要店铺对买家赔付,"众乐宝"会先垫付理赔款,事后再向卖家追款

3.2 分销模式变革:提升效率、重构体验

当前保险行业的分销,是通过加大渠道广度与力度,扩大市场份额,降低单位保费成本等方式,实现规模成本优势。这种模式曾经非常成功,尤其是在行业发展初期,但它的缺点在于,当全行业都在做类似推动的时候,供给大于需求,无形的金融产品同样会出现产能过剩。因此,客户分群、产品差异、渠道优化将是必然,而互联网有助于提升经营效率、重构用户体验,是实现差异化的有效路径。

互联网的融入,可以提升产品分销效率,创新产品分销模式。第一,互联网既可以提升现有渠道的效率(比如互联网与传统电销/代理/车行等的结合),又可以成长为直接经营客户的主要渠道;第二,强化品牌的传播效率,借助社交网络的规模效应,无论是产品本身还是后续服务,正向口碑都能飞速且低成本的传播和扩散;第三,加快产品的优化效率,借助互联网分销模式可以改变单向的产品分销,分销的同时可以快速了解用户的产品反馈,促进产品迭代优化,尤其对于新产品分销更为合适。

互联网的融入,还可以重构用户体验,解决渠道冲突。在处理好各渠道关系的基础上,深入研究不同用户群体在不同场景下的购买决策与服务体验流程,进行全渠道全环节客户接触点体验设计,摆脱传统方式下不重客户体验而重分渠道经营考核的弊端。

3.3 核心经营能力变革:精算+数据+运营的互联网化

互联网保险对险企的核心经营能力也提出了新挑战,除常被提及的产品端、营销端的互联网化创新外,精算、数据、运营等能力的互联网化变革少被提及,但同样至关重要。

第一,精算能力。互联网保险的发展对传统精算的逻辑、工序、方法和工具等都提出了巨大挑战——历史数据缺乏,如何做初始定价并采用DEMO测试来不断增加样本数据,迭代精算模型?如何从风险的结果变量(历史出险率)逐步转向风险的过程变量?如

何采信缺乏明显因果特征关系的变量作为定价因子？精算师要像互联网产品经理一样深入到业务场景、用户需求和商业模式中才能找对工作思路,同时也要对互联网领域的新技能加强了解,如规则引擎、机器学习、大数据处理与云计算方法等。互联网计算能力对精算创新的价值虽然目前较少,但是可以肯定未来影响深远,在部分产品里机器学习引擎甚至完全可能代替精算师。

第二,数据能力。这跟精算能力紧密相关,各家公司已经清楚地感受到数据对经营能力的影响,未来所拥有数据的质量与数量以及数据运用能力,很有可能作为核心资产进入险企的财报。目前数据积累主要分三种类型：客户数据、互联网环境数据、业务流数据。通常险企对第一类数据准备是最充分也是最重视的,但是需要注意建立好用户识别 ID,如 Cookie ID 等,以确保此类偏静态信息可与互联网等动态信息形成有效链接。互联网环境数据,包括用户在互联网上的浏览、搜索、交易、社交等数据信息,需要制定清晰的策略合理加入互联网数据开放平台。业务流数据,是最容易被忽略的数据黑洞,在保险线上线下广泛作业中,与客户各类沟通中,蕴含了大量的高价值信息,促进业务流各环节的数字化运作并完成数据积累同样重要。此外,数据安全性、访问权限管理、客户隐私信息保护等是随着数据积累同样需要深入考虑的问题。

第三,运营能力。对于多年前后援集中对运营效能的提升相信业内都深有体会,我们同样可以期待互联网对运营能力的显著提升。以车险为例,如何识别用户信用等级并通过移动端实现简易事故的快速处理与理赔,如何通过 GPS 定位与最优路径算法极大改变查勘救援体验,传统险企如果能在运营体验与运营成本方面做到极致,在互联网保险格局里就能占据有利的位置。

3.4 价值链变革：X 因素带来更多利润来源

目前保险行业的利润主要来自两方面：承保利润和投资利润。有了互联网保险之后,我们还要在后面加上一个 X 因素。X 因素可以理解为来自保险价值链或生态圈的利润。我们都知道,保险其实渗透到国民经济众多行业和人民生活的众多方面,且在很多产业价值链中处于承接上下的位置。比如在汽车价值链中,我们既与整车厂/4S 店合作为客户提供汽车保险,也为承保客户提供维修、保养、洗车、代驾等相关增值服务。在缺乏价值链和生态圈的思维下,更多把这些看成割裂的不同环节。而实际上,通过与价值链上下游企业的互动探索,能实现多方共赢的格局。比如,通过发掘存量车险客户需求帮助 4S 店处理旧款车型的零配件/整车,降低产业中库存与资金的积压；积极投资汽车后市场的互联网创新企业,通过股权投资和业务合作促进"互联网＋"创新企业的发展。险企积极运用价值链/生态圈的思维,充分发掘自身隐性资产,不仅能创造 X 因素带来更多利润来源,同时也为产业转型升级、互联网创新提供有力的资金与业务支撑。

随着上述四方面变革的深入,互联网保险领域新的产品、新的营销、新的商业模式将会不断涌现。

4 我国互联网保险的监管创新

原保监会通报了 2014 年第一季度消费者投诉情况,其中众安在线以亿元保费投诉量居财产险公司第一名,且远超平均值,因此被保监会"点名"。其中,投诉主要涉及退货运费险的理赔时效和退保等方面。伴随着互联网保险向传统保险的融合与渗透,互联网保险经营模式中面临的风险逐渐浮出水面,保险业务创新对监管创新提出了新的挑战和要求。

4.1 互联网保险发展面临的主要风险

第一,信息披露不充分。目前,一些保险公司在网销时过分采用吸引眼球、夸张演示的营销方式,与保险产品严谨审慎、明示风险的销售要求存在较大差异。部分第三方网站平台在销售保险产品时,存在信息披露不完整不充分、弱化保险产品性质、混同其他理财产品、片面夸大收益率、缺乏风险提示等突出问题,损害了消费者的合法权益。

第二,产品开发不规范。由于目前保险业缺乏相关历史数据积累及应用,在创新开发互联网保险产品时可能存在定价风险,甚至会产生较大的偏差。现在,一些开发上市的少数产品违背了保险基本原理和大数法则,如"月亮险""脱光险"等带有博彩性质,混淆了创新的边界,有伪创新、真噱头之嫌,若不及时加以规范,很可能由于互联网的放大效应,形成区域性风险。

第三,信息安全有风险。信息系统是互联网保险的技术基础。目前支撑互联网金融的大数据、云计算等新技术发展还不成熟,安全机制尚不完善,安全管理水平有待提升。互联网保险的业务数据和客户个人信息全部电子化,若信息安全得不到有效保障,很有可能酿成业务数据和客户隐私信息灭失、泄露的重大风险事件,而这对互联网保险发展的打击将是致命性的。

第四,业务创新有偏差。互联网金融的兴起,在丰富金融产品层次的同时,也产生了新的风险管理需求。如,2014年初,某保险公司曾专门为银行拟发行的虚拟信用卡开发了个人信用卡消费信用保证保险,后被监管部门紧急叫停。又如,P2P平台去担保化的趋势已渐明朗,已有保险公司开始尝试与P2P合作,提供信用保证保险服务,但自2014年8月以来,P2P平台接连爆出风险事件,给保险业互联网业务创新敲响了警钟。因此,在我国征信体系建设尚不成熟、没有足够历史数据和经验积累的前提下,保险公司如何甄别、评估上述风险,如何对这类创新型业务的合规性进行研判,如何科学厘定产品费率,值得关注研究。

第五,风控水平待提升。互联网保险非面对面交易的特点,使得保险公司无法直观了解投保人或保险标的的风险状况。因此,通过互联网投保后骗取保险金等违法犯罪行为时有发生。目前,一些职业骗保团伙专门与快递公司或快递员勾结,骗取退货运费保险赔款,而由于保险公司缺乏风险甄别及防范的技术手段,导致反保险欺诈能力低下,整体风险管控水平不高。

第六,服务能力待提高。无论是传统产品网络化,还是互联网创新产品,消费者都需要方便、快捷的投保理赔服务体验。目前,一些保险公司只是简单地将线下的产品及销售模式直接搬到网上,而对客户服务投入不足,无法保障互联网保险消费者享受到与线下消费同等水平的服务,没有实现服务"落地",容易引发消费者的不满和保险纠纷,制约了公司的长远发展。

第七,大数据应用待加强。虽然保险业在大数据应用方面进行了积极探索,如2014年1月设立了行业统一、集中的信息数据平台——中国保险信息技术管理有限公司,但总体上,保险业在内部开展的数据积累、数据挖掘、发现数据背后价值的能力还不平衡,未能形成行业核心竞争力。

第八,监管政策待完善。首先,现行监管政策与互联网保险间还存在着不适应、不协调。如互联网打破了时空限制,借助互联网平台,实际上已经打破了保险机构不得跨区域经营的监管规定。其次,对于基于互联网业务产生的新型风险,还存在着监管空白,亟需制订监管政策加以有效防范。如信息安全技术标准、消费者个人信息保护等。最后,一行两会部际间监管协调机制有待完善,协同监管合力有待加强。

4.2 原保监会出台的监管规定

笔者总结了 2011 年保监会出台的《互联网保险业务监管规定》的要点,如表 6 所示。

表 6　2011 年保监会出台的《互联网保险业务监管规定》要点

要点呈现	互联网保险业务监管规定
资质条件	第 5 条:明确可网上展业的公司资质要求(业务管理制度、人才、注册资本等)
	第 6 条:对于自办网站的网站资质要求
	第 7 条:对于非自办网站的网站资质要求
	第 8 条:明确开展网上业务为报备制,非审批制
经营规则	第 12、17 条:要求实行集中经营、集中管理、集中定价,分公司无权独立开展业务
	第 13、14 条:要求在网页显著位置披露公司和产品的相关信息
	第 16 条:互联网上销售的产品需要得到审批或者备案
	第 21 条:要求对网站上产品信息的如实准确相告
	第 32 条:要求保险公司和中介保管保险合同生成的全部信息、互联网保险业务账簿、相关原始凭证和资料
	第 33 条:要求提供服务的网站主办方对其平台上开展保险业务的单位的经营资质进行审核
监督检查和法律责任	第 34 条:保监会应当在主办方网站上披露相关信息,方便大众监督 第 38—42 条:保监会对于违反本规定的保险公司和保险中介的处罚条例 第 44、45 条:将违规的网站主办方移交当地工商管理行政部门。将违法的人员移交有关部门处理

总结来看,原保监会出台的《互联网保险业务监管规定》的主要内容体现在以下三个方面。第一,在准入门槛方面,确立了较详细的资质条件,同时为了简化程序、鼓励发展,对保险代理、经纪公司从事互联网保险业务规定了事后报告的方式。第二,在基本经营规则方面,确立了集中管理集中经营的模式,禁止从业人员以个人名义通过网络销售保险产品,同时在流程中保证了投保人对保险信息的明确了解,较好地保护了消费者利益。第三,在信息披露方面,对于公司信息和产品信息都要求披露,较好地保证了消费者的知情权。综上所述,此法规基本上把握了宽严适当的原则,鼓励其网上展业,又禁止了一些风险点。比如,对于比较热点的问题没有进一步的放开(比如异地承保),基本上在原框架下增加了网络监管部分,略微保守。此外,对于保险企业日益严重的合规问题,没有新的惩罚机制。

4.3 监管原则

互联网保险还在快速发展中,对其具体监管规则也会陆续出台。对互联网保险的定位决定了对其监管思路,在具体操作中,可以借鉴互联网金融监管。利用互联网技术,大数据等特征,对互联网交易中涉及的新型风险进行保障,创新产品开发;同时解决传统保险开发信用保险、责任保险等险种能力不足的问题,对传统保险补充和完善。建议可遵从以下原则不断完善监管:

第一,基于现在,面向未来的保险监管原则。

第二,先易后难的原则。对网上业务开展进行监管,其他的结构性难题(如平台支付时间差形成的资金截留的法律界定)先等相关法律出台,再出监管条例。

第三,宽严适度的原则。一个行业有相应的监管政策,就能够有序地发展,企业才能做得长久。但如果监管过严,也会导致创新遭到扼杀,所以一个宽严适度的监管标准就变得尤为重要。

第四,行业监管与政府监管相结合的原则。包括制定和实施相应的法规、部门规章以及实施专门的监管等,由相关的互联网金融企业自发成立行业自律机构,制定统一的行业条例,进行自律监管。

最后指出,虽然原则导向方式已成为国际保险监管的主流理念,但是原则导向如何落实,并如何协调与规则导向的关系,在世界保险业范围内广受讨论。我们认为,原则导向与规则导向方式在我国保险监管实务中都不可或缺,原则不能代替规则,规则应在原则的指导下制定,原则与规则相辅相成。

4.4 现代化监管创新理念

伴随着互联网保险向传统保险的融合和渗透,保险业务创新对监管创新提出了新的挑战和要求。我们认为,首先要通过监管业务独立和监管者决策独立,使银保监会和各地银保监局等监管机构能独立有效地行使监管职能。要有分层的系统规则设计,建立和完善监管的规则体系。应集所有监管职能于同一机构,并以区别于传统保险的互联网保险业务特征为主要依据设置监管层级,建立职能完备、分工合理的监管组织体系。互联网保险公司的经营信息、监管者的决策信息都必须公开,建立新型的消费者组织,以真正做到监管的公开、透明和公众参与,形成对监管者的监督制衡机制。

具体来说,尽快启动我国互联网保险监管现代化的进程,除理念需要更新外,还应有一些具体的、系统性的制度安排。这主要包括:第一,增强监管的独立性。第二,完善监管原则和监管规则。这主要体现在以下两个方面。一方面,要有分层、系统的规则设计。第一层次的规则是法律,由立法机构制定与发布。第二层次的规则是实施细则,由政府相关部(委)制定与发布。第三层次的规则是执法规则及处理新情况、新问题的试行规则等,如被监管者信息公开的范围和方式、引入竞争机制后的系统运行规则等,可由监管机构制定。另一方面,规则设计须学习国际经验并有实质性的公众参与。经济性监管源于市场经济。到目前为止,中国还没有真正意义上的成熟监管经验。因此,制定科学的监管规则,首先,必须向成熟市场经济国家学习,在掌握监管的普遍真理后,再考虑基于国情的创新。其次,无论哪个层次的监管规则设计,都不能只有政府部门内部的讨论或依靠部门间的会签,而必须有实质性的公众参与。特别是第二、第三层次的规则,必须广泛听取利益相关方的意见,包括召开正式和非正式的听证会。第三,建立职能完备、分工合理的监管组织体系。职能完备、分工合理的监管组织体系,对中国保险业监管现代化的意义更为突出。第四,建立对监管者的监督制衡机制。首先,真正做到公开、透明。一方面,被监管保险公司的经营信息公开。这是一切监督制衡制度及其执行的基础。目前,我国被监管企业大多存在管理落后、效率低下、关联交易等问题,如果没有强制的信息公开制度,不仅消费者永无话语权,监管者也将始终处于被动服务于被监管者的局面。另一方面,监管者的决策信息公开。监管决策形成依据的原则、所用信息及其来源、定价的公式及各项参数的取值等都应及时向社会公布。诸如重要的监管规则还应公开征求社会各界的意见,特别要使消费者知情并使之易于理解。其次,建立新型的消费者组织。由于信息不对称,相对于经营者,消费者始终处于弱势地位,如果消费者没有组织起来,力量对比就更为悬殊。在国外,消费者协会也是分专业的,而且是真正的利益共同体。这些消费者协会为与垄断性企业抗衡,雇有自己的经济学家和律师,让他们长期跟踪研究垄断性企业的运营情况,以便在捍卫自身利益需要时,能及时做出内行的、有说服力的证词来。我国的价格听证会要完全达到期望的目标,也必须走这条道路。作为努力的方向,应有计划地发展能真正代表消费者利益的专业性消费者协会,必要时,政府还应给予一定的资助。近期,可考虑让各行业协会作为消费者一方参加与之利益相关的价格听证会,以提高消费者方面的实力。

4.5 完善互联网保险现代化监管的思考

第一,明确互联网保险的监管定位。一是坚持开放包容的态度。"开放、自由、平等、协作、分享"是互联网的精神,也是互联网保险监管应遵循的基本准则。对于互联网保险这个新生事物,我们不仅要有"鼓励创新、宽容失败"的开放包容态度,更要有让市场在资源配置中起决定性作用的坚定信念。近年来,部分保险公司在互联网保险产品、渠道及服务等方面开展了创新,积累了一些经验,也出现了一些问题,但我们相信,只有那些适应市场选择、满足消费者需求、真正创新的互联网保险业务才会有强大的生命力。二是坚持底线思维。放手互联网保险创新并不等于放松监管。随着互联网保险的发展,新的风险也将逐步显现。这些风险有可能由于互联网的辐射效应,不断放大,引发系统性风险。若不坚持风险防范的底线思维,将对行业形象和市场稳定产生较大影响。三是坚持监管一致性原则。互联网的运营并没有改变保险的风险本质。互联网保险业务监管要与传统保险业务监管保持一致性,防止监管套利。线上监管应保持与现有监管法规政策不变,只是在需要体现网络特性时,将现有监管规则进行适当延伸和细化。四是坚持透明监管。公开透明的信息传递是互联网的核心优势,互联网保险也必须是信息高度透明的。对于互联网保险监管,要不断强化互联网保险产品服务的信息披露规则,在保险责任、告知义务、免责条款等方面明确披露要求,防止销售误导,依法保障消费者的知情权、选择权和保单利益,不断提高市场透明度。

第二,明确互联网保险的功能定位。互联网保险实质上就是借助网站载体,搭建一个保险产品宣传、销售、服务的平台,利用信息技术无时空性和无地域性的特点,能够实时、便捷、高效、低成本地宣传保险知识,服务消费者。这就是互联网保险的最大优势所在。因此,保险业借助互联网开展保险宣传是不可逆转的趋势,而互联网保险有优势、也有能力担负起保险宣传的历史使命,成为未来保险知识普及和消费者教育的主阵地。但是,目前互联网保险的社会认知度并不高。这说明,目前保险业对互联网保险的宣传力度还不够。作为保险监管部门,要善待、善用、善管互联网保险,积极引导保险业利用互联网渠道大力加强保险宣传,并将互联网保险平台提升到未来保险宣传主阵地的高度加以积极培育,不断提高社会公众的保险意识,提升保险行业的社会美誉度。

第三,明确互联网保险的产品服务定位。完善互联网保险监管,应突出保险消费者权益保护原则,真正让消费者看得明白、买得放心、体验舒心,关键要做到"四个必须",即产品必须合法、条款必须通俗、信息必须透明、服务必须优质。一是产品必须合法。凡是在互联网上展示或销售的保险产品,都必须是经保险监管部门审批、核准或备案的,严厉打击利用互联网载体非法销售假保单、非法集资和传销等违法行为,坚决维护互联网保险消费者的合法权益。二是条款必须通俗。作为网销的保险产品应当通俗,不能晦涩难懂,更不能引起歧义,否则就无生命力。要做到产品通俗,至少应具备以下要素:条款语义表述简单易懂,投保手续程序化、规范化、简便化,保单电子化。三是信息必须透明。网销保险产品的条款内容应当完整、准确,保险双方权利义务应当明晰,免责条款应当明了,投保、查询、退保、理赔、投诉等各个环节的在线流程简洁直观,不存在应披露而未披露的情形。四是服务必须优质。调研发现,在影响互联网保险发展的诸多因素中,"保险公司服务质量不高"是影响消费者在线购买保险服务行为的主要因素。要建立健全互联网保险服务标准,包括售前咨询,投保流程、售后回访、保单自主查询、续保自动提醒、保单保全、理赔服务、投诉受理等各个环节的服务标准,让互联网保险消费者实时享受到更加丰富、全面、便捷的服务体验。

第四,明确互联网保险的安全定位。一是保障运行安全。要建立健全互联网保险信息技术标准,督促经营互联网保险业务的保险公司加强电子商务平台建设。一方面,加快保险业务流程网络化再造,使消费者足不出户便可享受到"一站式"服务体验;另一方面,加大信息投入力度,加强网络安全建设,建立健全互联网保险业务运行风险评估和监测体系,动态监测网络安全状况,确保互联网保险业务数据与保险公司核心业务系统能够实现实时对接。二是保障交易安全。应尽快出台互联网保险监管规定,成立专门的互联网保险监管机构,配备高素质的监管干部,加大对违法违规经营互联网保险业务行为的查处力度。同时,建立一行两会、工信、工商、公检法等部际监管协作机制,在信息共享、数据获取、网上支付、隐私保护、电子保单等相关领域健全立法,共同打击非法互联网金融保险经营活动。三是保障信息安全。督促保险公司加强互联网保险业务信息安全防范,确保核心业务经营数据运营安全,能够不被"黑客"非法攻击和窃取;确保消费者投保信息安全,确保电子保单内容不可篡改和客户个人隐私信息不被泄密。当前和今后一个时期,以移动互联为代表的信息技术革命正在影响必将继续影响着我们每一个人,推动着传统商业模式转型,也给我国保险业带来了深远的影响和变革。作为保险监管者,要顺势而为,抓住机遇,迎接挑战,真正让互联网保险在开放、包容中创新,在创新、规范中发展。

案例正文附件
附件1:我国互联网保险发展历程

附件2：我国互联网保险发展历程中的标志性事件
附件3：2014年以来我国主要互联网金融监管政策
附件4：2012—2016年我国互联网保险保费收入结构
附件5：2012—2016年互联网保险规模保费增长情况
附件6：2012—2016年互联网保险业务经营主体增长情况
附件7：我国保险公司售前、售中和售后网上服务项目一览表

附件1　我国互联网保险发展历程

发展阶段	主　要　特　征
信息发布阶段	从20世纪90年代开始，保险公司注重发挥互联网的信息传递优势，利用网络开展品牌宣传、产品介绍、业务咨询和市场调研等
渠道探索阶段	近年来，一些保险公司尝试将互联网作为新型销售渠道，通过在公司官网提供产品报价、在门户网站嵌入保费计算器、开发智能移动保险平台等多种途径获得客户、达成交易，如太保寿险的"神行太保"、三星产险的网上直销系统等
服务提升阶段	随着电子商务和移动互联网的发展，保险公司探索将保单查询、报案理赔等后续服务由线下搬到线上，节约运营成本、缩短交易周期、提高服务效率、提升客户满意度
产品和机构创新阶段	近两年，一些财产保险公司基于互联网经济的需要，开发出狭义的互联网保险新产品，为新兴网络风险提供保障；寿险公司根据互联网渠道和客户的特点，推出网络专营的万能险等保险理财产品，满足客户多样化的需求；同时，保险公司与互联网企业探索以股权为纽带，共同发起设立网络保险公司，为互联网的经营者和参与者提供专业的保险解决方案

附件2　我国互联网保险发展历程中的标志性事件

年　份	标　志　性　事　件
1997年	中国保险信息网建立
2000年	太平洋保险电子商务网站成立
2000年	平安保险正式启用一站式综合理财电子商务网站PA18
2000年	"泰康在线"全面开通，成为国内第一家真正实现在线投保功能的保险网站
2000年	中国人寿、平安、太平洋、友邦等保险公司协助建立了易保网
2000年	外资寿险如金盛人寿（现为工银安盛人寿），友邦上海分公司等开通公司网站，提供在线咨询和相关售后服务
2001年	平安保险正式启动货运险网上交易系统
2002年	人保财险正式开通网上保险服务以及货运险网上交易系统
2005年	中国人保财险实现了第一张全流程电子保单
2008年	中民保险经纪股份有限公司旗下网站中民保险网正式上线运营
2010年	淘宝旗下保险平台正式上线

续 表

年 份	标 志 性 事 件
2010年	泛华集团收购深圳保网,成立泛华保网电子商务公司,即泛华保网
2011年	焦点科技的新一站保险网正式上线
2012年	泛华保险与旗下的电子商务平台保网推出移动展业终端"掌中保" 太保集团与联想合作推出智能移动保险平台"神行太保"
2013年	和讯网推出旗下保险电子商务平台"放心保"
2013年	马明哲、马云、马化腾联手设立众安在线财产保险公司
2015年	中国保监会批准筹建易安财产保险股份有限公司、安心财产保险有限责任公司、泰康在线财产保险股份有限公司等三家互联网保险公司
2015年	中国人民银行等10部委出台《关于促进互联网金融健康发展的指导意见》
2016年	阿里联手中国太平发起筹建互联网健康保险公司
2016年	阳光保险首推区块链保险卡单
2016年	腾讯进入寿险业,子公司参股和泰人寿获批筹建
2016年	保监会出台《互联网保险业务监管暂行办法》
2016年	保监会联合人民银行等14个部门印发了《互联网保险风险专项整治工作实施方案》
2016年	众安保险成立全资子公司众安科技
2016年	监管发声网络互助,多家平台被约谈
2017年	众安在港交所上市,成为金融科技概念第一股
2017年	阿里推出"车险分"和"定损宝"
2017年	腾讯九宫格上线保险服务,首款产品为医疗险
2017年	百度拿下全国性保险经纪牌照
2017年	中国太保推出业内首款智能保险顾问"阿尔法保险"

附件3 2014年以来我国主要互联网金融监管政策

发布时间	政 策 名 称	颁布单位	政 策 要 点
2014年1月	《关于加强影子银行监管有关问题的通知》	国务院办公厅	规范三类影子银行的监管主体、监管内容和监管方法
2014年1月	《关于清理规范非融资性担保公司的通知》	银监会、发改委、工业和信息化部等八部委	《通知》要求于2013年12月至2014年8月底,对本行政区月内的非融资性担保公司进行一次集中清理规范,重点是以"担保"名义进行宣传单不经营担保业务的公司

续 表

发布时间	政策名称	颁布单位	政策要点
2014年3月	《中国人民银行关于手机支付业务发展的指导意见》（草案）	中国人民银行	鼓励产业链各方，在防范手机支付风险、保障客户权益的前提下进行有益的合作与尝试，探索、创新适宜的产品形态和业务模式，满足用户多样化需求
2014年3月	《支付机构网络支付业务管理办法征求意见稿》（草案）	中国人民银行	《办法》拟规定：个人支付账户转账单笔金额不得超过1 000元，统一客户所有支付账户转账年累计金额不得超过1万元。个人支付账户单笔消费金额不得超过5 000元
2014年3月	《中国人民银行支付结算司关于暂停支付宝公司线下条码（二维码）支付等业务意见的函》	中国人民银行	叫停支付宝、腾讯的虚拟信用卡产品，同时叫停的还有条码（二维码）支付等面对面支付服务
2014年4月	《关于加强商业银行与第三方支付机构合作业务管理的通知》	中国银监会、中国人民银行	从保护客户资金安全和信息安全出发，对有针对性的问题进行细化和规范，设计客户身份认证、信息安全、交易限额、交易通知、赔付责任、第三方支付机构资质和行为等
2014年4月	《关于规范人身保险公司经营互联网保险有关问题的通知（征求意见稿）》	保监会	意见稿对人身保险公司经营互联网保险的条件、风险提示、信息纰漏、网络信息安全等方面进行了规定
2014年12月	《互联网保险业务监管暂行办法（征求意见稿）》	保监会	《办法》大幅度放开了准入许可，加强了事中监测和事后处置，建立了退出机制，充分体现了监管部门支持互联网保险业务、鼓励创新的基本态度，也体现了"放开前端、管住后端"的监管思路
2014年12月	《私募股权众筹融资管理办法（试行）（征求意见稿）》	中国证券业协会	明确对股权众筹进行自律监管，强调股权众筹平台中介机构的本质属性。监管层将切实加强对平台中介属性的监管力度，切断平台和资金的联系
2015年7月	《关于促进互联网金融健康发展的指导意见》	中国人民银行、工业和信心化部、银监会等十部委	明确了互联网金融的概念，并划分各个互联网金融形态的监管职能部门
2016年1月	《关于加强互联网平台保证保险业务管理的通知》	保监会	重点对互联网平台选择、信息披露、内控管理等提出明确要求
2016年10月	《互联网保险风险专项整治工作实施方案》	保监会	重点整治互联网高现金价值业务、保险机构依托互联网跨界开展业务、非法经营互联网保险业务
2018年10月	《互联网保险业务监管办法（草稿）》	银保监会	对互联网保险业务进行了更加全面系统的流程管理，涉及经营条件、产品和区域、信息披露、经营规则、专业互联网保险公司、监督管理等多个方面

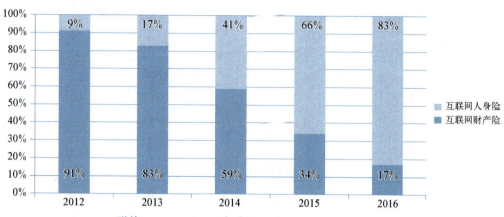

附件4 2012—2016年我国互联网保险保费收入结构

资料来源：中国互联网保险行业研究报告.

附件5 2012—2016年互联网保险规模保费增长情况

资料来源：中国互联网保险行业研究报告.

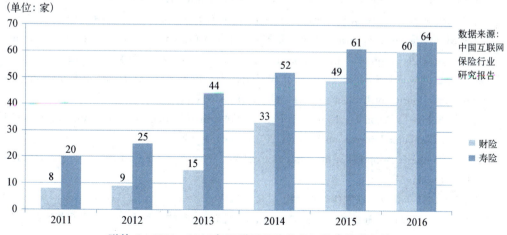

附件6 2011—2016年互联网保险业务经营主体增长情况

资料来源：中国互联网保险行业研究报告.

附件7 我国保险公司售前、售中和售后网上服务项目一览表

阶　　段	网上服务项目
售　前	在线销售代表咨询
售　前	产品价格-收益演示
售　前	产品收藏/购物车
售　中	投保意向填写提交
售　中	在线支付
售　中	电子保单或凭证
售　后	查　　询
售　后	保　　全
售　后	理　　赔
售　后	在线客代表咨询投诉
售　后	投资性产品账户管理
售　后	积分管理
售　后	分享到社交网络

案例正文参考文献

［1］Dumm R E, Hoyt R E. Insurance Distribution Channels: Markets in Transition[J]. Journal of Insurance Regulation, 2003, 22(1): 27-48.

［2］Khare A, Dixit S, Chaudhary R, et al. Customer Behavior Toward Online Insurance Services in India[J]. Journal of Database Marketing & Customer Strategy Management, 2012, 19(2): 120-133.

［3］Khare A, Singh S. Antecedents to Indian Customers' attitude Towards Online Insurance Services [J]. International Journal of Business Competition and Growth, 2010, (1): 19-30.

［4］Kiang M Y, Raghu T S, Shang K H M. Marketing on the Internet: Who Can Benefit From an Online Marketing Approach? [J]. Decision Support Systems, 2000, 27(4): 383-393.

［5］Sang M L. Critical Success Factors of Web-Based E-Service: The Case of E-Insurance [J]. International Journal of E-Business Research, 2005, 1(3): 21-40.

［6］Se H L, Sukho L, Yeon H, Koh C E. Role of Trust in Adoption of Online Auto Insurance[J]. Journal of Computer Information System, 2010, 50, 151-159.

［7］Yao J. Ecommerce Adoption of Insurance Companies in New Zealand[J]. Electron. Commerce Res., 2004, 5(1): 54-61.

［8］艾瑞咨询.2013年中国互联网保险年度报告[R].2014-08-27.

［9］高世楫,秦海.从制度变迁的角度看监管体系演进:国际经验的一种诠释和中国改革实践的分析[D].吴敬琏,江平.洪范评论(第2卷第3辑)[M].北京:中国政法大学出版社,2005.

［10］郭勤贵.互联网金融商业模式与架构[M].北京:机械工业出版社,2015.

[11] 胡世良.互联网金融模式与创新[M].北京：人民邮电出版社,2015.
[12] 李琼,刘庆,吴兴刚.互联网对我国保险营销渠道营销分析[J].保险研究,2015,(3):24-35.
[13] 李琼,吴兴刚.我国互联网保险发展与监管研究[J].武汉金融,2015,(4):31-34.
[14] 刘树杰.论现代监管理念与我国监管现代化[J].经济纵横,2011,(6):1-7.
[15] 罗明雄,唐颖,刘勇.互联网金融[M].北京：中国财政经济出版社,2013.
[16] 马海峰,谢志刚.保险监管：原则导向还是规则导向——以英国 Vehicel & General 和我国某财产保险公司为案例[J].财经论丛,2011,(4):76-80.
[17] 芮晓武,刘烈宏.中国互联网金融发展报告[M].北京：社会科学文献出版社,2014.
[18] 苏强,潘江玲.全球互联网金融发展现状和趋势研究[R].2015-09.
[19] 孙宝文.互联网经济：中国经济发展的新形态[M].北京：经济科学出版社,2014.
[20] 闻学臣,冯达,易欢欢.下一个十倍的大风口——互联网保险[DB/OL].证券时报网,2015-02-11.
[21] 谢平,邹传伟,刘海二.互联网金融手册[M].北京：中国人民大学出版社,2014.
[22] 易欢欢,赵国栋,闻学臣.大数据时代的跨界与颠覆：金融业门槛的野蛮人[DB/OL].中国证券网,2013-08-16.
[23] 张连增,曲珅.ORSA 的理论研究与实践要求[J].保险研究,2013,(5):58-70.
[24] 张连增,曲珅.欧盟与美国 ORSA 研究及对我国的实践指导[J].保险研究,2013,(10):94-106.
[25] 中国保险行业协会.2013 互联网保险行业发展报告[M].北京：中国财政经济出版社,2014.
[26] 中国保险行业协会.2014 互联网保险行业发展报告[M].北京：中国财政经济出版社,2015.
[27] 周新发,王姐.基于 TPB 视角的消费者网络财产保险购买意愿研究[J].保险研究,2014,(7):51-60.

案例使用说明

众安在线财产保险公司的商业模式选择与监管创新

一、教学目的与用途

1. 适用课程：保险法、国际保险研究、保险企业经营管理、精算模型与实务。

2. 适用对象：本案例主要为保险学术型和专业型硕士开发,适合具有一定工作经验的保险从业人员和管理者学习。此外,也可作为保险专业本科生相关课程的教学内容。

3. 教学目的：本案例旨在总结国外互联网保险的商业模式选择和各国监管创新的理论探索和实践经验,结合我国互联网保险发展现状,以我国首家互联网保险公司——众安保险公司的商业发展模式、未来规划和路径选择为主线,分析传统保险公司和互联网保险公司各自的优势、劣势以及两者之间的相互融合和渗透,重点探索我国互联网保险未来的发展模式和监管创新,致力于为经济新常态大背景下保险业转型、发展和升级提供有益的启示与借鉴。该案例教学对促进产学研相结合,为业界培养具备扎实专业理论知识和实务规范的保险专业人才提供有益的探索和尝试。

二、启发思考题

1. 与传统保险公司相比,互联网保险的特殊性与风险点在哪里？互联网保险真的会颠覆传统保险公司吗？

2. 在我国保险市场上,你能找到哪些互联网保险宣传的不实行为？如何有效管理互联网保险的宣传不实行为？

3. 如何保证互联网保险的尽责说明义务？你能提出哪些有益的监管建议？

4. 如何看待互联网保险跨区域经营问题？

5. 怎样看待网上合同的有效性？没有纸质的书面合同，发生理赔时，投保人以电子保单为依据受法律保护吗？电子签名被盗用怎么办？如何审核投保人信息的真实性？投保过程中想要退保，或者是变更投保人信息等，在反复的网上操作中出现差错了，怎么判定合同的有效性？

6. 互联网保险中存在哪些信息不对称性现象？你能给出一些相关的解决办法吗？

7. 与传统保险相比，我们应如何定位互联网保险？对互联网保险应有怎样的创新监管思路？互联网保险监管的具体对象有哪些？

8. 运行近两年的众安在线有哪些经验、教训，存在哪些问题，以及未来的发展方向，可供我国互联网保险市场商业模式选择提供哪些借鉴，在积累经验的基础上如何促进监管创新？

三、分析思路

1. 结合我国《保险法》《关于规范人身保险公司经营互联网保险有关问题的通知（征求意见稿）》《互联网保险业务监管规定》等相关法规，以及保险专业课程"保险法""国际保险研究""保险企业经营管理""精算模型与实务"等理论知识和实务规范进行思考和分析。

2. 针对互联网保险中的信息不对称问题，结合信息经济学、保险经济学的理论，将因事前的信息不对称导致的逆向选择，事后的信息不对称导致的道德风险融入到具体的分析思考过程中。

3. 将国内外比较研究、理论与实证分析相结合、定性与定量分析相结合的研究方法、辩证统一的哲学思维融入到相关问题的思考和分析中。

4. 在互联网、大数据、云计算等科技不断发展的背景下，注重培养和运用互联网思维，对市场、用户、产品、企业价值链乃至对整个商业生态进行重新审视、思考和分析方式。

四、理论依据与分析

（一）理论依据

保险法、保险经济学、国际保险研究、保险企业经营管理、精算模型与实务等相关保险专业理论知识。

（二）具体分析

下面具体分析前面列出的八道思考题。

1. 与传统保险公司相比，互联网保险的特殊性与风险点在哪里？互联网保险真的会颠覆传统保险公司吗？

答：与传统保险公司相比，互联网保险的特殊性与风险点主要包括：

（1）更灵活、多样化的信息传递方式可能会带来信息不实，误导宣传等问题。

（2）没有了保险中介人后，难以保证保险公司尽责说明的义务。

（3）引入第三方平台作为销售渠道后，出现问题后的责任主体变得多样化，给监管带来挑战。

（4）保险公司通过互联网突破地域限制，在没有分支机构的地方卖出去的保险，核保和理赔都会产生新的问题。

(5) 通过电子签名签订的保单，投保人信息的核实成为关键。

(6) 保险公司通过互联网大数据获得信息方面的优势，这种信息不对称性会对投保人利益产生损害。

针对互联网保险真的会颠覆传统保险公司这一问题，我们认为颠覆谈不上。互联网只是一种工具，我们只是希望通过善用这一工具加速促进中国保险业的发展速度。为什么国外互联网保险发展不快，因为其保险业已趋成熟，借助这一工具进行改进缺乏动力。我们希望互联网保险能和传统保险相辅相成，共同促进我国保险生态的健康发展。

2. 在我国保险市场上，你能找到哪些互联网保险宣传的不实行为？如何有效管理互联网保险的宣传不实行为？

答：下面列举一个真实案例，并给出详细的案例剖析。

案例：马年伊始，支付宝推出的被炒的很火的"余额宝用户专享权益2期"，其宣传页如图3所示。此款理财产品预期年化收益率为7%，宣传"保本保底""约等于活期收益20倍"。针对某些互联网销售的产品，其预期收益率并不等于客户真正能得到的收益，那么这款产品宣传"保本保底"是否违规？

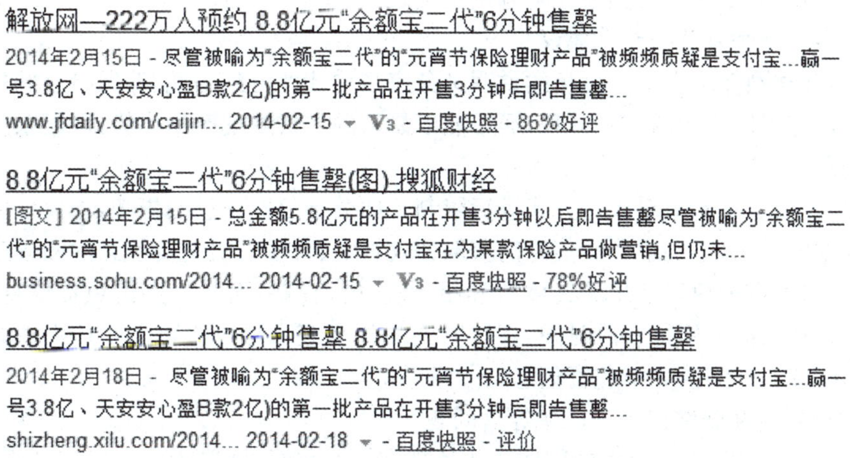

解放网—222万人预约 8.8亿元"余额宝二代"6分钟售罄
2014年2月15日 - 尽管被喻为"余额宝二代"的"元宵节保险理财产品"被频频质疑是支付宝...赢一号3.8亿、天安安心盈B款2亿)的第一批产品在开售3分钟后即告售罄...
www.jfdaily.com/caijin... 2014-02-15 ▼ V3 - 百度快照 - 86%好评

8.8亿元"余额宝二代"6分钟售罄(图)-搜狐财经
[图文] 2014年2月15日 - 总金额5.8亿元的产品在开售3分钟以后即告售罄尽管被喻为"余额宝二代"的"元宵节保险理财产品"被频频质疑是支付宝在为某款保险产品做营销，但仍未...
business.sohu.com/2014... 2014-02-15 ▼ V3 - 百度快照 - 78%好评

8.8亿元"余额宝二代"6分钟售罄 8.8亿元"余额宝二代"6分钟售罄
2014年2月18日 - 尽管被喻为"余额宝二代"的"元宵节保险理财产品"被频频质疑是支付宝...赢一号3.8亿、天安安心盈B款2亿)的第一批产品在开售3分钟后即告售罄...
shizheng.xilu.com/2014... 2014-02-18 ▼ - 百度快照 - 评论

图3 支付宝推出的"余额宝用户专享权益2期"的宣传页

答：实际上，这是一款互联网保险理财产品。对接的是保险产品，产品类型为万能险，这是某公司"汇赢一号"的元宵节特供版，并非"定期宝"，也非大家想当然的"余额宝二代"，只是一款面向余额宝用户的普通保险理财产品。跟余额宝的性质不一样，对接的不是货币基金，具体投向和额度尚需等到上线之日。

按照《人身保险新型产品信息披露管理办法》(以下简称《办法》)第6条："保险公司销售新型产品，应当向投保人出示保险条款、产品说明书。"而上述产品在销售过程中，只字未提"保险"字样，更不用说保险条款、说明书。

《办法》第7条："保险公司在产品说明书和其他宣传材料中演示保单利益时，应当采用高、中、低三档演示新型产品未来的利益给付。利益演示应当坚持审慎原则，万能险假设结算利率不得超过中国保监会规定的最高限额"。但上述产品在宣传时，大张旗鼓地直接以"7%"作为预期收益率，且未有中档、低档收益演示。页面同时宣称"保本保底"。虽然以较小的字体解释,保本保的是本金、保底保的"2.5%"的年化收益率;但是对于多数人的第一反应是其含义是"7%"是保底,上述宣传容易让人产生歧义。

《办法》第8条:"保险公司及其代理人进行新型产品的信息披露,不能使用比率性指标与其他保险产品以及银行储蓄、基金、国债等进行简单对比,也不得对投保人、被保险人、受益人及社会公众作引人误解的宣传或者虚假宣传。"但上述产品却宣称"约等于活期收益20倍",直接与活期利率进行了简单比较。

3. 如何保证互联网保险的尽责说明义务?你能提出哪些有益的监管建议?

答:最高院关于适用《保险法》若干问题的解释(二)第12条:"通过网络、电话等方式订立的保险合同,保险人以网页、音频、视频等形式对免除保险人责任条款予以提示和明确说明的,人民法院可以认定其履行了提示和明确说明义务。"

实际情况是,对保险合同中有利于营销的内容,保险销售方都会以通俗易懂的方式对保险产品特点进行利诱性描述以招揽投保人,如用漫画进行说明。但对于保险合同中的风险,销售方便会以复杂且佶屈聱牙的文字进行说明——并且往往隐藏在另一网页中,仅仅以链接的方式提示。依照互联网消费的习惯,投保人往往会满足于保险人叙述的美好说明,而忽略了需要认真去阅读保险合同正文。

下面给出一些有益的监管建议。

第一,互联网保险中不同信息的说明义务应当均衡地得到表现,即保险合同的有利与不利之处都应当以相同的方式展现,而不能以易读的方式展现产品优势,以繁杂的方式告知免责信息。

第二,应当从技术上对表达方式进行限制。如关于免责信息的告知,不仅仅应当对内容要求详细的说明,还要求免责信息的获取方式直观、方便。对免责信息的阅读应当进行一定强制,如不点击免责信息的具体内容便无法进行投保,而一旦点击免责信息,则必须强制投保人在页面上停留一段时间,停留时间的长度应当足以供普通知识水平的投保人按照平均阅读时间阅读完毕免责信息。

4. 如何看待互联网保险跨区域经营问题?

答:互联网保险跨区经营的问题主要表现在:一方面,核保程序难以保证真实准确。例如需要较复杂核保程序的人身保险,如果通过互联网跨区域经营,保险人很难掌握投保人真实的体检信息。另一方面,互联网保险的跨区域经营可能因为难以定损、核赔导致理赔困难。因此,由于涉及复杂的给付及理赔流程,生存返还保险和车险并不包含其中,不能跨区域经营。

5. 怎样看待网上合同的有效性?没有纸质的书面合同,发生理赔时,投保人以电子保单为依据受法律保护吗?电子签名被盗用怎么办?如何审核投保人信息的真实性?投保过程中想要退保,或者是变更投保人信息等,在反复的网上操作中出现差错了,怎么判定合同的有效性?

答:《电子签名法》对电子签名的法律效力做出如下明确的界定。其中,《电子签名法》第14条规定:"可靠的电子签名与手写签名或者盖章具有同等的法律效力。"

对于发生损失时赔偿责任的界定问题,《电子签名法》第28条规定:"电子签名人或者电子签名依赖方因依据电子认证服务提供者提供的电子签名认证服务从事民事活动遭受损失,电子认证服务提供者不能证明自己无过错的,承担赔偿责任。"

美国《统一电子交易法》(Uniform Electronic Transactions Act)第10条规定,对于发生于个人与他人的电子代理人之间的自动交易,当电子代理人没有提供适当的更正错误的机会时,由于个人的疏忽造成的错误在某些情况下可以免责。但有以下三个条件:第一,立即通知对方发生了错误,并且明示自己并不想承担对方收到的电子记录所规定的义务;第二,采取合理步骤,包括按照对方的指导返还、或销毁因为错误的电子记录而接收的对价;第三,未曾从对方的对价中得到任何利益或价值。

6. 互联网保险中存在哪些信息不对称性现象?你能给出一些相关的解决办法吗?

答:下面列举一个信息不对称现象,并给出具体的解决办法。

如果一个信息没有得到保险人的询问,自然也不会有投保人的陈述,但是保险人如果通过数据挖掘得到了关于消费者的整合信息,而该信息对保险合同的效力又具有明显的影响力,那么这种信息是否会影响保险合同的效力?

解决办法:在监管中应对保险人做如下规定:第一,保险公司除向投保人进行询问得到的信息之外,通过数据挖掘所得到的消费者的其他信息将不能够作为保险合同拒绝理赔的抗辩事由。第二,保险合同签订时,保险机构需要将其获得的信息进行列表,该列表将成为信息基准线。基准线之外的其他信息,无论是否对保险公司有利,是重大还是琐碎,都不可以被保险公司利用。

7. 与传统保险相比,我们应如何定位互联网保险?对互联网保险应有怎样的创新监管思路?互联网保险监管的具体对象有哪些?

答:对互联网保险的定位决定了对其的监管思路,在具体操作中,我们应借鉴互联网金融监管。利用互联网技术,大数据等特征,对互联网交易中涉及的新型风险进行保障,创新产品开发;同时解决传统保险开发信用保险、责任保险等险种能力不足的问题,对传统保险补充和完善。

具体的监管思路和原则主要体现在以下三点:第一,总体态度是开放和鼓励,尤其是在险种开发方面;第二,要有底线思维,守住偿付能力的底线;第三,规定经营范围,避免与传统保险形成竞争。

多样化的互联网保险合作机构不仅带来了多样化的销售途径,也增加了销售中可能产生的风险,并且就实际情况来看,交易平台在互联网销售中占据重要的地位。《征求意见稿》中明确提出,保险公司应当对合作机构的违法行为承担责任。

此条规定似乎是希望通过监管保险公司来监督合作机构。但是通过保险公司监管存在以下问题:第一,保险公司为合作机构的违法行为承担责任的基础与方式并不明确,不明确的责任会导致不明确的监督。第二,保险公司的目的在于销售保险的利润最大化。未来并不明确的责任承担,无法阻止保险公司当下的销售获利冲动。第三,随着互联网保险的发展,平台方会越来越具有市场力量,不具备市场力量的主体去监管有市场力量的主体,能力会略显不足。

监管方面应当将第三方平台在销售保险时的行为视为监管重点,对保险销售的市场行为规制才更加直接,也更有效果。具体来说,监管点主要有以下两点:

(1) 加强对参与互联网保险业务的第三方网络平台的监管。首先,明确第三方网络平台的职责定位,可以为保险机构开展互联网保险业务提供信息技术等辅助服务,但不能涉及承保、理赔、退保、投诉及客户服务等关键环节;其次,设置了准入条件,第三方网络平台须具备支持保险业务全流程实时处理等能力;再者,第三方网络平台经营者应按监管机构的规定进行备案,以及在业务开展后10个工作日内,向监管机构递交详细的书面材料。

(2) 建立保险机构及第三方平台退出管理。保险机构如造成交易数据丢失或客户信息泄露、误导宣传、擅自授权分支机构开办互联网保险业务等情况的,将不具备开展互联网保险业务的条件;同时,第三方网络平台如违规,也将面临整改,拒不改正者将被列入行业禁止合作清单。

8. 众安在线有哪些经验、教训,存在哪些问题,以及未来的发展方向,可供我国互联网保险市场商业模式选择提供哪些借鉴,在积累经验的基础上如何促进监管创新?

请参考案例的后续进展部分。

五、关键要点

1. 关键点:本案例结合保险经济学相关理论对比分析我国保险市场上目前存在的传统保险与互联网保险两种商业模式,分析与传统保险相比,互联网保险的优势和劣势,探讨我国互联网保险未来的发展模式、路径选择、现代化监管思路和手段。

2. 关键知识点:熟悉《互联网保险业务监管规定》等相关法规;注重统计分析技术,思考大数据时代下,保险产品精算定价技术的发展方向;结合《国际保险研究》和《保险企业经营管理》的理论知识,对国内外保险市场上存在的传统保险模式和互联网保险模式开展比较研究。

3. 能力点:分析与综合能力、批判性和辩证统一的哲学思维能力以及提出问题、分析问题和解决问题的实际能力。

六、案例的后续进展

进一步思考互联网保险存在的问题,探讨其未来的发展模式及监管创新。建议学生以众安保险开发的一款具体产品为例,探讨其运行模式现状、存在的问题及可能的改进措施。

七、建议课堂计划

本案例可以作为专门的案例讨论课开展,如下是按照时间进度提供的课堂建议与计划,仅供参考。

整个案例课的课堂时间建议控制在90分钟。

课前计划:给出互联网保险相关阅读材料,提出启发思考题,请学生在课前完成阅读和初步思考。

课中计划:

(1) 课题前言:简单扼要、明确主题,建议控制在5—10分钟。

(2) 分组讨论:发言要求包括准备发言大纲等,建议控制在30分钟以内。

(3) 小组发言:幻灯片辅助,大致分6个小组,每组控制在5分钟,小组发言部分大致控制在30分钟。

(4) 引导全班同学进一步思考和讨论,并进行梳理、归纳和总结。建议控制在20分钟以内。

课后计划：请所有学生上网搜集国内外互联网保险的相关信息资料，尤其是最新信息，采用报告形式给出案例分析报告《互联网保险在中国市场上的商业模式选择与监管创新：以众安保险为例》，报告正文至少3 000字。针对此案例有兴趣深入研究的学生，建议开展进一步深入研究，争取发表相关的学术论文。总结思考每次案例教学的心得和体会，为进一步提高后续年份的相关案例教学质量提前做准备。

图书在版编目(CIP)数据

财产与责任保险/陈冬梅编著. —上海:复旦大学出版社,2019.4
经管类专业学位研究生主干课程系列教材
ISBN 978-7-309-14097-2

Ⅰ.①财… Ⅱ.①陈… Ⅲ.①财产保险-研究生-教材②责任保险-研究生-教材
Ⅳ.①F840.6

中国版本图书馆 CIP 数据核字(2018)第 285055 号

财产与责任保险
陈冬梅　编著
责任编辑/方毅超

复旦大学出版社有限公司出版发行
上海市国权路 579 号　邮编:200433
网址:fupnet@FudanPress.com　http://www.fudanpress.com
门市零售:86-21-65642857　团体订购:86-21-65118853
外埠邮购:86-21-65109143　出版部电话:86-21-65642845
上海四维数字图文有限公司

开本 787×1092　1/16　印张 21.25　字数 466 千
2019 年 4 月第 1 版第 1 次印刷

ISBN 978-7-309-14097-2/F·2541
定价:46.00 元

如有印装质量问题,请向复旦大学出版社有限公司出版部调换。
版权所有　侵权必究